八十后出版文存

宋木文　著

商务印书馆
创于1897 The Commercial Press
2013年·北京

图书在版编目(CIP)数据

八十后出版文存/宋木文著.—北京:商务印书馆,2013
ISBN 978-7-100-09649-2

Ⅰ.①八… Ⅱ.①宋… Ⅲ.①出版工作—中国—现代—文集 ②版权—研究—中国—现代—文集 Ⅳ.①G239.2-53 ②D923.414-53

中国版本图书馆CIP数据核字(2012)第273530号

八十后出版文存
宋木文 著

商 务 印 书 馆 出 版
(北京王府井大街36号 邮政编码100710)
商 务 印 书 馆 发 行
北京市瑞古冠中印刷厂印刷
ISBN 978-7-100-09649-2

2013年9月第1版 开本787×1092 1/16
2013年9月北京第1次印刷 印张40¾ 插页2
定价:158.00元

作者近照

作者简介

宋木文，吉林榆树人，1929 年 5 月 12 日生。1948 年加入中国共产党。曾就读于东北大学政治经济系。“三无干部”：无大学毕业文凭，无高级专业职称，无政府特殊津贴。主要靠自学和实践写文做事。著有《宋木文出版文集》、《中国的出版改革》（日文版）、《亲历出版三十年——新时期出版纪事与思考》。主持编纂《毛泽东评点二十四史》（线装本）、《续修四库全书》、文津阁《四库全书》（影印本）和《中国图书大词典》等国家重点图书。2004 年离休。晚年以锻炼身体和习文作书为己任。《八十后出版文存》即是近几年的文稿集。

自　序

这本自选集主要写于2008年以后，是我迈进八十门槛之后写出，故以《八十后出版文存》命名；又因多数文稿出自拙著《亲历出版三十年——新时期出版纪事与思考》之后，内容也多有衔接，故可视为2007年出版的以论述新时期出版变革为主要内容的那部上下两卷集的续编。

在《亲历出版三十年》自序中，曾对我年逾古稀还在为反思历史和面对现实而撰稿，归结为把出版当作为之献身的一项事业。确实，这也是我能在八十之后写出这本约四十余万字书稿的真实心境。

为体现作者的思想脉络，也方便读者翻阅，我将收进本书的75篇文稿（未计《自序》、《著文目录》和《几句编后的话》）按六类编排。

排在前面一组的，是以《〈亲历出版三十年〉出版座谈会答谢辞》开头的15篇文稿，有综述，有专题。这组文稿，主要是结合自己的经历与感受，回顾20世纪八九十年代出版变革与发展的一些重要事件，有纪事有建言，在内容上多与《亲历出版三十年》相衔接。1980—1990年代，由于实行全党工作重心转移和改革开放政策，又有举世瞩目的重大事件伴随其中，对中国政治、经济、社会、文化发展有特别重要的意义和影响，成为各界学者高度关注和深入研究的历史时段。如果我在这里的回顾，也能够对研究这一历史时段的中国出版及其相关变革与发展提供一点有用的历史资料，就是我的最大满足。不过，这其中那篇《关于国家新闻出版与广电管理机构设置的意见》以及所附资料，虽也有历史回顾，但其主旨则是针对现实问题而讲的。

第二组是5篇缅怀胡乔木的文稿。2010年，我曾因“两条重要的史料”同资深学者吴江在《文汇读书周报》有过论争，这里所收《胡乔木在大转折年代的理论贡献》，就是对这场论争的综述，从一个重大理论问题调整上反映了党中央在新时期开端几年从以阶级斗争为纲向以经济建设为中心转变的某些决策情况。2012年6月1日，是胡乔木诞辰一百周年，我应约为《我所知道的胡乔木》纪念文集写了一篇《胡乔木对新时期出版工作的历史性贡献》，以后又在纪念座谈会上以《学生与晚辈的思念》作了发言，还收有另外两篇文稿，都在一定程度上反映了党中央对20世纪八九十年代出版事业恢复与发展的决策与指导。这样，文集的前两组，是在同一历史背景下反映相同历史主题的文稿，可以联系起来阅读，甚至可以排列在一起的。

第三组是8篇关于版权问题的文稿，其中《八秩老局长谈30年版权人和事》（访谈录）、《著作权法政治性不保护条款的由来与归宿》，反映了我为了版权所做的一些工作，以及我对若干重要问题的观点，更反映了著作权法制定与修改的一些重要情况。需要说明的是，2008年以后，我也曾应约写过并发表若干关于版权立法的文章，但其内容同载于《亲历出版三十年》上卷中《建立与完善中国版权制度二十年》那篇长文有些重复，这里均未收入。第一组中也有因类似情况而未收，这里一并说明。

第四组收了 20 篇关于书籍的文稿，是从序书、荐书、读书、出书等不同角度引发议论留下的文字。多为对重点出版工程和专业名家论著的评论和推荐。我不想掩饰作者在这里有“借题发挥”的流露：有对书写历史和启示现实的议论，有关注当前改革和出书质量的建议，有发扬传统和尊老敬贤的呼唤。

第五组文稿是对老领导、老朋友、老同事的思念，共 15 篇。对这些思念故人、回顾历史的文稿，我都看得很重，用心书写，是忆人怀着感情，叙事力求准确，此次为编稿集中重读，在一些侧面或细节，有一种回归历史和倾心交谈的感觉。

排在最后的第六组 12 篇文稿，主要是我对党的重要文献的学习体会和记述个人成长与友情的文字，是我这个历经八十多年风雨之人的政治信念、生活态度、处事原则、交友之道的真实书写。

以上分类编排只为便于阅读，就其实际内容来说，有些文稿则因有着内在联系甚至交叉而难以截然区分归类。比如最后两组（五、六）文稿，都从不同侧面反映着我敬老、交友与处事的真情。

像《亲历出版三十年》、《宋木文出版文集》、《中国的出版改革》（日文版）一样，在每篇文稿前，我都写了介绍写作背景的“题记”，并配发了一些相关手迹或照片（恕我难以一一准确注明拍摄者）。

此外，将我从 1959 年起写作的文稿，简注时间、背景及发表报刊，按年代编排，以《著文目录》，附于全文之后。

目　录

1　纪事与建言

2　缅怀胡乔木

3　为了版权

4　评书与荐书

5　思念故人

6 生活·信念·友情

1

纪事与建言

《亲历出版三十年》出版座谈会答谢辞

〔题记〕拙著《亲历出版三十年——新时期出版纪事与思考》出版后，出版单位商务印书馆于2007年6月1日在涵芬楼书店举行出版座谈会。会上发言的有袁亮、邬书林、张小影、刘杲（书面发言，由会议工作人员代读）、石峰、范敬宜、沈仁干、刘德有、聂震宁、谢宏、伍杰、阎晓宏、朱兵、张惠卿、高明光、许力以、桂晓风、吴道弘。出席座谈会未及发言的有李彦、卢玉忆、于永湛、梁衡、陆本瑞、方厚枢、薛德震、吴尚之、王岩镔、郝振省、魏玉山等。会议由商务印书馆杨德炎主持，王涛宣读柳斌杰署长亲笔贺信。该馆出版部主任王齐、著作室主任郑殿华配合会议进程和屏幕图像朗读拙著若干语句。发言者大都是新时期出版的亲历者，以"一路走过"的感受，回顾了这30年峥嵘岁月的难忘历程。会议主题的共鸣和互动，会议气氛的热烈和亲切，使我深受感动。此文（原题《几句答谢的话》）即是在此次座谈会上对主持者、出席者和发言者的答谢。

出版座谈会后，《中国新闻出版报》（2007年6月4日）、《中华读书报》（2007年6月6日）、《中国图书商报》（2007年6月12日）除了在要闻版对会议作了综合报道外，还另用整版和通栏标题进行专题报道和评论；《人民日报》、《光明日报》，以及日本《日中文化交流》（日中文化交流协会主办）等刊登了出版消息；文摘类报纸《中国剪报》在2007年6月15日用一个版面刊发了出版座谈会的综合新闻、柳斌杰的祝辞、石峰的文章、范敬宜的贺诗和拙著的自序，《出版史料》2007年第3期也刊出范敬宜贺诗手迹和拙著的编后自记；《中国版权》、《中国图书评论》、《中华读书报》、《出版发行研究》、《出版参考》、《中国编辑》、《出版科学》，以及日本《出版新闻》等报刊发表署名评论文章。此外，我还收到老领导、老同事和日本友人的祝贺信。

《亲历出版三十年》出版一年后，商务印书馆将出版座谈会发言、报刊评论以及来信汇编成册，作为资料印发。这本定名为《人间翰墨香》的小册子，在刊出范敬宜和袁亮贺诗各一篇后，以“群贤共话——发言纪要”刊发杨德炎（《读这本书会感到特别亲切》）、柳斌杰（《出版人的责任和智慧》）、袁亮（《含有出版百科全书若干特征的重要著作》）、邬书林（《一部可信而有用的出版史》）、张小影（《老一辈出版人的责任和智慧》）、刘杲（《人寿书香》）、石峰（《出版体制改革的推动者》）、范敬宜（《一个有所作为的“老头儿”》）、沈仁干（《尽抛心力 终无悔》）、刘德有（《体现智慧和心血之作》）、聂震宁（《一部求真、考据的信史》）、谢宏（《老宋的人格魅力》）、伍杰（《反映新时期出版的发展过程》）、阎晓宏（《中国版权制度诞生的见证人》）、朱兵（《最具权威性、完整性和史料性的出版历史》）、张惠卿（《为我们排忧解难的老领导》）、高明光（《内心坦荡与人为善》）、许力以（《善于恰当处理问题的老宋》）、桂晓风（《六十岁以后更精彩》）、吴道弘（《一部很厚重的现代出版史料》）的发言全文；以《亦品亦评——书评选》刊发黄曙海、河山、周贤奇、盛敏、高明光、张伯海、魏玉山、潘国彦、蔡学俭、岛崎英威在报刊发表的评论文章；以“鱼传尺素——书信选”刊发朱穆之、巢峰、陈昕、王建辉、何兆源以及日本友人佐藤纯子、竹内实、宫田昇、福岛正和、神崎多实子、待场裕子、森泽嘉昭、岛田康夫的来信。

非常感谢同志们的热情鼓励。

以十一届三中全会为标志的新时期，从党和国家的全局来说，从出版的局部来说，都非常重要。我亲历了这一历史性转折和其后的发展，觉得有必要留下一些文字。从书名看，突出了“亲历”，但主要不是写我个人，而是写亲历的大事，写党中央的正确决策，写老领导的艰辛，写我们一班人和一个群体的共同努力。这本书回顾了新时期的出版历史，但不是完整系统的史书，而是为研究这段历史提供发展脉络和可靠资料。我是这段历史的亲历者，在座的多数也是亲历者，我们是一路走过来的，所以语言相通、感情相联，极易产生共鸣。对这时期的重大事件、重要决策，由于是亲历的，就有可能不仅写出结果，还有可能写出过程，而如果写出过程，其结果就显得更真实更有说服力。对全书，特别是对上卷所写的各个专题，我都力求写出结果也写出过程。这也是大量使用历史资料的缘故。

我在自序中说，我做出版，是把它当作为之献身的一项事业，并逐渐地把个人追求与职责承担结合起来；在后记中说，出版是我为之献身的事业，岗位离开了，而事业还牵挂着。这是我卸任署长职务直至年逾七十还能写出这两卷书的内在动力。有时真的觉得很累，却心有所动，欲罢不能，终于坚持下来了。今日出版比过去更辉煌，而现实与历史却有着不可分割的联系。重视这种历史联系，是为了更好地向前发展。我愿以此书献给从新时期开始直至当前为发展出版事业而辛勤劳动的人们，为建设中国特色社会主义出版事业而携手前进。

再次感谢同志们的鼓励与支持。

座谈会掠影。

范敬宜(右)在说俏皮话,左为张守忠。

欢迎刘德有出席。

几位老同事难得在一起(右起卢玉忆、陆本瑞、张惠卿和薛德震左1)。

感谢聂震宁的深情祝愿。

听张小影与杨德炎在说些什么。

王涛与王岩镔也赶来照个相。

为《光明日报》记者、《中华读书报》主编庄建签名赠书。

做出版的六弟宋木铎专程从海南赶来参加会议。

听桂晓风(右)发言。会议一角,居中者为许力以。

吴道弘以书写范敬宜贺诗摘句相赠。

拙著曾借马守良文说出版《飘》的故事，特在杭州向他赠书表示谢意。

同责任编辑郑殿华研究文稿。

感受二十世纪八十年代中国出版

〔题记〕2008 年纪念改革开放 30 周年和 2009 年纪念新中国建国 60 周年，都有媒体约稿，我都以时间跨度大、只参与某一时段的工作，难以写出对读者有意义的文章，而推辞了。在出版界一次座谈会上，我即席对八十年代出版说了些感受，得到与会老同志的赞同，随有《感受八十年代出版》一文，由老同事老朋友陆本瑞主编的《出版参考》（2009 年 10 月上旬号）发表。又经老朋友提议，将《出版参考》发表的文章稍作修改后，以《回顾 20 世纪 80 年代的中国出版》为题，在 2009 年 10 月 16 日《中国新闻出版报》再次发表。八十年代出版，无论在“30 年”还是在“60 年”中，都具有承前启后的重要意义，又是我在国家出版管理机关参与和主持领导班子工作的年代。从反映看，这样的选择和命题是有意义的。这也算是我为“30 年”和“60 年”写了一篇有实际内容的纪念文章。

20 世纪 80 年代出版是以发生在 70 年代末 80 年代初那场反思“文革”、拨乱反正的政治改革为起点的。我有幸成为出版领域这场斗争的积极参与者，批判“两个估计”、缓解书荒、落实党的干部政策和知识分子政策、调整以阶级斗争为纲的出版方针等，都极大地解放了出版生产力，这就给主持80年代出版工作的所有成员产生必须加快发展的强大动力和必须面对的巨大压力。

迎着巨大困难加快发展

当时的形势是，十年“文革”造成的精神与物质产品的极度紧缺，使刚刚解除禁锢的人们对书报刊的需求迅猛增长，要求出版必须保持强劲的发展势头，而客观上又面临着巨大困难。

这困难主要来自两个方面。其一是，生产精神产品的出版需要物质的保证，而国家当时对出版可能提供的物质条件又极其有限。当时出版工作赖以生存的印刷和纸张，前者技术落后、生产能力严重不足，后者属短缺物资，供不应求，而解决这两大矛盾，不仅受到资金短缺和经济发展水平的限制，也受到经济体制改革起步时存在的既有中央高度集中又有部门和地方分割带来的困难，因而每前进一步都使人感到步履艰难。这是从中央领导到业内普通成员都能感受到的。在一次中央政治局委员胡乔木和国务委员张劲夫主持的解决出版用纸的高层会议上，我看到为某省拒调造纸用的木材而以减少对该省钢材的供应来应对。胡乔木颇有感叹地说：“用了不少行政命令的办法，但还没有解决问题。”“像现在这样，年年花力量去解决纸张，不是办法。”但为了对得起人民，还是抓了几次。他还召我去杭州汇报1986年全国纸张安排的情况，对有关部门“只保课本用纸，不保其他图书用纸”，会影响“知识分子的安定”，“也影响整个国家形象”，而深感忧虑。其二是，在出版工作方针的指导上，面临着打破思想禁锢后出现的各种社会力量、社会思潮不同要求的挑战，出什么书、出多少，一类书、一本书的出版，都会形成众说纷纭的社会热点，要求思想统一又难以统一，受上下左右夹击的出版管理者，有时对这类问题的把握比解决物质条件的短缺还困难。至少我个人有这种体会，实话实说，因为物质条件的短缺可以上推下卸，而出版方针的把握则要自我承担。例如，自 1984 年 12 月至 1985 年 8 月一窝蜂地竞相出版新旧武侠小说，在半年多的时间内就出版 164 种、4406 万部（套，有的多册），受到来自中央领导和学术界的严厉批评，迫使出版局向上送专题报告，检讨领导责任，向下发通报，控制出版品种和印数。探究竞相出版新旧武侠小说热，自有其满足社会文化需求和追求经济效益的合理因素，但也不能不考虑当时的社会承受能力，特别是当国家的纸张和印刷能力严重不足时，绝不能因集中、大量印制武侠小说而冲击教科书和重点报刊的出版。

80 年代出版工作是在党的十一届三中全会路线指引下进行的。指导 80 年代出版工作的纲领性文件，是中共中央、国务院 1983 年《关于加强出版工作的决定》。这个决定是由胡耀邦提出、胡乔木指导、邓力群主持起草的。该决定规定了新时期出版工作的指导思想和工作方针，同时对出版事业发展的重要紧迫问题提出了解决办法。80 年代出版工作的主线是改革与发展，且贯穿于全局和全过程。

始于 80 年代初的发行体制改革

80 年代的出版改革是发行体制改革先行。50 年代初，出版实行专业分工，出版社集中搞编辑出版，图书发行由新华书店独家经营，这种体制有其历史的必要性，但造成流通渠道少、购销形式和所有制形式单一，出版社不得办批发，要办集、个体书店也受到限制。为搞活发行，解决买书难，国家出版局于 1982 年 3 月提出“一主三多一少”，即以新华书店为主体，多种经济成分、多条流通渠道、多种购销形式、少流转环节的改革方案。总结几年来的发行改革，主要是放得不够，需要进一步放开。1988 年中宣部与新闻出版署又把发行体制改革向前推进一步，实行“三放一联”，重在放开，即：放权承包，搞活国营书店；放开批发渠道，搞活图书市场；放开购销形式和发行折扣，搞活购销机制；推行横向经济联合，发展各种出版发行企业群体和企业集团。

在推行“一主三多一少”、“三放一联”实践中，我感受到，发行体制改革与出版社的改革密不可分，但多年来在指导思想和方案设计上，却把主要注意力放在发行单位的改革上。在 1988 年讨论出版社改革文件时，我提出必须把发行体制改革与出版社改革连结起来，而不是分割开来，要求“出版社既是图书的出版者，又是图书的经营者”，明确出版社总发行的地位，而不是“对新华书店发行补充”的那种“自办发行”。后来又在认识上有所深化，提出“出版是基础，发行是关键”，“应该把发行问题提到战略地位上来”，“这个环节的问题不解决，整个出版工作就是‘一盘死棋’”。1994 年我称赞金盾出版社的改革是“出版社改革的一面旗帜”，就是基于“把出版与发行紧密结合起来，而不是分割开来”。

出版社改革的探索

我看到，人们（包括一些出版研究者）把新中国成立以后到“文革”前，甚至到这几年转企改制前的出版社都说成是事业单位，有人甚至称作“完全的事业单位”。其实，新中国成立后，出版社一直被确定为企业单位，60 年代文化部也曾向国务院报告想把直属出版社改为事业单位而未获批准，只是上海按文化部报告精神经市委批准将所属上海人民、上海文艺等出版社改为事业单位，出版社只设编辑部，同时将出版印刷业务剥离出来由经扩充的出版印刷公司统一经营。我在考察和回顾这起历史公案时，曾含有意味地说过："提出者未按原意落实，跟着办的却成功了。历史就是如此。"

将出版社由"企业"变"事业"，是1983年的事。那一年有一次全国性的工资大调整。"文革"及以前近二十年没调工资了。"调整"消息一出，人们欢欣鼓舞。但此次调资的范围仅限于事业单位，而那时让大家翘首企盼的"职称评定"也限于事业单位。我时任出版局副局长，又分管这方面的事，必须想办法让出版社职工"坐上这趟车"，报告送上去，出版社由"企业"变"事业"，调工资评职称乃至后来颁发政府特殊津贴都有出版了。但是，1984年开始提出的"事业单位，企业管理"，已经超出调工资时"事业单位"的含义，成为确定出版社属性、指导出版工作一个带方针性的提法了。现在经"转企改制"的企业更不同于从前高度计划经济下的"企业"，而是在市场经济条件下建立现代企业制度的"企业"。

出版社改革是1984年在哈尔滨召开全国出版工作座谈会上加以推动的。会议针对国家对出版社管得过死的状况，提出扩大出版社的自主权，全社实行社长负责制，编辑部实行以提高图书质量为中心的多种形式的责任制，用经济手段促进精神产品的生产，以增强出版社自我发展的活力和能力。

出版社的改革是在探索中前进的。1988年5月由中宣部和新闻出版署联合发出《关于当前出版社改革的若干意见》，指出："在发展社会主义有计划的商品经济的条件下，出版社必须由生产型向生产经营型转变，使出版社既是图书的出版者，又是图书的经营者。为适应这种转变，就需要积极而又稳妥地对出版社原来的体制，包括领导体制、经营体制、管理体制、人事体制、分配体制等进行改革，以提高出版社的应变能力、竞争能力和自我发展能力。”这是在当时主客观条件下，对出版社改革可能提出的主要的和全面的要求。

80年代的出版社改革，根据出版社从事精神生产的事业与企业双重属性，确定：“多数有条件的出版社要作为事业单位，实行企业化管理，通过逐渐改进和完善经营管理，不断增强自我发展的能力和主动为社会服务的活力；对于另一部分不具备实行企业化管理的出版社，可以实行事业管理，但也要注意改善经营，逐步由生产型向生产经营型转变，积极创造条件，争取其中一部分能转为企业化管理。”实践证明，对出版社这样确定属性和实行不同经营管理，是符合当时情况的，是有利于推进改革和促进发展的。对比现在的转企改制，或者可以说，这是在国家经济体制改革不断深化并多次改变提法最后确定实行市场经济的情况下，出版社由“事业”向“企业”发展转化的一种过渡形态。我个人就是这样，随着认识的深化，1992年全国新闻出版局长会议上提出出版是一种文化产业，建立适应市场经济体制的出版体制，有条件的出版社可以转制为企业，随后又提出“大部分出版社应该转制为企业”，并论述其必要性和重要意义。当前的出版改革，如柳斌杰同志所说，有时间表、有路线图、有任务书，正按转企、改制、重组、上市，向纵深发展。

应当指出，80年代的出版社改革有一定的探索性质，又是初步的，但改革也取得了基础性的显著成果，这主要体现在一批坚持改革，方向正确，社会效益与经济效益统一，特色明显，贡献突出，不断增强实力，面向市场而不是游离于市场的出版单位正在崛起，以及与之相适应的以一批改革带头人为中坚的出版队伍正在成长壮大，从这个意义上说，80年代的初步改革也为后来进行全面深入改革奠定了坚实的基础。

三次书价体制改革

适时调整书价，对书价制度进行改革，是发展出版事业的重要保证。1984 年以后，我国的图书价格有过 3 次改革，在领导班子，我分管书价工作，是积极参与者。改革前，出版社执行的是 1973 年“文革”中制订的定价标准，比 1956 年低标准定价还低。到了 80 年代，许多商品价格开始放开，出版的上游产品，如纸张、油墨、装帧材料、印刷设备的价格不断上扬，而出版社又要面向市场，走自主经营、自负盈亏、自我发展之路，原来出版一般图书所享有的纸张补贴也逐渐被取消。国家不予补贴，出版社又无力自我消化，改革一般图书的价格制度，势在必行。

1984 年主要进行两方面改革：一是经国务院决定书价管理由原来中央集中统一管理改为由中央与地方分级管理，以地方管理为主；二是由我提议、有关部门同意，将门类和学科分类予以简化，由原来的正文 38 类、12 个档次，简化为社会科学和自然科学两类；取消原有的 12 个档次，只分上限与下限，做到既有相对统一的定价标准，又使出版社有一定的灵活性。这次改革改变了长期形成的出版物价格全国“一刀切”的管理模式。

第二次改革是在 1987 年—1988 年，有实质性的突破，实行按成本定价和控制利润率的定价原则，定价权下放给出版社。当时受价格制度影响最大、出版亏损最多、出版最难而读者特别是教学和科研人员又最为需要因而呼声最高的就是印量少的学术著作。我同机关职能部门的同志一道去中国科学院所属中国科学出版社作调查研究，并共同拟出 3000 册以下的学术著作参照成本定价的办法，经国家物价局批准实施。学术著作定价放开，对出版物价格改革的全局有重要影响。稍后，又将中小学和大专课本之外的一般图书的定价放开，但为贯彻保本微利原则，实行宏观控制，规定每社年利润率不得超过总定价的 5%—10%。

1993 年启动的第 3 次书价改革，主要是更明确地把书刊价格分为 3 类进行管理：中小学课本和大中专教材的价格仍按现行管理体制和管理权限实行国家定价，由地方和中央分别管理；对党和国家的重要文献，包括法律、法规、著作、文选，按照微利的原则由出版单位制定具体定价标准，定价权在出版社，国家主管机关进行必要的指导和调控；图书的大多数品种的价格由出版单位根据纸张成本、印刷工价和发行册数自行制定定价标准。这样，除教科书外，一般图书的定价，基本上完全放开，由市场进行调节了。

我国书价体制改革是同我国经济体制改革和市场经济发展同步的，是逐步进行的，而且重大改革措施（如第一次书价改革）是报请党中央和国务院主要领导同志批准的。在 3 次书价改革中，我们主要坚持了 3 条：一是保本微利、力求低廉；二是根据生产成本和市场需求由出版社自主决定价格；三是国家对书价实行分类指导和宏观调控。

以多出好书为永恒主题

"拨乱反正"之后，国家出版部门历届领导班子都以多出好书为己任。就是 1978 年缓解书荒、恢复出版之举，也是以重印一批中外名著得到普遍好评的。出书追求高质量，已成为我们的优良传统，更是 80 年代出版的主调。

我在 1990 年 3 月贯彻反对资产阶级自由化和压缩整顿出版单位的全国新闻出版局长会议的工作报告中强调："出版工作的成果，出版事业的繁荣，最终是靠多出好书来体现的。多出好书，这应当是我们各级出版管理部门、各个出版社的中心任务和调动本单位人员为之奋斗的行动口号。十一届三中全会以来的10年，出版工作所取得的重大成就，是以出版了一大批高质量的重点图书为标志的，今后的10年，我们应当有信心，也有条件在出版高质量重点图书方面赶上并超过前10年，否则我们就将辜负人民的要求，有愧于后人。”这一年4月，署党组制订繁荣发展出版的10项措施上报中央；我又去上海调研，提出：多出好书促进繁荣是出版工作的永恒主题。随后我又提出以多出高质量的学术著作和高品位的通俗读物为目标。

的确，如工作报告所讲，80年代是以出版了一大批高质量好书为标志的。例如：《马克思恩格斯全集》（中文第一版）、《列宁全集》（中文第二版）、《中国大百科全书》（第一版）、《中国美术全集》、《汉语大字典》、《汉语大词典》、《辞源》、《辞海》、《现代汉语词典》、《鲁迅全集》（16卷本）、《当代中国丛书》、《走向世界丛书》、《汉译世界名著丛书》、《不列颠百科全书》等都是这个时期出版或基本完成的。10年间以这样一批高质量、成规模、标志性图书问世，这是在中国出版史上不多见的。

80年代出版成就的取得，首先由于设在北京和上海的老出版社发挥了骨干作用，而在1979年“长沙会议”后崛起的地方出版社也发挥了重要作用。由于突破了“地方化、群众化、通俗化”的束缚，实行“立足本省、面向全国”的出书方针，极大地解放了地方出版生产力，许多重大出版工程都有地方出版社积极参与。从这个意义上说，80年代出版成就也是实践这一方针的重要成果。

出版物质基础获重大改善

80 年代，出版物质条件获重大改善，一是得益于科技进步，一是得益于国家优惠经济政策的支持。“拨乱反正”之后，出版快速发展的初期，印刷力之紧张是今人很难想象的。例如，80 年代初，大专教材 40% 左右不能课前到书；北京地区印刷能力只能满足七成的需求，期刊挤图书，图书之中教材挤一般图书，一般图书中又挤学术著作。许多书排印周期超过两年，又常常是“一版定终身”。当时，每年都要召开全国性的书刊印刷调度会，用摊派的办法，保证教材和重点出版物的出版。为了解决这个矛盾，经王益建议，胡乔木、邓力群支持，张劲夫主持，范慕韩经办，党中央、国务院批准，由国家立专项，以巨额投资，用“六五”、“七五”两个五年计划的时间，按“自动照排、电子分色、高速胶印、装订联动”的方针，对印刷进行全面的综合性的技术改造，最终形成了以王选激光照排为龙头的一系列技术变革，使我国印刷实现了从铅与火到光与电的历史性飞跃，现在又进入了光与电、0 与 1（数字化）相结合的新时代。我个人有一种非常幸运的感受，在我担任新闻出版署主要领导职务的时候，再也没有我的前任们因印刷落后而产生的那种沉重压力，国家出版管理机关再也不会像 80 年代那样做着全国书刊出版总调度室的工作了。

10 多年来，出版事业有了长足的进步，发生了历史性的巨变，得益于党和政府的领导与支持，特别是得益于优惠的经济政策的支持。全行业所得税返还，出版社增值税减免或先征后返，县及县以下新华书店营业税减免、新闻出版单位基本建设投资方向调节税减免等等，大都是 80 年代开始实行的。印刷和纸张（主要靠国内生产的增长）问题的解决，为 80 年代及其后出版事业的发展奠定了必要的物质基础。

加强出版和版权机构的重要举措

80年代中的一件大事，是加强出版与版权管理机构，对出版与版权的全局都有重要意义。“文革”中国家出版管理机构，先叫国务院出版口，1973年改为国家出版局，直属国务院。1982年国务院机构调整，将出版局划归文化部。这实际上是削弱了出版管理工作。经许多老出版家上书，边春光等同志积极争取，胡耀邦作出批示：“这么多同志的呼声，看来也值得重视”。我当时任文化部副部长，也赞成出版局从文化部划出，并在文化部领导班子中作了沟通。此事要由文化部写报告给国务院。请示报告由出版局石峰拟稿，刘杲审核，边春光批示：“木文同志，代拟稿送上，请审定。”石、刘、边三人都署时“七月七日”。我写“请王蒙、占祥同志审批”和在代拟稿所加“将出版局改为国务院直属局，既有利于加强对出版工作的领导和管理，也有利于文化部重点抓好艺术和对外文化交流工作”，以及王蒙的“已知”、高占祥的“同意”和报告的送出时间，都是“七月七日”。这个细节说明沟通之重要，办事之高效。

1986年10月，国务院决定国家出版局为国务院直属机构之后不久，中央决定在国家出版局基础上扩充成立国家新闻出版局，以增加对新闻管理的职能。我当时已被免去文化部副部长，任新独立的国家出版局局长，就指定我来筹备。新中国成立初期有新闻总署和出版总署，一个管新闻，一个管出版，很强势。1952年撤掉了新闻总署，1954年撤掉了出版总署，成立文化部出版局。我就考虑把历史上两个总署的工作合一，不叫新闻出版局，而叫“新闻出版总署”。在国务院常务会议审议的时候，由我做说明，采纳了我们的意见，但是没有同意加“总”字，就成为“新闻出版署”。

关于版权管理机构。为贯彻胡耀邦 1979 年 4 月“尽快着手，组织班子，草拟版权法”的批示，在国家出版局先建立版权研究小组，后扩建为版权处。为加快版权立法，经中宣部、文化部同编制部门反复协商后，1985 年 1 月形成共识：仿照中国专利局模式，建立文化部属下的中国版权局，颁发带国徽印章，编制 100 人，由中宣部常务副部长郁文致函国务院副秘书长艾知生，报请国务院审批。此前，边春光曾有版权与出版为一个机构两块牌子的意见，但未被采纳。我觉得，在准予成立中国版权局的情况下，争取将文化部出版局也改为带有“国字头”名称的条件已经具备，就去找国务院秘书长助理侯颖再作一次争取。我说，版权单设一个管理机构很有必要，也算是定下来了，但出版机构也需要增强权威性，按现在业已形成的方案，版权机构带“中国”字头，而出版机构却是另一种名称，又都在文化部属下，看起来也不协调。建议设文化部属下的国家版权局，同时将文化部出版局改为国家出版局，把两个机构设在一起，一个机构两个牌子，不另找办公地址，又比单设一个局还能节省编制。侯颖听后认为这个方案好，可以报请国务院领导同志考虑和决策。1985 年 7 月 25 日，国务院向文化部发出通知：“同意你部设立国家版权局”，“你部出版局改称国家出版局，与国家版权局为一个机构、两块牌子，增加行政编制 50 人”。1987 年国务院召开常务会议审议新闻出版署建署方案时，在国家版权局的问题上却遭遇困难。有人说版权和出版是一回事，由管出版的机构管就行了。也有人提出版权与出版不同，也不必设立国家版权局，在新闻出版署设一职能部门来管就可以了。我据理力争，最后主持会议的国务院总理表态同意了我们的意见，国家版权局才保留下来。这对加速版权法起草工作并于 1989 年向全国人大提请审议新中国第一部版权法取得了组织保障。

后来，国家出版与版权管理机构又得到加强，“署”变“总署”，正部级，更有权威性了。

一点体会

从80年代初开始的出版改革，包括建立和完善适应社会主义市场经济体制的出版体制，是为了解放和发展出版生产力，使符合党和国家要求的优质出版物更多、更广泛、更有效地传播到广大群众中去，成为以马克思主义为指导的主流意识形态的强大工具和重要载体，更好地为建设中国特色社会主义伟大事业服务。在出版领域引进市场机制主要作用是积极的，但也不可避免地遭遇一些负面冲击。因此，在推进改革的进程中，必须坚持党的出版方针和社会主义出版方向，加强出版人的政治意识和文化责任，并且采取制度性和机制性措施，把做强做大出版产业同建设以马克思主义为指导的意识形态结合起来，统一起来。

应约写于2009年9月12—15日

拨乱反正后的出版繁荣

——《出版人》杂志记者访谈录

〔题记〕此文是《出版人》杂志记者何文静对我的采访录。原载于《出版人》2009 年第 18 期之《封面报道 · 见证出版解放 60 年》专栏。何文静在此次采访开头说我根据记者口述的采访意图，“专门手写了一份《出版人》采访提要”，嘱她用后退回。这里需要说明的是，随后我又应约按此“提要”写出《感受二十世纪八十年代中国出版》，因此将此次采访录排于其后。

宋木文老先生今年八十整，耳不聋、背不驼，思维敏捷。

他从 1972 年开始从事新闻出版管理工作，直至 2004 年离休。其中 1989 年至 1993 年期间担任新闻出版署署长。在他三十多年的出版工作经历中，亲历并践行的很多决策都成为今天繁荣与发展的基石。例如：1980 年“一主三多一少”政策下涌现出的集个体小书店，孕育了今天占据一般图书半壁江山的“民营书业”。可以说，了解八九十年代出版管理的“历史”是了解当今出版的钥匙，而宋木文就是参与甚至塑造这段历史的人物之一。

这位长者身上有着上一辈文化人的鲜明特点。采访开始前，根据记者口述的采访意图，他专门手写了一份“《出版人》采访提要”，总共分三大点，具体处又标明“可见《亲历出版30年》（宋木文专著）第几页”。他对记者说：“这份提要你可以带走，但是用完了最好能还给我留作资料。”这位前署长特意向记者解释：“我这辈子一直是自己写东西，讲话稿也常常自己动笔。留下来会有用的。”

事业，还是企业

谈到出版单位的属性，宋木文说：“现在的人对建国后‘文革’前那段历史不太清楚，其实出版单位最早都是‘企业’。从‘企业’变‘事业’是1983年的事。”1983年有一次全国性的工资大调整。此前，全国企事业单位的工资已经十年多没变过了。“调整”消息一出，人们欢欣鼓舞。但此次调整的范围仅限于事业单位，而那时让大家翘首企盼的“职称评定”同样也只针对事业单位，广大书业企业无缘参与。

“作为‘领导机关’，我们必须想办法让出版‘企业’的职工‘坐上这趟车’。”时任文化部出版局副局长的宋木文坚定地说。于是，经当时的文化部出版局报请上级领导部门批准，“出版企业”变成了“事业单位”。调工资、评职称、颁发政府特殊津贴都有出版的“份儿”了。

“但是后来的‘事业单位企业化管理’已经超出调工资那时的特定意义，成为指导出版工作的一个带方针性的提法了。”宋木文说。随着我国的经济环境一步步由计划经济到有计划的市场经济、再到计划为主商品为辅的经济、最后到商品经济，出版行业建立企业化制度的要求越来越强烈，“转企”的步伐开始了。相较于1983年以前高度计划经济下的“企业”，现在要建立的是市场经济条件下的现代企业制度。

1992年，党的十四大提出“建立社会主义市场经济”的总目标。顺应这一决策，时任新闻出版署署长的宋木文在全国新闻出版局长会议上提出：有条件的出版社可以转制为企业。在这次会议上，他还首次提出了“文化产业”的概念。但今天回想起来，这位老人还是认为那时候的思想“有局限”。2001年，已经到全国人大工作的宋木文撰文提出：“大部分出版社都该转制为企业。”

“多出好书”是“永恒主题”

1990年，宋木文这位新上任的新闻出版署署长就在上海考察时提出：“多出好书，促进繁荣，是出版工作的永恒主题”。

当时1989年北京政治风波平息不久，社会各界对出版工作的批评甚多。这位临危受命的署长顶着强大的压力，一直在思考两个问题：“一个是对改革开放以来的出版工作该怎样估计？能不能因为资产阶级自由化思潮一度泛滥而否定出版工作的主流是好的？二是压缩整顿出版单位的目的是什么？说得明白一点，压缩整顿要坚决，但压缩整顿不是目的，在压缩整顿中不仅不能使出版工作者的积极性受到伤害，而最终是要更好地把他们的积极性、主动性、创造性调动起来，使压缩整顿能够成为繁荣出版事业的助力和动力。”

“‘永恒主题’是个分量很重的提法，就是想在压缩整顿强大压力下调动大家的积极性、主动性和创造性。”宋木文说。

“这实际上是一个处理好政治要求与出版自身要求的关系问题。”宋木文说，他在位期间一直不断撰文阐述这一关系。他认为，不能把“政治”理解得过窄：出版跟着政治转，只是当前政治的附属品——这样的出版是死路一条。要把"政治"拓宽：出版不仅仅是直接与政治挂钩的，不仅仅是符合当前政治需要的，不仅仅是功利化的；只要不危害现实政治，各种出版物都该有它的一席之地。

在此种思想的基础上，在当时上上下下的压力中，新闻出版署确定了出版工作的指导方针：既要保证出版的政治正确，又要拓宽出版的路子，适应多方面的需求；并且制定繁荣发展出版的十项措施，于1990年4月上报中央。

讲述这段历史时，这位老领导一再强调，出版工作在经济成分、出书品种等方面可以多元化，但在指导思想的问题上必须坚持"一元"。当前，我国出版工作的指导思想就是"为建设中国特色社会主义服务"，这一点不能动摇。

"叫喊"出成果

拨乱反正初期百废待兴，出版工作只是其中一部分，影响有限，因此受重视程度不高。但当时的出版工作在物质条件方面面临巨大困难，急需国家支持。"我们只有不停地呼吁、不停地争取，所以当时有人戏称'国家出版局'是'国家叫喊局'。"宋木文笑着说。

当年印刷力之紧张、纸张之不足今天已经很难想象。当年，大专教材曾有过40%左右不能课前到书。1981年，北京地区的印刷能力只能满足七成的需求，期刊挤图书，图书之中教材挤一般图书。结果，许多图书的排印时间超过一两年。由于印力紧张，很多图书是"一版定终身"，很难有再版的机会。"当时，局里有个印刷部，一年到头搞调度：这本书在这个印厂印，那本书在那个印厂印。"宋木文回忆说。

为了解决这个矛盾，由国家立项，用十多年对印刷技术进行改造，最终形成了以激光照排技术领头的一系列技术变革，为发展出版奠定了坚实的物质基础。现在，纸张和印刷都已经不是问题。“这个进步很关键。”这位做了30多年的老出版人强调，“没有这个作基础，再大的能耐也搞不好出版工作。”

经过“叫喊”，一系列有利于出版繁荣的经济政策也得到落实，如全国出版系统所得税返还并建立国家出版基金，对县以下新华书店和少数民族地区书店减免营业税，对政治、科技、教育、少儿等出版物增值税减免或先征后返，对新闻出版单位兴建办公、业务、宿舍楼减免投资方向调节税等。国家图书奖也于1992年10月发布评奖办法。

“总的来看，拨乱反正后的十年，外部得益于党和国家的支持，内部得益于出版发行体制改革，出版事业发生了巨大变化。这种变化还会继续下去。”宋木文说，这就是他对那个历史时期总的看法。

出版是我一生的事业

——答《共和国部长访谈录》记者

〔题记〕此文是《经济观察报》高级记者马国川 2009 年 6 月 16 日、8 月 13 日对我的访谈录。从我 1972 年进入国务院出版口谈起，直到 1992 年党的十四大后，重点在八十年代的出版变革与发展。以我谈撰写《亲历出版三十年》体会中的“岗位离开了，事业还牵挂着”，将此次访谈录定题为《出版是我一生的事业》。原载生活·读书·新知三联书店 2009 年 10 月出版的《共和国部长访谈录》（十篇中之一篇）。

马国川：三联书店的领导同志建议我采访您，作为《共和国部长访谈录》中的一篇。

宋木文：我不够格。

马国川：是请您以自己的经历谈谈共和国出版的发展与成就。

宋木文：新中国成立六十年中我只干了三十多年。

马国川：是改革开放后的三十年。这是共和国历史中非常重要的三十年。您可以以自己的经历与体会见证中国出版的变革。

宋木文：看来我已无法拒绝你的采访。

改革开放后的三十年，中国出版业发生了翻天覆地的变化。据新闻出版总署公布的数字，2008年我国出版27万多种（1978年为1.5万种）图书，9500多种期刊（1978年为930种）、1900多种报纸（1978年为186种），保持持续发展的势头，新兴的数字出版正在崛起。我国出版业迈入书报刊、音像电子、数字网络出版相互竞争、交融互动、共同发展的新时代。出版在国家政治、经济、社会、文化生活中起着越来越大的作用。我们已成为名列前茅的世界出版大国。这一切，是新中国成立六十年特别是近三十年的积累所成，而成为这三十年出版发展动力的，主要是体制改革和科技进步。我亲历了这一历史时期改革与发展的历程。

进入“国务院出版口”

马国川：您是吉林人吧。

宋木文：我是吉林榆树人，1929年出生在一个农村家庭，今年整整80岁了。我18岁参加工作，在地方培训干部的学校学习过一段时间，1947年又送我到东北大学去学习。当时东北解放区有两个大学，一个东北大学，一个军政大学。军政大学是培养部队干部的，东北大学是培养地方干部的。后又入这所大学的本科，但只读了两年，没有读完，是大学肄业。

马国川：为什么没有读完呢？

宋木文：因为工作需要。没毕业就分配工作了，还是在东北大学，做教育干事。

1948年春，国民党军队在东北战场节节败退，困守长春、沈阳、锦州几座孤城，此时国民党政府以政府拨款、聘请著名教授组建临时大学为诱饵，将长春、沈阳一些大学部分师生迁入北平，而实际上无一兑现。北平解放后在长春东北大学设政治学院，培训从北平返回的大学生，我因此中断学习参加培训工作。1950 年 4 月，我和一部分参加培训工作的人到沈阳，进“马列学院东北分院”学习。没有多长时间，又分配我到东北大区文化部工作。当时有六个大区，每个大区都有文化部。

马国川：您在东北区文化部做什么？

宋木文：当时年轻，就是个干事科员，也给东北文化部部长刘芝明当过秘书。后来我来到北京，进入文化部教育司，这个司也叫过学校司、艺术教育司，就是管理全国的艺术院校。我这一生工作主要是两个方面，除了出版，另一个是艺术教育。我在文化部一直工作到“文革”爆发。“文革”一开始，文化部就被撤销，因为“文革”前毛泽东就有个很严厉的批示，说文化部是“帝王将相部”、“外国死人部”。文化部撤销后，整天搞运动，当时没有什么别的事情了，一部分是整人，一部分是挨整。我因为写了一些东西，领导比较重视，成为“黑线人物”，也挨整。后来，整个文化部及其直属单位，连带家属四五千人，都下放到湖北咸宁的“五七干校”。

马国川：许多文化名人，像冰心、张光年、萧乾、严文井、韦君宜、郭小川等，都在那里待过。

宋木文：有军宣队管着，我们就是干活，劳动改造，条件很艰苦。我是 1969 年去的，1972 年回来到“国务院出版口”，从此，和出版打上了交道。

马国川：为什么到出版口呢？

宋木文：文化部没有了，国务院有个“文化组”，是江青的人把持着，我们这些人文化组都不要的，因为我们是“黑线人物”啊。但是我们这批人还有地方要，一个是“国务院出版口”，另外一个是“国务院图博口”。文化部里业务上比较好的，文笔上比较强一点的，就进了这两个部门。这两个部门都是周恩来总理直接管。“文革”搞得一塌糊涂，没有什么可出版的，就是出两种东西：毛主席著作和样板戏。所有出版社都停了，成立了一个“毛主席著作办公室”，专门印语录、各种小册子和样板戏。那是“左派”才能参与的。后来在这个办公室的基础上成立了“出版口五人领导小组”，直属国务院值班室领导。这么大一个国家，出现了严重的“书荒”，字典就是小本的《新华字典》，其他字典都没有，书就是毛主席著作和样板戏，其他通通停了，那不是文化沙漠吗？总理感觉这样下去不行，就抓恢复出版。1971年他开了一次“出版工作座谈会”，讨论怎么恢复出版工作。后来他把徐光霄从“五七干校”调回来主持国务院出版口的工作。徐光霄原来是总理身边的秘书，“文革”前的文化部副部长。光有几个人也不行，还得有机构，就陆续地恢复出版机构，调回干部，我就是在这样的背景下进入“国务院出版口”。

艰难的恢复与反思

马国川：当时恢复了哪些出版机构呢？

宋木文：有人民出版社、人民文学出版社、文物出版社、人民美术出版社、中华书局和商务印书馆、新华书店总店，还有荣宝斋，也就是七八个。

马国川：出版社恢复了，出版了一些东西吗？

宋木文：那时候“文革”没结束，新中国成立后到“文革”前十七年的书基本上都封了，出什么都得报批，报到中央政治局张春桥、姚文元那儿，有一些书还是毛泽东亲自批的，比如说章士钊的《柳文指要》，还有姚雪垠的《李自成》。至于报刊，只剩下《红旗》杂志、《人民日报》、《解放军报》，所谓的“两报一刊”，其他报刊杂志全停了。恢复出版很难，一步一步的，非常艰难。出版工作不会是立竿见影的，是不是啊？真正重要的成果没有三五年、七八年时间出现不了。比较重要的知识积累和理论成果都不是一朝一夕就能出来的，所以搞出版要特别重视文化的积累，要有长远眼光，短期的、近视的思想和行为都搞不好出版。当时，上面管得很紧，人们的头脑被搞得很僵化，思想完全被禁锢起来了，不敢越雷池一步。就以商务印书馆的《现代汉语词典》为例。《现代汉语词典》是一本权威工具书，至今畅销不衰，可是 1975 年，“‘四人帮’御用写作班子梁效”在《北京大学学报》第三期发表文章，攻击《现代汉语词典》重印本“是对无产阶级文化大革命的直接否定”，“是资本主义思潮在文化界的尖锐表现”。在“四人帮”极“左”思潮影响下，有人鼓吹语词的阶级性，要把无产阶级专政落实到每一个词条。比如关于洋葱的释义，本来是“一种可供食用的植物”，被斥之为“客观主义”，要求加上“它具有叶焦根烂心不死的特点”，以警示读者“那些走资派正如洋葱一样，‘人还在，心不死’，回潮复辟，势在必然。”请设想一下，如果都这样修改，辞书还怎么编？

马国川：这真是出版史上的大笑话啊。

宋木文：当时一位老同志同我交心，说现在就有两种人，一种人整天想怎么整人；一种人是想怎么不被人整，防着被别人整。我说整人之心不可有，防整之心不可无。那时的思想环境就是如此。

马国川：您是防着别人整您。

宋木文：不被整，整了以后要考虑怎么过关。但是比起在干校时好多了。因为机关里大都是熟人，而且领导比较信任，点名把我们要过来的，但是也不敢放手，因为还有“左派”，大环境还不好。

马国川：您当时对“文革”有什么认识？

宋木文：也看不太清楚，因为层次低，但是有抵触情绪，有切身体会，越搞越“左”，搞得什么都没了，那是很反感的。徐光霄根据周恩来的指示，为恢复出版事业做了许多工作，特别是从干校和其他部门调回一批领导骨干，为后来出版领域“拨乱反正”和恢复发展积蓄了力量，但也不可能有更大的作为。邓小平恢复工作以后，可能是胡乔木建议吧，1975 年中央决定派石西民到出版口。

马国川：石西民担任过上海市委书记、华东局宣传部部长。

宋木文：1973 年经国务院批准，将国务院出版口改为国家出版事业管理局，简称国家出版局，徐光霄为局领导小组组长，到了石西民这里才正式称为局长。石西民开始进行整顿，姚文元、张春桥施加压力，搞了几下子就整顿不下去了。张春桥、姚文元过去都在石西民领导下工作，这时石西民却受张春桥、姚文元的压制，使他想做的事多为有始无终。从 1971 年到 1976 年，出版工作有恢复，更有反复，而反复竟成为这几年的突出特点。我目睹了徐光霄、石西民为恢复出版工作而做出的努力，也感受到他们每向前迈出一步所遭遇的困难。粉碎“四人帮”后，中央决定由王匡主持国家出版局的工作。

马国川：王匡是一个著名记者，在文化宣传界也是很有名的，南方那几个报社都是他搞起来的。

宋木文：“文革”前他是广东省委候补书记，思想开放，很有魄力。出版界的“拨乱反正”就是在王匡领导下进行的。

出版界的“拨乱反正”

宋木文：王匡来到后首先要做的是清查“四人帮”及其在国家出版局的影响。他决定成立出版工作调研小组，由陈原主持，范用和我协助，以国家出版局研究室为工作班子，另调李侃、张惠卿、倪子明、谢永旺等老同志参加。主要清理“左”的思想在出版工作中的表现，弄清路线是非。调研工作持续了三个多月，最终形成了清理出版工作路线是非若干问题的意见。

马国川：你们的看法是什么？

宋木文：从调研小组到局党组，形成一个共同看法，要纠正出版工作“左”的影响，分清路线是非，扭转出版工作窒息、萧条的局面，一定要批判、推倒一个戴在出版界头上的“紧箍咒”，就是写入中央1971年43号文件中的关于出版界的“两个估计”，即新中国成立以来出版界是“反革命黑线专政”，“资产阶级知识分子占统治地位”。这“两个估计”像两座大山压在出版界的头上，难以翻身解放。而这个中央文件是毛泽东批示同意颁发的，又是周恩来主持召开的1971年全国出版工作座谈会给中央的报告。当时囿于“两个凡是”，对毛泽东发动“文革”虽多有议论却难以正式提出讨论，而要批判“两个估计”又必须同周恩来划开。经过调研和查阅有关档案材料，最后认定这“两个估计”是姚文元塞进去的，是欺骗毛泽东、强加给周恩来的。

马国川：总算是找到一个突破口了。

宋木文：其实教育上也有一个类似的东西，是1971年的42号文件，说十七年里教育存在一条黑线，这也是一个“紧箍咒”啊。后来查了迟群的笔记本，说是“四人帮”塞进去的。还有文艺上也说十七年文艺黑线专政。文艺界还没有动作，1977年我们出版界的“拨乱反正”就开始了。

马国川：看来王匡还真是有勇气的。

宋木文：很有勇气。1977年12月在北京友谊宾馆召开的全国出版工作座谈会上，王匡在报告中批判了“两个估计”。他说，这“两个估计”是“四人帮”在出版战线推行反革命修正主义路线的两根大棒，打击革命干部，打击知识分子，颠倒敌我，颠倒是非，随心所欲，胡作非为。谁要稍微表示不同意见，马上就给你扣上“回潮”、“否定文化大革命”等大帽子。这个反革命的“两个估计”是地地道道镇压广大出版工作者的“紧箍咒”，必须彻底批判，把长期压得抬不起头来的广大出版工作者解放出来。会上也有不同的意见，会后还有人向中央报告了。当时中央分管文化出版工作的吴德曾过问此事，是否批了周恩来、毛泽东？王匡找我商量，决定以《出版工作情况反映》的形式向中央汇报，主要说清楚：会议一开始，我们就明确表示过，集中批“四人帮”塞进文件中的“两个估计”，而不涉及整个文件，更没有批过毛泽东、周恩来。这次会议对“两个估计”的批判，限于历史条件，没有同毛泽东发动“文革”的极“左”路线紧密联系起来，但还是在全国出版界产生了广泛的影响。可是后来我们认识到，不光是批“四人帮”塞私货就能解决，而是一定要批判长期存在的“左”的思想路线。实际上，“文革”之前出版界就有一条“左”的指导思想。所以，如果只批43号文件的“两个估计”而回避毛泽东的决策，“左”的思想路线就清除不了。

马国川：“文革”结束以后又提出“两个凡是”，就是在回避“左”的思想路线。

宋木文：所以造成了两年徘徊。不彻底否定“左”的思想路线，就没有办法推翻“两个凡是”，就没有办法改革开放。“左”的思想路线，在我们出版界来说，就是以阶级斗争为纲的指导方针。毛泽东肯定的“为无产阶级政治服务”，实际上就是一切都要从属政治，从属政治又都是从属现实的政治，即一个又一个的政治运动。出版围绕政治运动转，搞实用主义，积累不下来知识和文化。把否定“两个估计”同纠正以阶级斗争为纲的“左”的指导思想联系起来，这就把批判“两个估计”往前推进了一步，也把拨乱反正向前推进了一步。解放思想，恢复了实事求是、一切从实际出发的思想路线。解放思想不仅对当时的工作有意义，对现在也有意义，因为不断地出现新情况、新问题，要不断地解放思想。

马国川：永远不要停留在一个僵化的框框里面。

宋木文：谁也不能搞“凡是”，彻底解放思想，彻底从实际出发。实事求是和解放思想本质上是一致的。不解放思想，做不到实事求是；不实事求是，解放思想也落不到实处。这是从批判“两个估计”、“拨乱反正”引出来的重要认识。所以“拨乱反正”最初是拨“文革”之乱，反十七年之正。十七年成绩是主要的，但十七年中也有偏。

马国川：如果不偏也不会走到“文化大革命”。

宋木文：如果把十七年作为一个正，那正里也有偏，就是“左”的东西。这个“偏”对我们工作的直接影响就是以阶级斗争为纲的指导方针，没有处理好出版与政治的关系。出版要和广泛的现实联系起来，同中外历史联系起来，路子才能越走越宽，才能有真正的文化建设，才能积累文化。所以 1977 年出版界的“拨乱反正”以及后来的发展，给我们很多深刻的、有意义的启示。

出版界的新气象

马国川：听说在拨乱反正中出版了一批被“文革”查禁的图书，产生了很大影响。

宋木文：在批判“两个估计”的同时，国家版权局调动全国出版、印刷力量，集中重印新中国成立以来出版的 35 种中外文学著作，主要是：“五四”以来现代文学 10 种，有郭沫若、茅盾、巴金、曹禺的代表作，以及《红旗谱》、《铁道游击队》等；中国古典文学 9 种，有《唐诗选》、《宋词选》、《古文观止》、《东周列国志》、《儒林外史》、《官场现形记》等；外国古典文学 16 种，有《悲惨世界》、《高老头》、《欧也妮·葛朗台》、《安娜·卡列尼娜》、《牛虻》、《一千零一夜》，以及契诃夫、莫泊桑、莎士比亚、易卜生等大家的作品选集等。在此之前，也曾重印《红岩》、《青春之歌》、《暴风骤雨》、《林海雪原》等少数几种，但那都是报请中央政治局分管出版的领导批准的。所有这些在"文革"中惨遭厄运的中外古今文学名著能够重见天日，正是对"四人帮"推行文化专制主义和文化禁锢政策的否定。

马国川：一些人回忆说，当时先供应北京、上海、广州等大城市，新华书店门外通宵达旦排队，店堂内摩肩接踵抢着购书。

宋木文：重印文学名著，是批判了"两个估计"之后在出版实践中一个大突破，既有思想政策上解放思想、拨乱反正的重要意义，又在很大程度上缓解了当时的严重书荒，初步满足了广大读者如饥似渴的需求。当时印那些中国古典名著、世界古典名著面临一个大困难：没有印书的纸。毛泽东逝世后，中共中央决定出版《毛泽东全集》和《毛泽东选集》第五卷，为此储存了一批专用纸，都在汪东兴手里。在那种情况下《毛泽东全集》还能不能出？不能出的话，纸能不能动？这可是要冒风险的。王匡去问过吴冷西，毛泽东的书能不能出？吴笑而不答。又问胡乔木，他说恐怕很难。王匡连夜赶到中南海去请示吴德，要求动用印毛泽东书的纸印中国和世界文学名著。经批准后，就动用了这个纸把书印了出来。

马国川：王匡的胆识和气魄很令人佩服。

宋木文：王匡还恢复了在"文革"中停止的稿酬制度。当时曾为此事征求过一些同志的意见，由于"文革"批判资产阶级法权造成的紧张心理尚未消除，有些受"文革"迫害的文学界老同志也不明确表示赞同。可见王匡下此决心的勇气和胆识了。大约在1978年五六月间，王匡同我谈起他做出这几项重要决策的心情时，郑重、坚定而又亲切地说：木文！看到出版界的同志那么压抑，出版事业那么萧条，我宁愿再一次被打倒也要这样做，也许有人要打倒我的时候我已经去见马克思了。1978 年 7 月王匡到香港任中共港澳工委书记、新华社香港分社第一社长。他在国家出版局任职也只有一年多一点的时间，但是做出了几件影响深远的大事。

马国川：王匡之后，国家出版局的领导是陈翰伯，他是燕京大学新闻系毕业的，是一个国际问题评论家。

宋木文：“文革”前他就是文化部出版局局长。他主持国家出版局工作后，先抓少儿读物出版的恢复。1977 年全国有两亿少儿，而出版的少儿读物只有 192 种，那时连《皇帝的新衣》、《龟兔赛跑》这样的童话书都不敢出。1978 年 10 月在江西庐山召开了全国少儿读物出版会议，陈翰伯专门在会上做主题报告，号召出版界要尽快解放思想，多出好书。会上还制订了三年重点少儿读物出版规划，三年内为孩子们出版 29 套丛书。实际执行的结果远远超出了规划。陈翰伯曾经说过，国家出版局，实际上是国家出版“叫喊”局，我们的工作，就是上下为出版叫喊。当年国家出版局的几任领导，为了打破“文革”禁锢，恢复出版业的正常秩序，真是不遗余力地上下各方“叫喊”。紧随庐山会议之后的便是 1979 年 12 月在长沙举行的全国出版工作座谈会，这次会议及时地调整了地方出版社的工作方针，经过与会代表的热烈讨论，认为地方出版社应从出版的“地方化、群众化、通俗化”调整为“立足本地，面向全国”，这极大地调动了地方出版社的积极性。

马国川：“地方化、群众化、通俗化”是什么意思？

宋木文：就是一直以来，地方出版社只能出版字大、本薄、价廉的通俗小册子，不能出版大部头的学术著作、文学作品，更不能出版翻译小说。在北京和上海的一些大出版社先后出版了一大批中外文学名著以后，1979 年 9 月浙江人民出版社组织力量，认真审读了一部分以往出版过的中外名著，经过反复论证和研究，决定出版傅东华翻译的美国女作家玛格丽特·米切尔的小说《飘》。重印《飘》的消息刚一传开，就轰动了，十几个省的发行部门蜂拥而至，许多大专院校也纷纷要求供应此书。浙江人民出版社原计划印 10 万册，但是不够，后来计划印 60 万册。然而，就在这个时候问题出来了，《飘》的上册才刚刚印好，中下册还正在印，就在社会上掀起了轩然大波。一些党报连续发表批判文章，责问“飘”到哪里去？还有人批评说“‘社会主义’不知随风‘飘’到哪里去了”。

马国川：看来，极“左”思潮对出版界的影响在 1979 年仍未完全消除。

宋木文：当时内部通报、大小会议、各种来信，对于《飘》的批评同样接连不断。我们出版局的几位领导都明确表示，《飘》不违背四项基本原则，但是单靠出版界的力量已经难以顶住当时的压力。后来邓小平在会见美国费城坦普尔大学代表团时提到了《飘》，认为小说写得不错，出版了也没有关系，这才平息了这场争论。

马国川：这说明了思想解放的艰难，也说明了出版改革的不易。

宋木文：《飘》的出版推动了地方出版社“立足本省、面向全国”方针的贯彻。拨乱反正后，地方出版社快速发展。1984 年，地方出版社的出书品种已占全国总数的 60.4%，出现了“小社向大社挑战，地方出版社向国家出版社挑战，无名出版社向知名出版社挑战”的局面。

马国川：一些新杂志也相继创刊，影响最大的是《读书》杂志。

宋木文：1979 年 4 月，陈翰伯、范用、陈原、倪子明、史枚、冯亦代等著名的老一代出版家和文化人创办了《读书》杂志。记得《读书》杂志创刊号上发表李洪林《读书无禁区》的重头文章，引来激烈的争议。《读书》创刊两周年陈翰伯亲自执笔写了一篇告读者的文章，代表编辑部重申“读书无禁区”。陈翰伯很坚定，思想很解放。

十一届三中全会之后到 1982 年，是出版界非常活跃的时期，出版了很多东西。比如说各种各样的词典，《汉语大字典》、《现代汉语词典》、《汉英辞典》、《英汉辞典》、《辞海》都是那时开始编纂出版的，大百科全书也开始编写了。那时搞出版的一般都是专家，像陈原、陈翰伯都是老出版家。我这样“半路出家”来管出版的不多，我是后学。

马国川：那几年您在做什么？

宋木文：国家出版局的研究室副主任、办公室主任，就是在领导身边给他们做助手的。我和陈翰伯关系非常密切，每个礼拜我们俩都碰头一次，协助他回顾安排一周的工作。1982 年陈翰伯退下来了，我当了副局长。局长是边春光。后来他生病，我当代局长、文化部副部长。

中央做出加强出版工作的决定

宋木文：在当代中国出版史上有一件事情是很重要的，那就是 1983 年胡耀邦主持中央书记处会议做出关于加强出版工作的决定。具体抓的是邓力群，指导这个工作的是胡乔木。我参与了有关文件的起草工作。

马国川：当时怎么想到要加强出版工作，是怎么样的一个背景？

宋木文：因为在出版逐渐恢复的同时，也面临着巨大的困难。当时的主要矛盾是：出版事业的规模远远不能适应社会主义建设的需要，图书品种缺门很多，许多图书供不应求。大专教材有百分之四十左右不能做到课前到书，因为出版任务越来越重，印刷能力越来越不适应。特别是北京地区，这种矛盾更加突出，1981 年印刷能力只达到出版任务的百分之七十，粥少僧多，期刊挤图书，图书之中教材挤一般书籍，一般书籍中印量大的又挤印量小的学术著作和专业用书。

结果是许多书稿积压，迟迟不能发排；或者发排后周期过长，许多书的排印时间超过一两年。由于印刷力量紧张，一本书往往是“一版定终身”，很少有再版的机会。从发行方面说，图书发行长期以来都是由新华书店独家经营，这种体制的好处是有利于统筹安排图书市场，加强发行工作的计划性，但统得过死，渠道太少，供销矛盾越来越尖锐。像北京、上海等地发货能力不足，大批图书发不出去。城市零售网点太少，甚至大大低于新中国成立初期。当时出版也面临资金匮乏的问题。因为长期以来，要求出版单位把所得利润大部或全部上缴，而国家给出版部门的投资却很少。造成出版单位发展资金不足，物质条件改善甚少。

1981 年根据胡耀邦总书记的批示，国家出版局起草了一份《关于三中全会以来出版工作的汇报提纲》，经中宣部审定后报中央书记处。在提纲里我们分析了出版面临的问题，也提出了相应的建议：发展印刷生产能力，首先是对北京地区现有印刷企业有计划有重点地进行扩建和技术改造，适当发展照相排字和胶印，逐步做到印刷生产能力与出版任务相适应；改革图书发行体制，调整社店关系，急需增建仓库，增加大中城市图书销售网点，积极发展集体所有制的书店门市和个体售书点，并加强和支持农村供销社售书点。出版单位所得利润全部留用，除留给本单位的部分外，由国家出版局和各省市自治区出版局按一定比例提成，作为出版企业更新改造基金。中央和国务院各部委的专业出版社及其所属印刷厂的利润亦不上缴。城市建设部门要把书刊印刷厂和新华书店门市部的建设纳入城市建设规划，等等。

马国川：我看到有关资料记载，1982 年 2 月 4 日上午，胡耀邦主持中共中央书记处会议，专门讨论出版工作。胡乔木、万里、习仲勋、余秋里、谷牧、宋任穷、彭冲出席了会议，中央党政有关部门的负责人列席了会议。

宋木文：会上除了国家出版局的“汇报提纲”，还有民进中央提出的对出版工作的建议。与会的人们边听边看边议。从会议的讨论中看，中央领导关注的主要是两个方面的问题：一是关于出版方针方向、指导思想问题，这是因为“文化大革命”结束后，特别是党的十一届三中全会后，我国进入了新的历史发展时期，出版工作出现许多新的问题，发生许多新的变化，在这种新的形势下，需要总结新中国成立以来正反两方面的经验，进一步明确新时期出版工作的指导思想和方针任务；一是关于发展出版事业许多实际问题的解决，特别是阻碍出版事业发展的印刷生产力严重不足以及其他制约出版事业发展的物质条件问题引起出席会议的领导同志的高度关注。会议的气氛很热烈，也很民主，胡乔木提出书店仓库不足的问题时，就引起热烈的讨论。胡耀邦甚至提出，瀛台是否可以当书店仓库？这当然不是正式意见，但说明了他对这个问题的关切。这次书记处会议决定，由中宣部代中央和国务院起草一个加强出版印刷发行工作的决定。起草工作是由中宣部部长邓力群直接领导的，历时一年多，前后一共有十四稿。又召开全国出版工作会议征求意见，最后才报送中央。1983 年 2 月 21 日上午，中央书记处会议讨论通过了《中共中央、国务院关于加强出版工作的决定》（草案）。

马国川：《决定》的主要内容是什么？

宋木文：概括起来是两方面，一方面，《决定》全面阐述了我国出版工作的指导方针，有五条。第一、第二两条规定，社会主义的出版工作，首先是宣传教育工作，具有鲜明的思想性和革命性；又是一项科学文化工作，具有很强的知识性和科学性。第三、第四两条规定，社会主义的出版工作，是为最广大的人民群众服务的，具有广泛的群众性和计划性；又是出版工作者和著译者共同的工作，他们之间的关系是同志式的互助合作关系。第五条规定，社会主义出版工作，首先要注意出版物影响精神世界和指导实践活动的社会效果，同时要注意出版物作为商品出售而产生的经济效果。通过这五条规定和对各条的解释，既划清了社会主义与资本主义两种出版的界限，又以对出版功能和要求的准确概括把出版同宣传文化的其他载体相区别；关于社会效果与经济效果及其相互关系的规定，既反映了新时期对出版工作提出的新要求，又为后来在有计划商品经济——市场经济条件下做好出版工作解决相关的理论和政策问题奠定了正确的指导思想。实践表明，全面贯彻这五条指导方针，有助于我们在出版工作中避免和克服“左”的或右的错误倾向，坚持正确的出版方向。

在解决指导思想问题的同时，另一方面，也非常重视解决实际问题。对印刷工业进行技术改造和体制改革，发展印刷生产力，是《决定》重点解决的问题。按“激光照排、电子分色、胶印印刷、装订联动”所实行的一系列技改措施，使中国印刷业迅速发生了巨大变化。比如成为中国印刷技术革命重要标志的王选激光照排研究开发，就是这个《决定》里部署要做的事。原来印刷设备落后、技术落后、管理落后，后来以激光照排为代表的先进制版技术以及与其相适应的技术创新，形成巨大生产力，历史性地把中国印刷的面貌改变了。这是科技进步改变出版面貌和发展出版生产力最突出最生动的一个实例。在我担任新闻出版署主要领导职务的时候，再也没有当年徐光霄、王匡、陈翰伯那种沉重压力了，新闻出版署主管印刷的机构，再也不会像二十多年前那样为保证重点出版物做着全国印刷生产总调度室的工作，而是侧重于我国印刷技术、印刷工艺和印刷企业管理如何达到和赶超世界先进水平的筹划。

马国川：改革是80年代的主题，《决定》里是否谈到了改革？有哪些规定？

宋木文：《决定》要求，贯彻改革精神，打破不能适应新形势的老框框，创立新章法，调动一切积极因素，解放生产力。《决定》还对出版业的改革提出了一些具体要求。例如，发行方面要改革新华书店的经营管理体制，同时发展集体的和个体的发行网点，逐步形成以新华书店为骨干的、多种流通渠道、多种经济形式、多种购销形式、减少流通环节的图书发行网。这就是得到出版界共识的"一主三多一少"。以后又顺势推进了"三放一联"（放权承包，搞活国营书店；放开批发渠道，搞活图书市场；放开购销形式和发行折扣，搞活购销机制；推行横向经济联合，发展各种出版发行企业群体和企业集团），使发行体制改革向纵深发展。印刷方面则以进行印刷体制改革和印刷技术改造为主要内容，这在前面已经说过了。《决定》的重点不是解决改革问题，但《决定》对后来的出版改革有促进作用。

马国川：作为长期在出版部门工作的领导，您如何评价《决定》？

宋木文：20世纪八九十年代，我一直在文化部出版局、国家出版局、新闻出版署担任领导职务，我从实际工作中认识和体会到，《关于加强出版工作的决定》，是指导这一时期出版工作的纲领性文件，对出版事业的健康发展起了重要的指导作用，对今后的出版工作也仍有着积极的影响。当然，出版等精神生产领域的改革尚未全面启动，缺少指导改革的实践经验，所以，可能有人会说，《决定》对出版改革的指导还不够全面和系统。这在当时是难以避免的。

出版体制改革

马国川：八十年代的出版改革还是有重要进展的。

宋木文：《决定》做出后的十多年，出版事业有了长足的进步，发生了历史性的巨变。从外部条件看，得益于党和政府的领导与支持，特别是得益于优惠的经济政策的支持。全行业所得税返还，出版社增值税减免，县及县以下新华书店营业税减免等等。从内部讲则得益于逐步深化的出版发行体制改革。80年代的出版改革声势没有现在这么大，但是为后来的出版改革和发展打下了坚实的基础。

马国川：80年代，出版领域主要做了哪些方面的改革？

宋木文：改革是多方面的，包括出版、印刷、发行等方面的改革。

马国川：是否可以着重回顾一下对出版社的改革？

宋木文：出版社的改革是1984年在哈尔滨召开全国出版工作座谈会上加以推动的。会议针对国家对出版社管得过死的状况，提出扩大出版社的自主权，全社实行社长负责制，编辑部实行以提高图书质量为中心的多种形式的责任制，用经济手段促进精神产品的生产，以增强出版社自我发展的活力和能力。会议根据出版社从事精神生产的事业与企业双重属性，决定出版社为事业单位，实行企业管理。对此，1985年我在北京召开的全国性会议上做过解释："在经济体制改革不断深入的情况下，在管理体制上'一刀切'，把已经实行企业管理的出版社改为按事业管理，应当说这是一种倒退。所以我们倾向于：多数有条件的出版社要作为事业单位，实行企业化管理，通过逐渐改进和完善经营管理，不断增强自我发展的能力和主动为社会服务的活力；对于另一部分不具备实行企业化管理的出版社，可以实行事业管理，但也要注意改善经营，逐步由生产型向生产经营型转变，积极创造条件，争取其中一部分能转为企业化管理。"实践证明，对出版社这样确定属性和实行不同经营管理，是符合当时情况的，是有利于推进改革和促进发展的。出版社的改革是不断向前推进的。1988年5月由中宣部和新闻出版署联合发出《关于当前出版社改革的若干意见》，并召开全国性会议进行部署。文件指出："在发展社会主义有计划的商品经济的条件下，出版社必须由生产型向生产经营型转变，使出版社既是图书的出版者，又是图书的经营者。为适应这种转变，就需要积极而又稳妥地对出版社原来的体制，包括领导体制、经营体制、管理体制、人事体制、分配体制等进行改革，以提高出版社的应变能力、竞争能力和自我发展能力。”这是在当时主客观条件下，对出版社改革可能提出的主要的和全面的要求。

1988 年出版社改革文件还明确出版社可以开辟多种渠道，利用社会力量，扩大资金来源，扩大生产能力，以争取多出好书。文件规定：“确有需要的出版社在办社宗旨和经营主权不变的前提下，经上级主管部门批准，可以吸收全民所有制单位、集体所有制单位的资金，用于发展生产；有条件的科技和学术出版社，经省级政府和部级主管部门的同意，并经新闻出版署批准，可以试行同外资合营，但外资股金必须低于二分之一，编辑部应由我方掌握。”1992 年全国新闻出版局长会议又重申了这项政策，但中外合资办出版社，只批准了个别单位试办。

正确处理社会效益和经济效益的关系，是出版社改革的特点，也是出版社改革的难点。为充分重视这个特点，勇于克服这个难点，正确推进出版社的改革，我在 1988 年局长会议上作了如下概括：“既要重视社会效益，又要重视经济效益，以社会效益为最高准则；作为自负盈亏的出版社（文化企业），如果不讲经济效益，也难以实现社会效益；在具体问题的处理上，如果经济效益与社会效益发生矛盾，经济效益要服从社会效益；在总体上，我们要争取做到社会效益与经济效益的统一。”

改革使地方出版社发生两大变化，办社方针由“地方化、群众化、通俗化”向“立足本省、面向全国”转变之后，在 20 世纪 80 年代，大多数省、区都由原来一家综合性人民出版社分建若干专门出版社。按专业方向建社，同执行“立足本省、面向全国”方针相互作用，促进了地方出版事业持续发展，特别是多数省、区都有特色鲜明、贡献突出的中小专业社成长起来。现在有不少省区市已经或正在组建出版集团，似乎出现了“分久必合”的局面，然而诸多有特色有实力专业社的存在，才使这种“分久必合”成为可能和必要；同时，在重新组合的过程中，也要注意保持和发扬被组合专业社的特色和优势。

出版社的改革是逐步展开的，是初步的，却是比较扎实和有成效的，比如图书品种数量大增，质量效益也有提高，一大批文化积累和经济积累相统一的长效常销的重点出版物和骨干工程日渐增多，成为新时期出版事业繁荣发展的闪光点；又比如一批坚持改革，方向正确，社会效益与经济效益统一，不断增强实力，面向市场而不是游离于市场的出版单位正在崛起；以一批改革带头人为中坚的出版队伍正在成长壮大，再加上印刷、发行改革取得的成就，这就为全面深入进行改革奠定了坚实的基础。

书价改革

马国川：在出版发行体制改革的同时，还进行了书价改革，是否也谈一谈？

宋木文：1984 年至 1993 年，我国的图书价格有过三次改革，我是三次书价改革的参与者之一，可以谈谈图书价格改革，从一个侧面说明出版改革的情况，因为图书价格改革是整个出版改革的组成部分。

马国川：在改革之前，图书价格是怎么确定的？

宋木文：改革前，出版社执行的是 1973 年“文革”中制的定价标准，比 1956 年低标准定价还低。到了 20 世纪 80 年代，许多商品价格开始放开，出版的上游产品，如纸张、油墨、装帧材料、印刷设备的价格不断上扬，而出版社又要面向市场，走自主经营、自负盈亏、自我发展之路，原来出版一般图书所享有的纸张补贴也逐渐被取消。国家不予补贴，出版社又无力自我消化，改革一般图书的价格制度，势在必行。1984 年中央作出《关于加强经济体制改革的决定》，强调“价格是最有效的调节手段”后，启动了图书价格体制的改革。这次主要进行两方面改革：一是书价管理由原来中央集中统一管理改为由中央与地方分级管理，以地方管理为主；二是将原来按门类和学科分类予以简化。按当时实行的 1973 年定价方案，书籍正文分为 38 类，并按 12 个档次定价，比 1956 年文化部颁发的 26 类 11 个档次定价分类分档更多更细。我是第一次承担调整书价工作，开头有些看不懂，再看下去感到太烦琐。我觉得，实行这种过细又过繁的定价方案，尽管有其体现不同类别不同图书要有不同定价的意图，但却很难适应各种复杂又时有变化的情况，也不便于操作。经与有关同志商议，决定将 38 类简化为社会科学和自然科学两类，将 12 个档次改变为只划分上限与下限，做到既有相对统一的定价标准，又使出版社有一定的灵活性。这次改革改变了长期形成的出版物价格全国“一刀切”的管理模式。

马国川：1984 年的改革，是改革开放后第一次书价改革，也是对建国以来一直实行的定价办法的突破。

宋木文：第二次改革是在 1987 年至 1988 年，这次改革有实质性的突破，实行按成本定价和控制利润率的定价原则，定价权下放给出版社。当时受价格制度影响最大、出版亏损最多、出版最难而读者特别是教学和科研人员又最为需要因而呼声最高的就是印量少的学术著作。我同机关职能部门的同志一道去中国科学院所属中国科学出版社作调查研究，并共同拟出 3000 册以下的学术著作参照成本定价的办法，经国家物价局批准实施。学术著作定价放开，对出版物价格改革的全局有重要影响。稍后，又将中小学和大专课本之外的一般图书的定价放开，但为贯彻保本微利原则，实行宏观控制，规定每社年利润率不得超过总定价的5%–10%。

马国川：我在您的书中看到，1993年又进行了第三次书价改革。

宋木文：1993年启动的第三次书价改革，主要是更明确地把书刊价格分为三类进行管理：第一类，关于中小学课本和大中专教材的价格仍按现行管理体制和管理权限实行国家定价，由地方和中央分别管理；第二类，对党和国家的重要文献，包括法律、法规、著作、文选，按照微利的原则由出版单位制定具体定价标准，定价权在出版社，国家主管机关进行必要的指导和调控；第三类，图书的大多数品种的价格由出版单位根据纸张成本、印刷工价和发行册数自行制定定价标准。这样，除教科书外，一般图书的定价，基本上完全放开，由市场进行调节了。党和国家重要文献，仍应实行保本微利的原则，其他图书已不提保本微利，只要求通过市场调节做到"社会效益与经济效益的统一"。

马国川：经过了十几年的三次改革，出版社才拥有了对本版书的定价权，这说明了改革的不易。

宋木文：我国书价体制改革是同我国经济体制改革和市场经济发展同步的，是逐步进行的，而且重大改革措施（如第一次书价改革）是报请党中央和国务院主要领导同志批准的。在三次书价改革中，我们主要坚持了三条：一是保本微利、力求低廉；二是根据生产成本和市场需求由出版社自主决定价格；三是国家对书价实行分类指导和宏观调控。这三次价格改革的历史经验告诉我们，书价改革涉及千家万户和亿万群众，从普通百姓到中央领导都很关注，因此它总能引起一些社会反响，甚至有反对和质疑。我们的认识很明确，对图书定价的改革，一定要坚持下去，同时要及时发现和坚决纠正偏离改革轨道的各种问题，不使改革受阻，并在出现新的机遇时把改革加以深化，逐渐形成符合中国国情的、完整的、稳定的出版价格体系。

成立国家新闻出版署

马国川：1982年机构改革，把出版局、文物局、外文出版局和对外文委都合并到文化部去了。

宋木文：1982年到1986年就是文化部出版局，后来也叫国家出版局。1986年又恢复原来的独立机构，恢复由国务院直属的国家出版局。我当时是文化部的副部长，就把我调回去做国家出版局的局长。我没当多长时间，胡耀邦主持中央书记处会议决定要加强对新闻的管理，要建立新闻机构，最后一个方案就是利用现有的机构，把国家出版局改为国家新闻出版局。

马国川：原来的国家出版局只管出版？新闻没有具体的管理部门？

宋木文：新闻没有政府管理部门，是由中宣部管的。我们也管一点，主要是管后勤方面的事情，包括纸张供应等行政性事务，很多工作都是中宣部管的。最后决定新闻管理工作放在国家出版局，1986年就撤销国家出版局，筹备成立国家新闻出版局。当时我是国家出版局局长，就指定我来筹备。筹备成立的国家新闻出版局是副部级。1986年底就开始筹备，筹备了两三个月。筹备过程当中，我提议叫“新闻出版总署”。

马国川：为什么叫这个名字？

宋木文：因为新中国成立初期有新闻总署，胡乔木是署长，还有一个出版总署，胡愈之是署长。两个总署，一个管新闻，一个管出版，很强势的。1952年撤掉了新闻总署，1954年撤掉了出版总署，成立文化部出版局。我就考虑，这是把历史上两个总署的工作合一，不叫新闻出版局，而叫“新闻出版总署”。在国务院常务会议审议的时候，由我作说明，国务院常务会议采纳了我们的意见，但是没有同意加

“总”字，就成为“新闻出版署”。

马国川：您是考虑把历史连接起来。

宋木文：的确，是把现设机构与历史联系起来，也觉得“署”比“局”更有权威性。国务院常务会议就定了机构，定了编制，但是没定领导班子，没定署长是谁。后来班子定下来，调光明日报社总编辑杜导正来当署长、党组书记，我当副署长、党组副书记，一二把手就这样安排下来了。

马国川：在当年，新闻出版管理机构的改制，新闻出版署的组建，引起国内外媒体的极大关注。

宋木文：所以杜导正在北京举行了记者会，介绍新闻出版署的职能并回答记者的提问。不久，我出访新加坡，在香港停留考察新闻出版单位。因为新闻出版署成立不久，又正在反对资产阶级自由化及报刊整顿工作，新闻出版署代表团访问香港引起当地舆论界的广泛关注，不时有记者追踪访谈。我与北京沟通后举行记者会，香港三十多家新闻单位的记者到会，我回答了各种问题，介绍了新闻出版署的成立与职责，澄清了香港媒体上的各种不实传闻。1989年6月杜导正退下来，我接他当署长。我在任期间，从国家出版局（国家版权局）到新闻出版署（国家版权局），作为政府主管部门，起草了三个法，一个是出版法，都提交到全国人大常委会了，因为对“出版自由”的解释存在严重分歧，搁浅了。还搞了一个新闻法草案，也停掉了。只有版权法搞成了。

推进版权立法

马国川：版权问题最早是什么时候提出来的呢？

宋木文：1978年3月，英国出版商协会主席格林带着英国外交部长欧文的信，率团访华，向中方提交了双方关于保护版权的“意见书”，并邀请中国于次年派适当代表团访英，考察英国出版业，讨论版权问题。当时国家出版局代局长陈翰伯认识到版权的重要性，很快就成立了版权研究小组。开始收集版权资料，出国考察欧、美、日版权立法情况，参与请外国版权专家来华讲学和对外合作出版工作，为立法做准备。我当时负责联系版权小组工作。1982 年，出版局与文化部合并时，版权研究小组扩建为文化部版权处。

马国川：到了 1985 年，就成立了国家版权局。

宋木文：成立国家版权局是经国务院决定设立的，首要任务就是起草版权法。版权局和出版局是“一个机构两块牌子”。因为 1985 年 7 月新成立的版权局带“国家”二字，发国徽图章，文化部出版局才“改称”国家出版局，也发国徽图章。1987 年国务院召开常务会议审议新闻出版署建署方案时，在国家版权局的问题上却遭遇困难。有人说版权和出版是一回事，由管出版的机构管就行了。也有人提出版权与出版不同，也不必设立国家版权局，在新闻出版署设一职能部门来管就可以了。我据理力争，最后主持会议的国务院总理赵紫阳表态同意了我们的意见，国家版权局才保留下来。

马国川：这也说明了当时人们对版权问题认识模糊。

宋木文：那是二十二年前的事了，现在高层已经把版权、知识产权作为经常讨论的重要话题了。

马国川：当时版权法还在起草中吗?

宋木文：一直还在起草。但是在立法时遇到的阻力很大，最大困难来自科技界。我们准备把版权法草案提请全国人大常委会审议之前，多位著名科学家联名表示反对，说此时颁布版权法会给使用外国科技书刊带来不便，并将造成巨额外汇支出；国家科委、中国科协、中国科学院和教育部还为此专门给国务院写报告，起草和审议工作暂时停顿了。后来，我们邀请相关专家算了一笔细账，发现颁布版权法之后，我们的经济损失实际上并没有那么大。与此同时，中宣部向中央提出了参加国际版权公约使对外版权关系正常化的报告，得到了中央的批准。科技界之外，文化艺术界很多人士对此也并不积极，立法本来是保护作家的权利，但当时有些作家在谈到著作权和报酬时还有些不好意思，也难怪，“文革”时候他们连拿稿费都要受到批判呢。剧作家曹禺是当时主张保护作家版权、主张立法的积极分子，他的思想在当时是有些超前的，他当时在文化艺术界影响很大。

马国川：科技界没有了反对声音，就能够顺利通过了吧。

宋木文：到全国人大常委会审议时，又遇到了先制定出版法后制定版权法的问题，立法再次遭遇挫折，一度搁浅。后来看到制定出版法不成熟，决定先制定版权法。可是新的问题又来了：版权法第43条在立法和修改中成为最难迈出的一道门槛，这一条涉及广播电视组织播放音乐制品是否付费的问题。

马国川：这个问题至今仍然没有得到妥善解决。

宋木文：二十年前更是争议很大、影响广泛的热点问题。经国务院常务会议审定的著作权法草案规定，对广播电台、电视台播放已经发表的录音制品，按“法定许可”，可以不经著作权人许可，但要支付报酬。这项规定，得到音乐界的支持。可是1989年全国人大常委会审议时，广电部门却以自己是非营利性的党的宣传喉舌而强烈反对。音乐界人士还专门上书全国人大常委会，维护词曲作者的权利。在法律委员会讨论提交常委会表决文稿时，仍然存在两种不同的意见。作为政府主管部门的负责人，我和版权司沈仁干列席会议，坚持国务院送审方案。此时，适时通过著作权法已成为对内有需要、对外有承诺的紧迫议案。主持会议的法律委员会副主任宋汝棼给我写了个条子：“勿因小而失大，勿求全而拖延”，希望我并劝说有关同志作出妥协。我只能顾全大局，最后会上通过的第43条规定“不经许可，也不支付报酬”。

马国川：这是不符合国际惯例的。

宋木文：是啊，所以只好在国务院颁发《实施国际著作权条约的规定》中作出调整，这一条只适用于中国人，而不适用于外国人。国内人士讥讽说，外国人在中国享有超国民待遇。但是不管怎么说，我们终于有了版权法了。从 1980 年起草到 1990 年正式颁布、1991 年开始实施，著作权法的诞生过程可谓来之不易。之后我国版权保护的进程就加快了，1992 年我国加入伯尔尼公约和世界版权公约，正式进入全球化时代的版权保护体系之中。当然，这部法律还有一些遗憾，尤其是第 43 条规定明显不合理，所以我一再在人大会议上提出修改意见，直到 2000 年国务院再次向全国人大提请审议著作权法修改议案时，才对第 43 条作出修改："广播电台、电视台播放已经出版的录音制品，可以不经著作权人许可，但应支付报酬，""具体办法由国务院规定。"这可是一大突破，解决了多年来争论不休的一大问题。从 2001 年 10 月全国人大常委会通过修正案到现在已经八年过去了，国务院的具体规定尚未做出，修改后的第 43 条至今尚未执行，向著作权人支付报酬还是"一句空话"。

马国川：第 43 条的立法与修改何以如此艰难？

宋木文：关键是思想观念的问题。著作权法从颁布到修订，将近二十年了，"自主知识产权"已成为从国家领导人到大众常用的词语，但是，由于我国长期受"左"的思想影响，曾经批判资产阶级法权和知识私有，形成一种根深蒂固的习惯势力，对使用精神产品不像使用物质产品那样必须付酬，可以使用各式各样"言之成理"的"理由"去"合理使用"。这是第 43 条修改与修改后实施如此艰难的最深层次的原因。

马国川：文化立法在我国立法当中是严重滞后的，著作权法似乎是个例外。

宋木文：著作权法是已颁布的两个文化法律之一，另一个是文物法。著作权法是通过国家立法来尊重知识、尊重知识分子，保护知识和知识财产，这是一个很大的飞跃。同时它也是改革开放的重要标志，这个法很重要的内容就是处理对外的版权关系，和国际规则接轨了。2001年修改它，就是为了加入WTO的要求。这个法律引起的观念的变化是最重要的变化。以前连作者都不知道怎么保护自己，去争什么，现在可以理直气壮地出来说那是我的创作权，而法律本身对权利的保护也比较完整了。法律体现了尊重精神财产的观念，这是很重要的变化，知识经济时代，保护知识财产的意识起码要等同于对物质财产的保护，甚至要高于它。使用知识成果要像使用物质成果一样付酬，甚至更要重视对智力成果的保护，并在全社会形成尊重和保护智力创作的良好风尚。这个问题远没解决，还需要做广泛的普及的工作，而国家办的重要单位，用我们在全国人大工作时的用语“带国字头的大单位”，带头尊重和保护知识产权尤为重要。

建立适应社会主义市场经济体制的出版体制

马国川：1989年您接任署长的时候，形势很紧张，按照一些人的说法，意识形态属于“重灾区”。

宋木文：我主持新闻出版署工作以后，是按中央部署进行工作的。就我们自身业务来说，我始终认为，出版工作的中心任务是多出好书。1990年3月召开全国新闻出版局局长会议，我在工作报告中说：“出版工作的成果，出版事业的繁荣，最终是靠多出好书来体现的。多出好书，这应当是我们各级出版管理部门、各个出版社的中心任务和调动本单位人员为之奋斗的行动口号。十一届三中全会以来的十年，出版工作所取得的重大成就，是以出版了一大批高质量的重点图书为标志的，今后的十年，我们应当有信心，也有条件在出版高质量重点图书方面赶上并超过前十年，否则我们就将辜负人民的要求，有愧于后人。”随后，这一年 4 月，我去上海调研，又提出：多出好书促进繁荣是出版工作的永恒主题。经过几代人的努力，出书品种 1990 年达到 80224 种，1993 年达到 96761 种，中国跻身世界出版大国之列。

马国川：十四大以后，出版领域的改革并没有像经济体制改革那样全面地往前推进。

宋木文：思想文化领域的改革走在经济体制改革的后边，就包括曾经走在文化体制改革前面的出版改革，若干年中基本上没有大的动作。当时，我还真想做一点改革。1992 年我就提出，出版是生产精神产品的思想文化事业，同时又是一项文化产业。十四大以后，我在全国新闻出版局局长会议上的报告，提出了建立适应社会主义市场经济体制的出版体制的改革目标，对出版社和发行体制各提出了五项重要改革措施。其中包括：进一步推动出版社完成由生产型向生产经营型转变，具备条件的可以由事业转为企业；扩大出版社在选题、定价、分配、人事等方面的自主权；允许出版与专业分工相近相关的图书；完善社长负责制和以提高质量为中心的多种形式责任制；进一步开放图书批发渠道，允许民营书店经批准办理二级批发；放开批发折扣，建立和完善跨地区、开放型的图书批发市场；扩大国营书店经营范围，利用社会力量发展图书销售网点，等等。总之，是要建立适应社会主义市场经济体制的出版体制。1992 年局长会议报告还指出，在建设新体制的过程中，“要切实把握好两个方向性问题：一是要同政治体制改革相适应，一是同社会主义精神文明建设相适应”。我在前面回顾“拨乱反正”以后一二十年出版改革的历程，实际上就是随着国家改革开放进程，结合出版改革，对实行和建立新的出版体制的探索和实践。

马国川：但是直到现在，这个体制还没建立起来。

宋木文：因为新闻出版业所具有的文化与意识形态属性，使得其改革的难度更大。所以十四大以后，尽管我们提出一些要求，但是实际上没有坚持做下去。经济体制改革都挺艰难的，与思想文化密切相关的出版体制改革难度更大些。

现在的出版体制，是从建国之初逐渐形成的。就像建国前夕文艺方面的两军（国统区和解放区）会师一样，出版也是两军会师，解放区的新华书店和国统区的三联书店等革命出版工作者会师，随后新建的人民、文学、美术、音乐等出版社也主要是以会师两军为主干的。另外，还接收了国民党的出版机构和私营的出版机构，包括商务印书馆、中华书局等。社会主义改造以后，出版没有私营的了，国营一统天下。国家办出版、国家办新闻，这是咱们的优势和特色。具体地说，就是由政府和社会团体等部门主办、主管出版单位，并逐渐地形成主办主管制度。

马国川：主办主管制度新中国成立后就开始形成了？

宋木文：那时候是一个雏形。新建了一批出版社，都有它的主办主管单位，中央的各部委开头没有多少出版社，后来各部委都建出版社，现在每个部委都有出版社，谁办谁管，形成主办主管制度。这种体制适应当时的发展，适应当时的中国整个政治体制，有利于发展出版事业。现在又出现了新问题，就是要突破部门所有体制的禁锢，重塑市场主体。如何调整主办主管制度，如何打破地方割据，实现跨部门、跨地区、跨行业、跨所有制，是当下深化出版体制改革的两大难点、两大关键。

马国川：应该说，在整个市场经济大潮中，出版改革显得有些被动。

宋木文：全局性重大的改革是在十六大之后。在十六大报告中，明确提出文化体制改革和文化产业发展的思路和要求。2003 年，党中央、国务院对文化体制改革进行试点并确定了三十五个文化体制改革试点单位，新闻出版单位占了近三分之二，足见新闻出版业的改革力度之大。十七大又把改革向前推进。在中央领导下，当前的出版改革有了新的发展，内容更广泛，也更深入，转企、改制、重组、上市全面展开。我认为转企改制是出版改革的基础性工作，这项工作做好了，对进一步改革发展具有重要意义。

整个出版改革，包括建立和完善适应社会主义市场经济体制的出版体制，是为了解放和发展出版生产力，做强做大是为了使符合党和国家要求的优质出版物更多、更广泛、更有效地传播到广大群众中去，成为以马克思主义为指导的主流意识形态的强大工具和重要载体。在出版领域引进市场机制主要作用是积极的，但也不可避免地遭遇一些负面冲击。因此，在采取各种改革措施的同时，必须强调坚持党的出版方针和社会主义出版方向，把做强做大出版产业同加强以马克思主义为指导的意识形态建设结合起来，统一起来。

马国川：您今年八十高龄，作为一个出版家，如何评价自己的出版生涯？

宋木文：我不是出版家，只是一个出版人。我做出版工作，始于1972年，当时43岁，已“人到中年”了，是“半路出家”搞出版。而这一做，就没有中断过。我从1993年退下来后到全国人大干了两届，十年，继续关注出版和版权事业的变革与发展。作为一个出版人，平时想的做的都是出版工作，我的事业积累也主要在出版上。2004年办理离休手续后，岗位离开了，事业还牵挂着，我开始对大量有关资料进行查阅整理，反复思考，把亲历的我国新时期出版工作中重大事件和重要问题写出来，最终完成了《亲历出版三十年——新时期出版纪事与思考》一书。

马国川：在那个年代，由“半路出家”的人主持出版工作是不多的，您是怎样一种情况？

宋木文：主要是一种机遇。对我国新闻和出版事业都有过重要贡献的我的老领导陈翰伯，生前谈选拔干部时曾说过，宋木文没搞过出版，但让他管出版，对出版有好处。为什么说让我这样的人管出版，对出版有好处呢？我理解，这是一种信任，更是一种期待。这种信任和期待应该是得之于我对老出版家的尊崇和谦诚，得之于我对党和国家重大政治决策和思想理论的学习和领会，得之于我对出版事业的热爱和忠诚。我是陈翰伯等老出版家的接班者。反省三十多年做出版工作的历程，只能说是无大错。是否给出版带来好处？自知有也不多。但有一点可以告慰出版界同仁：我做出版，是把它当作为之献身的一项事业，并逐渐地把个人追求与职责承担结合起来。

采访时间：2009 年 6 月 16 日，8 月 13 日

采访地点：北京朝阳区兴华公寓

中国出版制度漫谈

——香港出版人访谈录

（2007年10月14日）

〔**题记**〕此文是香港出版人梁荣鋕（时任联合出版集团属下香港商务印书馆董事、助理总经理，现任香港联合电子出版有限公司总经理）访谈录音整理稿（经我阅改定稿）。这次采访是北京商务印书馆总经理杨德炎安排的。德炎向我介绍时特别强调，梁先生正在读博士学位，拟以《中国的出版制度》为主题撰写博士论文，还认真阅读了拙著《亲历出版三十年》，让我务必接受他的采访。德炎是我的老部下和好朋友，待人处事既热情又谨慎，我难以拒绝他的安排。此次谈话事先没有明确要点，又采取随意问答式，所谈内容比较宽泛，但大都是围绕中国出版制度这个主题而展开，故以《中国出版制度漫谈》命题。此次重读一遍，觉得尚能反映我的出版观，对了解中国出版制度的形成与变革，或许还可作为一些参考。

梁荣综：谢谢你接受我的访问。我访问的内容，是用于我的博士论文，不公开发表，要发表也要得到宋老的同意才能发表，要给你看，看了之后，你确定。所以我不公开发表。我还要尊重你的版权。完成了文字记录，再给你看。

宋木文：我很高兴见到你，你来了几次，不凑巧，都没有碰上你我都方便的时间。你刚才说《亲历出版30年》你全部看完了。我听了以后，感到很高兴。作为一个老年作者有这么一个年轻的读者——我们出版社的同仁，又居住和工作在香港，能够关注我的书，我也感到欣慰。利用今天的机会，我们随便交谈。

梁荣综：我研究的题目是从1949年一直到现在的中国出版产业。50多年的时间。所以有很多问题要慢慢一点一点地请教宋老。你是哪一年，参加出版工作的？

宋木文：1972年，那时候中国还在进行文化大革命。那是一个特殊的年代。整个社会舆论都非常“左”，是“极左”思潮盛行的年代。1969年我从文化部下放到湖北咸宁“五七”干校，在“五七”干校搞了三年劳动。实际上是一种劳动改造的性质。整个文化部三四千人都搬到湖北咸宁。1972年，决定让我回北京，当时叫国务院出版口，后来改名为国家出版局，是国务院直属的一个领导管理出版事业的机构。后来就一路下来，没有中断。一直到新闻出版署、新闻出版总署，大概有三十年的光景。我的《亲历出版30年》也主要是从我进入出版工作开始写起，一直到我离开这个岗位。

梁荣综：那个时候，你参加我们的出版业，出版的功能、出版的任务是什么呢？

宋木文：那时候，受当时“文革”的影响，主要是强调出版为政治服务，全称就是为无产阶级政治服务，也就是为当前的政治任务服务。所以那时候的出版的指导思想在今天来看是很不适当的。因为书出得很窄，基本上否定了传播文化的功能。这样要求，“文革”前出的很多书都封存了，都不让出版了，不让发行了。整个出版界实际上是拆散了。当时文化部直属的主要的出版社，像人民出版社，商务印书馆，中华书局，美术出版社，统统都下放到咸宁“五七”干校。出版单位是在一个大队，文化部机关是一个大队。1971年，周总理召开全国出版工作座谈会，讨论恢复出版工作问题。当时像商务印书馆的一些词典，都出不来了，学生上学也没有书读，干部和工农兵也没有书读，书的数量是很可怜的。整个队伍都打散了，只保留一个机构，叫毛主席著作办公室。就是出版毛主席的书，加上“样板戏”，当时流行有这么一句话，一本毛主席语录，加上几个“样板戏”，整个精神生活都是空空荡荡的，整个思想都被一种“左”的东西覆盖着。周总理觉得这样发展下去，对国家非常不利，所以就请示毛泽东同意，恢复出版，就把原来下放到湖北“五七”干校的那些出版单位逐步恢复，人也陆续回到北京。我原来不是搞出版的，是在文化部搞艺术教育方面的工作。在周总理抓恢复出版工作的大形势下，1972年，我回到北京，到了国务院出版口，后来改名为国家出版局。当时，人民出版社，中华书局，商务印书馆，这些出版单位都恢复工作了，但还受到很多条条框框的限制，这个不能出，那个不能出，要出就要请示，要报告。出了当时认为有问题的书就株连干部，整人。尽管如此，还是有所改进。出版工作有大的改进，应该是从粉碎“四人帮”以后，是1976年，更是1978年，十一届三中全会之后。因为“拨乱反正”，纠正“左”的路线，把出版的功能，出版的目的，出版的任务，出版的性质，做了很大的调整。而且也不再提为无产阶级政治服务的口号了，而提为人民服务，为社会主义服务。书呢，有政治的书，理论的书，文艺的书，知识方面的书，休闲方面的书，广泛的，各个方面的书都可以出版，这样就把出版的功能拓宽了，不再那么窄了，就能够更好地适应知识分子，广大群众，科学研究的广泛的需要。“拨乱反正”把出版的性质、方针、任务、指导思想，做了很大的调整，就形成了今天这个局面。

梁荣鋕：今天的局面与那个时候有什么关系呢？

宋木文：关系很密切。如果不“拨乱反正”，不批判“极左”，不粉碎“四人帮”那一套，包括毛泽东后期的那个“左”的思想，“左”的路线，“左”的方针政策，对那些东西不加以否定，就没有今天的局面。今天各种书都能出来。我现在一时说不出具体的数字，拨乱反正前出的书就几万种吧，我写的那个书里有统计。现在年出书都二十多万种了。品种也多了，各个方面的书都可以出了。那时候的“拨乱反正”是出版领域的思想大解放，积极性大调动，这才有后来逐步繁荣和发展的局面。这个“拨乱反正”，你不是写1949年以来的出版制度吗？在“文革”以后，或者是在1949年以后，在出版历史上占很重要的地位。这个就像咱们整个国家一样，咱们国家就是十一届三中全会以来，否定文化大革命，纠正毛泽东的“左”的路线，实行改革开放的路线，整个国家步步往好的方向发展。现在国力也有所增强，对外交往也广泛展开，国家在世界上的地位也非同往昔，跟过去没法比了。在这种总的形势下，出版方面的繁荣发展，和国家的整个形势，是合拍的，是一致的，是相吻合的。如果没有整个国家的发展，也不会有出版方面的局面。同时，出版方面的局面也从一个方面，推动了国家的发展，有利于国家的发展。如果国家经济、科学、文化都很发达，你出版工作不行，你就拖国家发展的步伐。同样，出版搞得好，你就会推动国家的经济、科学文化的发展和对外开放的发展。

梁荣鋕：那个时候讲的出版功能同“文革”之前讲的有什么不同？

宋木文：“文革”之前对出版功能还是讲得比较清楚的，政治上的要求很严格，但好的书还出了不少，不像“文革”的时候，把“文革”前出的东西都打成“封、资、修”。建国以后到“文革”，出版工作有了不小的发展，也受到1957年反右派、1958年大跃进“左”的影响，但比“文革”的时候还是好得多。“文革”后，是拨乱反正，拨乱反正以后，就是在“文革”之前的那个基础上，又有一个大的发展。拨乱反正既是否定“文革”，又是对“文革”之前建国以后的出版事业的继承和发展。

梁荣鍒：改革开放以后，我们的出版功能，产生哪些转变呢？

宋木文：这个转变还是比较大的。第一，就是为无产阶级政治服务的口号不提了，改成为人民服务，为社会主义服务。这是一个很大的变化。为无产阶级政治服务，在当时，就是为阶级斗争服务，为党和国家的中心任务服务，为当前的政治运动服务。如果把出版的功能局限在这么一个意义上，那就非常窄了。改革开放以后，一下子拓宽了。各种书，科学的，文化的，知识的，政治的，理论的，宣传的，娱乐的，青年的，老年的，国内的，国外的，当前的，长远的，正面的，反面的，都能出。这个是个很大的变化。第二，就是出版功能更全面了，更完整了，更多方面了，更多层次了，更适应多方面的需要了。这个变化，是从“拨乱反正”开始的，一直到今天。第三，也更为重要，就是从1949年以来出版的变化来看，出版领域经历了一次改革，一次逐步深入的改革，一次适应国家改革开放的改革。改革现在还在进行。总体上是适应国家发展的需要，从出版本身来讲就是进一步解放出版生产力，使得中国出版更好更快的发展。要求大部分出版社都要逐步转为企业，叫出版企业，要面向市场，和市场挂钩。出版有什么作用，没有什么作用，不是靠别的，而是靠它在市场上发挥的作用，就是卖得好，销得好，看的人多，那么它传播知识的作用，传播文化的作用，对人进行品德教育的作用，就自然更强了。如果你出的书，社会上不需要，你再说有什么功能也没用。所以现在正在进行的改革，就是大部分出版单位逐步转为企业单位，自主经营，有很强的独立性，不必什么事情都得请示上级。现在出版社的老总的权力是很大的，你知道杨德炎，商务基本上是以杨德炎为首的班子决定出什么不出什么，怎样经营。他不必今天请示这个，明天请示那个。以前在“文革”期间都要请示的，那倒不是每一本书都请示，但是请示的面很宽。现在基本上是不请示。当然，涉及党和国家的什么重要情况的，按有关规定或者出版社觉得需要的，才请示。这就是说出版社独立自主权增强了，和市场更近了，也就是和群众更贴近了。

梁荣錝：“拨乱反正”以后，是不是要恢复以前的出版制度？

宋木文：又恢复以前，又和以前不同。

梁荣錝：但是我们本来的出版制度是怎么建立起来的呢？

宋木文：建国以后，我们有两方面的出版单位：一类是原来的，把它接收过来，原来是私营的，后来改成国营的，就像商务印书馆、中华书局、开明书店等。一类是新建的，像人民出版社、音乐出版社、美术出版社、人民教育出版社；各个部委也建立了一些出版社，像轻工，纺织，机械，农业等出版社。中央人民团体，如全国总工会、共青团中央，也办了出版社。中央党政机关大都陆续办了出版社，并分别成为这些出版社的主办主管机关，一直延续下来，形成中国出版体制的一个特点。民主党派中央办出版社，那是后来的事。各省市则建立了综合性的出版社。大学出版社，五十年代只有少数几家，如人民大学出版社，八九十年代，发展到一百多家，成为一支重要的出版力量。总体上讲，新中国成立以后，新建的出版社是比较多的，发展也更快些；同时也接收了一些老的出版社，这些出版社也得到了很好的发展。在编辑出版业务上，主要是继承了商务印书馆、中华书局，三联书店，解放区新华书店这三类单位办出版的好传统，也借鉴了苏联的经验。

梁荣錝：那个时候是不是有一个专业分工的问题？

宋木文：有的。这也是和当时历史情况相一致的。像人民出版社就确定为政治书籍、理论书籍出版社，文学出版社出文学方面的书。

美术社不言而喻出美术的书，音乐社出音乐的书。教育部办的出版社，叫人教社，高教社，出中小学教材，出大专院校教材。轻工部办的出版社，主要是出轻工的书。

梁荣鋕：都有出版范围，但是它们的制度有没有借鉴外国的经验？

宋木文：借鉴外国的经验，改革开放前，主要是借鉴苏联的经验。从出版管理制度到出版社模式都有借鉴。苏联和中国都有青年出版社、少年出版社，是借鉴了苏联的做法，也适合中国的国情。中国青年出版社、少年出版社，都是团中央办的，自然就出青年书，出少年书。对于省市的出版社，当年一个省就一家，就出政治理论的书籍和综合性的普及读物，是为地方服务的。那时候出版很不发达。地方出版社很小，不像现在那么多。

梁荣鋕："文革"以后，是不是地方出版社更发展了？

宋木文：地方出版社的发展，带有标志性的就是1979年的长沙会议（在湖南长沙召开出版会议的简称）。原来对地方出版社限制很严，很死。实行"三化"：群众化，地方化，通俗化。就是这些出版社，只能为地方服务，像小说、翻译书等，都不能出。1979年12月的长沙会议把"三化"突破了，提出：立足本省，面向全国。这样什么都能出了。出版不可能画地为牢。湖南出的书，内容好，可以向北京发行，向东北三省发行，谁能限制得了！特别是搞改革开放，搞市场经济，就更不可能限制了。所以"立足本省，面向全国"的方针一确立，地方出版社就有了很大的发展，发展很快。现在地方出版社出书总量比中央的出版社还多，也有不少高质量的书。

梁荣鋕：1949年到"文革"前，文化部是怎么管出版的？

宋木文：建国后，在中央人民政府设有出版总署管出版，1954年撤销后由文化部管出版，直到"文革"。主要管理全国的出版工作，包括中央单位与地方单位。同时也直接管理几家重要出版发行单位。

如商务印书馆、人民出版社、文学出版社、新华书店总店等，都是文化部直属出版单位。社长、总经理由文化部任命。文化部作为主管机关，管这些单位出书和出版方面的一些比较重大的事情。

梁荣鋕：财政呢，财政怎么管呢？

宋木文：财政也管，但如何管，我不大清楚。我1972年搞出版后，查了一些资料，我的印象是，那时候，国家基本上是不给钱的。就靠卖自己的书的收入，来发工资。

梁荣鋕：如果亏本呢？

宋木文：一般亏不了，因为那时候出版社少，向全国出书的没多少家，主要就是文化部的那些出版社，像人民、文学、商务、中华等这些出版社。在经济上自收自支，但要盖房子，国家会给钱。工资是靠本单位收入发的。

梁荣鋕：那时出版社的员工是从哪里过来的？

宋木文：国家分配的大学毕业生和其他单位调进的。

梁荣鋕：80年代，你在位时候是怎样管理的呢？

宋木文：我当副局长的时候是1982年，以后就一直当下去了，局长、副署长、署长。我在任时对直属出版单位的管理讲了三条：一个是决定方针，就是你商务印书馆是什么方针，由我们决定。这是一旦定下来要管多少年的。第二是任命和监督领导班子。第三，做好后勤服务，支持发展。

梁荣鋕：管干部，包括哪几个级别？

宋木文：就是社一级的，就是商务印书馆的馆一级的，中华书局的局一级，人民出版社的社一级，就是社长、副社长，总经理、副总经理，总编辑、副总编辑。往下不管。社一级主要管好一、二把手。当时署直单位有三十多个，管干部的工作还是比较多的。关于后勤工作，也是一项经常性的工作。所谓后勤服务，也是一项管理。要盖房子，给他支援。国家要长工资了，我们要贯彻国家的政策，使工资得到调整。还有什么困难，什么需要，就跟我们商量，帮他们解决，不能解决的帮助争取。后勤服务这方面的工作也很重要。我在任的时候讲得很明白，就管好这三条：第一就是决定你的方针；第二就是决定你的领导班子，第三就是抓好你的后勤服务。这是一种管法。在这之前，对直属单位，比如对商务印书馆，可能比我当政的时候，管得还多一点。比如管选题。陈翰伯原来在商务印书馆当总经理，他主持国家出版局的工作时，经常召开总编辑会议，讨论选题。每个出版社，一家一家讨论，讨论商务的，讨论中华的，讨论人民的，讨论文学的。我当政的时候，特别是后期的时候，我不讨论他们的选题。但是我们要抓重点出版计划，每个直属出版社的选题都从我们这里过。我管不了那么具体，我又不是这方面的专家。但是我们有一个图书司同出版社联系。这个管图书出版的机构，现在也还有。但不是一本书一本书都审批，也批不了。我 1987 年去香港，有记者问，是不是每本书都是你们批准。我说这个不可能。全国有五六百家出版社，那时候每年出十几万种书，都拿我这里批，怎么可能呢？只能有重点地管，一般都不管的。现在年出书二十多万种，更管不了，也不能这种管法。

梁荣鍄：现在的制度，是不是发生了很大的变化了，以前是国家确定工资，现在还是不是？

宋木文：变成企业以后，国家实施宏观调控，具体怎么调，由企业自主决定。但单位的领导班子，特别是一、二把手，要由主管上级决定。

梁荣鍄：建国以后，我们学习了一些苏联的经验，到你当政的时候是怎么考虑外国的经验呢？

宋木文：我们还是比较重视研究外国的经验的。改革开放以后，比较重视对西方出版经验的研究。从世界范围说，我们国家没有形成完整的现代出版企业制度。西方国家，如美国、英国、日本，有一套完整的现代出版企业制度。它是以市场为中心形成的一套制度。我们立足于中国国情，但也有许多东西借鉴外国的。香港除了联合出版集团，还有牛津，朗文等，他们都办得很好。他们有好的经验，我们还是会吸收的。

梁荣錝：是从哪儿方面来考虑吸收他们的经验呢？

宋木文：主要是经营管理方面，怎样更好地经营，在出版方面，发行方面都有所借鉴。搞出版要重视国内市场，同时还考虑国外市场，树立两个市场的观念。既要考虑国内市场，也要考虑国外市场，现在就叫走出去。两个市场，以国内市场为主。这种观念的形成和强化，是改革开放以后的一个很大的变化。英国的出版很重视海外市场，有一套经验，也有语言的优势。像这些东西，都可向国外的出版机构借鉴。现在对法兰克福书展越来越重视。有些出版单位还在考虑建立国外分支机构。原来没有这些观念。原来就是出好自己的书就行了。现在要自己开拓，自己发展，扩大自己在国内市场的份额，同时谋划着国外市场。

梁荣錝：那时候，苏联解体对我们出版有什么影响？

宋木文：苏联解体对中国出版行业没有多大的影响。中国曾照搬过苏联计划经济那一套。中国的改革开放，在一定意义上说，实际上是对苏联模式的否定。苏联解体时，中国特色社会主义已成为党和国家的主导思想。苏联的解体，不可能对中国产生冲击波，但却能够促使我们更加重视研究苏联解体的原因和教训，更加坚定地走中国特色社会主义道路。在出版领域，大体也是这种情况。

梁荣錝：那是在哪个时候否定的？

宋木文：不能说在哪个时候否定的，因为这是一个渐进的过程，一个长过程。否定中有建设，建设中有否定，否定苏联模式，也否定自己的不符合现实发展的东西。所以也不能说这个过程已经完全结束，但历史形成的好传统，则不能否定，而是要保留要发扬。

梁荣锦：对哪些要保留呢？

宋木文：主要是坚持出版为人民服务、为社会主义服务的方向，处理好适应市场经济和加强精神文明建设的关系。你搞出版不能只是为了赚钱吧，你还得对国家建设，对国家理论思想文化建设做贡献，这是我们的好传统。简单地为政治服务不行，但也要服务于国家的大局。这是基本的方针。

梁荣锦：出版制度，出版范围，专业分工是怎么样的呢？

宋木文：现在，专业分工实际上已经不是那么严格了。出版的首要是发展，首先要支持出版的发展，怎么有利于出版的发展，有利于调动出版社的积极性，有利于提高整个图书出版的质量。这样来考虑呢，势必既要坚持专业分工又要突破专业分工。青年出版社有一个老年的选题，对老年人，对社会有意义，难道就不行吗？当然可以的。但你完全离开青年的选题，你的出版社就失去了宗旨，失去了优势，也办不好。专业分工是需要打破一些界限，但是完全没有自然形成的专业分工，没有自己的优势，你这个出版社也办不好。商务印书馆是个老牌子，它的汉译世界学术名著，它的研究国际经济、国际政治的书，还有各种语文词典，这是它的优势，离开这个商务印书馆还能发展吗？专业分工，随着各种因素，必然有所突破。任何人为的限制，也限制不了。也没这个必要。但是任何出版社如果不考虑自己的优势、品牌，立足于长期形成的特色优势，哪个出版社也办不好。

梁荣锦：这些问题是不是我们改革开放以后面对的挑战，还有没有其他的东西呢？

宋木文：专业分工不是大问题，这个问题的分量不重。他出了，他也没有违反国家的基本方针，你限制他干什么？我们的管理者是能够权衡的。

梁荣䅿：那个时候，书号是怎么样的一种情况？

宋木文：书号的问题，现在的看法不一致。1994年以前，书号不像现在这样的管法。我在任的时候和以前，政府主管部门不具体管书号。比如你商务出多少书，需要多少书号，按国家对书号宏观管理规章，由商务自己决定，无须申请和批准。1994年以后，为了控制出书数量和制止买卖书号，打击非法出版活动，就改由政府主管部门统一发书号，向各省发，向出版社发。实行这个办法时我已不在任上了。我在任时不赞成，现在也不反对。因为现在的当政者认为这是一种调控出版的手段，是宏观调控的一种手段，一种方式，认为对出版管理有利。只要不对出版社的发展形成制约和障碍，各有各的看法，各有各的管法，也不一定说一定要恢复以前的。事实上，现在也逐渐有所改进，也不是管得那么死了。可能也有的人认为，你控制我书号，束缚我的手脚，我要出一百套，一百部，你只给我90部，再出十部，我就出不了了。这个问题也可能有，但事实上，对出版的影响不是很大。

梁荣䅿：那些有意见的人，是对买卖书号有看法吗？

宋木文：有这么一种看法，说因为你这么管书号，书号就增值了，就助长了书号的买卖，把书号当成是一种特权，当成一个商品交换的手段。你不这么管书号，它就不会买卖书号了。这是一种看法。

梁荣䅿：还有没有别的看法呢？

宋木文：按现行的出版制度，基本上是这两种。一种是不要这么管，一种是这样的管法有利，只是可以适当改进，适当放宽。

梁荣䅿：后来跟民营单位是怎么产生关系的？

宋木文：现在民营发展很快。民营单位实际上没有取得合法的出版者身份，但是已经介入了出版。大家都明白，民营公司，工作室，不是出版社，没有给他出版权，但实际上他已经介入出版了。和出版社合作，出版社给他提供书号，出书业务都由公司操作，说是体外循环，实际已进入体内。我倒觉得，可以适当放开一点，像电视剧制作单位同电视台的合作那样，双方列名，一个是制作（编辑）单位，一个是播放（出版）单位，使工作室在没有出版权的情况下，名正言顺地进入出版领域。

梁荣錝：现在我看到有些书就是这样的，书上工作室与出版社共同署名。

宋木文：如果是这样，那就是逐渐取得合法身份了。但是国家出版管理机关现在还没有发可以这样做的文件。这也是一种常有的现象，实践突破了，才有文件规定。先有那种现象，再有那种规范，再有那种规定。

梁荣錝：为什么会是这样呢？

宋木文：管理也从实践中来。这是一种进步。不管得太死。实际上，好些书是他组织策划的，挂个名，也没有坏处。条件成熟后发个文件，加以规范。

梁荣錝：为什么买卖书号屡禁不止呢？

宋木文：禁也难。因为出版社愿意以这种方式合作，多一点经济收入嘛。这是两厢情愿。现在是私人不能办出版社。所以民营的企业，书商，公司，工作室，都没有出版权。这种事情涉及国家的政策。现在没开这个口子。将来如何？这不是我能回答的。

梁荣錝：为什么不考虑开放，有什么担心吗？

宋木文：这是一个涉及国家大局的问题。国外媒体也关注这个问题，包括个人能不能办出版。

梁荣錝：你看加入 WTO 对我们出版业的影响，主要是在哪里？

宋木文：主要是有利的一方面。总的说是有利于推动改革和发展。参加 WTO 以后，出版社的出版权没有开放，但是发行开放了，零售开放了，批发也开放了。从政策上，私营的，民营的发行商，可以和新华书店取得同等的地位。尽管实际上也不是那么容易，但是法律上，理论上是这样的。而且有的发行商做得不错。像世纪天鸿就做得很好。我不知道他想不想做出版。办成大发行商，不是很好吗？就是要求同新华书店有同等地位，不受歧视。

梁荣錝：我们谈了建国以来的出版，谈了出版功能的变化，有些在“文革”时遭到破坏，然后又恢复了和发展了，现在更宽了，大体是这样的。因为在香港，我有一点不大理解，我们的领导人怎么领导我们出版的转变？他的世界观，治国的理论，还有他的想法，怎么影响我们出版的方向呢？

宋木文：领导人个人的特点，性格，主张，对他分管的工作是会有影响的，有时还有重要影响。但就中国情况来说，就大政方针来说，主要还不是一个人的影响，而是一个领导集体的影响。谁分管宣传思想工作是重要的，但又离不开以胡锦涛为总书记的这个领导集体。就是说哪个人管什么事是重要的，但又不是决定一切的。

梁荣錝：1992 年邓小平南巡谈话推动了中国的改革开放，作为出版界的领导，你是怎么理解要推动出版的发展呢？

宋木文：“南巡”有一个背景，发生了“六四”北京政治风波。那时候，人们以为各方面都要紧张，怕越管越严。邓“南巡谈话”的历史作用，就是在这种情况下，提出要进一步改革开放。不是不要改革开放，而是进一步改革和开放。后来中央又提出实行社会主义市场经济。南巡谈话和实行市场经济，在各行各业都发生巨大作用，也在出版单位发挥了巨大作用。出版领域提出了建立适应社会主义市场经济和符合社会主义精神文明建设要求的出版体制改革目标，开始实施了改革开放的一些具体措施。出版改革正在进行，并逐步深入。具体进展情况，请注意研究新闻出版总署的决策和领导成员的讲话，我在这里讲不清楚。

梁荣鍄： 现在叫新闻出版总署，以前的出版局设在文化部。

宋木文： 曾经有过这种情况，在文化部下面设有出版局，后来叫国家出版局。

梁荣鍄： 那么管出版的机构上面还有个文化部？

宋木文： 不都是这种情况，现在的新闻出版总署和文化部是平行的。1949 年建国以来，除了 1954—1966、1982—1986 年两段管出版的机构设在文化部外，其他时段，包括出版总署、国家出版局、新闻出版署都和文化部平行，都是直属国务院的。

梁荣鍄： 那新闻出版总署的主管就是中宣部吗？

宋木文： 不能这样说，不能说中宣部是新闻出版总署的主管。新闻出版总署是国务院的一个部委，像文化部一样，受国务院领导。不过，这个问题比较复杂。按中国国情，是党管意识形态，党管宣传思想工作。在中央政治局常委下，有一个宣传思想工作领导小组，通常由政治局常委任组长，代表中央领导宣传思想工作，领导文化艺术、新闻出版、广播影视，当然主要是大政方针的领导。中宣部是党中央设置的主管宣传思想工作的很重要很权威的机关，通常由中央政治局委员任部长，同时又任中央宣传思想工作领导小组副组长。可以这样说，中宣部是党中央分管宣传思想工作的常设机关。我在任时就经常向中宣部请示汇报工作，对我们的工作支持很多，帮助很大。同时要积极争取国务院的领导，特别在发展事业和解决行政性问题上，这也很重要。

梁荣鍄： 国务院是不是有一位副总理管文化和新闻出版？

宋木文： 有时是副总理，有时是国务委员。主要是管事业发展和行政法规以及相关部委的协调工作。这也很重要。新闻出版等宣传工作，如果不解决事业发展和行政法规等方面的问题，也是做不好的。应当说宣传思想方面的事情，中宣部管得多一些；事业发展、经济政策、行政法规等，国务院分管领导管得多一些。但又不是完全截然分开的。两个方面相互支持和协调，才能相得益彰。你在香港，不在内地，把这种问题弄清楚也不容易。

梁荣鍄： 看你的书很有启发，特别是“文革”之后到 1983 年那一段。1983 年有个出版决定，好像是中宣部主持起草的，而不是国务院。

宋木文： 1983 年出版决定是由党中央和国务院联合做出的很重要的决定。你看过《亲历出版三十年》，书中有一章专门讲了这件事。这个文件是胡乔木提出建议，胡耀邦总书记赞成和支持，中央书记处会议决定，中宣部组织起草，邓力群亲自抓，由中央书记处会议审议通过，这都是顺理成章的。起草过程中，也听取了国务院有关领导和有关部门（如财政部、国家计委等）的意见。总理、副总理同时是中共中央领导成员。文件由中央书记处会议审议通过，体现了一元化领导。我认为，由中宣部主持起草，是这个文件取得成功的重要原因。文件规定了出版工作的指导方针，也解决了发展出版事业许多重要的实际问题。在文件起草中，在日常工作中，中宣部关注重大思想方针问题，也关心和支持解决发展出版事业的实际问题。比如八十年代国家对出版事业实行许多优惠的经济政策，就是在中宣部帮助和支持下解决的。中宣部对出版既有管又有帮，其实管也是一种帮。我在书里讲了，好多事情都是在中宣部的帮助下解决的。包括国家出版局原来是文化部管的，后来从文化部划出来直属国务院，后来成为新闻出版署、总署，中宣部对这些都给予了有力的支持。我在署长任上时中宣部给我许多支持，我同中宣部有关领导、有关同志合作得很好。

梁荣鍄： 现在是不是一样的？

宋木文： 我从署长任上退下来有十四五年了，没有直接感受，应该是一样的。

梁荣錝：跟建国以来，从1949年到“文革”之前的一段，有什么不同？

宋木文：应该说是大同小异。不同的是，二十世纪五六十年代，在国务院，除了有副总理分管文化以外，还设有办事机构。有时叫“二办”，有时叫文教办公室。“文革”的时候都没有了，出版单位也停止工作了。

梁荣錝：“文革”中除了毛主席著作办公室，还有我们商务的《东方红》。

宋木文：就是《东方红》一本书，商务这个单位已经停止工作了，到1972年才恢复。

梁荣錝：那时候为什么只考虑恢复原来的制度呢？有没有考虑其他的制度啊？

宋木文：那个时候就是恢复出版工作。首先把书出出来。自然就是原来有的，人都是原来那些人，出版社还是那些出版社。恢复原来的路子也是自然的，方便的。后来又提出改革。开始主要是恢复，改革是后来提出的。

梁荣錝：改革是在哪些方面改革？你书里说，发行实行“三多一少”、“三放一联”等，我都看过了。

宋木文：图书发行改革是1982年提出的，出版社改革是1984年开始的。你论文的题目主要是研究出版制度，是吗？这题目很重要，写好了也不容易。我是介绍情况，按你的看法和理解去写。

梁荣錝：我还要请教你们这边的领导，因为你们知道很多事情，怎么发展，规定怎么样，你们清楚啊。我们做学者，一定要把它弄清楚。

宋木文：我也不知道今天你要我谈什么，也不可能一下子把你提的问题说清楚。我的那本书，可以供你参考，在思路上也许会有帮助。

梁荣錝：还有，我去访问北京商务，作为一个案例，从1979年到现在，怎么发展，怎么改变，怎么走过来，跟整个制度一脉相连。

宋木文：你以商务印书馆作为一个麻雀去解剖，很好。我们在改革开放后，还在商务办了一件事，建立了商务印书馆国际有限公司，是由北京商务、台湾商务、香港商务（名义上还包括新加坡和马来西亚商务）合办的。这是一个由不同经济成分合资的出版社。对商务国际，在你的论文里，可以做个例子来举。民办的世纪天鸿，也可以作为一个例子，是办得成功的。

梁荣錝：我是从国家的政策，领导人的方针，怎么影响我们的出版制度来观察的。我很清楚的表达出来了吧？

宋木文：你关注的是，中央政治局有一位常委分管宣传、文化工作，对文化体制改革有很大的推动。其中一项重要决策是搞大型的出版集团，文化集团。

梁荣錝：为什么我们要组建集团呢？

宋木文：组建集团刚刚开始，意见不一，有赞成的，有反对的。把一些单位组织起来，实行市场机制，做强，做大，是个路子。这是应该肯定的。但也有人提出，许多单位和地方都搞集团，也未必合适。我看现在是做试点，是实验的阶段，还不成型。中小出版单位也应该下功夫搞好，也不是都要大的。国外有大的，也有小的，小的也很有活力。香港联合出版集团是大的了，但是由小的组成的。你新雅也不是很大，商务也不是很大。联合出版集团影响很大，首先还不是由于这些单位在集团支持下办得好！你商务办得比较好，中华办得比较好，和平办得比较好，新雅办得比较好，万里办得比较好。成立集团不是束缚这些单位的发展，而是又各自发展又形成合力。文化体制改革，出版体制改革，还刚刚开始，人们期待进一步总结经验，办得更好。

梁荣錝：列宁有一篇文章叫《党的组织和党的文学》，我看你的《亲历出版三十年》里没怎么提到。

宋木文：列宁的这篇《党的组织和党的文学》，后来翻译成《党的组织和党的出版物》。我的书《亲历出版三十年》里没有提到，但在此前出版的《宋木文出版文集》的一篇文章中讲到过。

梁荣锦：你是怎么考虑这个问题的？它对出版有什么作用？是不是出版的理论基础？

宋木文：我们党和国家是以马克思主义（有时说马克思列宁列主义）为指导，不可能说某篇著作是我们的理论基础。但列宁的这篇著作对我们是有过影响的，在意识形态上，在思想上有过影响，有时有过重要影响。

梁荣锦：在哪些事情上有影响呢？

宋木文：我想主要之点，是在文学和政治的关系，出版和政治的关系，在这个问题上，有影响。就是把文学和政治更直接地联系起来，提出文学的党性原则。这些提法都和列宁的这篇文章有关。后来我们的方针调整了，使文学与政治、出版与政治的关系的提法更完整、更全面、更准确，使出版的功能也越来越宽，而不是越来越窄。我在《亲历出版三十年》里，没有提到这篇文章，是因为没有这个题目。

梁荣锦：是哪个时段有影响？

宋木文：新中国建国前和建国后都有。我都学过这篇文章。就是领会文学和政治的关系，就是领会业务和政治的关系，出版和政治的关系。"文革"期间，对列宁的《党的组织和党的文学》作了更"左"的解释。"拨乱反正"以后做了调整，也应该调整，不然就搞得很窄、很"左"，很政治化。你关注这个问题，说明你的研究有相当的深度。

梁荣锦：对列宁的这篇文章，是否还做些说明和补充？

宋木文：列宁的《党的组织和党的文学》，后来翻译成《党的组织和党的出版物》，这是翻译家的事。我现在讲两句话两个方面的意思，可能比较全面一些。一句话，把列宁文章的观点引申下来，就是我们的出版事业是党和国家总体事业的一部分。做出版工作，要服从和服务于党和国家总体事业的全局。总体事业的发展对出版事业是一种支持，是一种非常重要的条件；同时把出版事业搞好，搞强大，也是支持了党和国家的总体事业。第二句话，也是刚才讲的，就是在理解党和出版，政治和出版，这个关系的时候，在出版物的体现上，不都是直接的。出版和政治的关系，不都是直接的。有直接的，有间接的，有当前的，有长远的，有些则不必同政治挂钩。这样出版的功能就能够更全面，更能够多方面、多层次地满足广大读者的需要，而不至于搞得很窄，很单调，脱离群众，脱离时代。

梁荣镓：现在我看了一些报纸报道，看我们的出版物，很多出版社都脱离他们的出书范围。英语书，电脑方面的书，各方面的书都出多了，但是我们的马列主义理论方面的书却出版少了。也有这个说法。

宋木文：对于马列著作，并不是所有的出版社都出。英语书、电脑书，出多了一些，不算什么问题，关键看质量。

梁荣镓：中宣部是否希望多出一些马列的书？

宋木文：中宣部是关注出版社的出版导向，出版要和国家的政治要求一致，要宣传党和国家的理论观点、大政方针。但同时也不是那么简单地主张都去搞政治宣传。据我所知，改革开放以后，中宣部对出版与政治的关系的解释是明确的、全面的。中宣部要求唱好主旋律，出好马克思主义理论著作，对党和国家的重大方针要宣传好；同时也关注我们的出版要多样化，是不是满足了广大群众多方面、多层次的需要，包括娱乐生活和知识的满足。

梁荣镓：我看到举行毛泽东诞辰纪念，邓小平诞辰纪念，出过很多这方面的书，这个是出版社自己组织的吗？

宋木文：应该是有统一规划，又是自主做出的选择。这类书有些销路很广。既有政治考虑，也有经济考虑，都有。

梁荣鍒：所以，出版的范围宽一些，根本也没有什么问题。这样很好。

宋木文：也不是都很好，咱们的问题还是挺多的。

梁荣鍒：你看科技对出版的发展有什么影响？

宋木文：影响很大，带有革命性的影响。因为出版离不开科技。出版体现科技的发展，科技武装出版。出版总是和科技的发展联系在一起。随着科技的发展，出版出现一次又一次革命。从铅与火发展到光与电（激光照排），现在又发展到数字化，有些专家称为0与1，表明进入了数字出版的时代。现在我们的出版如何适应新技术的发展，是一个很大的带根本性的课题，但也有新的争论，就是传统出版会不会为数字出版代替。我以为被数字出版代替一部分是肯定的，但是不可能把传统的阅读方式完全给取代了。二十年以后，三十年以后，还得看纸介质的书、看纸介质的报。不可能完全取消。是传统出版与数字出版融合互动，是阅读方式多样化。数字化的阅读方式与传统的阅读方式，相辅相成。是数字化对出版全行业带来很大的发展和推动。

梁荣鍒：对于新生的事物，对于科技革命，我们出版管理怎么配合？

宋木文：要管理，但又不能按照过去那种传统的方式来管理。按照原来的管理方法，根本管不了。对网络得有适应科技发展的管理，适应时代发展的管理。

梁荣鍒：现在改成怎么样的管理呢？

宋木文：这可能是一个复杂的系统工程，不是就一项工作考虑，要考虑整个国家，整个技术发展，整个政治形势，整个社会状况。光靠封锁不行。信息封锁不了，谁也没这个本事，也没有这个必要。社会都进到这一步了，再退回到五十年以前，是不可能的。你关注的这些问题，都是很重要，很大的问题。出版功能越来越宽了，管理要适应新的发展。也可以借鉴一些国外的经验。这样来积累出适应今天社会科技新发展的出版管理途径、方式和模式。

梁荣锦：那时候，马克思怎么谈出版呢？

宋木文：我读过马克思恩格斯选集，全集只读过若干篇。据我所知，马克思直接谈出版的不算很多。马克思主义是思想理论体系，指导思想。我们讲马克思主义，不是用马克思的什么话，什么书，来解决、来回答现实的什么问题。不论出于何种目的，把马克思当年有针对性讲的话照搬过来解决（解释）现在的问题都不行。讲马克思主义，主要是从指导思想、理论原则、方法论的意义上讲对我们今天事业的指导，而不是把什么话搬来当做处方。

梁荣锦：我们出版的理论基础在哪里？

宋木文：我们党和国家是以马克思主义作为自己的理论基础，文化出版也如此。关于列宁的那篇《党的组织和党的出版物》，在中国影响大的时候也谈不上是出版的理论基础。现在的影响也不会是那么直接了。研究历史可以研究那篇文章在中国曾经起过什么作用，曾经有过什么影响。这种影响都和当时中国的政治形势有关系。“文革”时影响就比较大（这有多方面的原因）。马克思也谈过出版，像言论自由、出版自由，他都谈过；像报纸的检查制度，他也讲过。我们是以马克思列宁主义的思想理论为指导，而不是直接照搬马克思、列宁讲了什么话，来解决现在的什么问题。我前面说了，不论出于何种目的，都不行。

梁荣锦：我们的领导人怎么看出版的功能，讲过马克思怎么谈出版吗？

宋木文：我相信我们领导人都看过很多马克思主义的书，基本的东西都看过。但是不会照搬。是以马克思主义为指导，而不是用马克思的什么话来解决什么具体的问题。比如说文化出版不仅是一种事业，而且要办成一种产业，用以推动文化出版的改革和发展。这是总结历史和现实经验提出来的，而不是从哪本书里搬来的。

梁荣錝：是按照我们的国情来做，把马克思主义当作理论原则和方法论去考虑现实问题。对吗？香港没有这些东西，香港有自己的一个制度。

宋木文：我听明白了，你很注意研究个人的主张和作用。按马克思主义观点，个人的作用是重要的，但是也不能孤立地研究一个人，还要看一个集体，一种制度。你讲到香港的制度，我联想到曾荫权先生。他长期受英国教育，长期在香港工作，是一个特定社会人群的重要代表人物，选举他，任命他当特首，既保持香港完整的资本主义制度，又和中央政府保持良好工作关系，这样对香港的发展更有好处。把爱港与爱国统一起来。如果香港特首和中央对着干，对香港也没什么好处。

梁荣錝：我的问题，要理解的，差不多都说出来了。

宋木文：咱们第一次交谈，你住在香港，我在内地，我和你们接触也不多，所以语言交流上也不可能句句相通，都能理解，你问的东，我可能说个西，有些也许能对上口径，有的也许对不上。供你参考。论文要讲你自己的观点，不是讲别人的观点，是你消化了以后讲自己的观点。这也可能与我的观点一致，也可能不一致，没关系。你是独立思考来研究课题，听取各方面的意见和情况，然后，做出自己的判断。

梁荣錝：现在有一些人说我们出现一种情况，跟我们本来的制度设计有一些不符合的地方，我在想，怎么使其理论化，就是刚才说的出现了一些矛盾吧，像书号、民营的情况，现在的制度是这样。现在我们的制度跟以前的本来的制度不合了，但又不能去改。有没有去改？我们怎样去推动这个工作呢？这个情况，在外国是没有的。

宋木文：不改的是基本政治制度，也要不断完善。具体的工作制度是可以改的。现在的社会主义制度和“文革”前就不一样了，是有变化的。出版的制度肯定是可以改的，肯定会有变化的。是要求它和国家大的趋势相一致。这是一个调整的过程，完善的过程和实践的过程，不会是短时间就都能解决的。书号是一个问题，但不是最重要的。民营的问题，只是在办出版上有限制，其他都放开了。出版产业的发展，科学技术的发展，总是要推动管理模式的改革和发展。

梁荣鋕：走得很快。有一些问题，不能一下子解决，要逐步推移和改进。整个制度都在配合国家的发展。我觉得这样还不错，一年出版的书二十多万种，新书十多万种。

宋木文：中国的变化是很大的，五十年代，出版社的老总，提心吊胆的。“文革”更不要说了。现在变化了。现在的民主自由程度比以前高了许多。

梁荣鋕：的确跟以前不同。外边的人对我们有很多误会，说什么是“封闭”的。

宋木文：没有封闭，近来在网上热炒处理那些书的事，只是一个插曲，总的趋势是往好的方向发展。

梁荣鋕：这些问题都不是我研究的中心，我是说，这是他们误会和理解错误，一定要写出来。

宋木文：摆事实，讲道理，不是要批判人家。

梁荣鋕：我批判他，也没用。我就把这个摆出来。但这个不是重点，重点是改革开放后，怎么发展，怎么配合我们国家的政策去做。这些模式跟外国的不同。制度选择的问题，我们国家为什么要选择自己的道路，跟外国的不同？为什么我们做得很好，很多外国人不明白？为什么这样做，做得这么好呢？我觉得内地非常好，现在的中国非常好。很多人都不明白不理解，产生很多误会。所以我希望在这一方面如果弄得好，给老外看，让他们知道，原来我们是这样走过来的。

我希望达到这个目的。所以不是我要批评他们。所以我向你们请教这方面的问题，你们对这方面很清楚。我的录音整理好以后，再给宋老看一遍。

宋木文：你的录音，我看不看都没有关系。你给我看，不是要经我批准。你整理一份，给我看看，不是我要审查，是我看看我都谈了些什么，是不是胡说八道了。你怎么用我说的话，你自己独立思考。

梁荣馀：谢谢你给我支持，我一定会小心处理这些问题的。

更多关注出版改革

〔题记〕此文是为纪念《出版广角》创刊十周年而作。原载2005年4月《出版广角》之“百期·十年志”专刊。

前不久，曾主编《出版广角》六年之久的刘硕良把记录他“为新闻出版的一生”的《三栖路上云和月》两大本邮寄给我，作为“永远怀念”。然而，我读后却更怀念他把这个办在广西的地方期刊跨越地域局限，成为在全国有广泛影响的知名出版品牌。我当年写这篇文章，当然首先是向《出版广角》编辑部表示祝贺，同时也在于借助《出版广角》的影响力，对我曾特别关注的把出版社划分为公益性与经营性两类的含义问题展开深入讨论。我强调，这种划分，是国家对出版社实行不同管理体制的要求，而不是基本性质、基本属性、基本要求的区分与割裂，简言之，公益性的不是不要重视经营，经营性的也要把社会效益摆在首位，两者都要达到社会效益与经济效益的统一，都要坚持正确的出版方向。从几年来出现的情况看，当时提出这个问题，并且希望引起深入讨论，还是必要的。此文未收入后来出版的《亲历出版三十年》，特补入《八十后出版文存》。

《出版广角》虽然是广西办的出版刊物，但它的影响远远超出了一个地区，成为全国出版界广泛关注的出版刊物，也是我喜欢看的出版刊物之一。可以说《出版广角》的10年是成功的。

我觉得《出版广角》创刊以来，很注重对出版改革的宣传和讨论，特别是对出版改革重点、热点、难点的讨论，对在出版改革上获得突破性进展的出版单位的宣传，受到出版界的广泛关注。2001年第3期上发表本人所写《出版社是生产精神产品的出版企业》，是主编刘硕良闻讯抓来发表的，还在“这一期”（卷首语）鼓吹了一下。编辑部关注的不是我这个人，而是所提出的问题，所以后来又多次发表讨论这类问题的文章。对改革重点单位，比如对辽宁出版集团的关注，是编辑部几个人，在那里扎根采访的。做的篇幅很大，也很深入，那期杂志现在我还留着。

《出版广角》周围有一批作者，这个作者群里有一些是出版界思想比较活跃、有创见、对出版业内问题有深入思考的人。也可以说是改革的领跑人吧。他们文章中提出和阐述的问题，深入浅出，有些还具有前瞻性，能够启发人思考。《出版广角》2005年第2期封二的图像和“中国出版业变革的见证者”几个大字引起我的注意。这也许是编辑部对本刊办刊宗旨的一种寓意吧。我衷心祝愿继续办好《出版广角》，使其成为我国出版业改革与发展的一个见证者。

现在正在开“两会”，我注意到温家宝总理把今年定为“改革年”，“改革攻坚年”。这是讲国家全局的，但也符合出版业的实际。对2005年的出版界也可以说是个改革年。十六大以后，中央对文化体制改革做出了重大决策，并且提出要把文化单位划分为公益性的事业单位和经营性的企业单位。出版界正按中央的要求进行改革的试点。一个是组建出版集团，原来按事业单位组建的出版集团也要转变为企业性质的集团公司。另一个是按公益性的和经营性的不同要求进行改革和转制。看来这两方面的工作都是围绕着转制进行的。当前虽然还处于试点阶段，但对今后出版业的发展至关重要。《出版广角》在这两方面都有报道。我建议今后深入地进行报道，用典型的事例宣传中央对改革的决策，同时推动改革的发展。

经过观察，我有一个看法，对转制的宣传和讨论中，似乎有一个误区：公益性出版社是不是不需要重视市场开发，不必通过市场获得它应得的物质利益和社会价值；而经营性的出版社，是否可以只讲经济效益，可以不像公益性出版社那样重视自己的社会责任。不管口头怎么讲，这是实际存在的问题。我最近看到准备作为高校教材的出版产业理论著作，也强调“出版市场最大化”，“出版市场最大化从目的上讲是追求利润最大化”。上述两种观点，我认为都是不正确的。

针对这两种情况，我最近在一个座谈会上讲了一段话，是这样说的：公益性与经营性出版社的区别，从国家对出版单位的管理方式来说，实际上是把出版社定位为事业单位企业管理，还是办成以市场为主体的出版企业的问题。公益性出版社也必须重视和善于经营，经营性出版社也必须像公益性出版社那样，坚持正确的出版方向。这样才能体现小平同志提出的“一切出版单位都要把社会效益放在首位”的指示，才符合中央一再强调的力争把经济效益与社会效益结合起来的精神，对这两类出版社的共性和个性以及国家对他们的政策问题，还需要深入地进行研究。

我是提出要深入讨论这个问题，而不是要在这里回答这个问题，这是我做不到的。

在这里，我只能粗一点地说，要区分两个不同层面的问题。一个是出版社的基本性质、基本属性问题；一个是国家对出版社实行何种管理方式问题。这两者有联系又有区别。

前一个层面，对各个出版社都是共同的，基本的，是说出版社都是精神产品的生产者，社会主义思想文化建设单位；在市场经济的条件下，出版业又是国民经济中的一种产业，社会主义出版产业或者是出版产业的组成部分（对一个单位来说）。因此，所有的出版社，无论是被确认为公益性的，还是被转制为企业的，都必须坚持正确的政治方向，以社会效益为最高准则；同时又都要重视市场和经营，取得良好的经济效益，把两个效益更好地结合起来，而不能一部分出版社可以搞利润最大化，一部分出版社可以不重视经济效益。

后一个层面，是讲出版社共性中有个性，基本属性之下有差异，即是讲国家对出版社在体制上采取何种方式进行管理——是被定为公益性的出版单位，还是转制为出版企业。在市场经济条件下，被确定为公益性的出版社，实际上是实行事业单位企业管理，国家为保证其承担的政治任务或其他重要任务在政策上给予必要的支持（这是绝对不能缺少的），而不是也不可能是单靠“吃皇粮”的事业单位；被转制为企业的出版社，则要经历一系列的改革和妥善安排，使其逐步成为自主经营、自负盈亏的市场主体，以利于出版事业的发展和壮大（这方面的问题，本人有过较多的议论，这里不再多说。）不能把对出版社在体制上的不同管理要求同出版社的基本性质、基本属性割裂开来，从而模糊党和国家对出版社的基本要求，或者说模糊出版社对党和国家所承担的基本责任。当然，也不能不高度重视对出版社在管理体制上的不同划分和不同要求，并据此做好出版社转制工作，否则会制约出版事业的发展。

把“公益性”与“经营性”作为国家在出版体制上不同的管理要求或管理方式这种说法，有无根据？有！一是国家权威辞书对事业单位与企业单位的划分，即释义为国家采取的何种管理方式或要求（详见《出版发行研究》2003年第9期发表的《出版社“企业属性”考》）。二是温家宝总理在党的十六届三中全会作《关于完善社会主义市场经济体制若干问题的决定》的说明，在讲到文化体制改革时，就是把公益性与经营性文化单位的差别作为“实行不同的管理体制”的要求提出来的。观察报刊一个时期对有关问题的报道和讨论，我认为把这两个层面的问题划分清楚，不割裂开来，也不混为一谈，有利于正确理解中央关于出版体制改革的决策，有利于正确执行党的出版方针方向，有利于出版改革的健康发展。

这就是我在前不久一次座谈会上讲那一段话时所作的思考，也是我提出“对这两类出版社的共性与个性以及国家对他们的政策问题还需要深入地进行研究”所作的思考。在这里讲出来，希望能够引起讨论、批评和指正。

中央关于文化体制改革的决策包括把出版社划分为公益性与经营性两种，并据此推进转制工作，具有重大现实意义和深远影响。我们应该按照中央的决策来宣传、来部署。这个决策既重要又复杂，所以要试点。试点当中又引出许多具体问题如省区市人民出版社是否都不转制，都要从出版集团中剥离出来；中央各部委出版社、各大学出版社等如何转制，都有一些特殊问题需要妥善解决。大方向、大盘子是定下来了，但是还需要在实践中逐步完善，有些具体的做法还可能要有所调整。因此也给我们的报刊在坚持中央政策之下，留有一个讨论的空间。我希望《出版广角》能够在这方面有所作为，这也是为推进出版改革进言献策。我想会受到欢迎的。

出版人的文化责任与出版社的属性定位

〔题记〕此文原载于2007年5月22日《中国图书商报》。该报编者为发表一组由11篇署名文章组成的论坛专版而写的按语说："5月16日至17日，在杭州举行的'数字化时代图书营销与宣传研讨会'上，出版行政部门的老领导，书业一线的实战者，从事出版科学研究的专家学者，以及来自香港地区的出版界同仁齐聚杭州，共同为如何'搞活营销，繁荣出版'贡献真知灼见"。此次杭州研讨会由中国图书商报社和浙江工商大学联合主办。在会上发言的还有谢宏、赵斌、陈海燕、周百义、潘凯雄、邵敏、贺圣遂、张志强、方卿、庄建。我是作为"出版行政部门的老领导"发言的，也就讲不出关于数字化时代图书营销与宣传的"真知灼见"。

今年3、4月间，《中国图书商报》开展了有关"出版人的文化责任"的讨论。我拜读了4月3日王建辉和4月17日聂震宁的长篇文章，两位都对当前出版界文化责任下降、文化缺失的问题给予了关注和深入分析。他们的文章，我喜欢读，也非常赞同。

出版是思想理论文化工作，出版人的文化责任和社会责任本来是不言而喻的。当前出现的文化责任下降或文化失范，是社会转型期的一种社会现象，同当前进行的出版社改企转制有着某种联系，更同出版社的属性定位相关联。

我觉得，与出版社转制相关联，有两个不同层面的问题：一个是出版社基本属性的问题；另一个是国家对出版社管理方式问题。两者有联系又有区别，不能混同，也不能割裂。

关于出版社的基本属性的问题，按目前业界取得的共识，出版社是精神产品的出版者，又是社会主义文化产业或出版产业的重要组成部分，这就决定了出版社具有意识形态和产业的双重属性。因此，我认为，所有出版社的核心目标和社会责任不是不同的，而是相同的。为了进行工作指导，解决阶段性突出问题，在兼顾双重性的前提下，可以适当强调其中的一种属性。意识形态和产业这两重属性、文化力和经济力这两种力量是相辅相成、相互联系、相互渗透的。出版改革是为了解放和发展生产力，出版产业越先进、越强大、越普及，它所产生的思想力、文化力也就越大。

关于国家对出版社在体制上采取何种方式进行管理的问题，在市场经济条件下，被确定为公益性的出版社，国家为保证其承担的政治宣传任务或其他重要的特定任务在政策上给予必要的不可缺少的支持，在市场化的要求和程度上与转为企业的出版社有所不同；转为企业的出版社，要经历一系列的改革和妥善安排，逐步成为自主经营、自负盈亏、增强和强化竞争力的市场主体。把“公益性”与“经营性”作为国家对出版单位不同的管理要求或管理方式这种说法是有根据的。经营性出版社要把社会效益摆在首位，在这个前提下去追求最好的经济效益，但不能以追求利润最大化为目的；公益性出版社在享有必要政策支持的同时，也要善于经营，通过市场取得良好的经济效益。说到底，无论哪一类出版社，在市场经济条件下，社会效益与经济效益最终都要靠占有市场份额才能得以更好地实现。

因此，把基本属性与管理方式这两个层面的问题理解正确并处置适当，既不能割裂开来，也不混为一谈，才能准确把握中央关于文化体制改革的基本精神，在推进改革中增强出版业的经济实力和文化贡献力。

“立足本专业　面向大科技”是怎样提出的

〔题记〕这里收录的是2011年9月23日我写给阎晓宏的信和我在一个会议上的发言，以及相关的历史资料。都是关于科技出版社如何突破原来专业分工，实行“立足本专业，面向大科技”改革的。我的关注点，当然如文中所讲，“对这样一个科技出版社改革的决策，在回顾时应当符合历史事实，避免误传”；更在于一个领导干部“对误差的态度”，待人处事的坦荡胸怀。

致阎晓宏信

晓宏同志：

读了你2011年9月20日在《新闻出版报》发表的《坚持发展　继往开来——中国版协科技出版工作委员会30年有感》的文章，觉得内容实在、文风朴实，真是文如其人。科技出版委员会是中国出版协会首个专业委员会，三十年来作出了开创性的贡献，成为专业社团与政府主管部门、专业社团与其所联系的委员会单位名副其实的纽带与桥梁。你的短文，从图书司工作说起，以一个亲历者的历史回顾，把科技出版三十年的工作历程说清楚了，把科技委的主要工作成就说清楚了，把科技委历届领导成就说清楚了，把科技委与政府主管部门的密切关系说清楚了。说实话，部委领导干部写出如此朴实无华的文章并不多见，所以读起来倍感亲切。

你看，我对你的文章真的是认真地读了，也出于认真，我在这里同你商量一个问题。

你在文章中说了一件比较重要的事。这就是科技出版如何改变狭小的专业分工实行“立足本专业、面向大科技”的。你说：“改革开放之初，全国一年的图书出版不到 1 万个品种，到了 1990 年就达到了近 10 万种。在这样的背景下，不少科技出版社深感出版范围太窄，希望出版分工能放宽一些。科技出版工作委员会联络了中央和地方的一批有代表性的科技出版社，提出了‘立足本专业、面向大科技’的口号。为了得到出版行政管理部门的肯定，科技出版工作委员会也动了许多脑筋，做了很多工作。”你接着说：“需要说明的是，当时新闻出版署的分管领导对此事也是积极支持的。之后不久，新闻出版署下发文件，明确了科技类出版除了出版本专业科技图书外，还可以出版与本专业‘相关相近’的图书，使科技出版社的专业分工有了突破，解放了科技出版生产力。”

这里的问题是，“立足本专业，面向大科技”是怎样提出的，允许出版“相关、相近的图书”是专门对科技出版社说的吗？正是在这两点上，我的记忆与你的回顾有所不同。

我逐一讲讲我的回忆和意见。

1992 年，图书司联系科技出版单位的李建臣向我讲，国家科委副主任朱丽兰有一个报告强调，为加快科技事业的发展，各科技单位都要调整自己的工作部署，都要面向国家大科技主战场。我还请他找来朱丽兰的报告记录看了。当时，署党组正在按中央部署学习贯彻邓小平南巡讲话精神，讨论加快出版改革与发展的措施。朱丽兰的报告，似乎也是国家科委为贯彻南巡讲话的精神。我受到启发。我想到科技出版（主要是国务院各部委的科技类出版社）专业面太窄，如地震、原子、海洋、气象、石油等，按其专业分工出版很难维持（八十年代曾有原子能出版社离开本专业出版《家庭养花》成为一时的笑谈）；在各专业学科综合互动的新形势下，更难适应为科技发展服务的新要求。放宽科技出版专业分工，就成为各科技出版社的普遍要求，也是署党组时常考虑和面对的问题。此时，我考虑要借朱丽兰报告的东风，调整科技出版的专业分工，提出“立足本专业，面向大科技”的新思路。我先后同图书司司长杨牧之、分管副署长刘杲商量，得到他们的赞同，使这个带方针性调整的意见成为署领导集体的共同决定，并请有关同志向中国版协科技出版委做了传达，他们当然是赞成的。当时是否以署的名义发过文件，我已记不清楚了。前不久，科技出版委前主任于国华给我打电话，请我为科技出版委成立 30 周年题词，还谈起提出“立足本专业、面向大科技”的问题，他顺势要我以这十个字作为题词的内容，我仍然以坚持不题词的自我惯例而谢绝了。

时间久了，只凭记忆常有不准之处，我便翻阅了已出版的《亲历出版三十年》和《宋木文出版文集》。也巧，在我的《出版文集》（中国书籍出版社，1996 年版）中，确有两处“立足本专业，面向大科技”的记载。

一处是 1992 年 12 月 23 日在全国新闻出版局长会议上的工作报告，原题为《贯彻十四大精神　把新闻出版事业推向一个新的发展阶段》。《报告》在回顾贯彻邓小平南巡讲话精神，加快出版改革步伐所采取的改革措施时提到：“随后，又调整了科技出版社的出书范围，提出‘立足本专业、面向大科技’，还调整了部分选题管理规定，为出版繁荣进一步创造了条件。”（《出版文集》第470页）

另一处是1993年3月11日为贯彻中宣部和新闻出版署颁发的《关于发表和出版有关党和国家主要领导人工作和生活情况作品的补充规定》而举行的北京片出版座谈会上的讲话（另在上海和西安分别开了相同内容的座谈会），原题是《要重视书报刊出版的新情况新问题》。此次讲话除了指出那几年出现违反规定竞相出版描写党和国家领导人作品的混乱现象和将挂历审批权下放省局后竞相出版格调低下挂历的问题外，还针对都是改革放权闹出了乱子的指责，“着重讲了在市场经济条件下，重视从出版改革的实践中总结经验教训，以使改革健康发展，尽可能避免‘一放就乱，一乱就收，一管就死’”（引自作者为编选此文入集而写的[题解]，见《出版文集》第496页）。此次讲话强调“要走一条符合时代要求，符合客观实际的路子。不能再走收收放放、放放收收那个路子”，“下放审批权，已经取得了积极的成果，大的方面要肯定”时，举例讲到：“比如专业分工，对科技出版社，我们调整为立足本专业，面向大科技。这对老的科技出版社既感到是解放，同时又感到有很大的压力，方方面面都反应不错。”“我们根本的任务还在于建设和繁荣我们的事业，这是我们工作的主题”。（见《出版文集》第506页）

以上表明，“立足本专业，面向大科技”是新闻出版署党组为顺应新形势、促进科技出版新发展而采取的一项改革措施。

那么，能不能说制定允许出版社出版相关、相近图书的文件是采纳了“立足本专业，面向大科技”的建议呢？我认为不能这样说。因为事实上前者是专为科技出版社制定的，而后者则适用于全国各类出版社，后者虽然可以涵盖前者，但前者更有其具体针对性，不宜完全由后者所代替。

在前引提出“立足本专业，面向大科技”的1992年局长会议报告中，在“增强出版单位活力，使其适应市场，驾驭市场”题下，也作为一项重要改革措施讲到“相关，相近”问题。《报告》这样说：“出版社按专业分工出书，是一定历史条件下形成的，它对于调整图书结构，提高图书质量，有着重要作用，但随着出版改革的深入，也日渐显露其弱点和局限。今后，各出版社在保证专业分工为主的前提下，允许根据市场需要及本身具备的编辑实力，出版相近、相关专业的图书。专业分工适当放宽，更要求各出版社发挥特长，保证重点，在竞争中形成本版图书的独有风格和特点。”（见《出版文集》第447页，《亲历出版三十年》第396页）随后，即1993年1月，在《适应市场经济的发展，逐步建立新的出版体制——答光明日报记者问》时，我也讲到这个“当时议论较多”的专业分工调整问题。（见《出版文集》第488页）内容与此前讲的基本相同。这也是我在任时，关于专业分工问题主要观点比较完整、准确的表述。

出版社专业分工问题，是随着新时期出版改革逐步深入不断提出和调整的问题。以上讲的都是近二十年前的老调了。对当前实行的方针与提法我不甚明了。但我确信两点：其一，随着改革的深入，作为市场主体的出版社虽然还保持着类别甚至专业的划分，但已经不像从前那样受到按专业分工出书那种行政性限制，出书的自主权和自由度更大了；其二，各类出版社都要根据自己的传统和实力（特别是编辑力量），在竞争中保持和发扬自己的特色和优势，此乃新形势下求生存谋发展的必由之路。

晓宏同志，我多次说过，我是一个全离而未全休之人，闲来无事又不甘寂寞，整天看看书报，有时也写点文章。看过你的文章，查资料，作思考，竟一鼓作气，写了这么多。在这里，我特别想说的是，仅凭记忆回顾往事（包括我前面的回忆）发生某种误差，是很难避免的，问题在于遭遇到我这个过于认真又想借机把"立足本专业、面向大科技"的提出说清楚之人，才使你收到了这封长信。我想你是能够理解的。你做人实在，文风朴实，这是当今官员的宝贵品格。如果还要注意点什么，那就多注意磨炼行事更加严谨吧！

我还注意到，在刊载你文章的同版作为"资料链接"发表了《中国出版协会科技出版委员会大事记》，其中列出"周谊接任委员会主任"以及其后接任者于国华和俸培宗，却未提被周谊接任的长辈卢鸣谷，更未提到首任开创性主任老资格常紫钟（我当时常把首届主任、副主任称为"农"——农业常紫钟、"轻"——轻工程力群、"重"——冶金卢鸣谷，是很有影响力的一届班子），不能说不是一个缺陷，顺便指出来，你不会怪我多管闲事吧！

话说多了，不当之处，请你批评。

顺祝

诸事顺遂！

宋木文

2011年9月23日

知情者即席言

——2011年10月25日在中国版协科技委成立30周年纪念大会上（录音整理稿）

听了阎晓宏同志的讲话，我申请讲几句。

主持会议的同志曾请我讲话，我表示不讲了。为什么现在又主动要求讲话呢？这是因为晓宏同志刚才讲，他最近的一篇文章，关于“立足本专业，面向大科技”，经我指出，讲得不准确，需要在这次科技委大会上加以纠正。

（笔者注：晓宏同志是指2011年9月20日他在《新闻出版报》发表的《中国版协科技工作委员会30年有感》一文中说，关于1992年为放宽科技出版专业分工而提出的“立足本专业，面向大科技”，是科技委提出建议后，得到“当时新闻出版署分管的领导”支持，在后来颁发的文件中，“明确了科技类出版社除出版本专业科技图书外，还可以出与本专业‘相关、相近’的图书，使科技出版的专业分工有了突破，解放了科技出版生产力”。晓宏同志就此事在大会上说，他查阅了1992年8月10日新闻出版署专为此事发出的《关于调整科技出版社出书范围的通知》的档案，并带到会上来（附后），这份文件上不仅有署长木文同志的“同意”，还有他的修改，特向在座的木文同志表示歉意。据查，在科技委为纪念成立30年编的《绿荫·履痕》第107页，也记载了1992年8月10日发出的这个通知。）

我听了晓宏同志讲的这些话后，就坐不住了，所以就在晓宏同志讲话之后、上午会议即将结束之时，要求讲几句话。

首先，晓宏同志在《新闻出版报》发表的文章，从他1988年到署图书司工作时同科技委接触讲起，回忆科技委的工作历程和贡献以及对科技委历届班子所表示的敬意，内容实在，文风朴实，我边读边想，今日副署长阎晓宏，同当年小阎处长、小阎司长一样，仍然那样朴实无华。这样的文章，我喜欢看。

同时，回忆二十多年前的往事，只靠记忆，要做到完全准确，是很难的。对这类事，我看主要不在于误差本身，而在于对误差的态度。晓宏同志身为现职副部长，对此事能在相关大会上公开纠正，在今日之职场上，是很难得、很宝贵的。

顺便指出，关于“立足本专业，面向大科技”，是为顺应改革的新形势和科技出版单位的要求，借助国家科委党组“面向大科技主战场”的工作思路，由我提出并经署党组集体决定的，此事在我早年出版的文集中也有记载。但我关注此事，不在于晓宏同志文章中是否只提“分管”未提“总管”，而在于对这样的科技出版改革的决策，在回顾时应当符合历史事实，避免误传。

再讲几句我同科技委往来的一些事。

我和科技委经常有来往。1981 年科技委成立时，我在国家出版局担任办公室主任，同时兼任中国版协秘书长。那时我都做了什么，已经记不清了。进入今天的会场，翻阅了《绿荫・履痕》这本科技委 30 年回顾的书，我才忆起当年参加组建科技委的一些往事。经过反复协商，我同参加筹备科技委的一些科技社长，共同商定由农业社常紫钟、轻工社程力群、冶金社卢鸣谷分别担任主任、副主任。我还运用毛主席发展国民经济要“农、轻、重”的战略构想，说咱们的科技委是由“农、轻、重当家”。

我同科技委，直到我当新闻出版署署长和中国版协主席时，都未中断联系。早在局、署时期，同科技委联系的，先是邓慧芳，后是李建臣，他们做了很多工作。近查 1981 年的《出版工作》，在第

5期上，关于《科技出版工作委员会在京成立》的报道文章，也是邓慧芳写的。可见关系之密切。科技委是中国版协的第一个专业委员会，又是党政出版领导机关联系科技出版的平台和纽带。从成立时起，从国家出版局到现在的新闻出版总署和中宣部出版局，都把科技出版当作整个出版工作的一个重要方面军，一贯给予指导和支持。给我的印象，科技出版社工作很踏实，是默默无闻地为发展中国的科技生产力在奉献，在劳动，在工作。基于这样的认识，党政出版领导机关都很愿意为科技出版服务，为科技出版委服务。

参加今天庆祝科技出版委成立30周年的会议，见到许多科技委、科技社的老同志，使我想到，科技委的工作有那么多的成就，在科技出版界有那么大的凝聚力，是同科技委历届领导班子默默地奉献、卓有成效地工作分不开的。作为农、轻、重代表、科技委第一届负责人常紫钟、程力群和卢鸣谷都已经逝世了，大家都很怀念他们。后面几届负责人也都年事已高了。今天见到铁道社老社长屠荣举，他都87岁了，我问他，当年铁道出版社主要靠印铁路时刻表和火车票生存，现在怎样了？他说现在还印一部分，但有些已被分割出去了。在今天大会发言的一位社长总编代表讲，现今科技委的工作遇到了一些新问题和新困难，但他相信科技委的新班子更有智慧去面对和解决这些新问题，克服这些新困难。可见，科技出版界仍然像过去那样，信任并期待科技委现任领导班子会继续带领他们把各项工作做好。

附：新闻出版署的通知和科技委对通知的回顾

关于调整科技出版社出书范围的通知

省、自治区、直辖市及计划单列市新闻出版局，各科技出版社：

党的十一届三中全会以来，我国自然科学和技术科学类图书的出版迅速发展，不仅数量大为增加，而且质量明显提高，有力地促进了科学技术的研究、应用和推广，为发展生产力、推动经济建设作出了重要贡献。当前，在加快改革开放和经济建设的新形势下，科技图书的出版需要加强。考虑到科学和技术相结合日益紧密的发展趋势，学科之间互相渗透、技术的专门化和综合化的发展趋势，以及新兴学科、交叉学科、边缘学科和高新技术的发展；同时也为了促进科技出版事业的发展，有必要对科技出版社特别是专业面窄的科技出版社的出书范围加以调整。特通知如下：

一、科技出版社一定要坚持面向经济建设的方针，大力促进基础研究、高技术和应用技术著作的出版，为科技的开发、积累和传播，为促进科学技术迅速转化为现实生产力服务。

二、科技出版社的出书可以立足本专业、面向大科技。科技出版社的首要任务是认真出好本专业的图书，在此前提下，可以发挥本社优势，出版与本专业相关的其它科技图书。还可以根据本产业、本部门的需要，安排出版各类技术培训教材和宣传行业特点，歌颂本行业模范人物的读物以及科技外语图书。各科技出版社要正确处理本专业图书和其它科技专业图书两者的关系，坚持正确的出书方向，保持合理的图书结构，在实践中形成自己的特色。

三、调整出书范围之后，各科技出版社要以提高图书质量为中心，通过深化改革，加强经营管理，增强竞争意识，力争在图书质量和经营管理两方面都跨上一个新台阶。

四、除科技出版社以外，其它专业出版社仍然按照核定的专业分工范围出书。

新闻出版署

1992 年 8 月 10 日

科技委对新闻出版署通知的回顾

1992 年 4 月，委员会受中宣部之托承办了“全国科技社社长总编辑研讨班”，探讨科技出版社如何深化改革。研讨班于 4 月 18 日至 27 日在北京香山举办，全国 64 家科技社 80 余人参加。期间学习了邓小平年初在南方的讲话，听取了中宣部、国家科委、国家体改委、新闻出版署、国务院发展中心、联想集团等单位领导同志的专题报告。同时就科技出版社的地位、作用以及如何更好地为经济建设服务，进行了专题讨论，并提出了今后工作的意见和建议。会议纪要上报中宣部、新闻出版署和中国版协等部门。署领导对委员会反映的科技出版社的建议非常重视。1992 年 8 月 10 日新闻出版署正式发出《关于调整科技出版社出书范围的通知》。通知主要精神就是“立足本专业，面向大科技。”在这一新的方针的指导下，原来因专业分工所限出书面窄而深感经营困难的科技社，在坚持专业特色的同时适当拓宽了出书范围，获得新的经济增长点。总体而言，这一方针收到了积极的效果。

（《绿荫·履痕——中国出版协会科技出版工作委员会 30 年》

第 107—108 页）

《读书》杂志创办初期的独特体制和引领作用

〔题记〕2009年4月21日，三联书店召开《读书》杂志创刊30周年聚谈会，众多新老作者和编辑出版者与会祝贺。此文是我在会上的即席发言。

我本来不想发言，樊希安同志再三要我讲，看来推不掉了，那就即席讲几句吧。

1979年《读书》杂志创刊时，我在国家出版局工作，同陈翰伯、陈原同志接触比较多，也参加过讨论《读书》的会议。现在还留下一些记忆。

第一，关于《读书》的组织架构（体制）。《读书》杂志社的组织架构比较独特。概括起来就是：在陈翰伯的领导下，以三联书店一些老出版、老编辑为主，组成一个合作共事的工作班子，承担《读书》的各项工作。陈翰伯有国家出版局代局长头衔，又是著名的新闻撰稿人和编辑出版家，是决策者和定调人。陈原时任商务印书馆老总，是很有影响的学者型编辑出版家，因与陈翰伯志同道合，又是老三联，跨单位担任《读书》杂志主编。他不在《读书》编辑部上班（主因不是《读书》无像样的办公场所），却能以他睿智的大脑出谋划策，对《读书》的贡献很大。另一个主要人物是三联老出版家范用，时任人民出版社副社长，是《读书》杂志大量实际工作的主要担当者。从《读书》创刊就参加进来的还有倪子明、史枚、冯亦代、丁聪等，都做出了积极贡献。《读书》杂志创办时归国家出版局领导，有时又说由国家出版局研究室主办（可能陈翰伯有话，可能又同参与《读书》工作的倪子明时任国家出版局研究室主任有关，但并非真正意义上的"主办"）。当时三联书店只是人民出版社的一个编辑室，无独立建制，但参加《读书》工作的多人又不归人民出版社管。应该说当时的《读书》是在陈翰伯领导下，以陈原为主编，由范用担任编辑出版实务，这样一个有默契无组合规章且自然形成的"共同体"（当时无此说，是我今日妄言之）。对《读书》杂志这种独特的组织架构（体制），有赞成的，有非议的，有人还上纲上线进行质疑。陈原是被请出山的，曾几次提出辞呈。有一次陈翰伯问我对陈原请辞怎么看，我说我也说不清楚，但据我观察，不管他怎么说，你都不能表示同意。在这种组织架构（体制）下，以务实著称的范用就成为《读书》杂志编辑出版工作的实际担当者，做出了不可替代的贡献。我看《守望家园》一书中说的情况大体是准确的。非常遗憾的是，范用同志未能出席今天的聚谈会。

像《读书》杂志创办初期这样一种组织架构（体制）和工作班子，是那个年代特定情况下的产物，今天是很难复制的。我请三联书店的同志思考、研究一下，这种志同道合的组织体制（架构），对我们有什么可以引为借鉴的？

第二，关于《读书》的办刊方针。陈翰伯给《读书》杂志的定位是“以书为中心的文化思想评论刊物”，一直到今天，都坚持这一办刊宗旨。应当说，《读书》杂志是改革开放的产物，是拨乱反正的一个成果。这个杂志在创刊的头三、四年，在知识界有很大的影响力，有很强的凝聚力，起到了引领学术发展的作用。我现在还留下记忆，《读书》杂志不断地解放思想，不断地提出和回答新的问题，又有好的文风，从不穿靴戴帽，从不说大话、假话、空话，使人愿意看，喜欢看。这是源于领导和主持《读书》的几位老出版老编辑不断地解放思想，坚定地执行了一条解放思想、实事求是的思想路线。沈昌文在刚才的发言中，以陈翰伯亲自撰写《两周年告读者》，回忆陈翰伯重申《读书》的解放思想、平等待人、提供知识、文风可喜的办刊宗旨，倡导读书之风、思考之风、探讨之风、平等待人之风。就是在《两周年告读者》这篇文章中，陈翰伯坚持和阐明了《读书》创刊号提出、曾遭到领导机关指责的“读书无禁区”的主张。此文打印时，时任陈翰伯秘书的小徐（世平）特意让我看了原稿和打印稿，说翰伯同志重申“读书无禁区”的主张，够解放思想的。我对翰伯同志表示敬佩，但说我可能做不到。此例说明，要真正做到解放思想，还得有只求实不唯上的思想风格。这一点，当年的《读书》做到了。

《读书》杂志在成长过程中也有曲折，并不是一帆风顺的。在有的历史关头还受到过尖锐的批评。给我的感受，《读书》杂志编辑部是顾全大局的，是非常努力工作的。

祝贺《读书》三十年所取得的成就！

（据三联书店内刊《三联人》2009年第三期校正整理）

我愿做个三联人

〔题记〕应约为生活·读书·新知三联书店八十年大庆而作。曾在《读书》（2012年第6期）、《中国新闻出版报》（2012年6月21日）发表。

“三联书店与新华书店一样是党领导下的书店”。建国前，中共中央这个历史性评价，使我对三联书店及其光辉历史，一直心怀敬仰之情。我曾以两支文艺大军会师作比对，称颂1949年10月3日新中国开国大典之后在北京举行全国出版工作会议，是三联书店（原在国民党统治区）和新华书店（原在解放区）两支革命出版大军的会师。由此可见，在我的心目中，三联书店同新华书店是同等重要的。当前，在以生活书店成立为发端纪念三联书店八十周年的日子越来越临近时，我更想起30多年来为三联书店服务中所受到的教益。我还想过，在那艰苦卓绝的岁月里未能同三联战友并肩战斗，却愿在三联重建辉煌的事业中与三联为伍，甚至愿意做个三联人。

确认入店即是参加革命

1977年开始的出版领域的拨乱反正，严厉地批判了“四人帮”强加给生活、读书、新知三家书店是“三十年代黑店”的政治诬陷，肯定三家书店及其后成立的三联书店是党所领导的革命出版单位，为建国前入店的三联人恢复了名誉，但并未像对新华书店那样，入店即是参加革命工作，计算革命工龄。对此，三联老同志徐伯昕、张仲实、胡绳、黄洛峰、钱俊瑞、华应申、邵公文等上书中共中央书记处，但由于当时类似积案甚多，又有攀比，需要逐个审查和统筹，未能及时解决。

我是从参与出版界拨乱反正工作，在批判“三十年代黑店论”过程中，较为系统地了解到三联书店的光辉历史及其与党中央、与中央南方局和北方局有组织关系，并在同三联老同志接触中深得教益，视黄洛峰、徐伯昕、陈原等三联老同志为“出版导师”，所以由衷地愿为三联书店做一些力所能及之事。1983年3月15日，我到中组部按三联老同志的要求再作争取。听取我汇报的是中组部部务委员、老干部局局长郑伯克。他是1928年参加革命，三十年代在上海曾与胡乔木、周扬有党的工作关系，同左翼文化人有交往，知道生活书店许多情况，对我们的争取和三联老人的要求作了热情支持的表态。

1983年5月26日中组部发出《关于确定党的秘密外围组织、进步团体及三联书店成员参加革命工作时间的通知》，明确规定：“凡是三家书店的正式工作人员，拥护党的主张，服从组织安排（需经当时分店以上负责人证明），一直坚持革命工作的，1937年8月以前进店的，其参加革命工作时间从1937年8月三家书店受党直

1982年10月，邹韬奋夫人沈粹缜（前右1）来京出席生活、读书、新知三店革命出版工作50年纪念活动，同出版界部分老同志合影。在场的有宋木文（左3）、边春光（左5）、曹健飞（左6）、陈原（右3）、宋原放（右2）等。

接领导时算起；1937 年 8 月以后进店的，从进店之日算起。”这样，三店及其后的三联书店分布在全国约 1600 余人中的大多数，都满意地解决了革命工龄问题，离职后都享受了离休干部的待遇。这对三联书店和整个出版界都是一件大事，一件实事求是地处理历史问题的大事，一件有广泛影响的拨乱反正的大事。

为解决三联人普遍关心的这件大事，我们有关工作人员出了一些力，但起决定作用的是送到中组部决策会议上的两个重要文件：一个是前已提到的中共中央 1949 年 7 月 18 日《关于三联书店今后工作方针的指示》，肯定“三联书店过去在国民党统治区及香港起过巨大的革命出版事业主要负责者的作用”；一个是 1982 年在纪念三家书店五十周年纪念大会上邓颖超、王震、邓力群、周扬的贺信和讲话，肯定三家书店“在民族民主革命的暴风雨中，把马克思列宁主义的火种传播得更广泛、更深入”。可以这样说，确认老三联人的革命工龄，就是在新时期对三联书店革命历史地位的肯定。

修史要写好三联书店

《中国出版通史》是新闻出版总署领导、中国出版科学研究所组织编纂的国家重点出版项目，由石峰副署长任工委会主任、郝振省所长任常务副主编，我被聘为顾问之一。2008 年初，我听说“民国卷”（卷 8）2004 年稿对三联书店的历史地位写得很不到位，引起三联老同志的极大关注，便从中国出版科学研究所要来有关文稿和资料，翻阅了 2004 年专家审读意见材料和 2007 年修改稿。我看到，王仿子对民国卷初稿未能正确反映党所领导的三联书店等革命出版事业及其代表人物提出了很有说服力的意见。与此同时，三联书店汪家明转来王仿子写给他的两封信（2007 年 7 月 11 日，2008

年 2 月 13 日)，说明将在上海《出版博物馆》杂志全文刊载，实际上是要将王仿子对“民国卷”审读意见公开发表。信中说：“正在印刷中的《中国出版通史》的‘民国卷’的质量很令我担心”。还说：“这一卷在讲民国时期著名出版人这一节的题目上，只有张元济、陆费逵、沈知方三个人的名字，说明他们不知道邹韬奋在民国时期出版界的地位。”汪家明转送王仿子信时，又给我写了信，说：“三联这些年确实被出版史家们淡忘了，当然也可能不是淡忘，而是认为，三联的‘革命性’现在不时髦了，商务、中华的‘文化性’才是值得赞扬的。这是对‘文化’的浅解，而且，三联即便是解放前，也出过大量进步文化的书，如鲁迅的书，高尔基的书，乃至许多文学名著(《巴黎圣母院》等)。然当下世风如此，所以我们要奋起自重。”

我赞成王仿子、汪家明的意见，认为是写好“民国卷”必须解决的问题。而“民国卷”2007 年修改稿也有了很大的改进，把党所领导的出版事业单列一章（第十二章)，在编辑出版家群体中补写了邹韬奋和徐伯昕。后又按我的意见，在三联主要代表人物中增补了胡愈之；我又一再叮嘱要把事关三联历史地位的 1949 年 7 月 18 日中共中央《关于三联书店今后工作方针的指示》补入出版通史稿，经查对无误，我才放心了。

在“民国卷”一个重要问题形成热点、编写者与出版界有关人士互不通气的情况下，我于 2008 年 2 月 22 日，写信给石峰和郝振省，向编委会告知我对这一卷的关注和我对 2007 年修改稿的基本评价，以及我对今后工作的意见。信中说：“撰写民国卷（1912—1949) 三十八年出版史，必须正确解决革命出版事业历史地位及其相关问题，而认真听取仿子等同志所代表的一代人（包括他们的继任者)的意见是其中的重要条件。”说实话，我也不希望在“民国卷”

作了重要修改后，编委会仍然还承受着来自出版界有影响人士的某种压力。因此，我将我给石峰、郝振省的信转送三联书店有关同志，以利于消除疑虑。

经查，2008 年 12 月定稿出版本又有重要增补和改进，主要是：(一)编写者顺应历史走向，把握民国时期政治斗争与出版文化的内在关系，将“中国共产党领导的出版事业，从原来分散叙述改为专章模式”的十二章（本书后记），使党“如何有效地利用出版作为革命斗争的工具”“那一时期重要的出版文化现象”，且是“中华人民共和国出版业源头”（见本卷导论，我同前引汪家明意见很接近），包括各个革命历史时期的主要出版单位和主要出版活动，作了符合历史的全面评述，给人们留下了清晰而又深刻的印象。(二)在“出版家群体”的第七章，将三联书店主要代表人物邹韬奋、徐伯昕、胡愈之三人同商务印书馆张元济与王云五、中华书局陆费逵与舒新城并列，各为一节，以显示其重要历史地位。(三)在“其他较有影响的编辑出版人”的第七节，像对待商务印书馆、中华书局等著名出版单位一样，将“曾在生活书店、读书出版社、新知书店供职的编辑出版人”杜重远、艾寒松、柳湜、张仲实、万国钧、孙明心、俞鸿模、黄洛峰、艾思奇、华应申、石西民等 11 人，先后列出，简介其“主要编辑出版活动”。也因此，我在 2009 年 2 月 26 日新闻出版总署召开的《中国出版通史》出版座谈会上发言时说：“民国出版史因其对革命出版事业的正确处理，而成为近现代思想史文化史系列的一部成功之作。”顺便说，我也听到还有不同的声音，主要是对解放区革命出版工作撰写分量不足，与历史不符。这就有待改进了。

为三联书店建大楼的决策

三联书店1949年由香港北迁，1951年并入人民出版社，成为只有出书名义而无实体的副牌社，1985年才恢复独立建制。这以后的三联书店，最现实的困难是没有固定的办公场所。用时任总经理沈昌文的话说："三联书店'复活'多年，依然地没一垅，房没一间。最困难的时候，这么一个多少有名的单位，并不多的几十号人要在北京市内东、南、西城四五个地方分散办公，可谓苦矣！"这是一句实话，还有一句实话可说：当时的国家出版局和后来的新闻出版署都把解决三联书店、中华书局等直属单位的办公和业务用房列入第一批建设规划，而为三联书店盖大楼，更是得到署领导班子和执行部门特殊优先的安排。

在美术馆东街新华字模厂旧址上出现的那座三联书店大楼，是怎样建设起来的呢？那可不是靠某个人的超强政绩，而是主管部门特殊优先安排和相关部门有力支持的结果。从地皮移用（在别单位使用的地皮上建房，更要有权威机关统一调度和必要倾斜）、国家计委工程立项、基建资金国家拨款，乃至施工组织，都是署领导班子和执行部门精心筹划和果断决定的，而时任署计划财务司司长吴江江则起到了上下沟通、左右协调的作用（也不是纯个人行为）。当然，时任国务院副总理兼国家计委主任邹家华对成就此事也有着重要的影响。不过，关于这一点，我也只是从我向郝建秀（时任国家计委副主任）争取工程立项和国家拨款的交谈中感受到的，并无任何批示文件可证。关于此事，沈昌文在他口述自传《知道》和《八十溯往》两书中的叙述，基本上是准确的。

愿做三联人的心境与进言

写到这里，还要补充一点我愿做三联人的心境细节与进言。

我对范用、倪子明、沈昌文、董秀玉、张伟民和樊希安等几任三联老总都比较熟悉，有过工作上的联系和个人的交往。当沈昌文在总经理任上受到指责时，我对他有批评也有支持。对董秀玉在港工作遇到挫折时，主动将其调回继续担任三联副总（在港任职期间原职未予免除），后又在有争议的情况下提议她接替沈昌文出任三联书店总经理。我做过几年中国韬奋基金会副会长，为继承和发扬三联书店首位创始人和精神领袖的事业尽了一点力。2004 年前后，有位时任三联书店总经理一时不慎，在某些事上偏离了三联好传统，引起老三联人强烈反对，我曾受托将仲秋元、李文、许觉民、曹健飞、王仿子、范用的呼吁信函转报中央领导同志，为老三联高度关注之事的圆满解决做了一点沟通。对三联书店主办的《读书》杂志在办刊过程中遭遇的责难，我批评与保护兼而有之；1989 年《读书》七、八两期合刊出版，并有内容调整（扬之水《〈读书〉十年》第 342 页有记载），是特定政治形势下做出的，如有失当，我负决策之责。我高兴地看到，樊希安出任总经理以来，三联书店在编辑出版和经营管理上都有新举措新进展。

我列举前述这些未必件件都应由我来说出之事，只是表示我愿与三联为伍，做个三联人的心境。这一切，都源于我对三联传统、三联精神、三联事业的敬仰。这又始于我对三联书店的历史贡献、“文革”中的遭遇和恢复建制后的重铸辉煌，做过比较系统的调查，写出一篇《关于三联书店拨乱反正的历史回顾》。此文发表后，即 2004 年 12 月，我送请张伟民阅正，并请他转送沈昌文和董秀玉，我在信中说："我非三联人，但同'三联'还是有些缘分的，写此文也是年过古稀之人对历史的一种交待。"话又说回来，我在这篇长文最后部分讲到，批准三联书店恢复独立建制后，又批准在上海新建一家三联书店，这样，在京、沪、港就各有一家三联书店，虽有历史渊源，又曾有总店与分店名称之别，却各自独立经营。接着又讲我从翻阅三联出版史料（内含当年上海市长汪道涵对重建三联的意见）中，有所领悟，引出三条建设性意见，作为那篇文章的结语："关于三联书店在新形势下既要继承、发扬老三联的优良传统，又要在出版体制上有所改革和创新；关于京、沪、港三联如何开展合作，优势互补，兼顾国内外读者，以求得更好的发展；关于三家按中外合资模式统一经营一个公司，把出版工作推向海外去。我认为对今天研究三联书店的改革与发展都是有意义的。"（引自拙著《亲历出版三十年》，2007 年商务印书馆版第 74 页，原载《出版史料》2004 年第 4 期）我想，对现今几家三联书店而言，这既是前辈的嘱托，也是我这个后来人的进言。今日再次引出，也许不是没有意义的。

时年八十又三，壬辰三月于京城寓所

祝贺中国出版科学研究所成立25周年

〔题记〕成立于1985年的中国出版科学研究所，在2010年迎来了建所25周年。此文是我在2010年10月10日为庆祝建所25周年所写的祝词，载于中国书籍出版社出版的《中国出版科学研究所25周年纪念文集》。该所现已更名为中国新闻出版研究院。

创建中国出版科学研究所是党中央、国务院为加强出版工作而做出的一项重要决策。建所二十五年，出版学从有无之争到坚实确立，科研成果丰厚，科研队伍成长，内外影响广泛。可喜，可庆！出版理论建设兼有基础性和指导性，对出版事业持续、健康发展起着重要作用，科研所今后必定得到加强，再加强，以其科研成果和科研队伍的高水平引领出版业，成为国内权威、国际一流的出版科研机构。

2010年10月10日

以改革精神探索中国版协工作

〔题记〕应约为《我与中国版协——中国版协成立三十周年纪念文选》而作（江苏人民出版社2009年11月出版）。中国出版协会会刊先行发表（2009年2月25日）时，编者按语说："新春之际，我们欣喜地收到宋木文同志为《我与中国版协》征文撰写的文章。木文同志的文章，不仅简要介绍了中国版协成立的过程，回顾了中国版协三十年来的工作历程，而且指出在新形势下以改革精神探索版协工作的重要性。"

我作为中国版协第一届秘书长、第二届副主席、第三届主席、第四和第五届名誉主席，是亲历了这个组织三十年发展历程的。

1979年12月8日至12月19日，在湖南长沙召开的全国出版工作座谈会，以确定"立足本省、面向全国"出版工作方针，成为推进全国出版改革与发展的重要会议。同月20—21日又在长沙举行大会，通过章程，选举领导机构，中国出版工作者协会宣告成立。

可以说，中国版协是与十一届三中全会之后具有出版改革历史标志性的“长沙会议”相伴而生，相继而起的。

三十年来，中国版协在培训和提高出版队伍素质，加强职业道德建设和促进行业自律，评选表彰先进出版工作者，奖励优秀图书和提高图书质量，开展出版学术理论研究，维护出版单位合法权益，开展对外出版合作与交流等方面做了大量工作，为推进出版事业的发展和繁荣做出了积极贡献。

中国版协三十年，是在改革开放大环境下，对自身工作不断进行探索的三十年。在新的形势下，要进行新的探索。

中国版协成立时定位为出版界群众性的专业团体，团结、联系广大出版工作者的纽带和桥梁。在1993年中国版协三大，我就任第三届主席时提出：“现在，协会的性质在一些重要方面还未定型，比如是否和如何向行业协会过渡？随着政府管理机关转变职能，协会工作如何作相应的调整？都需要继续进行探索。这也是建立新的出版体制必须解决的问题。”随着出版改革的深入，对版协工作的探索也应继续。出版协会与其他经济方面的行业协会既有共同点又有特殊性。出版工作是宣传思想工作，必须加强党的领导和政府管理，但也要随着政治体制改革、文化体制改革和政府部门转变职能，更好地发挥出版行业协会的作用。这方面工作做好了，出版行业协会作用发挥了，更有利于政府主管机关加强宏观管理，办好大事。这也是在进一步改革开放和信息网络环境下，改进出版管理要做好的一件实事。

党的十六大对文化体制改革作出了重要决策。出版体制改革走在整个文化体制改革的前列。随着出版单位转企改制、重塑市场主体和转变政府职能的推进，必将要求加强和改进行业协会的工作。2009年1月12日，柳斌杰同志在全国新闻出版局长会议上的报告指出："加强行业自身建设，积极支持行业协会、中介组织依照法律法规和自身章程，认真履行市场协调、监管、服务、维权等职能。"我觉得，我们在出版协会工作的同志应当跟上形势，就加强和改进出版协会的工作问题提出意见和建议，使多年探索的如何发挥行业协会作用的问题，在新的形势下取得新的进展。

顺应“大出版”新格局建立“大版协”新体制的由来

〔题记〕阅读《中国新闻出版报》，2011年5月换届后的中国出版协会，按其章程和对章程的说明，似乎改变了与出版界其他协会、学会的关系，从而改变了原来代表出版界全行业的“大版协”体制。此文是我为此事于2012年1月27日写给柳斌杰的信，同时将我在1997、1998年的两次相关讲话附录于后，以供了解与研究。近日（2012年3月25日）在《中国新闻出版报》看到，柳斌杰在中国版协六届二次常务理事会谈下一步工作时提出，要进一步加强自身建设，“形成一个由中国出版协会牵头的全国出版界联盟”，似乎是为争取在全国出版界确立一个代表性权威组织所取得的进展。

斌杰同志：

2011年5月换届后，中国版协似乎改变了原来代表出版全行业的性质，对此我一直不明事理。2012年1月17日晚总署历届班子成员迎春会面时，经您对我说明，我才了解到事出有因，正在争取解决。此事关系中国版协工作全局，特提供历史情况，以供研究参考。

中国版协从 1979 年 12 月成立，一直是代表整个出版界的全国性全行业组织。从 1993 年第三届起，由于发行、期刊、音像和编辑等相继成立各自独立的专业性协会、学会，中国版协章程对会员的规定除中央级出版社和地方版协外，还包括“印刷、发行、期刊业的代表”，仍具有出版全行业的性质，并受中宣部、新闻出版署的委托，组织实施出版界的职业道德准则、评选韬奋出版奖、百佳出版奖、中国图书奖等，但在章程中未明确与其他协会的关系，各协会在工作中出现一些交叉与重叠，有时甚至引起一些矛盾和纠纷。这个时期由我担任中国版协主席，在实际工作中深感需要明确中国版协与其他相关相近协会的关系，以使出版界各行业组织既形成合力又发挥各自的优势。

1997 年 9 月 9 日，新闻出版署人教司根据《国务院办公厅转发民政部关于清理整顿社会团体意见的通知》（国办发【1997】11 号）中“对宗旨、业务范围相同相似的社会团体予以合并”的精神，提出将书刊发行、音像、期刊、编辑等 8 家协会、学会并入中国版协，有的作为中国版协专业委员会，有的保留牌子以便于开展对外交流活动。中国版协对署人教司方案原则上表示赞成，但考虑历史形成的实际情况，提出全行业重大活动由中国版协统一组织；书刊发行协会、音像协会、期刊协会仍予保留，“自主地开展业务活动”。对中国印刷技术协会，中国版协建议，“业务上受国家科委指导”不变，但应同时参加中国版协，以利于编辑出版印刷发行业的统一协调。由于有关协会的意见分歧，署人教司方案未能及时落实。

为换届作准备，第三届中国版协的主席办公会议、常务理事会议多次作为专题，讨论版协体制问题。我也多次进一步从“大出版”

的角度讲过建立“大版协”的必要。我强调指出，随着高新技术进入出版业，传统的以纸介质为主的单一出版业已发展为纸、声、光、电、磁全面发展的立体型出版产业，形成多种媒体互相促进、共同发展的新局面，成为“大出版”的新格局。目前出版界社团分立的状况与“大出版”的新格局不相适应，与党和政府加强领导和更好发挥社团作用不相适应。建立由中国版协代表出版全行业的“大版协”体制（有时又称“在新的形势下重建‘大版协’体制”），如同新闻界有一个统一的代表性的全国记协一样，有利于增强“大出版”的凝聚力，有利于党政主管部门加强对整个出版业的宏观调控和协调发展。我就此事的多次发言，详见所附历史资料，这里均未具体引出。

中国版协经过内部酝酿并与有关社团磋商，于 1998 年 11 月 27 日向新闻出版署党组报送《关于中国版协换届的请示》，明确提出：“将换届后的中国版协进一步明确为代表出版界全行业的全国性的社会团体。出版界其他专业协会、学会加入中国版协为团体会员，各自独立的法人社团地位和名称不变；各专业社团的主要领导人在中国版协担任副主席职务，并在中国版协理事会、常务理事会中适当安排各专业协会、学会的名额；涉及出版全行业性质的对内、对外的主要活动由中国版协统一规划和协调，各专业出版社团根据各自的任务自主开展活动。”在此报告送出前，时任中国书刊发行业协会会长、中国编辑学会会长刘杲在前引报告此段旁批注：“我个人赞成这个办法”。至此，中国版协与出版界各有关协会、学会的协商达成一致。后又得到新闻出版署党组的批准，以及社团主管部门民政部的认可。

1999 年 5 月 27 日，应我的请求，刘云山同志（并代表丁关根同志）听取我关于中国版协换届的汇报，对适应“大出版”建立“大版协”体制表示支持。2000 年 1 月 24 日—25 日，中国版协举行第

新闻出版报

PRESS AND PUBLISHING JOURNAL

2000年1月26日 星期三 第2288期 中华人民共和国新闻出版署主办 ●国内统一刊号CN11—0079 ●邮发代号1—50 ●国外代号D—21

《邓小平外

江泽

本报讯 为进一步贯彻落实党

神，配合“三讲”教育的深入开展

关部门组织编写的学习邓小平理论

材料之一——《邓小平外交思想

一书近日由世界知识出版社出版，

记为该书题写了书名。

邓小平外交思想是邓小平理论

部分，内容丰富，博大精深，是新

交政策和外交实践的指南。《邓小

学习纲要》一书包括五部分：邓小

中国版协第四次会员代表大会在京举行

彭珮云许嘉璐到会祝贺 龚心瀚代表中宣部致词

换届选举建立新版协体制

于友先当选中国版协主席 宋木文任名誉主席

本报讯 （记者郭晓虹）新年伊始，来自全国的300多位出版界代表聚会北京，出席中国出版工作者协会第四次会员代表大会。1月24日—25日，中国版协进行换届选举，同时纪念中国版协成立20周年。全国人大常委会副委员长彭珮云、许嘉璐，中宣部副部长龚心瀚，国务院新闻办公室副主任杨正泉，民进中央副主席楚庄，中国记协常务副主席郑梦熊到会祝贺。于永湛代表新闻出版署党组讲话。

龚心瀚在讲话中充分肯定了第三届中国版协工作之后指出，21世纪即将来临，中华民族正处于全面振兴的伟大时代。在改革开放和社会主义现代化建设的伟大事业中，在建立社会主义市场经济体制过程中，中国出版工作者协会肩负着光荣而伟大的使命。他希望新一届版协充分发挥行业组织的作用，当好政府与会员之间的桥梁和纽带。带领广大出版工作者认真学习，认清使命，锐意改革，进一步唱响主旋律，打好主动仗，抓住机遇，迎接挑战，把一个更加富有生机和活力的社会主义出版业带入新世纪。

第三届中国版协主席宋木文在大会致词中，希望有关主管部门进一步重视中国版协工作，把版协的工作作为整个出版管理体系中不可缺少的重要组成部分，使其发挥更大的作用。

第三届版协常务副主席卢玉忆作了工作报告，对今后如何做好版协工作提出了中肯的建设性的意见。与会代表一致认为，第三届版协作了大量工作，取得了显著的成绩。所提出的建议，对新一届版协的工作具有启示意义。

中国版协成立于1979年，至今已走过了20年的历程。20年来，在广大出版工作者的支持下，做了大量工作，积累了丰富的经验，已成为党和政府联系广大出版工作者的桥梁和纽带。为了适应出版业的发展，更好地发挥行业管理和行业自律的作用，中国版协已确定为代表出版全行业的主干社团的牵头单位，出版各专业协会都作为团体会员加入中国版协，这些社团的法人代表都进入版协的领导班子。这样图书、期刊、音像、印刷、发行等社团联成一个有机的整体，展示大出版的格局，从而既确立了中国版协在全行业的代表性和权威性的地位，又使各专业协会、学会的独特作用继续得到发挥。按照民政部关于社团整顿的要求和建立新的版协体制，大会一致通过了新一届版协章程。

本次大会选举产生了224人组成的中国版协第四届理事会，并选举72人组成常务理事会。选举新闻出版署署长于友先为第四届中国版协主席，聘请宋木文为名誉主席，聘请龚心瀚、徐惟诚、王益、陈原、许力以、王仿子、叶至善、宋原放、李祖泽、卢玉忆为顾问。大会选举陈为江为常务副主席，刘杲、刘国雄、伍杰、许华应、邬书林、张伯海、周谊、杨正泉、杨牧之、杨德炎、武文祥、谢明清、彭松建为副主席（按姓氏笔画为序）。秘书长由谢明清兼任。

代表大会于1月25日下午举行闭幕式。新任中国版协主席于友先致闭幕词。他说，这次代表大会内容很丰富，传达、学习了李岚清同志对新闻出版工作的重要指示，龚心瀚同志到会讲话，对如何做好出版协会工作提出了要求。他要求全国出版工作者认真学习、贯彻江总书记重要批示和全国宣传部长会议精神，把思想政治工作切实抓好。要根据全国新闻出版局长会议确定的任务，结合版协工作的特点，做好工作。他指出，新一届版协在体制上有一个新特点，这就是初步实现了出版界专业社团的大联合。这个体制有利于党和政府部门加强对出版全行业的领导，也有利于出版界各个社团形成合力，集中力量办一些事情。他说，全体代表选举他为出版协会主席，既是对他的信任，又赋予他很重的责任。新一届版协要努力学习，开拓进取，为建设更加繁荣的社会主义出版事业做出贡献！

出席全国新闻出版局长会议的代表也参加了本次大会。

新闻出版署署长、新当选的中国版协主席于友先向中国版协原主席、中国版协名誉主席宋木文献上一束鲜花，感谢他及版协同志们为中国出版事业做出的贡献。 本报记者 马爆增 摄

2000年1月26日，《新闻出版报》对中国版协第四次会员代表大会的报道，在副题中明确指出：“换届选举建立新版协体制”。

2000年1月26日，中共中央政治局委员、中宣部部长丁关根（中）会见中国版协新老领导成员时，对新版协体制表示肯定。三人照居左右者为于友先与宋木文。

四次会员代表大会，按“大版协”体制产生以于友先为主席的新一届领导集体。丁关根会见版协新老领导成员时，肯定了中国版协的新体制。新闻出版报在报道此次会议成果时突出“换届选举建立新版协体制”：“为了适应出版业的发展，更好地发挥行业管理和行业自律的作用，中国版协已确定为代表出版全行业的主干社团的牵头单位，出版各专业协会都作为团体会员加入中国版协，这些社团的法人代表都进入版协的领导班子。这样，图书、期刊、音像、印刷、发行等社团联成一个有机的整体，展示大出版的格局，从而确立了中国版协在全行业的代表性和权威性的地位，又使各专业协会、学会的独特作用继续得到发挥。按照民政部关于社团整顿的要求和建立新的版协体制，大会一致通过了新一届版协章程。”

据我以名誉主席身份参加版协一些活动观察所得，第四、第五届中国版协，由于多种原因，对建设“大版协”虽无重要进展，但基本上是按新体制格局开展活动的。

我曾为建立“大版协”体制尽心尽力，也深感新体制的确立来之不易，更企盼出现新的转机之时。当得知第六届中国版协将由你担任主席一职时，我曾想这是继续顺应“大出版”加强“大版协”的有利条件，而当我看到会议的结果时却产生如此信开头所说的“不明事理”。龙年春节前，从斌杰同志处了解到出现此种情况的原因，并正在争取解决之中，特提供有关情况并附若干历史资料，以供研究，不知是否有用？

顺祝中国版协诸事顺遂！

宋木文

2012年1月27日

壬辰正月初五

附相关文稿之一

努力做好出版协会的工作

——在中国版协三届三次常务理事会议（扩大）上的总结讲话

1997年12月11日

关于出版协会的工作，卢玉忆同志作了报告，我现在作一点补充。

回顾一下，中国出版协会可分三段。一段是1979年成立，那时的中国出版协会和国家出版局实际上是一套班子，代局长陈翰伯同志任主席，副局长王子野、许力以同志是副主席，中宣部出版局局长边春光同志也是副主席。我是第一届版协秘书长，当时我的职务是国家出版局办公室主任，对版协工作也不知道该怎么做。后来第二届王子野同志当主席了，基本上都是退下来的老同志，我挂了个出版协会副主席的头衔，但我没有管这个工作，主要忙于国家出版局和新闻出版署的工作。现在就是我们这一届，主持版协日常工作的基本上都是从第一线退下来的同志。这时我才比较认真地考虑出版协会怎么做工作，这也是一种转变。经过这几年的实践，我认为需要强调几个问题。

第一点也是主要一点，是要明确出版协会的性质和任务，就是要找准位置，既不能越位，又要积极发挥作用，更不能无所作为。倒过来说，怎样做才算到位我也说不好，因为随着整个出版体制改革的发展，版协的工作也会有所发展。我觉得关于版协的工作体制这类问题不要因人而异，主要应从出版工作的性质来做出解释。出版工作作为宣传工作、思想工作的一个重要组成部分，必须加强党的领导和政府管理。同时出版又是一种产业，随着市场经济的发展和政府转变职能，要加强行业管理和行业自律，发挥出版协会的作用，这是矛盾的统一体。一方面加强党的领导和政府的管理，某种情况下是一种强化的管理，同时在市场经济条件下又要求发挥行业协会的作用。关根同志在一次讲话中，讲到深化改革时，提出要发挥行业协会的作用。由于出版工作本身的特性，这就决定了不能照搬经济领域社团组织的做法，更不能照搬外国行业协会的做法。西方许多国家的政府基本上没有出版管理机构，因此他们更强调行业协会的作用。而我们的出版协会是党和政府主管部门的桥梁和助手，有时候还要起副牌的作用，按照党委和政府主管部门的意图或者委托，做一些党委和政府不便出面又需要做的事。对外处理敏感问题，对内缓解矛盾，有时也需要社会团体出面做些工作。因此出版协会的工作必须自觉地置于署党组的领导之下，根据署党组的决策和部署来安排工作，服从于服务于出版工作的大局。因此我们这届出版协会一直强调做好中宣部、署党组委托的交办的事项，比如“百佳”奖的评选，《中国出版工作者职业道德准则》的实施等等。另一方面要根据版协自身的特点积极开展各项工作。这两方面应该是统一的。根据版协自身的特点，积极开展行业方面的工作，既包括贯彻党委和政府主管部门的指示，当好助手，当好参谋，反映意见，起桥梁作用；又包括如何更好地为会员单位服务，为行业服务，反映行业的要求，维护行业的利益，进行行业的自律。行业的建设，包括出版职业道德的建设，包括反对盗版保护自身的利益，也包括行业自身的自我约束，既维护自身的权益又不侵犯他人的权益。这两方面是统一的，是相辅相成的，都应该做好。比如说评优评奖，评百佳奖、韬奋奖，从行业建设上讲是我们应该做的，同时又是体现贯彻党委和政府的指示精神的。职业道德建设，既是党委、政府委托的，又是行业自律所必须的，因此是统一的。随着我们国家政治体制改革的深入，随着政府职能的逐步转变，必将进一步提出加强行业协会的问题，发挥行业协会的协调和自律作用的问题，行业的自律必将成为一个完整的行业管理体制的组成部分。要做到既找准位置，又积极发挥作用，主要是两条：一是党的领导，包括中宣部、新闻出版署党组的领导、支持，以及我们对党委、政府主管部门争取领导，这是一；二是通过各种形式依靠会员单位，积极开展工作，更好地为会员服务，这样有为也有位了，并且不断积累丰富出版协会工作的经验，逐渐形成若干条条，形成一个文件就更好了。

出版协会如何进行工作，是工作方法问题，也是工作制度问题。分两大方面。一方面，对于出版行业共同性的有重要影响的事项，由版协统一组织进行，比如对当前出版工作重要问题进行理性的思考，进行调查研究，也包括对出版理论、出版学进行研究，为完善出版理论、出版学、出版史做我们力所能及的工作。又比如，评优秀的出版工作者，评优秀的图书，是版协直接做的，有百佳奖、韬奋奖、伯乐奖、优秀中青年编辑奖。评书方面由版协负责的主要是中国图书奖（具体工作继续由书评学会做）。再比如说抓职业道德建设，实行行业自律，诸如此类由版协直接去做，去抓对全行业有重大影响的事项和活动。版协的外事工作也要统一起来做。另一方面，通过各个委员会进行工作。如果将来“大版协”体制确立以后，有些可以保留名义和实体的，通过各个专业协会、各个委员会进行工作。这也包括进行行业自律、行业服务，沟通与政府联系的，像科技委员会协助政府开科技会；像人民社委员会，向中宣部、新闻出版署提出加强人民出版社工作的建议，然后被接受，由中宣部、新闻出版署召开全国人民出版社工作会议；像文艺社委员会针对这一类社的问题，提出多出原创性作品，不搞重复出版，翻译稿不以版税计酬，不参加书稿竞卖等自律措施；像书籍装帧委员会为提高装帧水平举行了一系列的活动。所有这些都说明，专业协会或专业委员会是发挥行业协会作用实行行业自律的一个重要的渠道，或者是一个主要的渠道。如果说我们版协直接抓的主要是些全行业大的活动，而行业自律的一些具体的工作，桥梁和助手的一些具体的工作，在相当程度上体现在专业协会和专业委员会上，所以要高度重视专业协会和专业委员会的工作，使他们能够充分地开展活动，越有声有色，越有各自特点，就越有生命力，整个版协的工作也就越活跃，越有成绩。关于版协的组织建制，看来第一线在职的和退居二线老一点的同志结合起来比较好，都是现职的可能顾不过来，都是退下来的可能施展不起来，结合起来就有生命力。

关于出版社团体制问题，我简短地讲一些意见。

这个问题是国务院办公厅转发民政部的文件中提出的，是新闻出版署根据民政部的文件和出版界的实际情况提出的。其实，中宣部和新闻出版署早就把中国版协看作出版全行业的代表，委托中国版协做一些代表全行业的工作，如制订职业道德准则、评选百佳出版工作者，指定记协与版协分别代表全国新闻界与出版界举办对邹韬奋、胡愈之的纪念活动等。解决这个问题，一是领导下决心，二是方案要可行。现在领导决心是有了，比较可行方案也会经过大家努力提出来的。在我们这次会议上，友先同志给会议的书面讲话，就反映了领导的决心。经过小组讨论和大会发言，大家表示一致拥护和赞成，而且讲了许多很好的意见，讲出了我们过去还没有讲出的意见。对提出和解决这个问题，得到广泛的认同，有了广泛的基础，而且大家认为时机成熟，切勿错过时机。领导所想就是大家所想，大家所想也反映了领导所想。在改革开放和社会主义市场经济的条件下，出版改革和出版事业发展任务很重，需要解决的问题很多，其中就包括在中宣部、新闻出版署党组领导下出版协会或出版界的行业协会，如何发挥协调和自律作用的问题。现在已经把改变出版界多头建立群众团体的问题提到议事日程上来了。这不是哪个人异想天开想出来的，这是形势发展的需要。否则，群团多头，交叉重叠，各自为战，互相扯皮，不但不能进行协调和自律，甚至会给党委和政府主管部门增添麻烦。

现今的出版是一种“大出版”，比十年前出版的概念已经拓宽了，并形成一个包括声、光、电、磁各种媒体，图书、期刊、电子、音像各类的编辑、印制、发行等更加广阔的出版界。根据出版业的发展，出版协会应当适应国家出版管理体制的历史发展和现状，要同新闻出版署归口管理的出版范围相适应，相衔接。我们应该增强“大出版”的观念，改变、克服习惯上的出版观念。建立“大出版”的协会，就是建立同新闻出版署管理范围相对应的出版协会。这样才有利于整个出版界，有利于更好地发挥出版社团的作用，甚至对维护和提高出版工作和出版界的地位都是有利的。出版界协会多头林立，连一个统一的出版协会都建不起来，这无论如何都是说不过去的。出版界与新闻界别的不好比，但要像新闻界那样，有一个统一的出版协会，这应该是能够做到的。据新闻界一位负责人说，尽管记协下面有许多专业记协组织，各自活动也不少，但全国记协的权威性很强，是唯一能代表全国新闻界的社团组织。进一步地说，建立起涵盖出版全行业的出版协会，通过“大版协”增加“大出版”的凝聚力，这样做也有利于新闻出版署党组通过它所领导的社团，加强对整个出版事业的宏观调控和协调发展，有利于维护和加强新闻出版署实行“大出版”的管理体制。

建立同“大出版”相对应的“大版协”是客观需要，也是前提，同时要考虑出版群团组织历史发展和现状，区别对待，对于保留名义或者实体的社团，还要注意充分发挥他们的作用。至于哪个保留实体，哪个保留名义，我今天说不清楚。可以简单地回顾一下历史，出版界本来就是一个协会，这件事是1949年提出，建国初期就提出来的，六十年代酝酿，而且都有文件，1979年成立，当时就是一个协会。后来由于多种原因，包括我在任期间，署党组对协会工作重视不够、考虑不周等原因，还有别的原因，要求成立的都同意了，也没有怎么考虑同早已成立的出版协会是个什么关系，结果就形成了一个出版界有多个事实上相互分割、又有交叉的各种社团组织。我多次向署党组说，今天的状况和我有关，我有责任。我退下来到出版协会工作后，越来越感到目前这种局面是个问题。各自独立的协会、学会并存，本来是一个完整的统一的出版界，事实上被分割了，谁的声音也不能代表出版界。有时下边的人因一件事有不同意见，竟然公诸报端，比如版协已连续十年举办图书订货会，近两年发协也办订货会，为此在报上争起来，说发协怎么样、版协怎么样。这种事使我很反感，也很难过。从此我考虑有些事要联合起来做，图书订货会经我提议就联合起来了，理论讨论会就联合了，评优秀中青年编辑就联合了。同时引起我的思考，要不要从组织上进行调整，要不要有一个统一的出版协会代表整个出版，如同新闻界有一个统一的记协那样。但是我对解决这个问题也有过顾虑，因为我有个版协主席的头衔。现在是署党组在抓这个问题，而且是把解决体制问题和人事问题分开来，体制问题解决以后再由署党组考虑人事安排问题。这样我才下决心把这个问题向党组做了汇报，今天又向大家讲出来。我在出版机关任职的经历使我觉得这是我应尽的一点责任，不论这个问题能不能解决、如何解决，我都觉得要把我应该说的话说出来，这也算是尽到了自己应尽的一点责任。

这次理事会的讨论反映了署党组的决策是符合出版界的实际的，

是反映了大家愿望和要求的，是得人心的，而且大家还讲了很多很好的意见，回去以后我们要向署党组汇报，供署党组决策参考，这也是摆正位置。关于地方版协的问题大家说得很好，根子在上面，要求上面做出决策，做出样子，这是正确的，我是赞成的。但我也想讲另一句话，不管上面怎么样，地方有权决定，不要一切与上面对口，省市新闻出版局有决策权，如果新闻出版局有困难，省市委宣传部有决策权。有些省的协会就不是同上面对口的，有的是局里就定了，有的是省市委宣传部不同意成立就不成立。有的省在署党组提出这个问题之前就搞“大版协”了，所以一个省应当是有足够的权力来决定这个问题的，如果上边理清楚了，省里更好办了，如果理得不清楚，省里也有权决定不对口建立各种协会。我赞成、倾向各省都搞“大版协”。

（根据录音整理）

附相关文稿之二

五年版协工作的体会

——在全国版协秘书长会议上的讲话

1998 年 12 月 23 日

此次秘书长会议是为中国版协换届作准备。

我真正做协会工作是最近这 5 年，考虑版协的事情多了，逐步有了一些想法。一是随着改革开放的逐步深入，社会主义市场经济的发展，越来越重视社会团体的地位和作用，版协的工作会越来越多，越来越重要。按照国务院的要求，政府机构简政放权，不能直接管理企业，要求与所属企业脱钩，但作为特殊行业的新闻出版可以暂缓。政府机构转变职能，直接管理的具体事务将会减少，有相当一部分职能将转移到行业协会，这是大势所趋。所以要加强行业协会的工作，特别是行业的自律。出版方面，也会分出一部分工作转到版协来做。二是要逐渐转到行业协会的轨道上来。所以我们的工作要相应作些调整。在版协章程里，已经出现向行业协会转的趋向，但还不够，还要维护出版单位的权益和出版行业的利益。因此，版协的组成强调团体会员。理事成员中，如果发生变化，不是作为团体会员的法人代表了，就自动换人，由新的法人代表代替。版协今后的主体组成人员是法人代表，要强化主体。三是处理好行业内各协会的关系。当协会的地位不是很重要的时候，不会有什么问题，谁也不会去多想，真要发挥作用了，就可能会争。所以要理顺关系。因此我提出了大版协的设想。版协的工作不要出现要么是各自为政，要么是一统天下，这两种倾向都是不对的。版协统得过多了也不好，比如期刊协会有相当大的独立性，所以既要有统一性，又要能发挥其他协会的作用。我的想法是只要把大版协的体制建立起来就算完成任务了，谁当主席由署党组来定，如果有更合适的人来当版协主席，我随时都可以交，我的注意力和兴奋点是建立一个能代表出版界的大版协，如同新闻界有一个记协那样。

关于省里的问题，这次请湖南版协同志介绍了他们成立大版协的情况。有的同志讲，中国版协怎么做我们就照着做，所谓上行下效，我看不一定这样。省里要从本省的实际出发，能够紧密一点更好。为什么要保留各专业协会的名义和实体？因为有需要。但即使是非常紧密我也不主张取消期刊、音像、发行等协会，如果真的取消了，你未必搞得过人家。我强调搞一个大版协，但从未说过取消哪个协会。中宣部的一位领导同志对我讲，要利用这个机会把协会的体制问题解决好，丧失这个机会就不好解决了。搞大版协是为了便于联合，便于实行才这么做的。在大版协体制下保留其他协会的法人实体，这是因为这些协会已经存在了，已经有了，如果你那个地方没有这个法人实体，千万不要为了和上面对口，再凑几个法人实体，完全没有这个必要。如果省里版协能够搞得更紧密一些，那更好。我并不赞成取消其他实体，把其他协会都变成版协的工作委员会。湖南省一个新的设置，就是成立了图书出版协会，这是湖南根据本地的情况去做的，我不加评论，我不认为其他省也都要这样做。如果中国版协也再搞一个图书出版协会，容易被架空。因为我们都是通过各图书出版社去开展工作的，根基没有了能不架空吗？所以其他省不要效仿。

民政部的有关文件中规定，团体会员不能交叉。因为交叉后协会的性质就变了。在国际上出版商与书商是两个协会。我们的发行协会就是书商协会，但现在也吸收出版社做会员。顾名思义，发行协会应以书店为会员单位。听说发行协会的出版社会员是出版社的发行部，这就值得商榷。因为按规定协会的团体会员是法人单位，而不是法人单位的一个部门，出版社的一个部门有资格参加一个由法人单位组成的协会吗？省里能搞得更紧密一些为好，但千万不能成为一个增设法人单位的理由。

（根据录音整理）

关于国家新闻出版与广电管理机构设置的意见

[题记]这篇《关于国家新闻出版与广电管理机构设置的意见》，是我看到朱永新同志主张将文化、广电、新闻出版“三合一”成立大文化部，向中央编制委员会办公室提出建议（互联网上刊出征求意见稿）后写出的，已于2011年3月28日分别报送李长春、刘云山、刘延东同志，并中编办；3月20日先送新闻出版总署党组柳斌杰、蒋建国同志。我向前述各位领导同志和中编办报送时，都在分别所写的信中表示：“我历来认为此种大合并不妥，就把意见写了出来。事关重大，不报不妥。1992年政府机构改革时，我曾向中央领导同志和中编办报过一个意见，同这次建议的内容相衔接，故以附件一并报上。”致柳斌杰、蒋建国同志信还说：“以我现在远离职场和年迈离休的境况，对此类事讲点意见，似有方便之处。事关二位主持的部门，理应通气，并请审视有无不妥。”文题为此次编稿时所加，正文除未收与本文主题关系不大的两段文字外，全按报送件排印。作为附件报送的1992年意见，即《关于国务院新闻出版管理机构设置的建议》，亦按原件排

印（尽管对个别问题的看法今日可能需做调整）。

大部制改革是政治体制改革的重要内容，也是政府机构改革的大趋势。关于不宜“三合一”的意见，主要是从党管意识形态这个特殊国情出发，并吸取机构改革的历史经验提出的（收入本书的《国家新闻出版版权管理机构的变革》一文有详细记载）。不论实行与不实行某种机构合并，都要把着眼点和立足点放在改革上，放在政府机构职能转变上。从舆论传媒的特性考虑，我特别强调在改革的全过程，都要切实改善党的领导，切实转变政府职能，切实增强重要文化实体单位的自主权和实力以及抵御风险的能力。这些条件基本成熟了，也许某种大部制改革也就水到渠成了。我提出，如果必须对某种“合并”做出选择，可考虑将新闻出版总署与广播电影电视总局合并，并提出了相关建议。

2013 年 3 月 14 日，十二届全国人大一次会议决定，将新闻出版总署与广播电影电视总局合并，组建国家新闻出版广电总局，以促进新闻出版广电事业繁荣发展。从此，我奉命提出组建方案，同几位参与者商量后，建议设置的新闻出版署（建国初期新闻与出版两署合一称之），以及其后的总署，历经 26 年（1987 年 3 月——2013 年 3 月）便结束了历史使命。我不了解，此次新闻出版与广电的“二合一”，同我的建议有无联系。此时此刻，我更想从积极方面估量这次合并与整合的意义：将新闻（含广电及其他新闻媒体）与出版（含传统及新兴出版）等媒体（有人称之为“电媒、纸媒和网媒”）实行统一管理，从法制建设到监管实践进行多方面整合，逐步建立和完善更符合中国国情的大传媒监管体系，推动各种媒体在新的条件下自主互动协调发展，这对我们这个发展中大国的长治久安，不能不有着重要的意义和深远的影响。从合并（主要是机构）到整合（机构与事业，现定的机构名称更着眼于“合并”，如此相加，似乎广电不属新闻，为何不定为

“国家传媒总局”呢？），是个系统工程，要经历内外调整、重新组合和融合的过程。合并已在上头开始，整合更需要全方位推进。但依其主客观条件，前景定会看好。

我看到民进中央专职副主席、全国人大常委朱永新同志《关于改革文化体制管理格局、成立文化大部委问题的建议（征求意见稿）》。他认为，文化、广播影视、新闻出版三部门的职能交叉重叠，导致政出多门、重复管理和管理缺位，“已成为阻碍文化产业发展的体制性障碍”，需要将三部门合并，“建立一个大文化部，统一管理文化、广电和新闻出版工作”。

这是一项重大的改革建议，又是过去有人多次提出的问题，值得认真加以研讨和论证。

我觉得，首先要认真总结建国以来相关机构变迁的得失，从中得出必要的结论；同时要研究现在是否具备“三合一”的必要条件，即在什么条件下才可以考虑实行某种合并。

请允许我——一个在文化部、新闻出版署和国家版权局都曾担任领导职务，并在相关机构变迁中有所感悟，早无职位牵挂，只因全离而未全休，讲一点个人的体会。

一、广播电视、新闻出版这两个政府机构，是管理大众传媒和思想舆论阵地的重要部门，对加强党的宣传思想工作和国家的长治久安都有重要意义，只能加强，不能削弱。建国以来相关管理机构变迁的历史经验已经证明，将广播电视、新闻出版与文化部划开，分别设置独立的管理机构，是完全必要的，是有利于思想文化事业发展的。人们记忆犹新，1982年的“五合一”，将出版、文物、外文出版、对外文委并入文化部后，又因不利于事业发展而大都相继独立出来的历史教训(有人说是一次折腾)。人们更会看到，1986年以来的二十多年新闻出版事业的大发展和在近几年文化体制改革中一直走在前面，是同有一个独立的并不断加强了的管理机构分不开的。关于广播电视，建国以来，更是从未同文化部混编过。广播电视与新闻出版作为舆论宣传的重要载体，在当今国际风云激荡和国内以稳定保发展的大形势下，其管理机构更应加强，又有历史教训可鉴，三部门合并之举，难免各个削弱，当需慎之又慎!

应该肯定，党中央和国务院对三部门主要职能划分是明确的，交叉重叠只是局部的，主要是集中在作为新兴业态的动漫和网络上，而对于现在仍然处于主体部分的广播电视传播业务(广电总局)，图书、报纸、期刊、音像、电子出版业务(新闻出版总署)，则不存在与文化部主管业务交叉重叠。对动漫、网络这两项交叉重叠，也不能只说是三部门设置的必然，也要考虑确定机构方案时有无处置不当，需要加以调整。音像即是经过调整由多家交叉管理终归一家归口的一个实例。管理实践表明，一项业务只能由一个部门主管(或曰归口管理)，而不能多头主管或交叉主管。对动漫、网络，关键在于明确业态性质，并按此确定主管。有人主张只要进入文化市场，就统一由文化部归口，我认为这牵扯更多了，是不适当、不可行、不会收到好效果的。如果讲出版，只讲传统出版，而不讲网络、动漫等新兴出版，那岂不是与现实和发展趋势太隔绝了。如果因多种复杂原因按业务性质管理一时未能到位，也要相信随着行业改革和政府机构改革的深入，总会得到适当解决的。

党和国家需要有强有力的广播电视和新闻出版管理，以保证思想舆论宣传事业持续发展与强大，切不可因小而失大，因局部而损害全局。

二、把广播电视、新闻出版的机构改革和体制改革结合进行，并同国家政治体制改革联系起来，作为一环纳入其中，既是政改之所需，又是政改之成果，适时而又稳妥地加以推进。就需要从多方面创造条件。

我看主要有三：

第一，同加强和改善党对宣传思想工作的领导相联系。

党管舆论宣传，这是一条必须始终坚持的重要原则，但在新的形势下也需要不断改进和完善。比如，中宣部对新闻出版的领导，是否有些管得过多，也过于具体，能否探索出一条管得少些、管得好些的新路，在党的领导下，更充分地发挥政府行政部门的管理职能，使党处于更加主动的地位，最大限度地摆脱（避免）由于身处一线直接处理具体问题而陷入难解的是非之中。

第二，同政府主管部门简政放权和转变职能相联系。

现在，新闻出版总署是否仍然管了些不该管也管不好的事情，在新闻出版企事业单位改革深入进行时，似乎也应在简政放权、转变职能方面有新的作为。这也是深入新闻出版改革必须解决的一个重要问题。比如，出版界早已成立了中国出版协会等行业组织，但它们远没有起到行业协会的作用，现在是不是到了解决这类问题的时候了。把那些更适于行业组织做的事逐步有序地交出去，更有利于政府依法加强宏观管理和取得行政管理的主动权。

第三，同一批重要的公益性事业和经营性企业实体的改革、建设、发展相联系。

我看到，广播电视总局、新闻出版总署正在采取一系列改革措施，为建设一批能够抵御市场风险、自主发展的强大实体而精心设计和付诸实施。这些影响巨大的广播、电视、报纸、期刊、出版实体正在深化改革和加快发展。党和政府的正确领导与管理会使这些实体更加强大起来，同时也在重塑市场主体和增强自主权的进程中为改善党和政府的领导与管理创造必要条件。

党改善领导，政府转变职能，重要实体自主强大，必将经历一个改革和建设的过程（十年上下算是快的），但又都是彼此关联，相互作用，成为对管理体制和管理机构作重大改革应该具备的必要条件。在这些基本条件尚不具备的时候做出像“三部门合并”这样的大动作，不可能达到预期的目标，甚至有可能像有人担心的那样成为一次新的折腾。

前事不忘，后事之师。1982 年“五合一”后，由于基本条件不具备，对出版的领导仍主要在中宣部，而文化部在这方面是名不符实的。我在 1984 年 6 月 17 日，按中央部署整党进入集体对照检查阶段，以《关于出版工作的一些问题和意见》，报送文化部党组，其中第三部分《关于对党组集体对照检查的建议》，记载了当时文化部与中宣部如何管出版的实情（见中国书籍出版社 1996 年版《宋木文出版文集》第 85-86 页），我觉得有必要刊发于此，以供了解：

关于对党组集体对照检查的建议

党组在检查没有抓好大事时，如列举出版方面的例子，可考虑：

党中央和国务院《关于加强出版工作的决定》（草稿），经中宣部和文化部联合召开的全国出版工作会议讨论并修改后，在报送中央书记处审定前，部党组没有讨论过。这主要是由于出版局未主动提请党组讨论，而部党组也未提出要讨论，可否作为部党组抓大事不够的一例。

乔木同志关于现代外国政治学术著作问题的指示，小平、乔木同志关于翻译出版世界各国学术名著的指示，出版局向部党组作了汇报或送了材料，但党组未就此事进行讨论，似也可作为抓大事不够的一例。

我在提出上述建议时，心情是矛盾的。因为这里有一个体制上的问题，我们感到不好处理。过去，出版方面的重大问题，都是由中宣部直接抓，具体工作由中宣部出版局和国家出版局共同进行的。“五合一”(1982年，文化部、对外文委、国家出版局、国家文物局和外文出版发行事业局合并，成立新的文化部，简称“五合一”)出版局并入文化部后，这类事仍如以往。党中央和国务院的《决定》，力群同志亲自主持，两个局参加起草工作。外国现代政治学术著作翻译出版问题，世界各国学术名著翻译出版问题，以及当代中国丛书、祖国丛书、中国地理丛书、中国美术全集等重要图书的规划出版工作，仍同从前一样，由中宣部出版局和我局直接联系办理，由中宣部作出决定，或报请中央书记处决定。这类大事，我们不主动提请部党组讨论，在组织上是不妥的，但由于是中宣部直接抓的，在什么情况下，在进行到什么程度上，提请部党组讨论，我们又不明确。最近在我列席党组会议期间，凡属这类大事我都主动向党组汇报或送文件(据我所知，在这之前，春光同志也是这样做的)，但我没有建议党组专门进行讨论，因为具体工作正同中宣部出版局商办中。今后，出版方面的重大问题，中宣部直接抓，由中宣部出版局同我局直接联系，可能不会改变。我们要主动向党组汇报工作，也希望党组多讨论出版方面的问题，但有关出版方针问题，检查哪些问题，检查到什么程度，要考虑上述情况，否则，检查是检查了，而做起来，改起来，能否完全兑现，还是问题。

时任文化部长朱穆之同志，长期从事党的新闻工作，又刚从中宣部常务副部长任上转过来，对党管新闻、党管出版这类事深有体会，对文化部在领导出版上的“缺位”泰然处之。他还对我说过，出版方面的事，多请示中宣部。如果一位有大文化部心态的人，一旦在条件不具备时当上了大文化部长，面对党管新闻出版、党管广播电视的体制未作重要又适当的调整，而政府转变职能尚未到位，重要实体也不够自主强大时，又有原文化部那么大的一个摊子和几十个直属单位，不知该怎样应对，又是一种什么局面呢？我不是毫无自知之明地在猜想未来，而只是在诉说不该出现条件尚不具备的那种不成熟的大合并。为了宣传思想文化事业的大发展大繁荣，还是断了那个大文化部的念想，使新闻出版、广播影视与文化部分设的体制稳定下来为好。

三、如需要对“二合一”或“三合一”做出选择又条件具备时，可考虑将新闻出版总署与广播影视总局合并，成立政府新闻出版部，作为国务院组成部门，统一管理新闻出版工作。

主要理由是：

(一)对新闻事业实行统一管理。将广电总局主管的新闻工作(广播电视等)与新闻出版总署主管的新闻工作(新闻立法、新闻报刊、新闻记者监管等)合并于一个部门，实行统一管理。

(二)广播、电视、新闻报刊、出版(传统纸介质书报刊出版与音像、电子、网络、动漫等新兴出版)，同属思想舆论宣传和大众传媒，性质接近，共同点多，实行统一管理，更有利于新闻出版事业的发展。

(三)“二合一”比“三合一”好。新闻(含广电)出版与文化艺术(就文化部管辖范围而言)，由于业务性质和传播方式有明显差别，在实行领导与管理上，一向有所不同，不宜强求由一个部门实行大一统式管理。过去又有两次出版并入文化部管理的不成功教训，如再将广电总局和业已增加了新闻管理职能的新闻出版总署并入文化部，业务性质不同，管理方式迥异，任务过于繁重，就更难管好。

(四)鉴于“二合一”后新闻出版部的重要性，理应同文化部一样，成为国务院组成部门。

我在 1992 年 4 月 8 日曾提出《关于国务院新闻出版管理机构设置的建议》，报送中央领导同志和中央编委负责同志，即是在有人提出“三合一”并产生一定影响时，建议实行“二合一”设置新闻出版部，并且较为具体地阐述了必要性和可行性。我也将此建议收入了我 1996 年出版的文集，还写了 [题解]，现一并附上，供参阅。

宋木文

2011 年 3 月 28 日

附：

关于国务院新闻出版管理机构设置的建议

[题解] 在 1991—1992 年国家机关机构改革中，关于新闻出版管理机构的设置，我曾先后提过两个方案，向中央写过两封建议信：一个是加强新闻出版署和各地新闻出版局，这是要全力争取达到的目标（见本文的前一篇——笔者 2013 年 4 月注：即《关于在机构改革中加强新闻出版管理机构的建议》，1991 年 10 月报送中央领导同志，并送各省、自治区、直辖市新闻出版局主要负责同志，见《宋木文出版文集》第 792—797 页）；一个是建立新闻出版部，在加强党对宣传工作领导的前提下，按政企、政事分开的原则，由政府的新闻出版部对包括广播、电视、报纸、期刊、图书、音像等整个新闻出版事业实行统一的行政管理工作；与此同时，将广播、电视、报刊、出版各大宣传单位单独建制（有的早已如此，有的独立出来，有的适当组合），成

为独立的、集团式的宣传单位。此篇即为阐述这个建议而写的，并于1992年4月8日分送中央领导同志（先面报曾庆红同志，后送出）和中央编委负责同志。我首先和主要是为了避免重蹈历史覆辙，将新闻出版部门从上到下与文化部门合并，如果某种合并是不可避免的，我认为将广播电视与新闻出版行政管理部门合二为一可能比曾经有过并被实践证明不成功的那种合并更顺当些，更好些。因为这样做既能够形成完整的新闻（广电也是新闻）出版统一管理，使现体制存在的某些脱节和不协调得到解决，又有利于各个大的宣传实体都能取得应有的政治地位和更好的发展条件，而不会损害任何一个方面。回想起来，这也许是“多此一举”，提了一个不该提的建议。现在我在这里只是“立此存照”，表示我曾做过这样一件事。

目前，中央机构编制委员会正在研究拟订中央与地方机构改革方案。在这里，我想结合多年从事文化、新闻出版管理工作的实际体会，就国家如何设置新闻出版管理机构问题提出一些想法和建议，供参考。

我认为，国家对包括广播、电视、报纸、期刊、图书和音像在内的整个新闻出版事业，经过适当调整，应当由一个部门实行统一管理，即将广播电影电视部改建为新闻出版部，将新闻出版署并入其中，统一管理全国的新闻出版事业。各省及以下也建立统一的新闻出版管理机构。

现将提出这个建议的主要理由和有关问题说明如下：

一、广播、电视与书、报、刊、音像制品同属大众传播工具（或舆论宣传工具），共同点多，如政治性、时效性、综合性强，覆盖面、辐射力广，影响力大。新闻与出版内在联系密切，互为依托。

广播、电视是新闻的一种形式。有些重要的新闻品种又以报刊为载体，使其成为出版物。正在制订的《出版法》就包括报纸、期刊、图书、音像各类出版物。人们历来习惯于把新闻与出版并称。也可以说新闻与出版是一大家。按同类归一，把广播、电视、报纸、期刊、图书、音像制品的管理放在一个部门，更有利于党和政府对整个新闻出版事业实行统一、有效的领导和管理。

二、近几年来国家对新闻出版管理机构的设置比过去有了改进，但仍有待进一步完善。1986 年把对出版的管理从文化部划出，恢复国家出版局，有利于出版事业的发展；党中央和国务院随后又将国家出版局改建为新闻出版署，增加了管理新闻事业的职能，使从 1952 年撤销新闻总署后政府一直没有管理新闻事业的机构的状况有所改变。新闻出版署成立以来，政府加强了对报刊的管理工作，进行了报刊整顿，帮助报刊坚持正确方向，通过调整价格、推动开展多种经营和自办发行等项工作为报刊的繁荣、发展创造了有利条件。新闻出版署成立 5 年来的经验证明，由一个政府部门把新闻（近几年主要是报刊）与出版事业统一管起来是必要的，得到了新闻界的欢迎和支持。但是，政府管理新闻出版事业的机构，在新闻管理方面又是不完整的，主要是广播、电视与报刊的管理分设两个部门，不利于新闻事业的统一管理。如能将新闻出版署对报纸、期刊、图书、音像的行政管理职能同广播电影电视部对广播电台、电视台的行政管理职能结合起来，就使政府管理新闻事业的职能完整和统一了。

三、广播、电视都是非常重要的新闻单位。这一点举世公认。特别是随着现代科学技术的发展，广播、电视的政治宣传、传播信息和影响人们精神世界的作用越来越大了。但是按我国现行广播、电视机构的设置，在中央台之上有广电部，在省台之上有广电厅，中央台是局级单位，省台是副局级单位（个别还有处级台）；同时，部与台，厅与台，又设在一起，部长、厅长在一定意义上成了电台、电视台的总编辑，政企、政事不分。为理顺体制，加强电台、电视台的建设，建议提高中央电台、电视台的级别，加强领导力量，使其成为直属中央或国务院建制的国家广播、电视机构，为事业单位，不承担政府管理职能，像新华社、人民日报社那样。省级台也按此建制，取得省委机关报那样的地位。因此，建立新闻出版部，既能做到统一管理新闻出版事业，又有利于加强电台、电视台这一重要新闻单位的建设。

四、加强文化部的建制，将现属广播电影电视部管理的电影事业仍划归文化部管理。电影不是新闻事业而是艺术事业，由统管艺术事业的部门管理更为适当。这样，几年来争论不休的电影体制问题（门户不对，上下错位等）就可以解决了。文化部应成为以管理艺术事业（电影、戏剧、音乐、美术、曲艺等）为主，同时管理群众文化、社会文化事业并归口管理对外文化交流事业的政府部门。像这样的文化部，其管理任务是很繁重的，管好也是很不容易的。但近来文化界却有人以文化体制不顺为由，建议搞什么“大文委”，包罗万象，甚至整个新闻出版也划到拟议中的文化部或文化委员会中去。我认为这是不实际、也做不好的。前面已经提到，出版按其特性，其管理机构宜同新闻设在一起，而不应同以管理艺术为主的文化部门设在一起。如果勉强设在一起，就像许多人所熟知的那样，势必削弱了出版。1954 年撤销出版总署，把出版划归文化部（实际上由一个部属局来管理），削弱了对出版的管理，影响了出版事业的发展。1973 年成立直属国务院的国家出版局，使出版管理得到加强，出版事业也有了很大发展。1982 年又把出版划归文化部，出版管理再次受到削弱甚至受到损害，不得不在 1986 年再次把出版从文化部划出，恢复国家出版局的建制。出版过去几度与文化部分而又合的历史教训不应再重复了。在今天，新闻出版署管理的范围已扩展到新闻（主要是报刊），同文化部合在一起更是弊多利少。

综上所述，建立新闻出版部统一管理新闻出版事业，把电影事业划归文化部管理，把中央广播电台、中央电视台独立出来使其成为相当于新华社、人民日报社那样建制的新闻单位，我认为这个方案是符合中央编委提出的这次机构改革要“总结和吸取历次机构改革的经验教训，按照精兵简政、政企分开、政事分开的精神”的。设立新闻出版部的方案，实际上是把建国初期设置的新闻总署和出版总署这两个直属中央人民政府的管理机构的职能合二而一，并按今天的情况作了必要调整。新闻出版事业是很重要、影响广泛的事业，对加强思想政治工作、保持社会稳定、促进经济发展有着重要作用，在国务院设一个部来管理这项事业是完全必要的。

原载《宋木文出版文集》第798—802页，中国书籍出版社1996年版

国家新闻出版版权管理机构的变革（资料）

[题记] 为了便于了解和吸取历史经验，特将在《亲历出版三十年》中记述并经整理，原在 2005 年第 10、第 11 期《中国出版》发表的《国家新闻出版版权管理机构的变革》一文，作为资料收入本书（一处有删节）。需要说明的是，此次增补了 1987 年国务院审议时曾涉及的是否将外文出版局划归新闻出版署以便解决内外出版统一管理的问题。对此事，《宋木文出版文集》（第 783—784 页）和《亲历出版三十年》（第 226—227 页）均有记载。

中华人民共和国成立后，中央人民政府政务院设新闻总署、出版总署两个独立机构分别管理全国的新闻工作和出版工作。1952 年，撤销新闻总署，将其承担的工作分别划归中宣部和出版总署。1954 年，撤销出版总署，在文化部设出版局。1973 年，将国务院出版口改为国家出版局；1982 年 5 月又将国家出版局并入文化部，再一次以一个部属局的机构承担全国出版管理工作。1986 年，恢复国家出版局直属国务院的建制，1987 年又将国家出版局加以扩充，成立新闻出版署。

版权管理机构则是从无到有，从小到大。1979 年在国家出版局内设版权研究小组，后改为版权处，1982 年国家出版局并入文化部后，为方便其工作，使用文化部版权处名义，仍归出版局管辖。1985 年 7 月，成立国家版权局，同时将文化部出版局改称国家出版局，但两局为一个机构两块牌子，并同归文化部管辖。1986 年 10 月以后，国家版权局仍与国务院直属的国家出版局、新闻出版署为一个机构两块牌子。

我在这里回顾的，主要是 1982 年国家出版局划归文化部后又怎样独立出来和国家版权局是怎样建立的内部决策情况。

1982 年 2 月 4 日，中央书记处听取国家出版局党组关于十一届三中全会以来出版工作的汇报。在准备汇报提纲时，就有传闻，说国家出版局在即将进行的国家机关机构改革时划归文化部领导。为了做一次争取，“汇报提纲”在“加强对出版工作领导”一节，以历史经验和现实经验为依据较为充分地申述了保留和加强国家出版局的必要。这次书记处会议，虽有习仲勋等同志表示了支持保留的意见，但终被否决。1982 年 5 月，就宣布了文化部、对外文委、国家出版局、外文出版事业局、国家文物局“五合一”方案。“五合一”实际上是“四归一”，将原来的四个独立机构统归文化部管理。关于省市区出版管理机构问题，胡乔木、邓力群以及中宣部都曾争取给予保留，但由于国家出版局并入文化部，除上海、天津等保留了出版局外，其他大多数省市“上下对口”，将出版局陆续并入文化局。

1985 年 11 月 18 日，中央书记处继 1982 年 2 月那次会议之后再次讨论出版工作。会议印发的文件是《文化部国家出版局关于出版工作为精神文明建设服务的汇报提纲》。在汇报提纲中，不便直接提国家出版局从文化部划出，而专门讲了一段加强地方出版管理机构问题："1982年，机构改革，国家出版局与文化部合并以后，大多数省（区）出版局也相继与文化厅（局）合并，只有上海、天津和广西保留了出版局。由于文化厅（局）管理范围很宽，出版任务又很重，有19个省又成立了出版总社，管理全省的出版事业（少数省由出版总公司或人民出版社代管）。但出版总社等很难发挥出版行政管理的职能，有些省如湖南又恢复了出版局。鉴于目前出版管理上存在的混乱现象，不少同志呼吁恢复出版局。人大代表、政协委员也曾多次为此事提出提案。前不久，胡乔木同志在一次会议上，谈到出版行政管理机构不健全，各省由出版总社、出版公司管理出版行政不便时指出：出版行政管理是长期的，用出版总社、出版公司形式解决不了，要我们把情况报告国务院。我们建议将现有各省、自治区出版总社改为出版局，作为省一级出版行政管理机构。此事业经中央宣传部原则同意，文化部已报请国务院审批，我们希望得到中央的支持。"

在此次中央书记处会议审议《汇报提纲》时，出席会议的领导同志对加强出版管理问题甚为关心。首先是胡乔木提出："出版机构，主要是下面没腿，这是需要解决的，老早就提出来了。出版没有健全的管理机构，书记处把出版局、宣传部臭骂一顿，也解决不了问题。上面对下面没有指挥权，指挥不动，遇到重要问题，更解决不了。"胡乔木的发言，从"下面没腿"谈起，实际上也涉及加强上面管理权威的问题。与1982年2月4日书记处会议一提到应保留国家出版局即被否决不同，此次会议当胡乔木讲了上述意见后，主持会议的胡耀邦则接着说："不是臭骂一顿就能解决问题的。都是好同志。是没有把局面驾驭住。你们驾驭不了，要向中央反映，提交中央讨论。”在议论为起草新的出版决定（实际上并未做出）出题目时，胡耀邦还说包括“出版机构体制问题怎么办”，“都要说清楚”。可以说，这次中央书记处会议为从上到下解决和健全出版管理机构问题创造了条件。

国家出版局恢复为国务院直属机构

1982 年 3 月，中央决定国家出版局归并到文化部后，经胡耀邦提议，由出版界老领导、老专家组成国家出版委员会，对出版工作进行咨询。1986 年 3 月上旬，国家出版委员会在王子野主任主持下召开会议，决定联名就加强出版管理机构问题向胡耀邦写信。主要内容如下：

我们认为，目前出版方面发生的各种问题，都与出版管理机构不健全、管理工作薄弱有关。……出版部门任务繁重，出版业务范围涉及各个领域，需要有一个独立的健全的政府机构来加强领导，由一个部属的局是难以承担的。建国初期，中央人民政府只有三十几个部门，出版事业的规模也不算很大，还有一个部委一级的总署来管理；现在，国务院部委和直属机构近百个，出版事业的规模也比建国初期大得多，而且在新的历史时期，国家对出版工作的要求越来越高，出版工作的任务越来越重，在这种情况下，在国务院设一个部门来管理，更是需要的和可行的了。我们建议将现在的隶属于文化部的国家出版局恢复为国务院的直属局，或者恢复建国初期的出版总署建制，以加强对全国出版工作的领导和管理。也有些同志建议，成立国家出版委员会，扩大管理范围，把图书和期刊的出版、印刷、发行工作，对外宣传的外文出版工作，书刊进出口工作，新闻事业的行政管理工作，以及造纸工业等，统一管起来。

在这封信上签名的十五位老同志是：王子野（主任委员，全国人大代表）、严文井（副主任委员，原人民文学出版社社长、全国政协委员）、常紫钟（副主任委员，原农业出版社社长）、陈翰伯（原国家出版局代局长、全国政协委员）、王益（国家出版局顾问、全国政协委员）、徐光霄（原文化部副部长，1972 年至 1975 年曾任国务院出版口、国家出版局领导小组组长）、朱语今（原中国青年出版社社长）、邵公文（原外文出版局顾问）、李鸿范（原民族出版社社长）、潘奇（原人民音乐出版社顾问）、楼适夷（老作家）、萨空了（原出版总署副署长）、吕叔湘（著名语言学家）、曾彦修（人民出版社原总编辑）、王仿子（国家出版委员会秘书长，“文革”前任文化部出版局副局长）。

胡耀邦在这封信上作了重要批示：“请启立、纪云同志约集有关同志商议予以适当解决。最好还请乔木同志出席一下。”并在十五位老同志签名处批示：“这么多同志的呼声，看来也值得重视。”

胡乔木对加强出版管理问题历来十分关注，此次看到王子野等老同志来信和胡耀邦的批示后批示：“因病须离京疗养，恐难参加了。意见可由厚泽同志代表，过去已多次交换意见。纪云同志主张在国务院成立造纸印刷出版发行协调小组很好，有些问题即可在协调小组解决，另有些专属出版事业的问题须专门解决，并很迫切。”

国务院副总理田纪云看到胡耀邦、胡乔木的批示后，对加强出版管理问题也十分重视，1986 年 4 月 30 日亲自找国家出版局听取汇报工作，表示：出版管理应当加强，要改变出版工作存在的某些混乱现象，国家出版局的体制问题需要研究解决，请中宣部、文化部表示意见。

1986 年 6 月 27 日，时任国家出版局局长的边春光写信给胡耀邦。

边春光的信在回顾了胡耀邦对王子野等老同志信的批示、田纪云为此事找我们去汇报工作时请中宣部、文化部对此事表示意见后说：

中宣部认为，国家出版局直属国务院，有利于加强出版工作。这个意见已写在由中宣部代中央起草的关于加强和改进出版工作的指示的草稿中。文化部王蒙、高占祥、宋木文同志都明确表示，国家出版局直属国务院，单列户头，业务上受中宣部领导，有利于出版事业发展，挂在文化部，对加强出版工作领导不利。

仲勋同志也十分关心出版管理问题，我们也曾向他反映了当前出版管理的情况。仲勋同志请万里、纪云同志，并劳动人事部赵东宛同志研究处理。

各地出版部门的同志得知您和其他中央领导同志对出版管理问题极为重视，受到了很大鼓舞，都期待着这个问题能及早得到解决。

您在书记处的会上指示我们：自己解决不了的问题，要及时向中央和国务院报告。在实际工作中，我们感到出版管理体制问题不解决，出版管理和版权管理薄弱状况难以改变。恳切希望得到您和国务院领导同志的关注和指示。

边春光还给胡乔木、田纪云写了同给胡耀邦信内容基本相同的信。6 月 30 日在给田纪云信中还谈到国务院主管机构体制工作的劳动人事部遵照习仲勋的批示，“曾两次约我们去汇报了出版管理体制问题，他们也认为目前的出版管理体制很不适应加强出版管理的需要，应该进行必要的调整。但他们倾向于作大的调整，把外文出版发行和图书进出口等都统起来。我们认为，彻底理顺出版管理体制很有必要，但由于这个问题比较复杂，恐一时难以办到。而出版管理急需加强，我们建议第一步先作小的调整即恢复国家出版局为国务院直属局，计划单列户头，编制可先不增加。这个方案比较现实也容易办到。第二步在进行充分调查研究的基础上，再进一步理顺出版管理体制。”在同日给胡乔木的信还说他所关注的经济问题，遵照田纪云的意见，“已由赵维臣同志（国家经委副主任）主持的造纸、印刷、出版、发行协调小组在研究，可望增加一点投资；同时财政部也约请我们去汇报了申请减免税收的问题”。

按国务院办公厅通知，将现属文化部管理的国家出版局改制为国务院直属机构需由文化部向国务院写出正式报告。经我同王蒙（部长、党组书记）、高占祥（常务副部长、党组副书记）沟通，请出版局代部草拟《关于恢复国家出版局为国务院直属局建制的请示》。边春光在代拟报告稿（石峰拟稿，刘杲审核）上批写：“木文同志：代拟稿送上，请审定。七月七日。”我写“请王蒙、占祥同志审批。七月七日。”王蒙表示已知并同意此事，高占祥也于七月七日批示：“同意”。对出版局代拟稿，我加了一句话：“将出版局改为国务院直属局，既有利于加强对出版工作的领导和管理，也有利于文化部重点抓好艺术和对外文化交流工作”。当然，这也是写于七月七日。

文化部 1986 年 7 月 7 日《关于恢复国家出版局为国务院直属局建制的请示》，在回顾了 1985 年 11 月 8 日中央书记处会议关于迫切需要采取有效措施迅速扭转出版管理薄弱状况的指示，王子野等写给胡耀邦信及胡耀邦等中央领导同志的批示和中宣部对此事的意见后，明确表示：

为了加强对出版工作的领导和管理，应该恢复国家出版局直属国务院的建制。我们考虑的主要理由是：

1. 出版工作在“两个文明”建设中占有重要地位，对社会各方面的影响也比较大，应加强领导和管理。但文化部“五合一”以后，摊子大，战线长，很难顾得上出版。中央书记处在接见文化部新班子时明确指示，文化部重点抓艺术和对外文化交流，出版局向中宣部挂钩。事实上这几年出版局与文化部合在一起后，出版工作中的方针、政策性的重大问题基本上仍是在中宣部直接领导下，由出版局独立负责的。将出版局改为国务院直属局，既有利于加强对出版工作的领导和管理，也有利于文化部重点抓好艺术和对外文化交流工作。

2. 出版工作既包括书刊编辑出版方面的精神生产，又包括工业（印刷）、商业（发行）。作为精神产品涉及各个学科；作为物质生产、流通还涉及轻工、机械、化工、工商管理、物价等部门。这么复杂的关系，没有一个独立的部门，工作中许多问题很难解决。出版管理方面的许多工作，涉及几个部委，由一部属的出版局牵头，常常碰到困难。

3. 发展出版事业面临的问题很多，困难很大，涉及投资、贷款、税收、价格以及教育、科研、基建等问题，在计委、财政部没有独立的户头，统由文化部来平衡、安排，许多问题不易解决。

4. 目前直属出版局的单位有三十多个，其中有十六个是司局级单位，如中国大百科全书出版社、人民出版社等，工作中经常要取得中央的直接指导，有些问题又需要出版局直接处理，目前出版局的体制，工作中颇多不便。

5. 文化部“五合一”以后，许多地方都跟着撤销了出版局，改为出版总社。正如中央书记处指出的，这种状况“难以对社会各类出版单位进行必要的统一的管理”，对各地加强出版行政管理非常不利。恢复国家出版局，各省即可相应地恢复和加强出版行政管理机构。

因此，恢复国家出版局为国务院直属局建制，是必要的。

国家版权局是去年根据中央书记处关于我国将参加国际版权组织的决定，经国务院批准成立的，目前与国家出版局为两块牌子一个机构。《版权法》（草案）已经上报国务院审查，争取年内提交人大常委会讨论，明年提交全国人大会议审议通过。版权立法对我国科学文化的发展将产生深远影响。但是版权涉及面很广，对内的版权管理，对外的版权贸易，问题相当复杂。版权工作一旦全面展开，版权局的任务是很繁重的。因此，我们建议在调整国家出版局建制的同时，相应地调整国家版权局建制，即国家版权局同时成为国务院直属局，仍为两块牌子、一个机构，照原来安排不变。

国务院于1986年10月6日向各省、自治区、直辖市人民政府，国务院各部委、各直属机构发出《关于恢复国家出版局为国务院直属局建制的通知》：

为了加强对全国出版工作的领导和管理，国务院决定将文化部所属国家出版局恢复为国务院直属机构。现将有关问题通知如下：

一、国家出版局的计划、财政、物资分配单列户头。

二、国家出版局为国务院直属机构后，保留国家版权局的名义，编制暂不增加，仍为一百九十人。

三、名省、自治区、直辖市的出版行政管理机构的设置，由地方自己定。

国家出版局改由国务院直属局建制问题解决后，在中宣部、中组部进行局长人选考核时，我和出版局的同志都推荐由边春光继续担任局长。1925年出生、1940年入党的边春光，政治上强，作风正派，既有丰富的编辑工作经验，又有对出版事业宏观管理的能力，更对此次国家出版局改制精心谋划、积极争取，做了大量工作，是最合适的局长人选。当时边春光年已61岁，几年前曾突发心脏病休养了一段时间，我特别请求组织上从宽年龄界限，并提供医院开出的健康状况不影响正常工作的证明材料，以作争取。但这些争取和努力终未如愿。1986年12月上旬，我正在当天搬进的东大桥新居清理东西，文化部办公厅副主任关敬诚送来中共中央1986年11月

29日任命我为国家出版局党组书记、局长并免去文化部副部长、党组成员职务的通知。我当时所能做的只能是，请求中组部或中宣部有关领导同志尽快找正在外地调研的边春光谈话，并在可能的情况下争取为边春光安排适当的工作。

新闻出版署的组建

我接到国家出版局任职的通知后，文化部党组开了欢送会，王蒙个人“掏腰包”请我吃了一顿饭后，还没有来得及把我在文化部分管的工作交接完，便于12月中旬赶赴南宁主持召开早已定好的全国出版局（社）长会议，按照党的十二届六中全会关于加强社会主义精神文明建设的要求，讨论如何加强和改进出版工作。我请刘杲在12月14日会议开始时作了《提高质量，搞活经营，更好地为社会主义现代化建设服务》的主题报告。然而形势多变。12月19日，正当我做此次会议结束的讲话时，刘杲接到从北京来的电话，说中央决定撤销国家出版局，重新组建国家新闻出版局。国家出版局刚刚恢复国务院直属局建制尚未组成领导班子（只任命局长一人）就完结了。因不甚明了缘由，会上没有宣布这突然发生的变化。回京后，我看到国务院办公厅12月19日的电话通知，提到新闻管理很乱，出版问题也不少，12月18日下午中央书记处会议决定撤销国家出版局组建国家新闻出版局，统管新闻出版工作，要我提出新机构的组建方案和国务院决定的代拟稿。我还看到中办秘书局发出的18日中央书记处会议决定事项的通知，说组建新闻出版局负责对新闻出版工作的管理、审批和检查。我又求见中宣部部长朱厚泽，他说，中央书记处讨论当前形势和学潮问题时，提出政府要加强对新闻工作的管理，为不增加新的机构，决定把国家出版局扩建为国家新闻出版局，主要负责对新闻出版的管理、审批和检查。这时，我虽已成为“悬空”(局已撤销)的“空头”(只任命我一人)局长，但要接受委托进行新机构的组建工作。我抓紧组织草拟组建方案，按建国初期新闻与出版各有“总署”的模式，新机构称“署”而不称“局”，并加了一个“总”字，即“新闻出版总署”。刘杲、石峰参与了组建方案的许多具体工作，给我以有力的支持和帮助。12 月 31 日，中央政治局常委胡启立约我谈话，向我说明在当前形势下将国家出版局改建为国家新闻出版局以加强对新闻与出版管理的现实必要性。胡启立说，这次学生闹事，同资产阶级自由化泛滥有很大关系。对现在出现的各种不正常的情况，要进行深刻的思考、总结。出版界、新闻界也有这种情况。明年要对新闻、出版、宣传进行整顿。宣传舆论阵地必须牢牢地掌握在党的手里，决不能自由放任。这个阵地决不能让。坚持舆论阵地与坚持双百方针是两回事，也不矛盾。文艺创作是自由的，不能搞行政命令，但宣传阵地是另一码事，必须在党的领导下，有强有力的行政手段，如果让出这个阵地，思想就乱了，国家就乱了。中国不能再折腾了。不要怕人家骂我们。但条件不同了，情况更复杂了，是在改革开放的情况下解决占领阵地的问题。要讲策略。你们这个部门非常重要。要选思想路线正确，既能坚持四项基本原则又搞改革开放的人，走出一条新路。中央要通过组建你们这个新机构把新闻、出版管理起来。要同中宣部密切配合，但中宣部代替不了你们。胡启立这番话，是向我交底，为什么把刚刚恢复建制的国家出版局改为国家新闻出版局。我将我从南宁回来后按国办秘书局通知精神草拟的新闻出版管理机构的方案面交胡启立，请他审阅。我说，考虑到建国初期在中央人民政府设有新闻总署管理新闻工作、设有出版总署管理出版工作，我们建议按这个名称和模式建立新闻出版总署，完成中央和国务院委托的新闻出版管理工作。他让我找国务院秘书长陈俊生商量。

我呈送胡启立的新闻出版总署组建方案，已按国办秘书局通知，于 12 月 23 日报送陈俊生。呈送组建方案的报告说 ：“关于成立新闻出版总署问题，在国务院秘书局传达中央书记处的决定后，我们征求了中央宣传部新闻局的意见，并进行了初步酝酿。按秘书局通知现将《关于成立新闻出版总署的通知》（代拟稿）和《关于新闻出版总署职责和机构的设想》（草稿）报上。请予审批。同时附上《建国初期我国新闻出版事业管理机构概况》，供参考。”

1987 年 1 月 5 日，陈俊生主持有关部门负责同志参加的讨论新闻出版管理机构组建方案。我对方案作说明时说，提交会议讨论的组建方案实际上是把建国初期分管新闻与出版的两个总署合二为一，称“总署”不称“总局”，体现了机构设置的连续性。新闻界出版界的同志都很怀念建国初期新闻与出版管理机构的设置，这次拟采用新闻出版总署名称也顺应了这些同志的心愿。地方的新闻出版管理任务很重，在各省、自治区、直辖市也应建立新闻出版局。出席会议的滕藤（中宣部副部长）、刘国雄（中宣部新闻局副局长）表示 ：这个机构很重要，管理工作任务也很重，建议明确为部委级机构，人员编制也要适当增加。国家编委的同志提出不要加“总”字，称“署”不称“总署”。编制可增加 100 人。陈俊生最后讲 ：中央书记处的决定是设置国务院直属机构，考虑你们提出的历史渊源，可以按称“署”不称“局”的方案报上去，改变机构级别在方案上不好写，国务院讨论时你们可以提出来 ；“署”前不加“总”字，国家工商局也无“总”字，有“总”字的如“海关总署”、“民航总局”，都是中央对地方垂直领导的，新闻出版不属于这种体制，人员编制可增 100 人，达到 300 人 ；各省市建立新闻出版局可以写入方案。所拟方案在本周内提交国务院常务会议审议，除方案印发会议外，还要准备一个口头说明，在会上讲。

1987年1月9日上午，赵紫阳总理主持召开国务院常务会议审议建署方案，我做说明，经讨论后批准了建署方案，同时决定国家版权局与新闻出版署是一个机构两块牌子，局与署同一级别，用同一规格的图章，以各自名义行使职权。在版权局的问题上有不同意见，有人说版权和出版是一回事由管出版的机构管就行了，也有人提出不必设立国家版权局，在新闻出版署设一职能部门就可以了。我据理力争，说明版权与出版是两回事，版权管理是保护作者的权益，出版则是对出版物的管理，在国际上也是分设管理机构，不可混为一谈。对这种突如其来的问题我担心我这个“业余搞版权的人”说不清楚，就请坐在另一侧的刘杲支援补充。刘杲说了几句版权与出版不同的话后又说，我们说的也未必采纳，就请领导上决定好了。赵紫阳接着说，你这个同志，也不是不让你们讲意见。我马上说，我们没有过分的要求，只是希望理解我们的意见，建立版权局完全是出于适应对内加强管理和对外开放的需要，不是另设一个独立机构，是要求给一个牌子，发一个同新闻出版署大小相同的图章（我还用手比划图章的规格引起一些人发笑）。这时赵紫阳笑着表示：就同意你们的意见，一个机构，两块牌子，大小相同的两个印章。

此外，在酝酿组建新闻出版署方案时，鉴于对内对外出版工作建国初期就由出版总署统一管理，而对内对外出版又相互依托，改革开放后对内出版也不完全限于对内，对外出版有些书刊也向国内发行，1954年分属两个部门管理后，常有脱节和不够协调（主要是图书对外发行和展销），不利于更有力地开展对外出版宣传，而文化部又顾不上多管，因而经过酝酿，拟将当时由文化部领导的外文出版局及其所辖的十多个图书、期刊出版发行单位划归新闻出版署统一管理（上面由中央对外宣传小组和中宣部领导的体制不变，只是改变政府管理体制和行政隶属关系）。对此事，经我同外文局局长杨玉池协商，杨玉池又同外文出版局所属各杂志社、出版社和对外发行机构负责人沟通，都表示同意；此后我又同中宣部、中央对外宣传小组（由中宣部一位副部长主持日常工作，中宣部外宣局为其办事机构）、文化部商量，也均表同意。因此，杨玉池也参加了1月5日的会议，并在会上介绍了外文局及其所属单位的情况。对此，陈俊生秘书长表示，如各方面都同意，可以写入组建方案，并请各有关部门的负责同志出席国务院常务会议，以便领导同志询问时表态。不过，我在作说明时一提此事就被打断，从国务院领导同志所表示的意见看，还一时难以权衡其必要性和可行性，又担心过分加重新组建的新闻出版署工作负担，因而影响中央决定建立这个机构必须完成的任务，在为此事出席会议的有关部门负责同志（文化部高占祥、中宣部和外宣小组曾建徽等）尚未表态的情况下就被搁置了。过后我想，我们的工作未到位，如果会前能设法向国务院专门报告此事，也许结果就不同了。

我国对新闻出版工作实行分级管理。在国务院常务会议上汇报时我特别提出要加强地方新闻出版管理机构。我谈到：目前全国有出版社440多家，地方占61%；报纸1500多家，地方占94%；期刊4890多种，地方占79%；报纸书刊印刷厂623家，地方占94%；出版队伍地方占80%以上。新闻出版管理工作大量在地方，这就有一个地方新闻出版管理工作如何加强的问题。在代国务院草拟的《关于成立新闻出版署的通知》中，曾列有一条："各省、自治区、直辖市人民政府相应成立新闻出版局，为厅局级机构，负责所辖行政区域的新闻、出版事业的管理。"国务院常务会议在审议这个代拟稿时也认为，为加强新闻出版管理，各省、市人民政府需要有一个相应的机构。而且这个机构应当是一个有权威的能够行使政府职能的新闻出版管理机构。因国务院对地方政府设立什么机构，一般不作具体规定，文件上对各省、市的新闻出版管理机构问题，改成另一种写法："各省、自治区、直辖市人民政府要认真加强新闻、出版的管理工作，其机构设置和人员编制等由各地自行决定。"当时中宣部正在召开有各省委宣传部部长或副部长参加的书刊发行工作会议，我在 1 月 9 日下午的会议上传达国务院常务会议关于地方出版机构设置问题的意见时说，国务院新闻出版管理机构是在国家出版局的基础上扩建的，关于地方新闻出版管理机构的设置问题，需要由各省、自治区、直辖市出版局（总社）去积极争取，也希望参加今天会议的各地宣传部长对这项工作给予支持。

中共中央 1987 年 3 月 29 日发出《关于坚决妥善地做好报纸刊物整顿工作的通知》（中发 [1987]10 号文件），胡乔木在此通知中加了一句："各省如有尚未建立新闻出版局者应从速建立，以便负责承担这一任务。"1987 年 4 月 2 日新闻出版署致函各省市党委宣传部、出版局（社）传达这一规定，促进各地抓紧落实，以利于完成中央交办的报刊整顿工作。1987 年 5 月 23 日，新闻出版署又致函主管编制工作的劳动人事部告知经中共中央代总书记、国务院总理赵紫阳批准的中发 [1987]10 号文件关于建立地方新闻出版机构的规定，"望能够及时审核批准各省、自治区、直辖市人民政府关于建立新闻出版局的报告"（为制止机构编制和干部队伍膨胀，中共中央和国务院 1987 年发出通知规定"各省、自治区、直辖市设立党政机关的厅局机构，属政府系统的，须由劳动人事部审核"）。经过各方面的努力，各省市新闻出版局陆续建立起来。

1987 年 1 月 21 日新华社全文播发了 1987 年 1 月 13 日国务院决定建立新闻出版署的通知：

新闻出版署负责全国新闻、出版事业的管理工作。其主要职责是：

起草关于新闻、出版的法律、法令和规章制度，经审定颁发后组织实施；

制订关于新闻、出版管理的方针、政策，进行新闻检查；

制订并组织实施新闻、出版事业发展规划，对申请新建图书出版社、创办报纸和期刊进行审批；

会同有关部门管理图书、报纸、期刊市场，取缔非法出版活动；

管理图书报刊的印刷和物资供应，管理图书发行；

归口管理新闻、出版方面的对外交流、贸易和合作。

新闻出版署成立后，国家出版局撤销，国家版权局保留。

各省、自治区、直辖市人民政府要认真加强新闻、出版的管理工作；其机构设置和人员编制等由各地自行决定。

对新华社公布的新闻出版署任务中有“进行新闻检查”，受到外国和香港新闻单位的广泛关注。中央对外宣传小组向中央报告了外电的反应，中央领导同志作了批示。在接到中央领导同志批示文件后，经与刘杲商量，以我的名义向胡启立、邓力群报告有关情况，并提出有关建议：

启立、力群同志：

今天接到紫阳、启立、力群同志对中央对外宣传小组1月24日关于对外解释“新闻检查”问题的请示报告的批示（复印件），我们完全拥护。新华社1月21日所发成立新闻出版署的消息，全文引用了国务院文件，事先未同我们商量。我们见后也感到公开宣布要“进行新闻检查”不妥。消息见报当天，就有美国广播公司北京分社和美国之音驻北京办事处来电话，要求采访，并特别提到新闻检查问题。第二天，我们走访了外交部新闻司负责同志，就举行记者招待会等问题征求他们意见。他们认为，新闻出版署署长尚未任命，目前还不便接待外国记者。根据紫阳、启立、力群同志的批示，我们建议尽快决定新闻出版署署长人选，在这之后举行一次中外记者招待会，比较具体地介绍新闻出版署的职责，并就“新闻检查”问题从正面作出解释。

妥否，请批示。

宋木文

1987年2月5日

1987年3月9日，中共中央发出通知任命杜导正为新闻出版署党组书记、署长，宋木文为党组副书记、副署长。杜导正是1937年入党、长期从事新闻工作的老同志，从此在他的主持下，我同他开始了在新闻出版管理岗位上两年多的合作共事，共同组建新闻出版署机关，共同进行新闻出版单位的整顿工作，共同进行新闻出版的立法工作。他1989年夏离职后用主要精力主编《炎黄春秋》杂志。

关于就新闻出版署的建立举行中外记者招待会事，是在新闻出版署机关组建完成并按中央要求开始进行报刊整顿工作以后进行的。杜导正于5月15日在北京举行记者会，介绍新闻出版署的职能并回答记者的提问。我于五月下旬出访新加坡，并应约在香港停留，考察新闻出版单位。此时，新闻出版署成立不久，又正在反对资产阶级自由化及报刊整顿工作（香港报刊作了大量报道和评论），新闻出版署代表团访港引起当地舆论界的广泛注意，不时有记者跟踪访谈。我与北京沟通后，于6月8日举行记者会，香港各主要报社、电台、电视台等30多家新闻单位的记者到会。会上提问也主要集中在新闻出版署的成立与反对自由化的关系，报刊整顿是否要大杀大砍，新闻法、出版法是否已经制定，中国是否要实行新闻检查制度等问题。我对记者的提问作了回答。当天晚上香港几家电台、电视台和第二天香港几家大报都对记者会作了报道，各报所发报道长短和角度有所不同，但还是比较客观的，如香港《星岛日报》、《成报》都如实地报道了我在记者会针对香港传媒称内地整顿“将有三分之一报刊停刊”、“有问题的报刊要全部关闭”，是不实之词，将会被证明是毫无根据的。这两家报纸都引出我在记者会上所说整顿报刊主要是进行正面教育，提高报刊素质；只有少数报刊的整顿与反对自由化有关，而且“采取极为慎重的态度”，“这较少数的报刊，经过整顿，有需要时，仍然可以继续出版”。对于“新闻检查”问题，报道说：“是出版后的事后检查，而毋须作出版前的检查，但由于该署刚建立，事实上还没有真正进行新闻检查”。香港《文汇报》在这个问题上的报道更为准确：“报纸、刊物、图书能否出版和发表，由出版单位负责人决定，他们有自主权”。所谓新闻检查，“主要是出版后的检查或审读，不是出版前的检查，这是不必要的，也是不可能的。”这种“事后检查或审读，当然包括所发表或出版的东西是否符合宪法和法律，违者要进行纠正，同时也包括表彰好的报纸、期刊和图书。”应当说，这次记者会对前些时候围绕建立新闻出版署和开展反对自由化要严厉整顿报刊、大量停办报刊等在香港媒体上出现的各种不实传闻有所澄清。

版权与出版管理部门是怎样成为一个机构两块牌子的

关于国家版权局规格问题，1987 年 1 月 9 日国务院常务会议上有了明确表态，但落实起来却不那么顺利。

1987年1月21日，我们以国家出版局名义致函国务院办公厅：

遵照国务院1月13日通知，"新闻出版署成立后，国家出版局撤销，国家版权局保留。"国家出版局和国家版权局原为一个机构、两个牌子。因此，1月9日国务院常务会议上紫阳同志批准，颁发"国家版权局"和"中华人民共和国新闻出版署"同样大小的印章。专此申请，请予颁发。

此报告送上后，中华人民共和国新闻出版署的国徽图章很快就发下来了，而同样大小的国家版权局的图章却迟迟未能下来。这是因为国家编制部门不承认国家版权局与新闻出版署是同一规格的一个机构两块牌子。劳动人事部编制局经办此事的干部1987年4月21日给刘杲的信说："我们对你署给国务院的报告（稿）作了一些修改，改的主要根据是国务院关于成立新闻出版署的通知精神，'新闻出版署成立后，国家出版局撤销，国家版权局保留'。据了解，保留的意思系指文化部成立的国家版权局，不是直属局级规格，不能与新闻出版署同等规格，也不能与新闻出版署作为一个机构、两块牌子对待。只能作为新闻出版署内的国家版权局。现将修改的稿子送上，请酌。"

刘杲在来信上批了一句："木文同志已阅。此事已办。此件附在我署关于机构问题给国务院的报告后边存档。"

刘杲称"此事已办"，是指新闻出版署关于机构问题给国务院的报告要用历史文件说明国家版权局与国家出版局早已明确为一个机构两个牌子，国家出版局从文化部划出改为直属国务院的国家出版局，以及以后扩建为新闻出版署后，国家版权局就理应成为国务院直属局，并与"署"为同一级别的一个机构两个牌子，而不是直属机构（"局"或"署"）下边的内设机构。

那么，国家版权局是怎样成立的，是怎样同国家出版局成为一个机构两个牌子的？这要以历史文件为依据：

1984年5月，中宣部出版局《关于制定版权法和建立国家版权管理机构的意见》，经中宣部常务副部长郁文、文化部部长朱穆之、国务院副秘书长顾明圈阅同意，提出设立国家版权局的建议。中宣部1984年以（84）161号文致函文化部，要求按郁文、穆之、顾明先后圈阅同意的建立国家版权局的建议向国务院请示报告。在此之前，按中央要求进行的整党进入整改阶段时，边春光向文化部党组报送《关于当前端正出版工作指导思想的几个问题》，提出加强版权立法，成立国家版权局，同时将文化部出版局改为国家出版局，为一个机构两个牌子。希望文化部向中央和国务院报告。

1984年10月17日文化部向国务院报送《关于制定版权法和建立版权管理机构的报告》（此报告未提将文化部出版局改为国家出版局）。报告说：

1979年4月耀邦同志批示"尽快着手，组织班子，草拟版权法"已有五年多了。版权法已经草拟了13稿，为正式立法打下了基础。版权制度迟迟不能建立，除版权立法牵涉面广，问题比较复杂外，其中一个重要原因就是没有一个专门的、统一负责版权立法和版权管理的机构。因此，我们赞成中央宣传部出版局关于"设立国家版权局，负责版权立法、人员培训、版权管理等工作，统一负责对内版权管理和对外处理版权关系"的意见，希望得到国务院的批准，先在组织上落实。至于版权法何时公布对我更有利、版权法公布后如何处理中美贸易关系协定中关于互相保护版权的条款，以及是否参加国际版权组织等问题，建议届时由国家版权局负责与有关部委协商后提出方案上报国务院。

随后，国务院法制局转来劳动人事部《关于建立版权机构的意见》，认为没有必要成立版权局，文化部出版局即可管理版权工作。对此，文化部于1984年11月30日向国务院报送《对劳动人事部“关于建立版权机构的意见”的意见》，主要是有针对性地说明了不能把出版工作与版权工作混为一谈，重申建立国家版权局的必要性。

重读这个报告（我未查到报告原稿，应是刘杲起草或主持起草的），我想起我在1987年1月9日国务院常务会议上针对有人提出版权与出版是一回事可以由一个机构来管理所作的争辩，我觉得这个报告比我在会上说得更清楚、更准确，有必要在这里摘引出来：

一、出版工作与版权工作不能混为一谈。版权是指法律授予各种文学、艺术和科学作品作者的专有权利，是与专利权平行的一种知识产权。它不仅涉及报纸、期刊、图书的出版，而且涉及广播电视、录音、音像、音乐、戏剧、舞蹈、电影、摄影、绘画、雕刻、雕塑、建筑设计、工艺美术、甚至涉及电子计算机和通讯卫星的使用，范围之广，远非出版工作所能包括。

二、版权管理需要政府设专门的管理机构。版权工作对内涉及中央和国务院十几个部委，对外涉及文化、教育和科学技术交流，政府如果没有专门的管理机构，进行有力的管理，即使版权法制定出来，也难于克服目前版权管理方面的混乱现象。长此以往，对内有碍文化教育、科学技术事业的发展，对外有碍国际文化教育、科学技术的交流，不能适应我国实行对外开放的需要。目前世界上大多数国家都建立了专门的国家版权管理机构。如苏联版权局（1000人）、美国版权局（600人）、匈牙利版权局（140人）、阿尔及利亚国家版权局（80多人）。我国是一个历史悠久、文化古老而发达的大国，幅员辽阔，情况复杂，没有专门的国家版权管理机构必然贻误工作。与版权平行的专利权，已建立了中国专利局（计划1500人，现有1100人）。从某种意义上来说，版权比专利权复杂，涉及面更广，更需要一个专门的政府机构来管理。

三、目前文化部出版局的主要任务是主管全国出版社的图书、期刊出版工作以及相应的印刷和发行工作。版权工作是承袭原国家出版局的一项工作，故版权处对外仍称文化部版权处，编制放在出版局，只有十一名干部。明年一月开始执行《图书、期刊版权保护试行条例》要求增加十名编制，文化部也无力解决。不论工作性质，还是现有人员编制，文化部出版局确实很难承担管理全国版权工作的任务。

四、早在1979年4月，胡耀邦同志就批准了原国家出版局给国务院《关于中美贸易协定中涉及版权问题的请示报告》，明确提到应“建立专门版权机构”。

劳动人事部否定了设立国家版权局的建议，其理由并不充分，事先既未来我部了解情况和征求意见，也未征求中共中央宣传部的意见。此事关系重大，以郑重处理为宜。我们请求国务院对我部今年十月上报国务院的《关于制订版权法和建立版权管理机构的报告》给予批示。

文化部这个针对性极强的给国务院的补充报告，看来起了作用，也促使劳动人事部重新考虑原来主张的出版局也可以管版权的意见。其实，换位思考，历史地说，在20世纪80年代初、中期，能够把版权与出版划得很清楚的人是不多的，何况主管国家编制的部门，出于自身职责的考虑，如果能少设一个机构、少用一点编制，岂不更好！

1984年12月31日，刘杲将中宣部出版局袁亮的电话形成文字，并提出建议，送边春光和我阅：

袁亮同志电话通知

85年1月4日上午9时在中宣部出版局开会，讨论版权局的设置问题。

文化部针对劳动部的意见向国务院写补充报告后，艾知生同志（时任国务院副秘书长）提出，两部意见不一，请中宣部部务会议定。

郁文同志让中宣部出版局找两部同志商量。

据了解，劳动人事部（编制委员会）透露在文化部成立版权局可以考虑。

中宣部出版局考虑：最好成立直属的国家版权局；其次是国家版权局，由文化部代管；再不行，文化部版权局也可以。

我考虑，从工作需要出发，第一方案最好，第二方案亦可以，第三方案不行，因文化部不能超越其他部门，版权问题不限于文化出版部门。

届时我和李奇、沈仁干同志去参加会。如何表态为宜，请批示。

刘杲

84.12.31

边春光批写了很明确的意见："我的意见还是会上详述'关于当前端正出版工作指导思想的几个问题'中的'关于版权立法'的说法。那种设想比较现实，比较实际，两块牌子一个机构，既节省人力，又可行使职权。可能会有人提出国家出版局不能恢复，那为什么环保局可以改称国家环保局。专利、商标、版权三者属同类型，专利可以设直属国务院的局，为什么版权就不可以呢？我看达不成一致看法可以拖一下。免得定了盘子将来再改更加困难。"我同意边春光签批的意见。

刘杲和李奇、沈仁干参加了于1985年1月4日中宣部出版局召开的有关部门就如何建立版权局问题的协调会，并按前述边春光批示的口径讲了我们的意见。会后形成了《关于建立国家版权机构的意见》。全文如下：

关于建立国家版权机构的意见

根据郁文同志的批示，我们邀请劳动人事部编制局副局长庞维真同志、文化部出版局副局长刘杲同志等，商量建立国家版权机构问题，结果如下：

开始，文化部重申了需要建立直属国务院的国家版权局，由文化部代管的意见。劳动部则提出，成立直属国务院的版权局有困难，可以成立文化部版权局。

经商量，计划仿照专利局的模式（劳动部同志介绍，其建制属国家经委，但名称叫中国专利局），成立版权局，其建制属文化部。但为了有利于对国内外开展版权工作，和专利局相同，可给版权局戴个帽子，叫中国版权局，并颁发有国徽的印章。其编制暂定100人，以后根据工作需要逐步扩大。劳动部的同志表示，是否戴帽子，请中宣部定。

我们研究，给版权局戴个帽子，叫中国版权局，是进行版权工作所必需。因为对外，它要代表我国参加国际版权组织，同有关各国签订双边或多边版权保护协定，参加有关国际版权会议及其他活动，处理与其他国家版权纠纷等。对内，它要负责全国版权立法及其实施，要管理全国的版权工作，要组织培训全国的版权专业人员，它的工作直接涉及外交、外贸、文学、艺术、教育、广播、电视、新闻、出版、科研、建筑、轻工、电子等部委和单位，如果不以中国版权局的名义进行工作，会有许多不易解决的困难。

目前，建立中国版权局已十分迫切，条件也已具备。从1979年4月胡耀邦同志批示“尽快着手，组织班子，草拟版权法”以来，我国版权法草案，经13次易稿，其定稿已报中宣部和国务院，目前正在作最后润色。最近几年，美、英、法、西德、日本等国有关人士，对我国迄今未参加国际版权组织的问题，多次向中央领导同志提出意见，中央领导同志也多次表示要尽快解决这个问题。除方毅、姚依林、廖承志等同志对外宾作过这种表示以外，1983年10月19日，万里同志在会见世界知识产权组织总干事鲍格胥博士时说：“我们的对外开放政策是长期的。所以特别是对那些与国际上有联系的有关法律，我们要健全起来，如专利法、商标法、版权法等。”并说，不仅专利法，而且商标法、版权法“都要向国际上的法看齐。”现在，我国的专利法、商标法均已颁布，并已建立了相应的机构，剩下的只有版权法了。1984年11月29日，胡耀邦同志会见日本女作家山崎丰子时，山崎丰子提出：中国作为文化大国，不参加世界版权协会，实在说不过去。耀邦同志当即表示：“我记下了这个事情。这个问题要很快解决。”我们感到，颁布我国的版权法，建立国家的版权机构，已经不能再拖了。

以上意见，请部领导审阅。

中宣部出版局

1985年1月10日

郁文将前述协调情况和中宣部的意见函告国务院副秘书长艾知生。

艾知生同志：

关于成立版权局的问题，我部出版局和劳动部编制局、文化部出版局进行了商量。文化部仍希望成立直属国务院的版权局。劳动部认为，成立直属国务院的版权局有困难，可以成立文化部版权局。经研究，我们意见：可以仿照专利局的模式，在文化部建制内成立版权局，但为了有利于对国内外开展版权工作，可给版权局戴个帽子，叫中国版权局，发给有国徽的印章，其编制暂定100人。以上意见，如无不妥，请你们报国务院领导审批。

我部出版局与劳动部编制局、文化部出版局商量意见附后，供参阅。

此致

敬礼

郁文

1月29日

艾知生于收到郁文信函的当天即1月29日即批示："请侯颖同志研究一下可否按郁文同志的意见解决。"

侯颖时任国务院秘书长助理。据我回忆，自1971年全国出版工作会议起，就作为国务院办公室主任吴庆彤的联络员常到国务院出版口（1973年改为国家出版局）谈工作，参加会议；当时代表国务院办公室常来联系工作的还有王维澄。我和刘杲1972年底回京工作后即与侯颖相识，并保持工作联系。我觉得，在准予成立中国版权局的情况下，争取将文化部出版局也改为更有权威性名称的条件已经具备。1985年的一天，应当是三、四月的一天吧，我去侯颖办公室，按边春光的意见，对设立国家版权局，同时将文化部出版局改为国家出版局，再作一次争取。我说，版权单设一个管理机构很有必要，也算是定下来了，但出版工作也需要有一个更有权威的机构来加强管理。这两个机构直属国务院，这最好，但现在做不到，我们能够理解。按现在业已形成的方案，版权机构带“中国”字头，而出版机构却是另一种名称，又都在文化部属下，看起来也不够协调。可不可以设立文化部属下的国家版权局（原拟成立的中国版权局，也是在文化部的属下），同时将文化部出版局改为国家出版局，把两个机构设在一起，一个机构两个牌子，不另找办公地址，又比给100人编制单设中国版权局还可以节省一些人员。侯颖听后认为这个方案好，可以报请国务院领导同志考虑和决策。看来边春光的方案有希望了。后来我见到侯颖还对他的支持表示感谢。

以下是从档案中查到刘杲的一份签报：

春光、木文、玉忆、本瑞同志：

5月18日下午，侯颖同志约我去谈了局的机构问题。他说，他将文化部出版局派出参加日内瓦和巴黎版权会议的情况报告[1]转请田纪云同志看了。经请示田纪云同志，并同编制局商量，同意设国家版权局，建制属文化部，同时将文化部出版局改为国家出版局，一个机构、两个牌子。不过计划单列户头现在办不到，待以后再考虑。他让我们以文化部名义给国务院写报告，经朱穆之同志同意后上报。

此外还谈了版权法的问题。他让我们以文化部名义将版权法稿子正式报请中宣部审批。中宣部表示原则同意后再转国务院按立法程序进行以后的工作。

刘杲

1985年5月18日

1　笔者2004年12月补注：即刘杲率团，沈仁干、黄真参加，1985年2月出席世界知识产权组织在日内瓦召开的关于版权和邻接权发展合作常设委员会第六次会议，随后又出席由联合国教科文组织在巴黎召开的政府间版权专家会议，回国后给国务院的专题报告。据刘杲所写《怀念鲍格胥博士》一文，载于《中国出版》2004年第12期。

1985 年 6 月 20 日，出版局将《关于设置国家版权局的报告》（代拟稿草稿）送侯颖，经他修改后表示可按程序由文化部报国务院。

1985 年 6 月 28 日，经朱穆之部长签发，文化部《关于设置国家版权局的报告》报送国务院。报告指出：

由于版权问题包括前述许多方面，直接涉及外交、外贸、文学、艺术、教育、广播、电视、新闻、出版、科研、建筑、电子、轻工等许多部门，必须成立独立的版权管理机构。参照外国版权机构设置的经验，结合我国实际情况，按照精简机构、简政放权、政企职责分开等项原则，我们认为，以建立精干的国家版权局作为政府管理机构，同时依托各种专业的非政府组织代理版权业务较为适宜。

报告在讲了国家版权局的主要任务后，又讲了国家版权局的机构设置问题：为了精简机构，便于工作，建议将文化部出版局加以必要的扩充，成立国家版权局，同时将现在的文化部出版局改为国家出版局，两个牌子、一个机构，两局的工作有分有合，隶属文化部领导。这样既有利于加强版权工作，也有利于加强出版工作。“两个牌子”主要是指：(一) 两局各有自己带国徽的印章；(二) 对外国分别用两个局的名义出面；(三) 对内部分别用两个局的名义行文；(四) 国家出版局局长和国家版权局局长为一人，国家出版局设副局长三人，国家版权局设副局长二人，分别任职。“一个机构”主要是指：(一) 两局设一个党组，受文化部领导，工作上受中央宣传部指导；(二) 两局为一个机关。近两年之内，除增设若干版权管理工作的业务处室（编制五十人）外，其余行政、秘书、计划、财务、基建、外事、人事、党务等项工作均利用出版局现有机构；(三) 两局的计划、财务、基建等项仍列入文化部户头，国家出版局名下应当注明含国家版权局。

1985 年 7 月 25 日国务院作出关于文化部设立国家版权局，出版局改称国家出版局的批复：

你部文出字（85）第0120号文收悉。同意你部设立国家版权局，主要任务是：组织起草版权法律和有关法令、规章，并负责监督实施；为版权所有者提供法律咨询；批准强制使用作品，发放翻印和翻译外国作品的强制许可证；代表国家处理涉外版权关系；负责指导全国版权管理工作等。

你部出版局改称国家出版局，与国家版权局为一个机构，两块牌子，增加行政编制五十人。

从文化部报告和国务院批复看，国家版权局同国家出版局以及同以后改为国务院直属机构（“局”与“署”）是同一规格的一个机构两块牌子，从国务院授予国家版权局独立行使的各项职责、任务看，也应同国家出版局一样成为国务院的直属机构。再说，1985年文化部出版局所以能够改称国家出版局（国务院文件有关此事的用语一直是“改称”以防止引出其他含义），就是因为设置国家版权局连带产生的结果，而当国家出版局、新闻出版署成为国务院直属机构的时候又怎么可以把这一独立行使职权的版权管理机构降格设置呢？因此我们在这里工作并了解全过程情况的几个人，理所当然地要坚持赵紫阳总理在1987年1月9日国务院常务会议上的明确表态：“一个机构，两块牌子，大小相同的两个印章”，决不能改变和后退。

看来，我们以历史文件为依据给国务院所写报告起了作用。刘杲于1987年6月10日所写的一件签报称：“刚才接到国务院秘书局局长安成信同志的电话，他说，给国家版权局刻一枚同新闻出版署图章一样大的图章，已报领导同志批示同意，通知去刻去了。”刘杲还在签报中就版权局的干部安排、一个机构两块牌子问题批注了意见。

从安成信电话和刘杲批注看，“一个机构两个牌子”的问题已经解决，还需我们同劳动人事部、中组部商谈与请示的主要是版权局的领导班子职数和内部机构设置问题。

1987年8月17日，国务院办公厅专函通知国家版权局：

现送去国务院颁发的“国家版权局”印章、套印各一枚，可即启用。你局印章规格为：直径五厘米，中间刊国徽。

新印章启用后，请即将原直径为四点二厘米的“国家版权局”印章退回国务院办公厅秘书局。

为给新闻出版署、国家版权局领导班子增加一名副职并增设一名秘书长（党组成员，负责事业管理方面的工作），受党组委托，我于1987年4月4日给中组部连尹（时任中组部党政干部局局长）并何勇（时任中组部副部长）写信请示：

3月17日，乔木、启立、力群同志同中宣部和新闻出版署负责人谈新闻出版署的工作。当谈到新闻出版署比国家出版局增加了报纸、期刊的管理工作，又有国家版权局的建制，在署的领导班子中需要为国家版权局增加一名职数时，乔木同志说：这个道理容易说清。版权局麻烦很多。参加国际版权公约后，工作量更大，不胜其烦，非常繁重。国内版权纠纷也管不胜管。版权局的任务，与新闻出版署完全是两回事。版权法，如果国务院法制局审议通过，就要提交人大常委。争议可能不大。通过之后，工作量很大，要有准备。

信中除汇报了副署长、秘书长人选安排外，还谈到“力群同志表示可以设秘书长”。

中组部对新闻出版署（国家版权局）领导班子增加职数的意见给予理解和支持，同意配备一正五副，另增设秘书长一人（进党组）。国务院决定宋木文兼任国家版权局局长，刘杲兼任国家版权局副局长。局内只设一个司，即版权司，未同意另设法律司。此后，曾向中央和国务院主管部门写报告，要求为版权局设专职局长和副局长，均未办成。在这种情况下，我几次向中宣部、中组部有关领导同志提出辞去局长职务，由刘杲接任局长，也未办成。

1993 年 3 月，我事先约好，向时任国务委员、国务院秘书长并分管国家编委日常工作的罗干汇报、请示为国家版权局增设一名专职副局长，以解决对内对外版权工作的需要。此事得到罗干的理解与支持，他表示：国务院对部门职数控制很严，增设职数需经国家编委开会讨论，为解决当前对外工作急需，经过必要的组织程序后，可以由现任版权司司长对外使用副局长名义，内部的实际职务仍是版权司司长，仍坐在司长编制的“坑”上，这样，班子职数未增加，对外工作需要的问题也可暂时解决了。我们把罗干的意见向主管编制、组织工作的部门报告并取得同意后，版权司司长沈仁干就以国家版权局副局长名义进行工作，而实际上也难以划清楚什么是对外的什么是对内的了。对于来自国务委员的这个突破，我一直带有感激之情铭记在心。1993 年 10 月初，因工作和干部安排的需要，经署党组决定，由王化鹏接任版权司司长一职，沈仁干仍继续行使国家版权局副局长的职责，但署（局）领导班子的职数并未增加，而他原来所依托的编制（或所坐的“坑”）已不复存在了。为此，我找仁干谈话，他诚恳地表示完全理解和拥护。我却说，你就先当一段“梁上君子”吧，这种无奈的安排，也许更有利于为国家版权局争取一名专职副局长的职数呢！1993 年 10 月，我从新闻出版署党组书记职务退下来时（署长职务前已免除），中组部张全景（时任中组部常务副部长，后任部长）找我谈话，问我还有什么事要组织上解决的，我说，个人没有什么事要麻烦组织的，工作上倒有一件事请全景同志关注并设法解决。我把沈仁干在无实际职数情况下挂副局长名义的有关情况向他作了汇报。他当即向在场的中组部党政干部局局长尹蔚民交代，对木文同志提出的这件事，应该帮助解决。我回机关后，把此次会见关于落实沈仁干任专职副局长一事，写成书面材料，交给新任党组书记、署长于友先，算是我卸任后向新班子交接工作需要继续办的一件事。后来，沈仁干被任命为国家版权局专职副局长。署（局）领导职数一正五副的配备一直延续至今。

（原载《中国出版》2005 年第 10、第 11 期）

2

缅怀胡乔木

胡乔木在大转折年代的理论贡献

——从吴江同志的“两条重要的史料”说起

〔题记〕这里收入我在《文汇读书周报》发表的两篇文章。一篇是2010年7月23日《为吴江同志“重要的史料”做一点补正》，一篇是2010年12月10日《胡乔木在大转折年代对调整阶级斗争理论的重要贡献——学习笔记：从吴江同志的“两条重要的史料”说起》。两篇都是针对吴江同志作为胡乔木欲发动一场新的反右派运动证据的《留下一份重要的史料》（见2010年5月7日《文汇读书周报》）而写的。第一篇以我亲历的事实集中说他文中的一条史料（胡耀邦对胡乔木以波兰事件为殷鉴给中央的建议信“未予理睬”）严重失实，完全属于“补正”性质。第二篇对他文中另一条史料（胡乔木1979年1月3日在中宣部例会的讲话）作出“补正”的同时，着重阐述了胡乔木在大转折年代对调整阶级斗争理论的重要贡献。这是查阅较多相关历史资料后得出的看法，故在副题中注明属于“学习笔记”性质。此后，我又觉得此文对胡乔木在大转折年代调整阶级斗争理论的梳理不够清楚、不够突出，便写出《胡乔木在大转折年代的理论贡献》一文，以

“他指出”的表达方式，分五条对其理论贡献作了叙述，并将《文汇读书周报》先后发表的两篇文章合为一篇，在2010年12月的《出版发行研究》杂志发表，以便于该刊联系的出版界同仁了解。需要说明的是，由于这里未收在《出版发行研究》发表的那篇“二合一”文章，故将此文中胡乔木调整阶级斗争理论的五点内容和《关于建国以来党的若干历史问题的决议》中关于社会主义社会阶级斗争问题的表述，补入在《文汇读书周报》发表的那篇属于“学习笔记”性质的文章，以取代原来综合在一起的那段相对简略的文字。

在这里，不能不提到在《文汇读书周报》发表的另外两篇相关文章。一篇是黎虹同志（曾担任胡乔木秘书，现为《胡乔木传》编写组成员）《关于胡乔木致吴江信的真相——回答吴江的质疑》(2011年2月25日)。另一篇是《胡乔木书信集》主编之一和《胡乔木传》编写组成员朱元石同志撰写的《也为宋木文与吴江同志的辩论提供一点史料》(2011年5月20日)。因涉及此次争辩的重要内容和中央的决策，经征得作者同意，均附录于拙作相关文章之后，以供读者深入了解。

吴江同志除在《文汇读书周报》首次发表《留下一份重要的史料》外，又在该报先后发表《对于我所提供的两条史料的补充说明》(2010年8月6日)、《又读宋木文的补正文》(2010年12月17日)、《我的歉意和简单说明》(2011年2月25日)和《关于路线问题再说几句话》(2011年3月11日)等答辩文章，在这些文章中，按照他的观点，对胡乔木的功过是非和大转折年代的一些大事作了评论。其中有：“我在这里郑重声明：我对宋木文同志的‘补正’意见是尊重的”。对此，我表示欢迎和感谢，也增添了我对吴江同志的尊重。

《文汇读书周报》2010年8月6日发表吴江《补充说明》时，还刊发了我随《为吴江同志“重要的史料”做一点补正》文送给编辑部的两个复印件，即胡乔木关于以波兰事件为殷鉴致胡耀邦信（载《胡乔木书信集》）和陈翰伯《如何保障宪法规定的出版自由》（载《陈翰伯文集》）。报社编辑部此举有助于读者了解相关事件的真相。

胡乔木长期在毛泽东身边工作，在极其错综复杂的党内外斗争中，也表现出某些不足与失误。但有些媒体以偏概全，把他渲染成“极左派代表人物”，有的甚至冠以“左王”头衔加以贬损，我觉得失实、不公，心有不平。这是我撰文补正吴江同志不实史料的思想动因。从补正史料到进一步阐述重要理论贡献，不是我撰文时的初衷，但后来形成的这一学习研究成果，确也有助于匡正人们心目中的胡乔木形象。由被说成欲发动一场新的反右派运动搞阶级斗争扩大化，到提议废除“以阶级斗争为纲”从而对调整阶级斗争理论做出重要贡献，该是多大的变化！我注意到，吴江同志也认同“这无疑是一项重要贡献。如果有人为胡乔木立传的话，这当然是不可忽视的一件事。”（见《又读宋木文的补正文》）不过吴江同志又说，“无产阶级专政下继续革命的理论或提法，到了1980年起草《历史决议》时，已成为众矢之的，混不下去了”，这时胡乔木才正式向中央提出应当废止“无产阶级专政下继续革命”这个提法，以闯过起草《历史决议》这一关，则有些不够实事求是。事实上，胡乔木1979年1月3日在中宣部作《社会主义时期阶级斗争的一些提法》的讲话中，就明确地讲到：“无产阶级专政下继续革命”这个口号“制造了一整套向无产阶级全面夺权的理论”，“在现实生活中仍然可能成为不安定因素。讲清楚这个问题，对党的理论和实践，对中国革命和国际共产主义运动，都有重要意义。”由此可见，胡乔木对待“无产阶级专政下继续革命”这个提法，早就有了比较充分的认识，决不是像吴江同志所形容的那样被动地提出，以“闯过一关”。既然肯定是可以立传的“一项重要贡献”，又何必如此刻意地加以贬损呢？！

我更希望看到一部符合历史有益今人的胡乔木传。所以在此前提到在《出版发行研究》发表的那篇文章的结尾曾经提出："胡乔木作为中国革命和建设时期的历史人物，其经历、贡献和贡献形式及其历史局限性，都有其特点和特殊意义，希望有学者和机构能写出一部《胡乔木评传》。这对总结历史经验，加强和改进执政党建设和思想理论的工作，发展文学艺术、新闻出版、广播影视事业，都是有益的。"

对《文汇读书周报》在"特稿"栏展开这个专题讨论，我认为，更应该给予肯定和赞扬。一来争论双方与人为善，相互尊重，对有争论的问题力求言之有据，论之成理，符合历史事实，倡导一种实事求是的好学风；二来对大转折年代中央一些决策内情的披露，有助于在重大理论问题上明辨是非，还历史以本来面貌。这恐怕是参与这场论争的人所始料不及的。我就是如此，更是受益良多。

我还要说明一点，我在第二篇文章中提到"近来看到当年的一些内部文件、工作笔记"，也就是此文附录列出的5种"历史文件"，都是我的老朋友、1980年代中宣部出版局副局长袁亮同志提供的，这对我了解胡乔木在大转折年代的理论贡献和撰写文稿都帮助很大，特在此表示谢意。

此组文稿编好后，又看到中央编译出版社2012年1月出版的《吴江别集》。初读近年写出的《慎言"民主的普世价值"》、《试解"中国之谜"》、《成也农民问题，败也农民问题》(《政治沧桑60年》结束语)等篇之后，深为吴江同志力求以马克思主义为指导，观察、论述一些重大理论与实践问题的说服力所吸引。这部主要收入吴江同志近年所写文稿的著作，还以《关于胡乔木的两条史料及因此引发的讨论》为题，收入了他与我和黎虹同志在《文汇读书周报》发表的专题讨论文章。吴江同志的坦荡胸怀使我深为敬佩。看得出，吴江同志此举主要在于让读者了解他在“路线问题”等问题上的观点，我无意也无力就这些问题表示意见，仅对论争相关事例提出一点存疑和一点补正。一点存疑是指，吴江同志在引发此次论争的首文《两条重要的史料》中删去了胡耀邦对胡乔木的来信“未予理睬”，并相应地增删了相关文字，如将胡耀邦阻止了胡乔木欲发动“又一次反右派运动”改成“……反右运动”，虽一字之改，却涵义大为不同。这两处删改，也使我为之首发的《为吴江同志的“重要史料”做一点补正》，失去了论争的依据和前提。我尊重吴江同志对自己文章所做的修改，但如能对这两处删改做出必要的文字说明就更周全了。一点补正是指，在《吴江别集》所收《对于我所提供的两条史料的补充说明》一文之后又加写了《吴江评说》，其中谈到“胡耀邦只将胡乔木写给他的信批给书记处有关同志参阅”，并指责胡乔木擅自决定印发中央27个部门（未注明材料来源，见《吴江别集》第98–100页），而事实上“印成书记处文件”乃是胡耀邦亲笔批示，并且亲自“主持书记处和国务院联席会议，专门讨论波兰事件”，这在朱元石同志依据历史档案所写并在《文汇读书周报》发表的《也为宋木文与吴江同志的辩论提供一点史料》(2011年5月20日）一文中讲得十分清楚，而此点却被吴江同志忽略了。尽管如此，我对吴江同志在自己的文集中收了我和黎虹同志的论争文章，仍然心怀敬佩与感谢之情。

对我来说，一个迟到的消息传来，吴江同志已于2012年11月13日与世长辞了。我为我未有机会同他谋面深感遗憾，更祝愿他一路走好，也使我想了很多。我曾在1962年读过他的《关于历史剧的创作方法》一文，在李希凡与吴晗这场多回合关于历史剧的“历史真实”问题的论争中，吴江此文立论严谨，极具说服力，我至今还留有记忆。十一届三中全会前后，读他主持的《理论动态》以及他积极参与撰写的真理标准大讨论文章，对我跟上急速发展的大转折形势起了很重要的作用。我同他在《文汇读书周报》的争论只涉及一个具体问题的正与误，然而却开阔了我的视野，取得了始料不及的在重大理论问题上的明辨是非。也同这次争论有关，我阅读了《吴江文集》(三卷本的部分篇章)和《吴江别集》，以及其他一些文章(对在香港出版的那本书想读而未能如愿)，使我得出这样的印象：吴江是一位马克思主义理论功底扎实、文史修养深厚、勤于善于思考、关心党和国家大事的理论家。他的著作，他的治学之路和曲折人生，具有启迪意义，是值得给予重视和研究的。

为吴江同志“重要的史料”做一点补正

《文汇读书周报》2010年5月7日发表吴江同志《留下一份重要的史料》一文，讲胡耀邦曾两次拒绝胡乔木(吴老文中称“胡××”，我以为还是恢复实名为好，何必让别人再去猜测)的主张，因而“实际上是阻止了又一次反‘右派’运动的发生”。这是一句讲得很重的话。他以两件事来作证明。一件是1979年1月3日胡乔木在中宣部例会上的讲话遭到胡耀邦的批评。这件事我不知情，这里就不说了。另一件事我却是知道一点事实的，那就是吴江同志说1980年9月24日胡乔木致信胡耀邦，就波兰团结工会事件“表示了独特的看法”，“希望中央引为殷鉴，研究对策”，“胡耀邦对来信未予理睬”。吴江同志还郑重地声明，对他手头保存的重要的史料“为防止日后遗失，特记载于此，以飨读者”。

其实，胡乔木因波兰团结工会事件致胡耀邦的那封信，早已收入人民出版社公开出版的《胡乔木书信集》，关心这件事的人一查便得，用不着“防止日后遗失”的了。

更重要的是，胡耀邦对胡乔木这封信，是否“未予理睬”？不是。相反，他还批准在中央的一个内刊上刊载，让中央和国务院有关部门的领导同志阅研。胡乔木以波兰事件为教训，建议中央各部门就“一个共产党执政国家”的“社会内部矛盾”等进行研究，说“我不认为是阶级斗争”，并且着重讲到1956年波匈事件后，毛泽东发表《关于正确处理人民内部矛盾的问题》，可惜“后来完全反其道而行之，把人民内部矛盾当成敌我矛盾，造成历史上的大悲剧”，未能解决“一整套分权、民主、人权、法制、党的工作体制和工作方针等问题”，“希望今天的党中央引为殷鉴，对每一有关问题认真研究制定出正确的具体解决办法并予以力行，则他人之祸即可化为我人之福了。”我至今以为，胡乔木作为时任中央书记处书记向时任中央总书记写的这封信，无论时机和内容都是正常的，他谈到的一些问题同邓小平在《坚持四项基本原则》等讲话的精神是相通的，实在看不出有什么“独特的看法”，更谈不上有什么会令人忧虑导致“又一次反‘右派’运动的发生”。

因为中央内刊上转发了胡乔木这封信，当时我所在的国家出版局党组认真讨论了这封信，并且向中央书记处写了报告，认为在出版方面容易引起社会矛盾的主要是出版自由问题，党组主要负责人陈翰伯要我协助他起草这个报告和对策建议，以《如何保障宪法规定的出版自由》为题，于1980年10月9日报送中央书记处。这个报告，经我提议，已收入商务印书馆版《陈翰伯文集》；我在著文怀念陈翰伯时，也讲到此事，详载于中国书籍出版社1996年版《宋木文出版文集》第59–61页。陈翰伯的报告一开始就写道：“读了乔木同志给耀邦同志的信，深受启发。波兰事件对我们的重大意义在于要以波兰事件为殷鉴，研究我国社会内部的矛盾，制订并实行正确的政策，避免激化矛盾，达到安定团结的目的，以利于‘四化’建设。”报告在叙述分析了出版自由问题的中外历史与现状后指出：

“出版方面，以波兰事件引为殷鉴，就要求我们从我国的实际情况出发，适当参考资产阶级民主的某些经验和方法，探索并逐步形成一套实行社会主义出版自由的制度。”还建议制订出版法，“使宪法规定的出版自由得以正确地贯彻执行”。

不难看出，陈翰伯这位老共产党员，站在自身岗位，出于维护和发展社会主义制度，以改革开放的眼光，观察刚刚步入1980年代中国社会新形势新矛盾，他所提出的对策建议也是符合改革开放新形势和国家长治久安新要求的。这也表明，许多同志读到胡乔木给胡耀邦的信时，并没有产生像吴江同志那样的一种理解。

老同志留下一些“重要的史料”是十分必要的。但涉及已故的无缘起来声辩的同志的事情、并且得出很严重的结论时，似乎应当更慎重些。

2010年5月26日写出，6月8日修改

胡乔木在大转折年代对调整阶级斗争理论的重要贡献

——学习笔记：从吴江同志的“两条重要的史料”说起

吴江同志2010年5月7日在《文汇读书周报》发表《留下一份重要的史料》，想用两条史料来说明，由于胡耀邦的阻止，胡乔木欲发动又一次反“右派”运动的打算才未能得逞。7月23日，我写了一篇《为吴江同志“重要的史料”做一点补正》，就其中胡乔木以波兰事件为殷鉴致胡耀邦信的史料提出质疑。他又于8月6日在该报发表《对我所提供的两条史料的补充说明》(以下简称《补充说明》)作为回应。考虑到，他对我所关注和质疑的问题虽未正面肯定，但也没有直接否认，本不想再撰文商榷了。但近来看到一些当年的内部文件、工作笔记和图书等史料，觉得事关重大，有责任、有必要着重对另一条史料，即胡乔木 1979 年 1 月 3 日在中宣部碰头会上的讲话，用历史事实澄清误传，阐明观点。这也是我对有关书报刊和历史文献的一次学习和考证。

《补充说明》首先让我们了解到，吴江同志留有的两条“重要史料”：一是出自韩洪洪书（即人民出版社版《胡耀邦在历史转折关头》）中转述的胡乔木 1979 年 1 月 3 日在中宣部碰头会的讲话。这只能是有待考证的“二手材料”；一是胡乔木 1980 年 9 月 24 日致胡耀邦信，也不像他所保存的原件，而是某种“间接资料”。吴江同志在《补充说明》中称他所保存的“实际上只能算是史料线索”。如此说来，吴江同志在 5 月 7 日文声言的为“防止日后遗失，特载于此”，作为胡乔木欲搞一次反右派运动证据的，竟不是客观、可靠的历史资料，而是“史料线索”了。也好，我就按这个“线索”做一些历史的“追溯”吧！

一次调整阶级斗争理论的重要讲话

先说 1979 年 1 月 3 日在中宣部碰头会上的讲话。

如果说韩洪洪书中说的不够准确（我一向认为对重要历史事件的回顾一定要有可靠的史料为依据，这是对历史负责，也是对个人治学态度的维护，可惜现在远未做到），而吴江同志借此所作发挥则是远离事实。

情况是这样的：

据时任胡乔木秘书朱佳木在《我所知道的十一届三中全会》（当代中国出版社 2008 年 9 月版）一书中说，1978 年 11 月 12 日在十一届三中全会小组会上，胡乔木为正确认识向以经济建设为中心转移的重大意义，作了一次关于阶级斗争与生产斗争关系的发言，被会议简报全文刊用。会后，胡耀邦兼任中宣部长，他感到胡乔木在会上的发言很好，请他在中宣部再展开讲一次。这就是1月3日那篇讲话的由来。中宣部理论局将这次讲话的主导和主要部分加以整理，于1月7日完成整理稿，以《关于社会主义时期阶级斗争的一些提法问题》为题，作为内部文件，经胡耀邦批准，印发1979年1月7日召开的全国宣传部长会议和稍后召开的理论务虚会。胡耀邦在他上任后首次全国宣传部长会议开幕式讲话中说："胡乔木同志在中宣部碰头会上关于社会主义时期阶级斗争问题的讲话，是个带理论性的问题，先不在报刊上发表，向大家下点毛毛雨，透透气。今年要解决一批理论问题，这是其中之一。"在1月11日闭幕会上，胡耀邦讲此次会议成果时，也讲到："包括我的两个讲话，乔木同志一次讲话，你们都可以带回去"。还说社会主义时期阶级斗争"这个问题比较混乱，人们最关心，恐怕需要我们根据马克思主义学说弄清一下。"可见他对胡乔木讲的这个问题的高度重视。这里顺便说明，经查当年会议印发文件，1979年1月3日的这个讲话，收入《胡乔木文集》(第二卷)所注1979年1月7日，系将中宣部理论局的整理和印发时间误注为发表的时间，此点虽已在后来出版的《胡乔木谈中共党史》一书的本文题注中作了说明，但仍保留正文题下原误写的时间。此外，胡乔木1979年1月6日在中国社会科学院作《党的十一届三中全会的重大意义》的报告中，也比较深刻地讲到他对社会主义时期阶级斗争理论的思考。

关于社会主义时期阶级斗争问题是十一届三中全会前后大转折年代亟待解决的重大问题。众所周知，以"无产阶级专政下继续革命"、"以阶级斗争为纲"为核心内容的一套"左"的阶级斗争理论，曾经在一个时期里在全党占据主导地位，给党和国家造成严重灾难，而如果不改变这条“左”的路线，就不能实现以经济建设为中心的转变，也谈不上改革开放，更谈不上国家的长治久安。因此，清理阶级斗争理论问题，就成为大转折年代胡乔木理论思考和工作实践的主要内容，并占有重要位置。

那么，他到底主要讲了什么？

据当时的资料，在多篇文章中，他主要是对“左”的阶级斗争理论及其表现，从理论上的谬误到实践中的危害作了深入的剖析。

他指出，生产的规律，决定人类历史发展的根本规律。阶级斗争只是人类生产发展、生产力发展、生产关系发展中间的一个特定阶段的现象。决不能把阶级斗争看作是比生产力的发展更为根本的动力。

他指出，社会主义社会初期存在阶级、阶级斗争，这是资本主义的一种遗留，经林彪“四人帮”篡改而成为“社会主义社会始终存在阶级、阶级斗争”，在思想理论方面造成极大混乱，“是他们破坏社会主义经济建设而制造的所谓理论根据”。

他指出，“文革”中兴起的“无产阶级专政下继续革命”“制造了一整套向无产阶级全面夺权的理论”，“在现实生活中仍然可能成为不安定的因素”。

他指出，“以阶级斗争为纲”“理论上已讲不通，实践上也不免与三中全会的决策相违背，并必然导致阶级斗争的新的扩大化”；“过去的经验证明，这种全国性的政治运动经常成为妨碍社会主义经济建设的一个重要的原因”。“要保持必要的社会政治安定，就要防止把阶级斗争扩大化、绝对化”，“不能随心所欲地……进行这样或那样的政治运动、阶级斗争”。

他指出，若干年来都说党内斗争“都是阶级斗争的反映，都是路线斗争”，并加以从一次到十次的次数排列，这是“把党内一切复杂的斗争都简单化成为一定的刻板模式，我们今后有没有必要继续这样做？”“党的历史决不能简单化为路线斗争史”。建议今后不用“路线斗争”的提法。

1981 年 6 月 27 日，中共十一届六中全会通过的《关于建国以来党的若干历史问题的决议》指出：“在剥削阶级作为阶级消灭以后，阶级斗争已经不是主要矛盾。由于国内的因素和国际的影响，阶级斗争还将在一定范围内长期存在，在某种条件下还有可能激化。”又指出：“必须正确认识我国社会内部大量存在的不属于阶级斗争范围的各种社会矛盾，采取不同于阶级斗争的方法来正确地加以解决，否则也会危害社会的安定团结。”这是拨乱反正之后，胡乔木主持《历史决议》起草小组提出建议，党中央关于社会主义时期阶级斗争理论的新的和完整的表述。

胡乔木关于社会主义时期阶级斗争和党内斗争的理论集中发表在全党实行以经济建设为中心的大转折开头之年，是对党的一系列“左”的指导思想的拨乱反正，是把新时期的长期而又广泛的社会政治矛盾同阶级斗争区别开来，是同任何阶级斗争扩大化、绝对化的观点完全对立的。这是胡乔木在大转折年代的重要的理论贡献。

其实，这也不只是胡乔木的个人主张。时任中共中央秘书长胡耀邦就这样说过：“党中央讲了好几次了：离开社会主义建设，搞一刀切的全国性的政治运动，今后不搞了，因为搞一次就失败一次。”胡乔木正是在阐述中央的这个重要方针。我想，这也是胡耀邦那么重视胡乔木这个讲话的根本原因。

中宣部碰头会是个领导层的小型会议。1 月 3 日的碰头会，开头先用一个小时议论胡耀邦 1978 年 12 月 31 日在中央宣传系统领导干部会议上的讲话，即我也聆听了的那次被大家称作“倍感亲切又鼓舞人心”的“新任中宣部长的就职演说”。这里就不多谈了。

接着传达 1 月 2 日华国锋主席同新近在中央任职的胡耀邦（中共中央秘书长兼中宣部长）、胡乔木（新任中共中央副秘书长）、姚依林（新任中共中央副秘书长兼中央办公厅主任）和冯文彬（新任中共中央办公厅第一副主任）四人关于当前形势的谈话。用胡耀邦的话说，这次谈话，是中央主席要秘书长、副秘书长和中办帮助政治局常委掌握动向，思考问题，提出问题。从当时印发的材料看，此次谈话既肯定三中全会后的好形势和思想的活跃，也指出好形势下的另一面，包括社会上出现了否定党的领导、否定社会主义、否定毛泽东思想的倾向。多种矛盾交织在一起，又处在大转折时期，是很复杂的。全党要从多方面做好工作，加以引导，使党和国家的民主生活向健康的道路上发展，避免出现 1957 年时的那种情况。

1 月 3 日碰头会上，先由胡乔木作传达，讲自己的体会；胡耀邦也时有插话和补充，看不出有什么分歧。那时会议气氛好，传达中央主席的谈话像是在交谈，光看记录有时很难一一分清是谁的话。而吴江同志却根据韩洪洪书中并不准确也未说清的转述上纲上线，硬说胡乔木的那次讲话是要搞一次新的反右派运动，只是由于被阻止而未得逞。在这里，韩洪洪的分散叙述被连接成完整句式，成为：“现在党内外存在着‘否定党的领导、否定社会主义制度、否定马列主义毛泽东思想基本观点’的三股风，局势比 1957 年资产阶级右派猖狂还严重。”并且将书中原来所说的“现在的形势比 1957 年初复杂得多”，写成比“猖狂（进攻）还严重”。显得更为突出，也更为严重。我翻阅了当年的有关文件和资料，也没有发现如此完整语句的提法。说到底，即便如此，恐也难以作为欲搞一次新的反右派运动的证据。讲新形势下出现什么问题与采取什么方法去解决，在不同的思想理论指导下，毕竟会是不同的。

像在《补正》文讲以波兰事件为殷鉴那样，我这里也讲几句出版部门的事。1979 年 3 月至 5 月，国家出版局在陈翰伯的主持下，连续召开十几次党组扩大会，讨论出版工作如何适应大转折后的新形势。这次会议着重清理了“以阶级斗争为纲”、“出版从属于政治”、“出版工作围着政治运动转”、“一切出版物都贴上政治标签”等“左”的指导思想及其表现，并在随后遵照胡乔木的意见向中央提出在出版方针中取消“为无产阶级政治服务”的建议，被中央采纳，形成直至今天仍在执行的出版“为人民服务，为社会主义服务”的二为方针。我在 2007 年出版的《亲历出版三十年》一书中也记载了这件事。由此也可以看出当年调整阶级斗争理论的广泛影响。

国家长治久安新思路的重要探索

关于胡乔木以波兰事件（波团结工会向执政党波共夺取全国政权）为殷鉴致胡耀邦信。

吴江同志在《补充说明》中，不再说胡耀邦对胡乔木信“未予理睬”，也不再提“为防止日后遗失”，而以原信在胡耀邦手里，收在《胡乔木书信集》里的“那封信是复印件呢，还是另有修改？”来质疑信的真实性。对这样的质疑，我能说什么呢？我只能说，书信集对每封书信均注明出处，此信是“据铅印件排印”。我三十年前阅读的也不是原件，而是铅印件，也许此铅印件与彼铅印件系同出一源，我却从未想过只有看到“在胡耀邦的手里”那个原件才相信其真实性。我不清楚书信集编者对这封信是否作过技术性处理，但我相信那个相当权威的编辑班子对历史负责的态度，无论如何也不会改变书信的原貌，由此而影响读者对原信原意的理解。(笔者注：2011年5月20日《文汇读书周报》发表朱元石文章《也为宋木文与吴江同志的辩论提供一点史料》，对胡耀邦如何对待胡乔木信以及收在《胡乔木书信集》中的致胡耀邦信的真实性作了详尽而又极有说服力的说明。朱文附于本文之后。)

那么，怎么理解这封书信的原意和主旨呢？看来正是在这个问题上产生了分歧。

我在《补正》文中已将书信主旨内容引出，在这里我想强调，胡乔木对“以波兰事件为殷鉴”的思考，同他早些时候在中宣部碰头会上的讲话是一脉相承的，都是总结和吸取我党“左”的历史经验，正确处理新时期人民内部矛盾，反对阶级斗争扩大化、绝对化。他强调，以波兰事件为殷鉴，就是要用人民内部矛盾的方法，解决过去未能解决的作为“社会主义社会的长期任务”的“一整套分权、民主、人权、法制、党的工作体制和工作方针”等问题。他在稍后起草《历史决议》时也说过，对这些不属于阶级斗争且长期存在又范围广泛的社会政治矛盾，如果解决不好，“可以发生很严重的后果”，甚至会出现“波兰事件”。可见这是在拨乱反正年代，以波兰事件为殷鉴，对我们党和国家长治久安所进行的理论思考。这是个新思路，虽然受历史进程的限制，思考是初步的，但却是宝贵的，有深度和长远意义的。从十一届三中全会开始的三十年来，我们党和国家形成了一条“一个中心、两个基本点”的基本路线，一整套中国特色社会主义理论体系，而这些使国家兴旺发达、长治久安的指导思想和路线，正是起步于拨乱反正年代，形成于其后的理论探索创新和社会实践突破。时至今日，我们在寓意深刻、事关重大的法制、民主、分权、人权、党的工作体制等问题上，已经取得了重要的建设成果和丰富的实践经验，但不能说我们已经达到完备了，正如胡乔木在信中所说，因为这是“社会主义社会的长期任务”！

我不理解，吴江同志怎么会作出完全相反的结论。

我注意到《补充说明》中指出的两点：一是胡乔木“一语未及改革，更不提‘出版自由’”；一是胡乔木对“持不同政见者”提出“开展各种形式的教育争取分化工作并辅之以必要的打击措施”。他强调，“仅此两句，已令人刮目相看”。我觉得这样地提出和证论问题，多少有点强词夺理。也许这封信未提到“改革”字样是个不足，但为国家长治久安新思路的主旨内容仍然是清晰的；而总揽全局工作的建议信，为什么非得要像一个业务部门负责人那样提出“出版自由”呢？难道没有提到就意味着反对吗？至于对“持不同政见者”，这是当时论及的重要问题，也是后来直至今天都存在的长期问题，信中提出研究对策，乃是题中应有之义，我们当年讨论出版自由问题时也有所论及，不明白怎么会让吴江同志如此“刮目相看”呢？！

我写此文的主要注意力是在阶级斗争理论与实践问题上的大是大非，而不是某些具体问题上的是非。比如对理论务虚会，至今还有不同的评价。吴江同志说：“这个重要的会议，最后终于草草收场了，惜哉！”我相信吴江同志也会想到有人不这样看，会说：“由于邓小平在会上作了《坚持四项基本原则》的重要讲话，使我们党的理论工作更加明确了前进方向和运行轨道，幸哉！”又比如对贯彻宪法规定的出版自由，吴江同志是赞成陈瀚伯意见的，认为“十分重要”，但肯定会有不同的意见。我举这两个例子是表示，对一些问题甚至比较重要的问题有不同看法，是客观存在，不必在所有层面都强求一律。这也许对学术理论建设有益。

从“补正”引出的一些建设性的话

我在《补正》文结束时说，对已故无缘起来申辩同志的事情且得出很严重结论时似应慎重些。这是在一般意义上说的，是最起码的，而对乔木同志特定时段其人其事的指责则有些不同。十一届三中全会之后的几年，乔木同志作为党中央核心层的“一支笔”而活跃在政治舞台上，他的理论和实践是同党中央一些重大决策密切相联，在执政党建设和意识形态各领域尤其如此。关于社会主义时期阶级斗争理论的清理、关于历史问题决议的起草等，他的突出贡献，更是人们所称颂的。涉及这个时期乔木其人其事尤其需要更慎重些。我觉得，吴江同志以两条史料线索即对乔木同志做出政治性的严重指责，多少有些随意性，太不慎重了。经过“十年动乱”考验和反思后形成的中央领导集体，对不搞阶级斗争扩大化、绝对化的那种政治运动已达成牢固的共识，一次新的反右派运动决不是某人一鼓动就可得逞的，也不是只因某人一制止就可告吹的。没有那样的社会历史条件，没有那样的绝对权威，这种历史倒车是开不成的。

这里再讲一下我从《胡乔木书信集》中了解到的一件事。吴江同志曾对乔木同志在中央政治局扩大会议上所作关于历史问题决议的《几点说明》稿提出意见。乔木同志于 1981 年 5 月 20 日写信给吴江同志，认真而又诚恳地表示：“谢谢你纠正了我在《几点说明》中关于‘路线’问题的错误。对于马、恩、列，我只是根据主要著作，而且主要根据记忆，以致说错了。”信中还对有关问题有理有据地讲了自己的意见。我从“据胡乔木秘书的手抄件排印”的这封信中，感受到乔木同志对吴江同志的尊重，感受到他坚持真理修正错误的品格，感受到他对党的事业高度负责的精神。这封信的原件应保存在吴江同志手里。（笔者注：对这封信，吴江先否认、后确认，详见本文之后所附黎虹说明真相文）吴江同志是对大转折年代的思想解放特别是对真理标准宏文的成就有过贡献的资深学者和革命老同志。作为一个后来者，我对吴江同志理所当然地怀着敬意，有着真诚的期望和良好的祝愿。

2010 年 10 月 21 日（初稿）

2010 年 11 月 2 日（修改稿）

撰稿依据图书资料、历史文件目录

图书资料

1.《胡乔木书信集》，人民出版社 2002 年 5 月版，第 287—290 页，339—340 页。

2.《胡乔木文集》(第二卷)，人民出版社 1993 年 7 月版，第 93—116 页，153—161 页，433—437 页。

3.《胡乔木谈中共党史》，人民出版社 1999 年 9 月版，第 1—28 页，128—133 页，139—147 页。

4.《胡乔木谈文学艺术》，人民出版社 1999 年 9 月版，第 241—253 页。

5.《邓小平文选》(第二卷)，人民出版社 1994 年 10 月第 2 版，第 158—184 页。

6. 朱佳木 :《我所知道的十一届三中全会》，当代中国出版社 2008 年 9 月版，第 16—49 页。

7. 程中原等 :《新路——十一届三中全会前后到十二大》，河北人民出版社、当代中国出版社 2009 年 1 月版，第 53—68 页，143—159 页。

8. 韩洪洪 :《胡耀邦在历史转折关头》，人民出版社 2009 年 1 月版，第 161—178 页。

9.《吴江文稿》(三卷本)，中央编译出版社 2009 年 9 月版，上卷第 205—240 页，下卷第 1013—1017 页。

10.《宋木文出版文集》，中国书籍出版社 1996 年 9 月版，第 54—56 页，第 59—61 页。

11. 宋木文 :《亲历出版三十年——新时期出版纪事与思考》，商务印书馆 2007 年 4 月版，第 28—34 页。

12.《陈翰伯文集》，商务印书馆 2000 年 12 月版，第 165—168 页。

历史文件

13. 胡乔木 :《社会主义时期阶级斗争的一些提法问题》(在中宣部的一次碰头会上的讲话，中宣部理论局 1979 年 1 月 7 日整理)

14. 胡耀邦在全国宣传部长座谈会上的讲话 (1979 年 1 月 7 日)

15. 胡耀邦在全国宣传部长座谈会结束时的讲话 (1979 年 1 月 11 日)

16. 胡耀邦在党的理论务虚会上的结束语 (1979 年 4 月 3 日)

17. 胡耀邦、胡乔木 1979 年 1 月 3 日上午在中宣部碰头会上的讲话记录 (一位老同志 1979 年工作笔记)

附黎虹、朱元石两篇相关文章

关于胡乔木致吴江信的真相

——回答吴江的质疑

黎　虹

吴江同志在2010年12月17日《文汇读书周报》上发表了《又读宋木文的补正文》一文，其中提到："最后还得澄清一件事。据宋木文同志在这次文章中说，胡乔木曾于1981年5月20日写给我一封信，向我承认他在关于历史问题决议的《几点说明》中关于'路线'问题的说法错了，承我指出，特向我表示谢意；并说此信载在《胡乔木书信集》中。我觉得诧异，因为我在最后审定《历史决议》稿的中央政治局扩大会议上，并没有见胡乔木的《几点说明》，更没有就什么'路线'问题对他提什么意见。我清楚地记得，我在会上只提了两个补充意见，一个书面的，一个口头的，均被采纳。但我在查《胡乔木书信集》时，却真发现了有一封《致吴江》的信，信后并说明'据胡乔木秘书的手抄件排印'。我细察其内容，肯定这是把名字弄错了，属于张冠李戴(除非另有一个吴江)。因此建议编《书信集》的有关人员查明此事，必要时予以说明或更正。"

我作为胡乔木当时的秘书，曾亲历此事，也是《胡乔木书信集》编者之一，有必要把此事的经过作一说明和澄清。

1981年5月19日上午，中共中央召开政治局扩大会议，讨论《关于建国以来党的若干历史问题的决议》的5月16日修改稿。会上，邓小平同志作了重要讲话。他首先对这个修改稿作了评价。他说："这个文件差不多起草了一年多了，经过不晓得多少稿。一九八〇年十月四千人讨论，提了很多好的重要的意见；在四千人讨论和最近四十多位同志讨论的基础上，又进行修改，反复多次。起草的有二十几位同志，下了苦功夫，现在拿出这么一个稿子来。”“现在这个稿子，在我看来，起码是有一个好的基础。这个稿子是根据一开始就提出的三项基本[①]要求写的。现在的稿子，是合乎三项基本要求的。”接着，邓小平要求参加政治局会议的七十多位同志“花点时间，花点精力，把稿子推敲得更细致一些，改得更好一些，把它定下来；定了以后，提到六中全会。”[②]

邓小平讲话之后，胡乔木对决议稿作了几点说明。他一共讲了九点，其中第一点是讲：“全稿未用或极少用错误路线、机会主义路线、路线斗争和路线等术语。马恩列都很少用，在他们的主要著作中未用，在其他著作中用时也未给予何种严重意义。斯大林在一九二九年《论联共党内的右倾》一文中开始把路线问题提到非常严重的地步。但在一九三八年在他主持下编辑出版的《联共党史简明教程》一书中前后用了七八处路线字样，而且用法互有不同，在该书细目和结束语都未用路线字样。全书未用路线错误，用过一次‘有两条路线斗争着’，但未把路线斗争当作名词用，更没有计算过路线斗争的时间和路线斗争的次数。所以不好说不提路线斗争就不能写党史。中国党直至共产国际提出反立三路线以前亦很少用路线一词，如二大至六大的文件都未用过。自王明以后才大用，并且用法愈来愈神圣化，神秘化。”接着，胡乔木讲了滥用路线斗争带来的危害以及这个决议不用路线错误、路线斗争的考虑。[③]

胡乔木的《几点说明》就是在这次中央政治局扩大会议上讲的。会上印发了这份《几点说明》(中央政治局会议文件[1981]7号。后又作为十一届六中全会参阅文件四印发)，吴江同志应该发到一份。他在12月17日的文章中说没有见到，怕是忘了吧。后来，胡乔木的《几点说明》以《关于〈历史决议〉的几点说明》为题收入《胡乔木文集》第二卷。

这次中央政治局扩大会议共开了八天，参加会议的74人分五个组进行讨论。吴江在小组会上提出："还是要提路线，'文化大革命'的错误就是左倾路线错误。不这样讲，会给人以'为尊者讳'的印象。讲三中全会的意义，也要讲思想、政治、组织路线的转变，否则看不出转折的意义。不提路线，党史不好写。"④会上，也有几位同志发表了类似的意见。

5月19日当天，吴江即致信胡乔木："你在《历史决议》说明中所谈关于'路线'、'路线斗争'的提法，涉及到经典著作和我党的历史文件。所查恐有遗漏，我请人翻了几本书，将所得报告你，供参考。""路线、路线斗争、基本路线这些字眼，马恩列斯都用的，我党在反立三路线以前也用。随着无产阶级斗争的发展，这些字眼也用得越来越多。""马恩时代主要进行理论斗争，这些字眼用得较少，但在涉及无产阶级斗争的目标、纲领时，也有这些字眼。""列宁就用得更多了，不是像你所说只在晚年偶用。""斯大林当然用得不少。'列宁的路线'、'共同路线'等等，并且还提出'党的总路线'的概念(《斯大林全集》12卷，323页)。你提到的《论联共(布)党内的右倾》一文，第一个小标题就是'一条路线还是两条路线'，说'我们有一条共同的总路线还是有两条路线'，这是一个基本问题。"(《斯大林全集》12卷，113页)"我党也早在反立三路线以前，即1930年以前，就用'路线'这个字眼。如，1927年8月的《中国共产党中央执委会告全党书》，就提到'妥协的机会主义路线'，1929年6月《关于中央政治局工作报告的决议》、7月《中央通告第40号》，都提到'政治斗争中所采取的路线'、'反对右倾的路线'等等；1929年11月中央开除陈独秀党籍的决定，提到'党的布尔什维克的路线'。所以，'路线'一词并非'王明路线以后才大用’，王明以后可能用得多一点。”“另外，《说明》中提到无产阶级专政问题时，意思看不清楚。日共把‘无产阶级专政’改为‘无产阶级执政’。是要避开‘专政’一词。无产阶级一个阶级独掌国家领导权，不和其他阶级分掌领导权(或者说‘独身担负对于政策的领导’)，这是列宁对于无产阶级专政的解释。我以为，两者不是一回事。列宁这样解释无产阶级专政还是对的。日共不提‘无产阶级专政’而提‘无产阶级执政’，则是一种让步。因为‘执政’一词在这里是含混的，和其他阶级分享国家领导权也是一种‘执政’。所以，日共改‘无产阶级专政’为‘无产阶级执政’，同西欧共产主义讳言‘无产阶级专政’实质上是一样的。我想《说明》不会是对列宁对无产阶级专政的解释的批评吧？这是我附带提及的一个疑问。”⑤

胡乔木收到吴江信的第二天，即5月20日，即回信吴江：“谢谢你纠正了我在《几点说明》中关于‘路线’问题的错误。对于马、恩、列，我只是根据主要著作，而且主要根据记忆，以致说错了。但是究竟还不能说路线和方针、策略有什么区别，并没有给予严格的意义，否则《两个策略》等书名就不能用了。关于斯大林我只翻阅了《联共党史简明教程》，对《论联共党内的右倾》没有看全文。我党的文件，在一九二七年以后我已见到用‘路线’，但确是很少，所以认为略而不提也可以，这不严格，应该为一九二七年失败后开始用(但六大未用)，到反立三路线后，才大用。我想以后在不严格的意义上仍可用路线，但党的总路线、路线错误、路线斗争等确以不提为好。党的总路线在革命斗争形势任务较为简单时用能起作用，在比较复杂的情况下就很难用几句话说明问题。无产阶级单独掌握领导权的提法有一定理由，并且必须坚持。但如何由一个阶级掌握的问题仍未解决，最后只能由党来解决。工人阶级如果提出，为何不经过全国总工会或全国职工代表大会来解决就算是工人阶级掌握了领导权呢？这个问题仍不好答复。今后全国人民代表大会或政协全国委员会能否规定工人比例较高？不一定妥当，即此亦不能算单独掌握领导权。说来说去，无产阶级专政口号的提出是与认为无产阶级将占人口大多数而其余的人口全是资产者这一推测分不开的，而阶级专政无论如何不能解释为党专政，这是主要的难点。”⑥

从上述情况看，吴江同志 2010 年 12 月 17 日《又读宋木文的补正文》关于胡乔木 1981 年 5 月 20 日给吴复信所述的情况，都是不符合事实的。第一，胡乔木对历史决议的说明，是在 1981 年 5 月 19 日召开的政治局扩大会议第一天会议上讲的，并以《几点说明》印发书面文件，吴江作为会议的参加者 (中央党政机关部分负责同志共有 12 位同志参加，吴是其中之一)，不可能不知道此事。第二，吴江在胡乔木作说明的当天 (5 月 19 日)，针对“说明”给胡乔木写的信是有案可查的，原信还存在胡乔木的档案里。信的一开头就说“你在说明中所谈关于‘路线’、‘路线斗争’的提法”有误，并接着列举了许多事例，怎么能说“更没有就什么‘路线’问题对他提什么意见”呢？第三，胡乔木 1981 年 5 月 20 日致吴江的信，就是对吴江 19 日信的回复，并不是“张冠李戴”，也没有“把名字搞错了”。我想，这封信是通过机要交通送的，吴江不会没有收到。这里需要说明的是，限于当时的办公条件，1981 年乔木同志处还没有复印机，所有发出的信，都由秘书手抄留底。这就是“据胡乔木秘书手抄件排印”的由来。①

事隔多年，具体经过记忆有误，在所难免。我以为这件事的焦点在于 : 吴江同志当时是不同意经中央常委讨论过的关于不用或少用路线错误、路线斗争等术语的意见的。

---

① 宋木文注 : 黎虹还应吴江要求附送吴江给胡乔木信的原信手迹复印件，供吴江辨认。《文汇读书周报》在刊发黎文同时刊发吴江的《我的歉意和简单说明》，“确认这是我手写的信”，并说 :“我的失忆竟然到如此程度”，“特向宋木文同志郑重致歉，并对‘编写组’同志费神提供这些材料及会议信息表示感谢。”

我这里还要特别讲讲，这次政治局扩大会议讨论决议稿的各种意见，包括吴江提的意见，决议起草小组的同志都整理上报中央和小平同志，并采纳了其中好的意见加以修改，形成了1981年6月11日修改稿，经6月13日政治局扩大会议原则通过，提交到6月15日至25日举行的十一届六中全会预备会议讨论。在6月22日会议上，邓小平同志在讲话中又就路线问题作了进一步说明。我想，这个说明也是对吴江等同志所提问题的回答。邓小平说："我们不提路线错误，是考虑到路线斗争、路线错误这个提法过去我们用得并不准确，用得很多很乱。过去我们讲党的历史上多少次路线斗争，现在看，明显地不能成立，应该根本推翻的，就有刘少奇、彭、罗、陆、杨这一次和彭、黄、张、周这一次，一共两次。高饶事件的基本结论是维持了，但也不好说是什么路线斗争。说罗章龙是路线错误，老实说也没有说中。罗章龙是搞派别斗争，是分裂党，另立中央。高饶事件也是类似那么一个性质，当然还不是另立中央。瞿秋白的错误不到半年，李立三只三个月。过去评价历史上的路线斗争并不准确，这是我们不主张提路线斗争的一个理由。还有一个理由，过去党内长期是这样，一说到不同意见，就提到路线高度，批判路线错误。所以，我们要很郑重地来对待这个问题，这是改变我们的党风的问题。对十一大，不要说什么路线错误。对'文化大革命'，我们也不说是路线错误，按它的实质分析就是了，是什么就是什么。实际上，现在这次决议对'文化大革命'错误性质的分析，超过了过去所谓路线错误的概念。当然，不提路线斗争并不是说路线两个字就一概不能用了。比如三中全会确立了正确的思想路线、政治路线、组织路线，这样的提法以后还可以用。不但路线，总路线也可以用，现在我们就讲实现四个现代化是新时期的总路线。这次决议也用了路线这两个字，不是没有用。有些场合拿路线两个字来表达比较顺当，比较自然，而且一讲就明白。但是，党内斗争是什么性质就说是什么性质，犯了什么错误就说是什么错误，讲它的内容，原则上不再用路线斗争的提法。这次决议开个先例，以后也这么办。”⑦

注释：

① 1980年3月19日，邓小平同胡耀邦、胡乔木、邓力群谈起草历史决议时提出的三条基本原则是：第一，确立毛泽东同志的历史地位，坚持和发展毛泽东思想。这是最核心的一条。第二，对建国三十年来历史上的大事，哪些是正确的，哪些是错误的，要进行实事求是的分析，包括一些负责同志的功过是非，要做出公正的评价。第三，通过这个决议对过去的事情做个基本的总结。

②《邓小平文选》第二卷第305–307页。

③《胡乔木文集》第二卷第153–161页。

④ 历史决议起草小组整理的会议记录。

⑤ 吴江致胡乔木信的原件。

⑥《胡乔木书信集》第339–340页。

⑦《邓小平文选》第二卷第307–308页。

也为宋木文与吴江同志的辩论提供一点史料

朱元石

最近，在《文汇读书周报》上，看到吴江与宋木文同志为上世纪80年代胡乔木同志给胡耀邦同志一封信的问题的辩论文章。因为他们辩论的事实刚好是我知道的，我不能不站出来，也用史实说几句话。

事情起因于2010年5月7日吴江同志题为《留下一份重要的史料》的文章。文章说：“1980年9月24日，胡耀邦收到胡××来信，来信就7月间波兰全国范围罢工表示了独特的看法，认为波兰事件说明：持不同意见的人利用社会的经济政治矛盾，可能使其达到激烈的程度和爆发的形式。信上说，我国也有不同政见者，他们一旦与心怀不满的群众相结合，就可能成为一股巨大的力量，爆发波兰事件不是不可能的，希望中央引为殷鉴，研究对策”，但“胡耀邦对来信未予理睬”。对于吴江同志的这种看法，曾任新闻出版署署长的宋木文同志于2010年7月23日在《文汇读书周报》上发表了用他亲身经历的事实写的一篇文章，表示了不同意见，题为《为吴江同志“重要的史料”做一点补正》。其中引用了两个文件，一件是收入2002年人民出版社出版的《胡乔木书信集》中的那封胡乔木写给胡耀邦的信。

2010年8月6日，吴江同志为了“回应宋木文同志”，又通过《文汇读书周报》发表了《对于我所提供的两条史料的补充说明》一文，说："1980年2月，胡耀邦在十一届五中全会上当选为中央政治局常委、中央总书记。夏天，波兰事件发生了，我国上下当然关注这件事，但看法不同。”“胡耀邦于就职总书记后不久来党校安排工作，谈起波兰事件和胡乔木给他的信，他对这封信说了自己的看法。”“现在宋木文同志将胡乔木致胡耀邦的信从已出版的《胡乔木书信集》中摘出，向我们公布。但是这里有一个问题：胡乔木的信是在胡耀邦的手里，胡耀邦即使有意见，也不会将原信退回。那么，收在《胡乔木书信集》里的那封信是复印件呢，还是另有修改？”

吴江同志的文章涉及两个事实问题：第一，胡耀邦同志对胡乔木同志的信是否“未予理睬”？第二，《胡乔木书信集》中那封胡乔木同志给胡耀邦同志的信是怎么来的，是否是原信，是否修改过？对这两个问题，我作为《胡乔木书信集》的主编之一和胡乔木传记的撰写者之一，有责任也有条件用我所知道的事实给予回答。

在1980年9月22日波兰团结工会事件发生后，时任中共中央书记处书记的胡乔木同志敏锐地感觉到它的影响不可低估，即于第三天的9月24日给中央总书记胡耀邦同志写了那封信。信中说："波兰事件对我们有重大意义。建议书记处或联合国务院召集一次会议进行专门讨论。”信中还说："少数持不同政见者与心怀不满的工人群众相结合可能成为怎样一股巨大力量，这一点对我们应是一个重大教训，因此，对所谓自发组织决不能以驱入地下为了结，而政治的有计划有领导的民主化和对这些组织的成员开展各种形式的教育分化工作并辅以必要的打击措施成为当务之急”；希望中联部、中调部、外交部有关研究所、中国社会科学院有关研究所、国家计委以及有关各财经部门、工会、青年团、中宣部、人民日报、新华社、教育、文化、出版、公安、法制、中纪委、统战部各部委，“都能从各自角度出发进行研究，事前写成一两页至多三四页的建议（即鉴于波兰事件的教训对于我们当前某一方面或某几方面工作的建议）。”“如各方建议确有某些重要而紧迫的内容，则可考虑由书记处和国务院分别作出一些具体决定或指示。”

对于波兰事件和胡乔木同志的信，包括胡耀邦同志在内的中央领导同志高度重视，并迅速采取了重要措施。胡耀邦同志于收到信的当天，即 9 月 24 日便批示印成书记处文件。根据胡耀邦同志批示，中办秘书局于第二天把胡乔木的信印成了文件，随后又印发了《波兰罢工事件综述》材料。反应如此之快，效率如此之高，怎么能说胡耀邦同志对胡乔木同志的信“未予理睬”呢？

10 月 1 日，胡乔木同志因为一些部门索要他的信，故将文字稍作修改后，批示中办重行印发。中办秘书局遵照乔木同志修改稿，将这封信再次印成会议文件，发给了有关部门。可见，胡乔木给胡耀邦的原信与收入《胡乔木书信集》中的信有一些文字区别，十分正常，没什么值得大惊小怪的。

胡乔木同志的信被印发有关部门后，包括中组部、中宣部、中央统战部、外交部、国家计委、国家经委、新华社、人民日报、团中央、总工会等 27 个部门迅速组织了讨论和研究，并向中央写出了讨论情况和建议的报告（朱元石补注：这里只列出 27 个部门中的部分名单，未列出的有“国家出版局陈翰伯”，即宋木文文章所讲的《如何保障宪法规定的出版自由》。这些单位的报告均被印成以《讨论波兰事件的意见》为题的文件)。随后胡耀邦同志主持中央书记处和国务院联席会议，专题讨论波兰事件。正是在中央高度重视下，各有关部门采取了一系列应对措施，才使波兰团结工会事件未能在我国造成重大影响。

由以上史实可以看出，吴江同志所谓胡耀邦同志对胡乔木同志的信“未予理睬”、“看法不同”的说法，是完全站不住脚的。他这种毫无事实根据的说法的本意是要褒胡耀邦同志而贬胡乔木同志，但由于歪曲了基本事实，实际结果不仅伤害了胡乔木，更伤害了胡耀邦同志。

最后要为吴江同志解疑释惑的是，胡乔木的信除了在印成会议文件之前“将文字稍作修改”，将原信“共产党执政国家”改为“一个共产党执政国家”，“新性质的社会政治矛盾”改为“另外一种性质的社会政治性质矛盾”等等之外，并没有原则性修改。我们在将胡乔木同志的信收入《胡乔木书信集》时，也只在两处作了标点和文字改动。一处是将“外来思想经济政治文化影响(这在我们也是一大问题)”一句中的“思想”、“经济”、“政治”、“文化”四个词之间加了三个顿号，在括号之后加了一个分号；再一处是将“现在对伊斯兰教、喇嘛教和基督教都非认真研究对策不可，可能在若干方面要作出一定合理的让步……”一句中的“对伊斯兰教、喇嘛教和基督教都”13个字删去，因为还有道教等没有提到。这两处都是纯技术性的处理，其他一个字、一个标点都未动。

吴江同志说：“胡乔木的信是在胡耀邦手里，胡耀邦即使有意见，也不会将原信退回。那么，收在《胡乔木书信集》里的那封信是复印件呢，还是另有修改？”看了我的说明，不知吴江同志是否能够就此释疑了？

2011年5月3日

胡乔木对新时期出版工作的历史性贡献

——纪念胡乔木诞辰一百周年

〔题记〕2012年6月1日，是杰出马克思主义理论家胡乔木诞辰一百周年，中央有关部门决定由当代中国出版社再版《我所知道的胡乔木》一书，《胡乔木对新时期出版工作的历史性贡献》即是为此书再版而作，并应约分别在有关报刊发表。《中国出版》杂志于2012年5月分两期全文刊载；《中国新闻出版报》于5月28日发表作者压缩稿，题目是《胡乔木对新时期出版工作的支持与指导》；《光明日报》依据本文有关部分，分别发表《胡乔木与〈汉译世界学术名著丛书〉》（2月21日）、《胡乔木与〈汉语大词典〉》（5月8日）；《百年潮》杂志在第6期刊发了《胡乔木与中国大百科全书》。此次一稿多发，非我一稿多投，而是应约配合有关报刊纪念胡乔木百年诞辰之需，可见胡乔木深受新闻出版界的敬仰与怀念。

1987 年 11 月 5 日，胡乔木与本书作者亲切交谈。

中共十一届三中全会以后，在国家出版局和新闻出版署工作时，我有幸接触胡乔木，聆听他的教诲与指导。他既有政治家的高瞻远瞩，又有专门家的广博学识，而且这两者又是高度结合着的。他对出版工作的指导，从不停留于一般号召和原则指示，而总是联系实际，体现在对方针的阐明，对具体问题的解决，对书稿内容的要求和对出版队伍的建设上。这样的领导人，真是难得，也难忘。

一、1983 年“关于加强出版工作的决定”的提出者和把关人

1982 年 2 月 4 日，胡耀邦主持中央书记处会议，专题听取国家出版局党组关于三中全会以来出版工作的汇报。当时，一方面，由于十年“文革”造成的思想禁锢已被解除，人们对书报刊的需求迅猛增长，要求出版必须保持强劲的发展势头，而印刷落后、发行困难、纸张短缺和资金不足，又制约着发展，需要国家采取措施，予以解决。另一方面，在出版方针问题上，“文革”结束和步入新时期后，出版工作出现了许多新情况、新问题，需要总结建国以来正反两方面经验，加以阐明，做出规定。这两方面的问题，都反映到这次中央书记处会议上，对政治方向、出版方针、印刷落后、发行困难、纸张短缺、资金不足等问题都有领导同志发表意见，提出批评。胡乔木时任分管宣传思想工作的中央书记处书记，他的发言更加受到会议重视。他首先强调出版工作必须坚持正确的政治方向，社会主义阵地不能动摇。同时，他又指出：“对出版工作，政治上的指导和批评很多了，光责备解决不了问题，不然又是说了一遍，什么问题也解决不了。纸张不是他们(出版局)管的。现在高质量的纸很少，印刷也落后了，确实有个财政制度的问题。”他强调“发行工作

是非常繁重而又困难的”。他举例说：“书店缺少仓库，教科书发不出去，这是个关系到千百万人的大问题，很迫切。解决这个问题，要投资，要基建。书店网点还没有恢复到以前的规模，在批评的同时，要帮助解决实际问题。”他进一步指出：“出版部门要加强政治领导，但确有一系列的实际问题需要解决，不然成了打排球，推来推去。他们推给我们，我们又推回去。”胡乔木深知，落实党和国家对出版工作的要求，需要适当的经济政策的支持。他当时兼任中国社会科学院院长，特意在会上讲了他所经历的一件事，并由此引出一项经济政策的建议。他说：“我在历史学会会议上开了包票，说别的出版社不愿出的学术著作，请拿到社会科学出版社来出，如果社会科学出版社也不愿出，你们可以弹劾我。结果有些学术著作社会科学出版社就是不出。要贴钱，谁来赔？我现在感到提心吊胆，怕变成假大空。所以，我提出要求，请考虑：出版部门的利润可否基本不上交或大部留成。赔钱的书要补贴出版社，大家都赞成，但迄今尚未落实。再不落实，就不能怪他们。”

胡乔木情理相兼、原则结合具体的发言，对会议的进程和结果有很大的影响。在会议结束时，胡乔木提出建议，请中宣部代中央和国务院起草一个加强出版、印刷、发行工作的决定。凡需加强的，都列出来。胡耀邦当即表示同意。胡耀邦还对文件内容提出了要求。在议论中，胡乔木表示，我自告奋勇，起草这个文件，我当个助手。胡耀邦马上说，这个文件要下点功夫，请乔木同志把关。据此次中央书记处会议纪要，会议决定：“请中宣部牵头，召集出版、印刷、发行、轻工、财政、计委等有关部门商量，代中共中央、国务院起草一个关于加强出版、印刷、发行工作的决定。这个决定要讲出道理，写清楚出版、印刷、发行工作的性质，同社会主义现代化建设的关系、现状、存在的问题和解决的办法。决定起草出来，经乔木同志审定后，提交书记处会议讨论。”会议还根据国家出版局汇报提纲和胡乔木等领导同志提出的建议作出决定，对于“增建大中小学课本书籍仓库、利润留成、纸价补贴等经济问题，请杜星垣同志（笔者注：时任国务院秘书长）会同计委、财政部商量处理”。

在胡乔木指导下，由邓力群主持专门小组起草（成员有徐荇、谢宏、袁亮、刘杲、张惠卿），经中央书记处审定，中共中央、国务院于1983年6月6日作出了《关于加强出版工作的决定》（以下简称《决定》）。

1983年《决定》既明确规定了出版工作的性质和指导方针，又对解决发展出版事业的许多重要实际问题作出了规定。

《决定》明确指出，社会主义出版工作首先是宣传教育工作，具有鲜明的思想性和革命性，又是一项科学文化工作，具有很强的知识性和科学性；是为最广大的人民群众服务的，具有广泛的群众性和计划性，又是出版工作者和著译者共同的工作，他们之间的关系是同志式的互助合作的关系；首先要注意出版物影响精神世界和指导实践活动的社会效果，同时又要注意出版物作为商品出售而产生的经济效果。

1982年2月4日中央书记处会议关于出版经济政策问题的决定事项，大都写入1983年《出版决定》中。如由国家经委牵头组织实施印刷技术改造工程，加快发展北京地区印刷生产能力，并在武汉、西安、沈阳、重庆建设四个印发基地。又如全国文化出版系统各单位的所得税由55%降为35%，税后利润全部留成，用作发展出版事业。关于增建书店仓库问题是单独处理的，这就是在北京和上海各建了一个主要用于储存课本用的大型图书仓库。

在这里，我以一个亲历者说，经胡乔木提议并指导写出的1983

年《出版决定》，对这以后二十多年来出版事业健康发展起到了重要的指导作用，出版事业发展中许多重大实际问题的解决也同执行这个《决定》分不开的。实践表明，《决定》的确是指导新时期出版工作的纲领性文件。

二、为改变印刷严重落后状况指路布局

1980 年代，发展出版事业遭遇重大困难之一是印刷技术落后，印刷生产能力严重不足，出书慢，周期长，大量图书不能及时出版。这成为国家出版局负责人年年讲、月月讲、天天讲的“永恒主题”，也成为胡乔木高度关注的紧迫问题。

1982 年 8 月 7 日，出版界老领导王益在新华社内参发表谈话，指出：现在图书出版越来越慢，已达到使人无法忍受的程度。“为要较快地改变目前这种状况，除解决印刷部门的资金问题外，还需要机械、轻工、化工等有关部门密切配合，协助出版部门搞好印刷技术改造”。他建议：“印刷技术改造工作，国家应有一个专门的部门或机构来抓。国家经委比较合适。另外，技术改革的一些科研项目，应由生产部门进行研究，目前由使用单位进行研究的办法要改变。”

王益的这篇谈话引起胡乔木的高度重视。他抓住王益谈话内容，为改变我国印刷落后现状指路布局。在新华社内参发表的当天即写信给中宣部部长邓力群并国务委员兼国家经委主任张劲夫：

力群同志并转张劲夫同志：

为了解决我国出版事业的极端落后状况，非请机械、轻工、化工三部门大力协作攻关不可。此事希望中宣部和经委共同牵头来解决。王益同志的意见（见附件）很对，我完全赞成。

胡乔木

八月七日

历史已经证明，由于胡乔木的推动，国务院相关领导和部门抓得对路，办事得力，印刷技术改造这一场硬仗为我国印刷打出一个新天地。

1982年8月26日，即胡乔木批示后约半个月，邓力群、张劲夫即召集有国家经委、国家计委、财政部、机械部、冶金部、电子部、化工部、轻工部、铁道部、城乡建设部以及中宣部、文化部负责同志参加的会议，按照胡乔木批示指出的路子打一场印刷翻身仗。从此，出现一个重大转折，解决出版印刷落后问题，不再限于宣传、文化、出版部门，而是成为在国务院领导下各有关部门协作攻关的重要议题。随后，又写入党中央和国务院《关于加强出版工作的决定》，成为由国家经委牵头、有关部门参加、国家投资、专门班子组织实施的国家印刷技术改造专项。张劲夫抓得很紧，又一抓到底，取得了历史性成就。

举世公认，印刷技术改造国家专项，使我国印刷由过去的“铅与火”的时代，步入了“光与电”的时代；书报刊排版由手工铅排变成激光照排，彩图制版由照相制版发展到电子分色制版，出版物由铅版印刷发展到胶印印刷，书刊装订由手工或单机发展到机械化联动化。这就极大地发展了印刷生产能力，保证了我国出版事业又

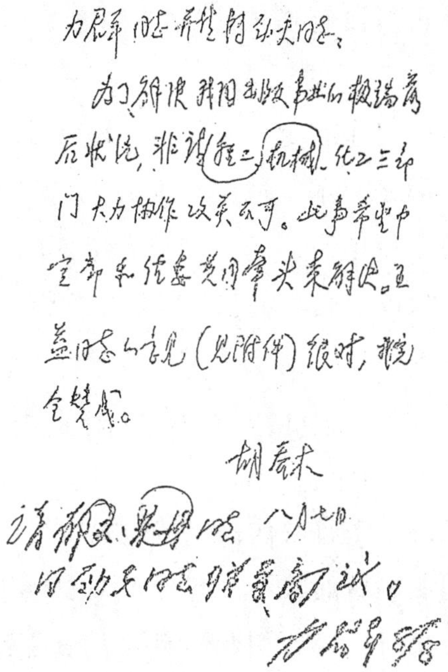
力群、翰伯同志并转劲夫同志：

为了解决我国出版事业的极端落后状况，非请轻工、机械、化工三部门大力协作改革不可。此事希望由中宣部和经委共同牵头来解决。王益同志的意见（见附件）很对，我完全赞成。

胡乔木 八月七日

请翰伯、果林同志同劲夫同志联系商议。

力群 8/8

胡乔木致邓力群、张劲夫信手迹（1982 年 8 月 7 日）

好又快的发展。

张劲夫 2002 年 6 月 28 日在《人民日报》发表《我国印刷技术的第二次革命》长篇文章，指出："前后将近二十年，国家投资数十亿元，支持新闻出版、电子、机械、轻工、化工等部门 200 多个骨干企事业单位进行技术改造，特别重点支持了汉字激光照排这一印刷技术的核心技术的突破，一下子带动了印刷水平的全面提高，使我国印刷工业综合能力上了一个新台阶。"张劲夫进一步指出："如果说从雕版印刷到活字印刷是我国第一次印刷技术革命的话，那么从铅排铅印到照排胶印就是我国第二次印刷技术革命了。"

我有一种非常幸运的感受，在我担任新闻出版署主要领导职务以后，再也没有当年徐光霄、王匡、陈翰伯那种来自印刷落后、大量图书出不了的沉重压力了。在2006年发表《印刷技术革命的历程及其历史性巨变》一文时，我以国家出版管理部门受益者的名义，向这项印刷技术改造工程的决策者和推动者胡乔木、张劲夫、邓力群，提议者王益，组织实施者范慕韩，汉字激光照排技术创始人王选等，深情地表达了感谢和敬仰之情。

三、对出版发行体制改革的支持与指导

胡乔木一直关注和支持出版发行业的改革与发展。

出版领域的改革，起步于1980年开始的发行体制改革。那时出现的买书难，曾经引起全社会的强烈反响，也受到中央领导同志的高度关注。买书之所以成为社会性难题，首先是由于印刷落后、出版周期长造成出书难，这又不是短期可能解决的；而发行体制存在弊端造成流通不畅也是重要原因，所以，改革发行体制搞活流通，就成为当务之急。改革主要从两个方面进行。一是改革从五十年代开始实行的出版、印刷、发行的专业分工，出版社只管出书，发行全由新华书店承担的专业分工绝对化体制，允许和提倡出版社自办发行。二是改革图书发行由国有新华书店独家垄断，提倡和推行一主（以新华书店为主渠道）、三多（多种经济成分、多种流通渠道、多种购销形式）、一少（少流转环节）的新体制。胡乔木对这些改革是支持的，早在1982年2月4日中央书记处会议上就明确表示："出版、印刷、发行专业分工，三驾马车，起了好作用，也发生了困难"，"在新华书店之外要开辟一些渠道"，"出版社搞邮购、批发，自办发行，是可行的"。这两项改革搞活了流通，但也引起新的矛盾

和争论。就是在这个背景下，出版界老领导王益《关于买书难问题对新华社记者的谈话》(刊于1984年8月2日新华社内参)，受到胡乔木的高度重视。

王益在谈话中首先分析了发生买书难的原因。多备书、勤再版，才能提高图书满足率。他以书店备书品种数与出版社出书品种之比来说明：日本年出书4万种，东京最大书店备书30万种，为当年出书的七八倍；商务印书馆1936年前后每年出书五六百种，在上海的门市部备书7000多种，后者为前者的10倍以上；而我国现在年出书35700多种，在北京新华书店最大门市部能买到的书不到2万种，只有当年出书总数的一半。据此，他指出我国出版经营管理指导思想和管理体制方面存在的问题，并提出四点建议：(一)改革出版、发行分工绝对化，出版社与发行单位共同解决买书难的问题。(二)改包销为寄销，社店共担风险，改变出版社长年吃"保险饭"的局面。(三)妥善解决备货问题，由出版社承担备书的主要责任，允许把备货所需费用计算成本，有的书可以适当提点价。(四)出版社从单纯生产型改为生产经营型。把王益的四条建议归结于一点，即是针对出版与发行割裂的体制性弊端，把发行改革与出版改革结合起来，并明确出版社在改革中所承担的责任。这实际上是从流通环节入手，以解决买书难和逐步满足读者基本需求为目标，提出整体推进出版发行体制改革与发展的大计。

胡乔木看过王益的建议后于1984年11月8日写信给邓力群(时任中宣部长)并中宣部出版局、文化部出版局，邓力群批示"同意"后，批送廖井丹(时任中宣部副部长)并两局贯彻执行。经查，此信未收入《胡乔木书信集》,《胡乔木谈新闻出版》亦未收。现据书信手迹复印件，录其全文：

力群同志阅转

中宣部出版局、文化部出版局：

王益同志所提意见，触及了现行出版发行制度弊端的症结所在，这是建国以来没有人提出过的。我原则上同意他的意见。如同意，希望中宣部出版局协助和督促文化部出版局认真研究，征求各大出版社和新华书店总店的意见，提出切实的改革措施。此事涉及到出版社仓库的修建和书价问题，要力求不向或少向国家要钱，提价幅度也要慎重限制，提出的办法在经文化部审核批准后还须向中央和国务院报告请示。

胡乔木

十一月八日

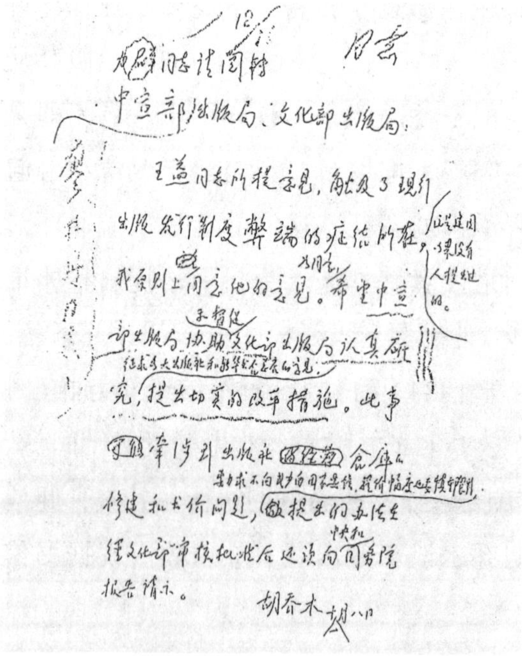

胡乔木致邓力群信手迹（1984年11月8日）。

十年后，即1994年6月3日，王益在回忆此事时说："乔木同志的信，成为出版发行战线深化改革的思想武器和重要动力，促进了出版发行体制改革。出版发行工作在改革中增添了活力，有了很大的发展。"

王益的回忆和评价是准确和适当的。当时由于多种原因，对建议所涉及的各个问题是分别处理和解决的，并未形成一揽子解决方案。但建议所提出的基本精神和主要问题，特别是对胡乔木指出"触及了现行出版发行制度弊端的症结所在"的那些问题，按照不再把出版与发行割裂开来而是结合起来的指导思想逐个加以解决，以改变出版社与书店专业分工绝对化、改包销为寄销、适当调整书价、出版社从生产型到生产经营型转变等，都得到了解决，形成出版与发行改革整体推进的新局面，的确成为出版发行改革的思想武器和重要动力。到八十年代末期，买书难的问题在总体上得到了缓解。这是改革与发展取得的重要的阶段性成果。在胡乔木批示以前和以后，我都讲过："为了提高图书的供应率，解决'买书难'的问题，必须进行出版、发行体制同步改革，不能只进行发行体制改革，必须出版体制与发行体制一起改。"（1984年9月，《宋木文出版文集》，中国书籍出版社1996年版，第111页）；"要使发行体制改革取得突破性发展，必须在原有出版体制中出版与发行分割这个'弊端'上开刀"（1986年1月，同上书，第233页）。指导思想是明确的。如果说这一时段的改革与发展还有不足，则主要是任上的我辈不像王老那样内行、执著与精细，对领导指示领会不深、抓得不够得力造成的。

四、为保证图书和报刊用纸谋划操劳

1980年代初中期，我国出版事业发展中另一重大困难，是图书和报刊用纸短缺，使出版难以保持正常生产和适量增产。有时印教科书也难以保证全额供纸。当时，解决纸张生产和供应，受着国家计划、生产、财政、税收和物价等部门多头管制与制约，是个难解的“连环套”，解决哪一个环节的问题，都要反复协调。无纸即无书，我们在出版部门工作的人心急如焚，胡乔木也为之操劳不止。他多次向中央建议，向有关部门呼吁，扩大国内纸张生产，适当增加外国纸进口。1985年6月13日，他还同张劲夫一起，召开国家计委、经委、轻工等部门负责人会议，专门讨论国产纸增产和外国纸进口用汇问题。我从政治局委员和国务委员共同主持会议的一些细节中，感受到胡乔木的个人威望与张劲夫对他的尊重。在此次经济部门唱主角的会议上，凡是胡乔木提出的问题，都能得到张劲夫的支持，迅即得以落实。我看到，在讨论国产纸增产所需木材时，国家经委一位负责人竟离开会场打电话给北方某省，如不及时供应造纸用木材，将停止该省短缺的钢材供应。后来，胡乔木也说：“去年发生了印教科书缺纸问题，不管不好，对不起人民，就抓了几次，用了许多行政命令的办法”。

当年实行指令性计划，年年讨论纸张增产和进口纸用汇，年年编制生产和用纸计划，年年召开纸张分配会议，年年时有用纸告急。我们在国家出版管理机关工作的人，要为这类事忙个不停，还拖累着管大事的中央领导同志。1986年1月8日，胡乔木正在杭州调研，又紧急召我专程赴杭汇报纸张问题。那时，国家计委要削减进口新闻纸7万吨和纸浆5万吨；计委、经委、轻工等部门联合报告提出，新闻纸只保中央和省市几十种大报，出版用纸只保课本、少数最重要的政治书籍和科技期刊，其他大部分报纸、期刊和图书用纸都由市场调节解决。这样，将使大批报纸、期刊和图书，或因纸张供应不足不能出版，或因高价买纸而普遍再次提价。胡乔木对此深为忧虑。他从国家政治高度看待这个问题。他说，只保课本用纸，不保其他图书用纸，这影响太大了。如果只有课本，没有其他图书，学校也办不下去。他还指出，首先使知识分子不安定，也影响整个国家形象。如果出版事业遭受打击，恢复就难了，问题就大了。这个问题要报告中央书记处讨论决定。

我回京后立即将胡乔木的意见向中央作了报告，使这次带有危机性的困难得以缓解。

我常想，正是由于有胡乔木的关心与指导，国务院有关领导和部门的支持，我们出版部门在 1980 年代渡过了印刷关，又渡过了纸张关，在相当困难的条件下，使大中小学课本、主要报刊和重点图书用纸得到了保证。这是那个年代全国出版事业持续发展的重要条件。

五、为图书定价制度改革保驾护航

作为出版改革一部分的图书定价制度改革始于 1984 年，是经中央批准后施行的，但刚迈出第一步即遭遇挫折。

这次书价改革前，是执行 1973 年“文革”中制订的定价标准，比 1956 年低标准定价还低，加上此间纸价上扬、印刷工价上涨、图书生产成本增加，因而书价调整后增幅较大，引起广泛关注。1985 年 11 月 18 日，中央书记处会议审议国家出版局工作汇报时，胡耀邦和其他领导同志对一年来图书涨价特别是教科书涨价过多提出了严厉批评，认为“如果不是渎职，也是失职，未尽到责任”。胡乔木对会上的严厉批评似乎没有精神准备，未作明确表态。会后，国家出版局即向胡乔木并中央书记处送上《关于图书定价调整情况的报告》，实事求是地汇报了此次调整书价的必要性、增长幅度较大的原因和改进意见，并附送了经张劲夫报请胡耀邦、赵紫阳、万里、姚依林、胡启立、田纪云批准的“课本可以提价。课本、图书、期刊的具体定价由地方管理”的全套文件。

胡乔木审阅了国家出版局的报告，补看了1984年中央领导同志有关批示后，于1985年11月29日给中共中央总书记和中央分管领导同志写了一封信：

耀邦同志并万里、李鹏同志：

上次书记处会议讨论出版工作和教科书提价问题后，我即催令出版局将有关情况迅速查实报告中央。现出版局已送来报告，即送上请审阅。其中关键问题，是中小学课本下学期是否降价问题。上次书记处会议上财政部同志虽表示可以同意不涨价，但据出版局同志告，会后财政部在与各有关部门开会商讨此事时，仍表示坚决不能改变提价措施，即不能代负各出版单位因此而受的亏损。因出版部门本身实无力承担此项亏损，故此问题需请中央明确解决。估计到今年物价上涨因素，目前如需改由财政补贴，则必已超过一千五百万元。且今后教科书工本仍将继续上涨，故即令维持现行价格不变，则明年以后除非让书价继续上涨，一定的财政补贴仍不可免。就现有有关材料看，因中央已决定书价由地方自行决定，又决定课本以保本微利为原则，似还不好判断文化部和出版局应对目前的课本涨价问题负何种责任。

去年下半年文化部提出书价问题报告和耀邦同志批示等来往文件我都未看过亦未听说，故今年我和劲夫同志召集会议讨论今年教科书

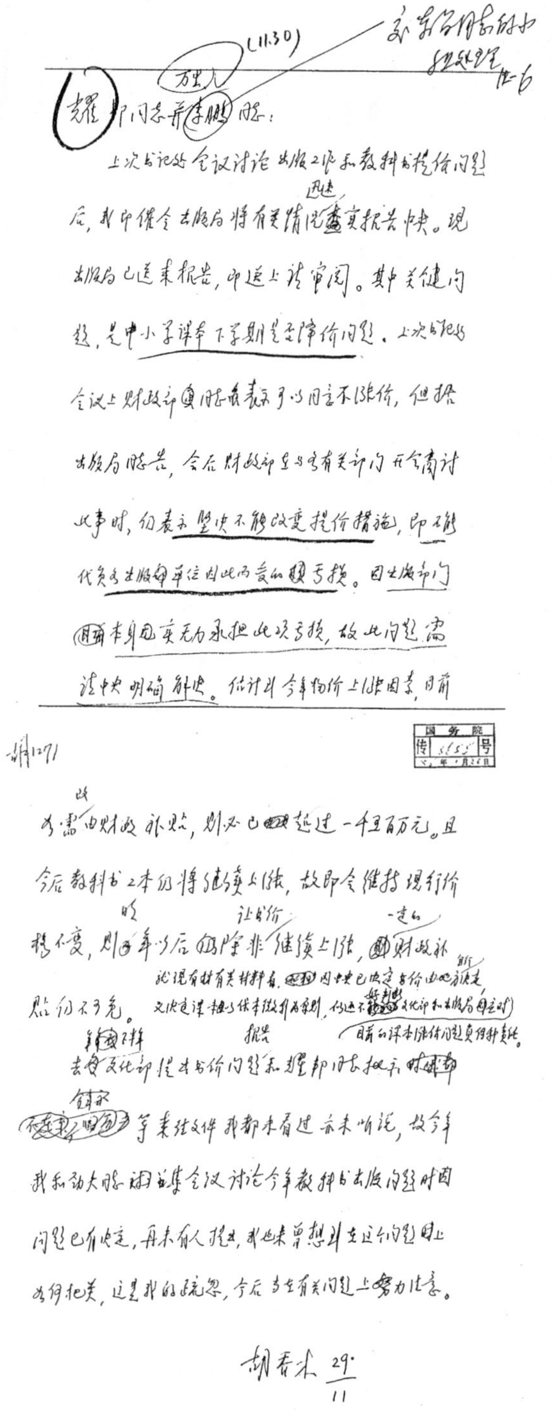
耀邦同志并李鹏同志：

上次书记处会议讨论出版工作和教科书提价问题后，我即催令出版局将有关情况迅速写实报告中央。现出版局已送来报告，即送上请审阅。其中关键问题，是中小学课本下学期是否降价问题。上次书记处会议上财政部负责同志曾表示可以同意不涨价，但据出版局同志报告，会后财政部在与有关部门开会商讨此事时，仍表示坚决不能改变提价措施，即拒绝代负各出版单位因此而发生的亏损。因出版部门目前本身更无力承担此项亏损，故此问题需请中央明确解决。估计如今年物价上涨因素，目前如需由财政补贴，则必已超过一千五百万元。且今后教科书工本仍将继续上涨，故即令维持现行价格不变，则明年以后除非继续上涨，由财政补贴仍不可免。

去年文化部提出书价问题和耀邦同志批示……等来往文件我都未看过亦未听说，故今年我和紫阳同志召集会议讨论今年教科书出版问题时因问题已有决定，再未有人提出，我也未曾想到这个问题因此如何把关，这是我的疏忽，今后当在有关问题上努力注意。

胡乔木 29/11

胡乔木为书价问题致胡耀邦信手迹

出版问题时因问题已有决定，再未有人提出，我也未曾想到在这个问题上如何把关，这是我的疏忽，今后当在有关问题上努力注意。

胡乔木

11.29

对胡乔木的信，胡耀邦、万里已分别圈阅，未提出疑义；李鹏因上次书记处会议议定负有协调中小学课本定价之责，故他批了一句："交东昌同志的小组处理"。据此，会后，经有关部门商定，并履行必要的批准程序，将一般图书与教科书的定价作了分别处理：对一般图书继续执行1984年中央批准的调价方案，对中小学课本和大专教材，则以国家补贴的办法，既保持低价水平，又使出版单位有微利收益。这也是胡乔木信里所期望的。

11月18日书记处会议上，我曾亲自感受到胡乔木一再为出版部门说话和解决紧迫问题所作的努力，而在会议之后我又见到胡乔木写给胡耀邦等中央领导同志关于书价问题的信件，更为胡乔木的党性原则、组织观念和实事求是的精神所感动。胡乔木在这封信里，既为图书价格改革中已经或可能出现的问题替出版部门承担了责任，又坚持了有利于出版事业发展的改革图书价格的决定。渡过了这次书价改革的挫折后，又在1988年、1993年进行了第二次、第三次书价改革，除教科书外，对一般图书(图书中的大多数)，国家只做宏观调控，具体价格完全由出版单位根据纸张成本、印刷工价和发行册数自主决定，也就是实行市场调节了。可以这样说，这三次书价改革有力地保证和促进了新时期出版事业的发展，而胡乔木则为书价改革起到了保驾护航的作用。

六、高度关注新闻出版管理机构建设

按中国国情，在思想文化领域，必须重视和加强新闻出版管理，而这又必须由相应的机构来保证。

这是现实的需要，又是从历史的经验得来。

1949 年建国时，我国分设新闻总署与出版总署，对新闻与出版分别进行管理。1952 年撤销新闻总署后，又于 1954 年撤销出版总署，将出版管理工作划入文化部。1973 年成立直属国务院的国家出版局，1982 年又被撤销，将出版工作划入文化部，成为部属出版局。1987 年中央决定设立新闻出版署，对新闻与出版实行统一管理。2002 年又将署升格为总署，使新闻出版的管理工作得以进一步加强。

在几十年国家行政机构变迁中，胡乔木总是在关键时刻，提出加强新闻出版管理机构的意见。

1985 年 11 月 4 日，中央书记处讨论文化部所属国家出版局工作时，对出版工作提出了许多尖锐批评。胡乔木在分析这些问题产生原因时指出，这与出版管理机构不健全有关。他说："出版机构，主要是下面没有腿，这是需要解决的，也老早就提出来了。出版没有健全的管理机构，书记处把出版局、宣传部骂一通，也解决不了问题。上面对下面没有指挥权，指挥不动，遇到重要问题更解决不了。从 1982 年国家出版局合并到文化部以后，地方原有的出版管理机构都被撤销了，许多关于出版工作的意见难以贯彻执行，给出版管理工作带来很大的困难。"胡耀邦接着说："不是臭骂一顿就能解决的。都是好同志。是没有把局面驾驭住。你们驾驭不了，要向中央反映，提交中央讨论。"在为起草会议决定文件出题目时，胡耀邦还说包括"出版机构体制问题怎么办"，"都要说清楚"。可以说，由于胡乔木的明确意见和胡耀邦的表态，这次书记处会议为1986年将出版局从文化部划出成为直属国务院的国家出版局以及随后将国家出版局改建为新闻出版署创造了条件。

在1987年1月9日审议组建新闻出版署的国务院常务会议上，我作组建方案说明时，特别提出加强地方新闻出版机构的意见，并在代国务院草拟的《关于成立新闻出版署的通知》中列入一条："各省、自治区、直辖市人民政府相应成立新闻出版局，为厅局级机构，负责所辖行政区域的新闻、出版事业的管理。"会议以国务院对地方设立什么机构一般不作具体规定为由改成"各省、自治区、直辖市人民政府要认真加强新闻、出版的管理工作，其机构设置和人员编制等由各地自行决定。"鉴于国务院对一个地区机构设置有总数限制，有些省市区则以"认真加强"为虚，"自行决定"是实，拒不成立新闻出版局。胡乔木对此早有所察。1986年他在几个省、区调研时，发现有的省、区以人民出版社或出版总社或出版公司代行出版行政管理职权，说这"传出去是个笑话，要有个政府机构管理才好。"所以在1987年3月审阅中央《关于坚决妥善地做好报纸刊物整顿工作的通知》(中发[1987]10号文件)时，他便亲笔加了一句："各省如有尚未建立新闻出版局者应从速建立，以便负责承担这一任务。"此事办理时已到了这年的五月，又遇有新的规定，为控制各省厅局级机构，欲新设者，"须由劳动人事部审核"，但终因有胡乔木在中央通知中所加"从速建立"之语，只是增加了一些审核手续，各省市区新闻出版局终于陆续地建立起来了。

经国务院决定，版权与新闻出版管理机构设在一起，称一个机构，两块牌子。为给新闻出版署、国家版权局领导班子增加一名副职并增设一名秘书长，我于1987年4月4日给中组部连尹（时任中组部党政干部局局长）并何勇（时任中组部副部长）写信请示，并传达几位分管宣传思想工作的中央领导同志的意见。信中说："3 月 17 日，乔木、启立、力群同志同中宣部和新闻出版署负责人谈新闻出版署的工作。当谈到新闻出版署比国家出版局增加了报纸、期刊的管理工作，又有国家版权局的建制，在署的领导班子中需要为国家版权局增加一名职数时，乔木同志说：这个道理容易说清。版权局麻烦很多。参加国际版权公约后，工作量更大，不胜其烦，非常繁重。国内版权纠纷也管不胜管。版权局的任务，与新闻出版署完全是两回事。版权法，如果国务院法制局审议通过，就要提交人大常委会。争议可能不大。通过之后，工作量很大，要有准备。"

中组部对新闻出版署（国家版权局）领导班子增加职数的意见给予理解和支持，同意配备一正五副，另增设秘书长一人（进党组）。这"一正五副"的配备，从署到总署，一直延续至今。这是党中央和国务院的决定，但这又是尊重和采纳了胡乔木的意见。

我现在早已不参与任何政务，离休在家了，但目睹新闻出版与版权工作及其管理机构不断增强，我总是想起胡乔木所给予的关怀和支持。

七、高校编辑出版专业设置的倡导者和奠基人

胡乔木对新闻出版在职人员培训和新人培养一贯高度重视，对高校创办编辑出版专业更是关怀备至。1984 年 6 月 7 日给教育部负责人黄辛白打电话，提出：要在大学中文系建立编辑专业，可在北大、复旦两所大学试办。经教育部高教司出面会商，拟先在北大、复旦、南开三校试办。对教育部 7 月 23 日送去的《关于筹办编辑专业的报告》，胡乔木于 7 月 25 日亲自复信，表示同意。

胡乔木的复信首先说"编辑学在中国确无此种书籍"，但又指出

“编辑之为学，非一般基础课学得好即能胜任”。他细心地选择中国古代与当代以及外国“近似编辑回忆编辑经验一类的书籍”，并且逐一列出，提供给筹办者参考。

他对编辑出版专业的课程设置也有考虑。信中说，“我还建议编辑专业应设辞书学、目录学、校勘学（中国就有这两类的书），编辑、标题、注释、摘要、插图、索引等的研究和试验，印刷、出版、发行知识等科目。”

他建议，“找周振甫、吕叔湘、萧乾、杨宪益、叶君健、张志公（以上只是随意举例）诸先生，以及一些有定评的刊物、丛书辞书、年鉴的编辑，一定会提出许多具体的指示，使艰难的第一步便于成行。”

胡乔木最后表示，“为促成这个专业（或编辑、新闻专业）的诞生，我宁愿不惮烦言。”

在这封简短而务实的信中，胡乔木对于编辑之有学，编辑专业设置之迫切，编辑专业课程设置和教材之编写，编辑专业之起步，以及围绕这些问题对教育、出版主管部门和有关院校的要求都讲得很具体、很明确，而为促成这个专业的诞生，“我宁愿不惮烦言”的至诚之心，更是感人至深。他还对我说过，新闻界与出版界相比较，出版界编辑的知识更多些、更深些，像周振甫、吴泽炎等，既是好编辑，又是好学者，应当多办也有条件多办些编辑出版专业。

我这样想，如果没有胡乔木的倡导与推动，没有教育部的理解与支持，只按设置专业对学科状况的“条条框框”要求，编辑出版专业二十六年前在普通高校是难以建立起来的。这是一个重大突破。因为那时编辑出版是否有学，认识上还有争论，实践中也未解决。胡乔木说“使艰难的第一步便于成行”，就是要在争议中迈出这关键的第一步。如果说我们从前因倡导编辑为他人做嫁衣（这是必要的）

而忽视了自己的学科建设，那么，以设置编辑出版专业为契机，确也大大地加强了自己的学科建设。二十多年来，经各有关院校和研究单位同心协力、携手共建，不仅使编辑出版专业在许多高校设置起来，而且还极大地推动了编辑出版学的理论研究、教材建设和教师队伍的成长，使编辑出版专业不断充实、提高、发展、壮大。截至2010年初，全国有62所高校设置编辑出版学本科专业（说法不一，此处采用北京印刷学院王彦祥《我国编辑出版学专业教育规模调研和地域分布分析》，据《科技与出版》杂志2011年第11期），为国家培养了一批又一批编辑出版专业人才。

出版单位更需要具有扎实理论基础，并且能够适应出版行业（职业）需要的以硕士研究生为主的复合型应用型高层次专门人才，各高校也为此做出了各种探索和努力。但多年来增设编辑出版学专业硕士研究生授予点的问题一直未能解决，若干院校只好采用“借窝生蛋”的办法，即在其他学科硕士点培养以编辑出版学为方向的研究生。长期以来我国硕士、博士研究生主要按学术型学位类别（如文学、史学、法学等）进行培养，按专业学位类型（如金融、应用统计等）培养硕士、博士研究生起步比较晚。令人高兴的是，2011年1月，经国务院学位委员会批准，我国有14所高校获得首批出版硕士专业学位授予权，有的高校还获得出版专业博士学位授予权，标志着出版专业研究生成为我国专业学位研究生教育体系的组成部分。这又是一次新的突破。这次突破，使出版专业研究生培养从“借窝生蛋”走出而名正言顺（不是说编辑、出版学科建设上的问题都解决了）。不难理解，如果没有二十多年编辑出版专业办学的丰厚积累，这种新的突破将是难以设想的。因此，这次突破也是对胡乔木创办编辑出版专业取得成就的肯定和发展。

在这里，顺便提及，在胡乔木关怀下，在1980年开始的新闻专业与出版编辑专业高级职称（职务）评定，在整顿中也曾因被认为“新闻无学”、“出版无学”而险遭取消，由于主管部门的争取和胡乔木的支持，又有学科建设成就的支撑，才得以延续至今，成为稳定、提高、发展新闻、出版专业队伍的重要举措。

八、为新中国第一部百科全书统领全局呕心沥血

在同胡乔木接触中，我感受到，他是把完成《中国大百科全书》当作他晚年要做好的一件大事。从1978年党中央批准立项到完成编纂，这套新中国第一部百科全书的各项工作，无不凝聚着总编委会主任胡乔木的智慧和心血。

从国家出版局到新闻出版署的历届领导班子，都尽心尽力协助胡乔木做好大百科全书的出版工作。我任署长后，就数次到胡乔木那里领受任务，其中1990年4月和7月的两次，更使我牢记在心。这时，在前任总编辑姜椿芳和现任总编辑梅益的领导下，“大百科”已出版42卷，尚有32卷正在编纂或印制中，按计划要在1993年全部出齐74卷，编辑出版工作进入了最后决胜的紧要关头，各项工作都要抓紧，以确保完成计划。时间短，任务重，困难多。这时，在大百科出版社内部，梅益年过八十又身兼总编辑和社长双重职务，负担过重；领导班子不够健全，也不够协调；社内部分干部在压缩卷数等问题上思想不够统一，影响积极性；出版社总编辑书中署名的纷争难解；这套书需要增加大量资金投入，尚无解决之法。如果这些问题不能及时解决，将影响既定的出书计划。胡乔木同我的这两次谈话都是为了解决这些问题而进行的。

4月25日那次谈话，胡乔木一开头就严肃而又不无忧虑地说：“1986年我向中央报告，1993年大百科全书出齐。梅益同志提出争

取1992年。我们是抱着这样一种心情，希望早日完成‘大百科’第一版，我和梅益同志的任务就结束了。那时成立新的总编委会，不想给‘大百科’今后留下任何问题。这是一个人应有的聪明，不希望形成任何障碍。”我深知受那些问题的拖累，胡乔木在为1993年能否出齐“大百科”而焦虑。他要求各方面都做出努力，而他对自己更是严格要求。这使我深受感动。我当即接过话茬说：“不存在什么障碍，百科事业是乔木同志支持下搞起来的，没有乔木同志的支持，就没有‘大百科’的今天。乔木同志最关心1993年出齐百科第一版，我今天领受这个任务，创造一切条件来完成。”我心里想，这是我向胡乔木立下“军令状”才说这些话的。

创造什么条件？最迫切的是加强和调整社领导班子，首先是选一位社长；同时化解社内矛盾，处理署名纷争，解决资金不足，以实现1993年出齐74卷的计划。

对调整领导班子，胡乔木语重心长地说：“要逐步更新这个集体。梅益同志和我要造成便利，让出版署勇于下决心。”在调整过程中，我向胡乔木报告，并在全社干部会上讲明，大百科总格局不变，总编委会不变，在乔木同志领导下梅益同志作为总编委会副主任和总编辑不变，是在这个前提下，根据当前和长远建设的需要，调整领导班子，选调一位社长，调整几位副职。

大百科班子调整工作进展顺利，但在选调社长单基夫的过程中发生了一点波折。单基夫曾任四川省委宣传部常务副部长、四川省新闻出版局长，出于紧急需要，在征得四川省委同意后，就先行让他来京工作，随后才到中组部办理进京审批手续。当时单基夫已年近六十，这样的年龄一般是不批准进京工作的。中组部这样掌握是完全正确的，是我犯了“先斩后奏”的错误。胡乔木出于大百科事业的需要，主动为我承担了责任。他于1990年11月3日亲笔给中组部部长吕枫写了一封信：

“顷接宋木文同志来电话，说到单基夫同志的调动问题。大百科出版社急需一位社长，几年来因梅益同志兼职而无法兼顾，致使困难成堆，新闻出版署选中了单基夫同志，单已来了几个月，与梅益同志合作得很好，我和邓力群同志都对单有所了解，感到他任此职很合适并很难得。问题是单年已60，且新闻出版署事前未向中组部请示报告(宋对此点深感不对)。我个人以为，出版社是一个文化企业，不同于一般党政机构，在目前情况下可否请中组部格外通融一下？如能让单工作几年时间，积极物色新的年轻的人选，这对于一个陷于困境的企业确是如解燃眉之急。我因担任大百科总编委主任，对此事亦甚焦虑。过去只知道并同意出版署调单来任此职，而未查问是否已得中组部同意，亦应负相当责任，恳切希望得到中组部的谅解。”乔木同志签名后又注：“因今晚即将离京，来不及面谈，故写此信。”

当我看到乔木同志处转来此信的复印件时，久久不能释手，想了很多。由于乔木同志的特殊支持，由于中组部对乔木同志的尊重和对百科事业的特殊支持，单基夫同志调京任职的正式手续很快就办下来了。我感谢乔木同志，感谢中组部，正如乔木同志信中所说，我深感不对，但中组部并未追究。单基夫同志任社长后，对梅益同志非常尊重，两人合作得很好，调整后的社领导班子逐渐形成合力，第一版各项工作进展顺利。一年后，在一次会议上，胡乔木高兴地对我说，大百科新任社长选对了。我当即回答说，这主要得益于您和中组部的特殊支持。胡乔木还在另一场合说：“现在大百科出版社出现了好苗头，有了新的转机，可以说是柳暗花明又一村了。”

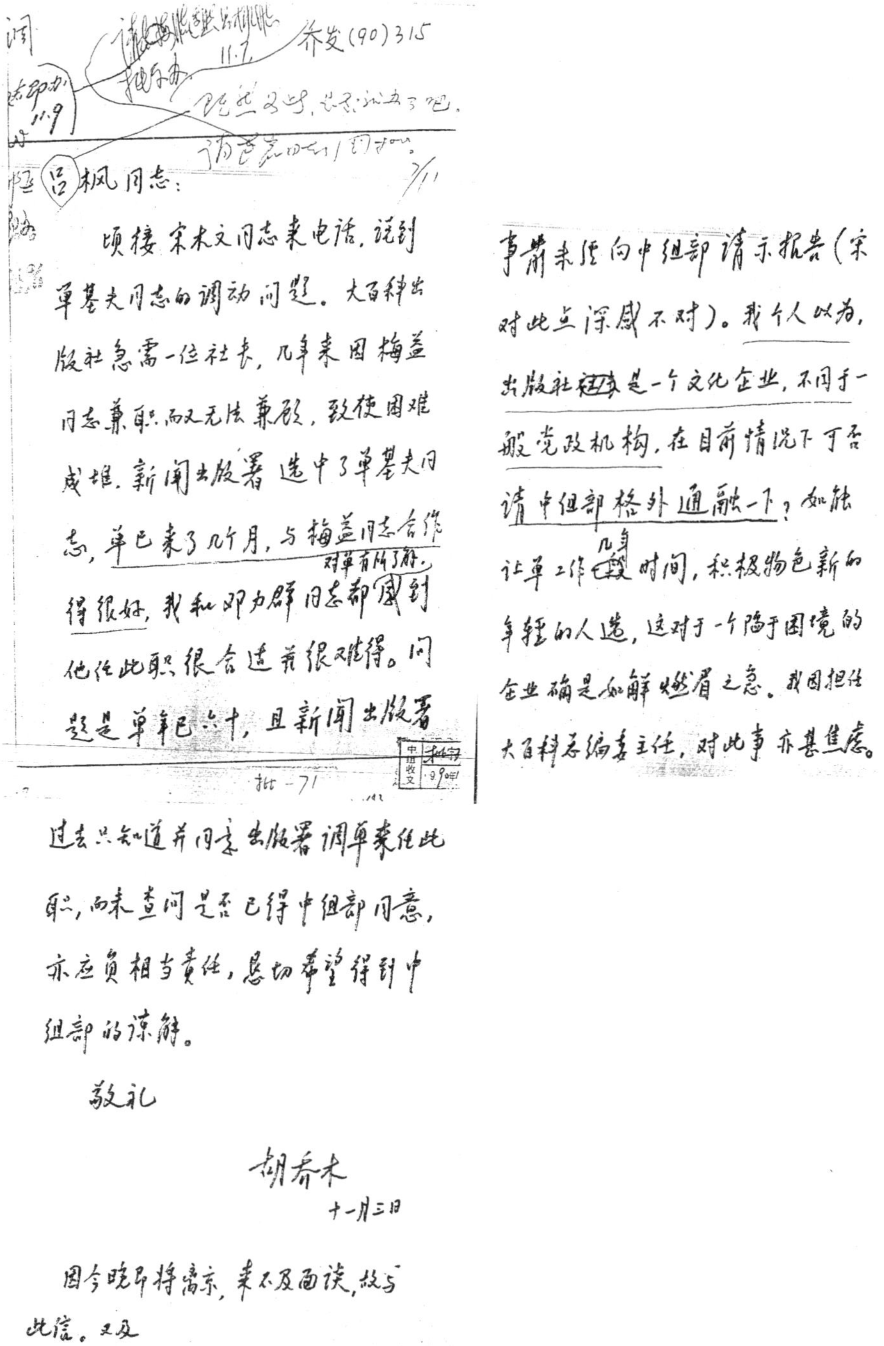
乔发（90）315

吕枫同志：

顷接宋木文同志来电话，说到单基夫同志的调动问题。大百科出版社急需一位社长，几年来因梅益同志兼职而又无法兼顾，致使困难成堆。新闻出版署选中了单基夫同志，单已来了几个月，与梅益同志合作得很好，我和邓力群同志都对单有所了解，感到他任此职很合适并很难得。问题是单年已六十，且新闻出版署事前未经向中组部请示报告（宋对此点深感不对）。我个人以为，出版社是一个文化企业，不同于一般党政机构，在目前情况下可否请中组部格外通融一下？如能让单工作几年时间，积极物色新的年轻的人选，这对于一个陷于困境的企业确是如解燃眉之急。我因担任大百科总编委主任，对此事亦甚焦虑。过去只知道并同意出版署调单来任此职，而未查问是否已得中组部同意，亦应负相当责任，恳切希望得到中组部的谅解。

敬礼

胡乔木

十一月三日

因今晚即将离京，来不及面谈，故写此信。又及

胡乔木致吕枫信手迹（1990年11月3日）

1990年全书已由编辑高峰进入出版高峰，资金需要量大增，由于争取到国家财政支持和署里增加拨款，使之得到解决。根据实际需要，还在上海建立了直接由署里管辖作为企业的上海分社，除负责纺织、宗教等六个学科卷的编辑工作外，主要承担全书的全部印制和发行业务。大百科北京总社则为事业单位。这种体制有些事需要署里出面解决。我遵照胡乔木的指示，做了必要的协调工作。上海分社在最后关头，确也一如既往地出色完成了各项任务，保证了全书的印制和发行。现在，上海分社已改名为东方出版中心，归属于中国出版集团，但它的历史贡献必将写入中国百科全书出版史中。

1992年，胡乔木患病在305医院治疗。这时，"大百科"已出版50余卷，未出版的各卷也已全部完成编辑工作。也在这时，我想起胡乔木一生为党和党的领袖所做的一切，而他却从不在意这其中有多少能与他的名字相联系，难道我不应该设法把他对新中国第一部百科全书所做的历史性贡献留下一点声像资料吗？我觉得全部完成编辑工作就是一个好时机。我设计了一个方案：在病房的会客厅摆上已出版的各卷，总编委会几位著名学者和大百科社主要负责人出席，请胡乔木坐在沙发上(此时已不能站立)，听取全部完成编辑工作的汇报，并讲几句话，由中央电视台录制一条新闻播放。此事，中宣部王忍之、广电部艾知生均表示支持，业已开始操作，但终因胡乔木病情恶化而未能实现。1992年9月17日下午，我和梅益、单基夫来到医院，乔木同志正在打点滴。我把事先准备好的一束鲜花敬献给乔木同志(由乔木夫人谷羽接过)。医生协助拔下输液管。我握着乔木同志的手，在他的耳边说："乔木同志，这些年来，您不仅亲自主持《中国大百科全书》的编辑出版工作，而且始终一贯地关心和支持我国的出版事业。今天，我们是代表出版界来看望您。"只见乔木同志点点头，笑了笑，轻声地说："谢谢同志们。"我们怀

在305医院，探视前，听取胡乔木夫人谷羽介绍病情。

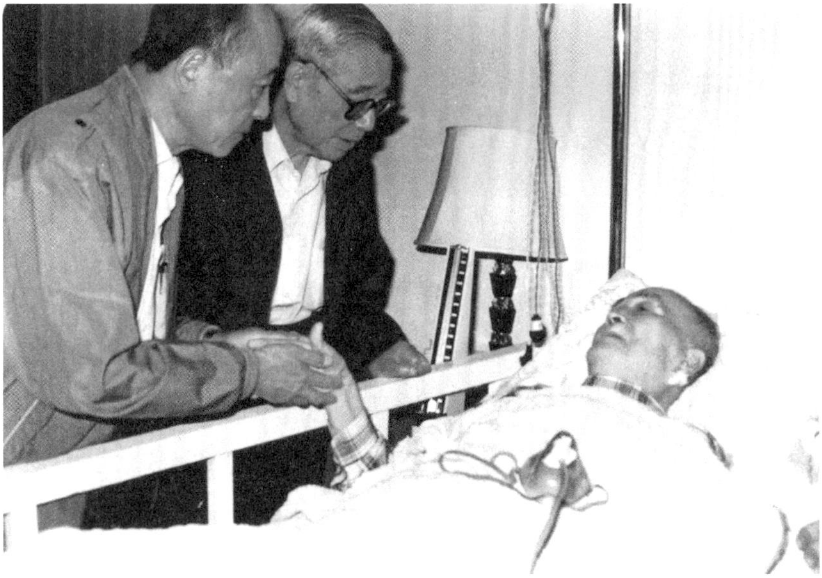

1992年9月17日，同梅益（左2）在305医院探视胡乔木。

着难以名状的惜别之情离开了病房。而这次病房探视竟成为我与乔木同志的最后诀别。难得的是，工作人员拍了几张探视照片，这虽然不能同原来设计的录制新闻的方案相比，但毕竟留下了虽带有遗憾却又值得珍惜的纪念。

1993年10月8日，在中国百科事业中，在当代中国出版史中，都是一个重要日子。这一天，在人民大会堂为《中国大百科全书》74卷全部出齐举行了隆重的庆祝大会。我还没有经历过，有哪一本哪一套书，能够使社会科学和自然科学的各学科第一流专家学者、各有关部门的负责人同党和国家领导人齐聚一堂，共举庆典。当中共中央总书记、国家主席江泽民代表党和政府讲道："参加这一科学文化事业重要工程的有来自各方面的专家学者，他们付出了辛勤劳动，向祖国、向人民献上了一份珍贵的厚礼。有的同志已经不在人世了，我们对他们表示深深的怀念"时，我的脑海里顿时浮现出乔木同志的音容笑貌，我从心灵深处对乔木同志，对所有为《中国大百科全书》出版事业做出贡献的人们，致以最诚挚的敬意。

九、为汉语言字典词典编纂出版热心指导排忧解难

现在，出版界普遍认同，经周总理批准的《中外语文词典十年规划》所列160种中外语文词典的编纂出版，是新时期文化建设的基础性和标志性的出版工程，当人们回顾改革开放以来出版成就时，总是把《汉语大词典》、《汉语大字典》、《现代汉语词典》、《辞源》、《辞海》等排列在前茅。这些语文词典是在党和政府的领导和支持下，学术界与出版界专家学者集体对国家和人民做出的贡献，但又都是同胡乔木这位有深厚语言学根基与修养的领导人的指导与支持分不开的。

这里我只讲12卷本大型《汉语大词典》一件事。

胡乔木在1986年6月12日亲临上海《汉语大词典》编纂处视察。他以语言学家的深厚学识，对汉字词的纵向、横向变化以及收字收词问题同编纂处进行榷商，给编纂工作以具体指导。这时，这部大词典的工作已经取得重大进展。他称赞编纂处“工作很了不起”，劳动生产率“称得上是最先进的水平”。

其实，这很了不起的效率和水平，也有着胡乔木的关怀和支持。

早在1981年9月8日，陈翰伯曾以编写小组组长的名义，会同吕叔湘(大词典首席学术顾问)、罗竹风(大词典主编)写信给胡乔木并胡耀邦，反映来自五省一市的编纂人员因长期脱离本单位工作，在评定职称、工资晋级和住房分配等方面都受到影响，使编纂队伍不能稳定。胡乔木对来信高度重视，于10月19日亲笔写信给王任重（时任中央书记处书记、中宣部长），表示：“拟予同意，请审核批示出版局、教育部和五省一市研究执行”。

胡乔木准确而又简明地介绍了这部大词典的由来与进展：“一九七五年由国家出版局和教育部提出，经周恩来、邓小平两同志批准，决定由上海市和山东、江苏、安徽、浙江、福建五省协作编写并由上海市负责出版《汉语大词典》。一九七八年国务院决定把这项工作列入国家重点科研项目，一九七九年又经胡耀邦同志批准在上海成立负编辑总责的编纂处，要求‘努力进行’。经过五省一市近四百位学者的六年艰苦努力，这一工作已取得可喜的重要进展，正在按预定计划，力争一九八三年写成初稿，一九八五年定稿出版，其规模将三倍于新版《辞海》以上。”他更强调指出：“显然，对于这一划时代的伟业，各有关部门和有关省市应在此重要关键时刻予以更大的支持：不但要努力保证此书按计划高质量地完成出版，而且要努力保持这一工作队伍长期稳定地存在，并尽可能地提高和扩大，以求我国词典事业得以在此基础上继续发展，以便有计划有步骤地陆续填补有关学术上的其他空白。”

胡乔木致王任重信后，中央办公厅于1981年10月28日转发了陈翰伯等给中央的报告。对陈翰伯的报告和中办批语，当年我都看过，也了解这个中办文件在解决《汉语大词典》以及其他大中型语文工具书如《汉语大字典》等所遇问题产生的积极作用，但直到2005年为拙著《亲历出版三十年》撰写中外语文词典编纂出版专题文章，阅读《胡乔木谈语言文字》并重查那个中办文件时，才发现此次中办文件的批语，从内容到文字都出自胡乔木致王任重信，除前引的一段外，以下一段更值得在这里引出来：

汉语是世界上最重要的使用人口最多的语言之一，历史悠久，典籍浩繁，古今变化层出不穷，加以方言分歧，口语、书面语、专科用语和作者习用语在群书中互见叠出，读者很难一一索解。由于我国历史上只有字书，没有现代意义的词典，现出的一些词典或只收古词，或只收今词，或合字典、词典、百科词典于一书，而且限于篇幅，远远不能满足实际需要。因此，编辑出版一部大型的比较完备的贯通古今的汉语词典，十分必要。这种工作在文化比较发达的国家中早已进行，且在迅速发展，而在我国尚属首创，很多方面需要从零开始，工作量很大，难度很高。它不但是一项极为繁重的大型工具书编辑工作，而且是一项有重大创造性、重大基本建设性、重大历史意义和重大国际意义的科学研究工作。

出自胡乔木手笔的中办批语，写得简明、深刻，非语言学家并胸有全局之人所能写出，又通过党中央权威机关传播开来，对中央有关部门和有关地方党委、政府提高编好《汉语大词典》和其他语文工具书重要意义的认识以及抓紧解决存在的问题，定会起到重要作用。我在这里引出并说明中办批语的出处，也是想让更多的人了解这一不易被人们注意的情况，这对我们不同岗位的领导干部加强学习、勤奋写作和提高工作水平都是一种激励和鞭策。我深感自己的知识水平和文笔修养与自己所承担的工作都很不相称，提醒自己要多有一点学习和实践的精神。我在过去和现在动手写稿改稿的时候，确也常常受到来自胡乔木为人为文的激励和鞭策。

十、对《汉译世界学术名著丛书》的一贯支持与精心指导

《汉译世界学术名著丛书》(以下简称《汉译名著丛书》)，源于1958年时任商务印书馆总经理陈翰伯领导的“外国学术著作翻译规划小组”规划的书目，以单行本陆续印行。陈翰伯被商务人公认为这项事业的奠基者。改革开放后，在时任商务印书馆总经理陈原主持下重新规划，以系列学术丛书于1981年启动、1982年出版第一辑50种，按哲学、政治(法律·社会学)、经济、历史(地理)、语言学五类，分别以橙、绿、蓝、黄和赭五色在书脊标明。经几代学人和出版人共同努力，现已出版十二辑500种。这套译丛，经有序扩充而成为以外国古代及近代为主兼及现代的马克思主义经典著作以外的哲学社会科学代表著作译丛。所收各书的作者大都是一个时代、一个民族、一个阶级、一种思潮的先驱者、归纳者、宣传者和创造者，反映了迄今为止人类已经达到的精神世界(陈原语)。由此，《汉译名著丛书》被誉为借鉴和吸收外国有益学术文化的基础性重大出版工程，是商务印书馆享誉中外的著名文化品牌。

这套《汉译名著丛书》的编选与出版得到胡乔木的一贯支持和精心指导。

据陈原回忆，胡乔木看到1982年出版的《汉译名著丛书》第一辑（50种）后，“显得很高兴”；一年后得知第二辑正在印制时说：“这样就好，要认认真真地去做”。

在胡乔木看来，翻译出版外国学术著作是一件大事。1984年3月14日向邓小平汇报思想工作时也不忘谈及此事，说很多世界学术名著我们都没有翻译出版，可考虑在美国设立商务印书馆编辑部从事这项工作。邓小平表示赞成：“这个工作很重要，需要用几十年的时间。除了组织国内人力进行翻译，还可以在英国、日本、西欧分别成立编辑部，组织外籍华人和华侨中的学者进行这一工作，订立合同，稿费从优。”（中共中央文献研究室编：《邓小平年谱一九七五—一九九七》（下），中央文献出版社2004年版，第966页）

胡乔木对《汉译名著丛书》的出版进度更是挂在心上。1991年11月28日写信给陈原：“商务近年所出汉译世界名著，很久没有收到过，请告商务将有关目录寄来，以便圈选索要。”《胡乔木书信集》收此信时，编者加注：“应胡乔木要求，商务印书馆总编室给胡乔木分批送去汉译世界名著目录。汉译世界名著因有些书已售完，没有送全。”陈原在回忆时说：“对此，我至今引以为憾”。

据我所知，胡乔木对《汉译名著丛书》比较系统地讲过两次意见。

一次是1984年对陈原讲的。

这一年，商务印书馆在北京香山召开有著名学者参加的学术会议，泛谈学科的趋势和出书的设想。会前，胡乔木就《汉译名著丛书》选材方针向陈原讲了意见，经陈原整理送胡乔木过目，他还作了修改，但嘱不要说是他讲的，听听学者们的反应再作修改。我应陈原之邀，参加了这次香山会议，了解一点实情，陈原在会上讲时又有所“暗示”，学者们也有所“察觉”。据陈原著文回忆，胡乔木此次所谈主要内容有：古典名著，世有定评，为数不多，应尽量把内容重要而未译出者列入规划；文艺复兴到十月革命这个时期（主要为18、19世纪）的著作，品种较多，宜选择学术性较强对社会发展起过作用的代表著作，也可选择一些学术性虽不强但资料丰富的著作；本世纪西方和日本（东方）各派学术著作，为数更多，选译更要看重学术性；要注意选择一些大学问家的主要代表作品（如罗素的书译出不少，还应译出他的三卷本《数学原理》）；要努力写好从马克思主义立场观点出发的译者序言，其中包括作者生平，主要贡献，本书的学术地位和作用，不足之处和局限性等的分析评论。（据《陈原出版文集》，中国书籍出版社1995年版，第424–427页）

另一次是1989年12月4日对商务印书馆召开的《汉译名著丛书》规划座谈会的祝贺信。

商务印书馆

汉译世界学术名著丛书编辑部：

祝贺汉译世界学术名著丛书在编辑出版方面所取得的重要成就。译校编者所付出的辛勤劳动值得全国学术界、知识界和读者的深切感谢。

现在希望这次召集的座谈会将对过去的工作作出恰当的评价，对今后进一步发展这一工作的计划进行广泛深入无拘束而有成果的讨论。个人意见，选题的范围还可以更广些（例如在马克思主义发展史上有重要影响的著作，社会主义运动、工人运动、重要社会运动、重要民族运动的历史和现代研究，重要历史著作，各门学科史著作和科学基本理论著作，各种艺术史著作和艺术基本理论著作，外国对中国、亚洲、非洲、拉丁美洲研究的权威著作，现代政治、经济、文化、社会的研究等等，有待介绍的著作很多很多）；翻译者可以不限于国内；台湾香港等地已有较好的汉译名著可设法出版；

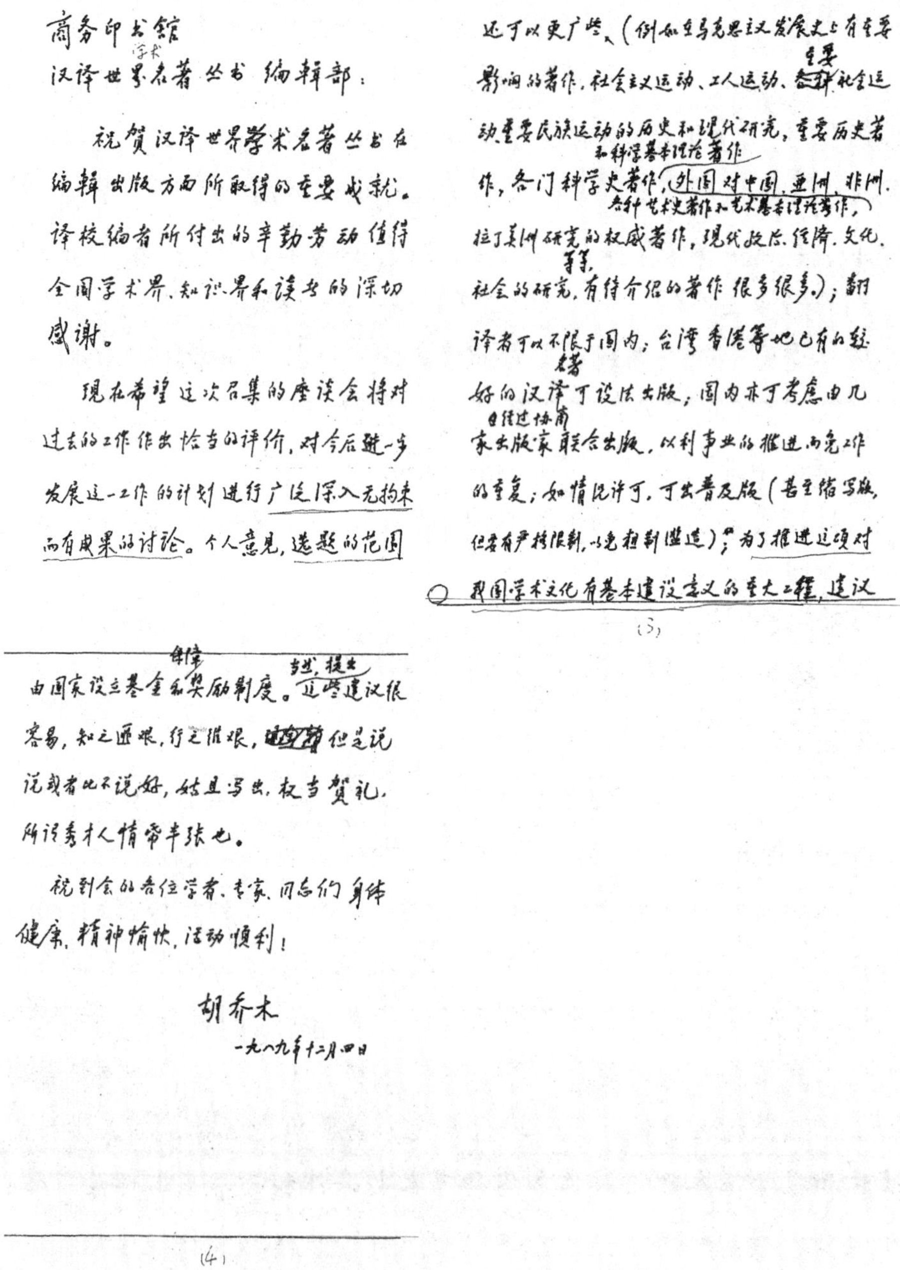
商务印书馆
汉译世界学术名著丛书编辑部：

祝贺汉译世界学术名著丛书在编辑出版方面所取得的重要成就。译校编者所付出的辛勤劳动值得全国学术界、知识界和读者的深切感谢。

现在希望这次召集的座谈会将对过去的工作作出恰当的评价，对今后进一步发展这一工作的计划进行广泛深入无拘束而有成果的讨论。个人意见，选题的范围还可以更广些（例如在马克思主义发展史上有重要影响的著作，社会主义运动、工人运动、重要社会运动、重要民族运动的历史和现代研究，重要历史著作和科学基本理论著作，各门科学史著作，外国对中国、亚洲、非洲、拉丁美洲研究的权威著作，各种艺术史著作和艺术基本理论著作，现代政治、经济、文化、社会等等的研究，有待介绍的著作很多很多）；翻译者可以不限于国内；台湾香港等地已有的较好的汉译名著可设法出版，国内亦可考虑由几家出版家经过协商联合出版，以利事业的推进而免工作的重复；如情况许可，可出普及版（甚至缩写版，但要有严格限制，以免粗制滥造）；为了推进这项对我国学术文化有基本建设意义的重大工程，建议

（5）

由国家设立基金和奖励制度。当然，提出这些建议很容易，知之匪艰，行之维艰，但是说说或者比不说好，姑且写出，权当贺礼，所谓秀才人情纸半张也。

祝到会的各位学者、专家、同志们身体健康，精神愉快，活动顺利！

胡乔木
一九八九年十二月四日

（4）

胡乔木致商务印书馆信手迹（1989年12月4日）

国内亦可以考虑由几家出版社经过协商联合出版，以利事业的推进而免工作的重复；如情况许可，可出普及版（甚至缩写版，但要有严格限制，以免粗制滥造）；为了推进这项对我国学术文化有基本建设意义的重大工程，建议由国家设立基金和保障奖励制度。当然，提出这些建议很容易，知之匪艰，行之维艰，但是说说或者比不说好，姑且写出，权当贺礼，所谓秀才人情纸半张也。

祝到会的各位学者、专家、同志们身体健康，精神愉快，活动顺利！

胡乔木

一九八九年十二月四日

（据胡乔木手迹复印件排印）

1989年冬，是在北京政治风波之后，全国宣传思想文化领域正处在批判资产阶级自由化（也涉及西方资产阶级思想理论）的高潮中。《汉译名著丛书》屡遭质疑和责难。1980年代启动时，就有人告状，说商务“搞资本主义，不搞马列主义”；在1989年反自由化中继续规划出版时，用分管其事的副总编辑的话说，恰似“荆棘载途，形格势禁”。1989年11月2日，商务特向其主管机关新闻出版署报送长篇请示报告，详尽说明《汉译名著丛书》的编辑缘起与进一步规划的必要，会议的指导思想与解决的问题，该说的政治原则都说了，该划的思想理论界限都划了，最后以早日实现小平同志用几十年时间完成翻译出版世界学术名著的设想结束报告。新闻出版署对商务此举是赞成和支持的。我认为，即使在强调反对资产阶级自由化的背景下，也要遵循党的批判吸收一切有益文化的一贯方针，还要考虑这类学术著作所反映的“资产阶级的思想理论观点同政治上的资产阶级自由化是有区别的，解决的政策和方法也是不同的”（转引自拙著《亲历出版三十年：新时期出版纪事与思考》，商务印书馆2007年版，第292页），主要在实施中适当选择和写好序文，因而批准了商务的报告。

为开好这次会议，取得胡乔木的进一步支持，十分重要，我和陈原分别给胡乔木写信，向他汇报召开西山会议事，请他亲临指导，或对会议作出指示。胡乔木体察下情，适时发出祝贺信。《胡乔木书信集》编者为收入此信所加注释说：“胡乔木一直很为关心商务印书馆的出版工作，曾多次就商务出版学术名著及马克思主义著作等问题，系统地作过指示。1989年冬，胡乔木正在外地观察，当他得知商务印书馆要在山西（笔者注：此处有误，应是北京西山）召开有许多学者参加的汉译学术名著长期规划会议时，立即写了这封情词恳切的贺信，表达了对长期规划的意见。”（《胡乔木传》编写组：《胡乔木书信集》，人民出版社2002年版，第779—780页）这封信反映了胡乔木对编选出版《汉译名著丛书》的一贯思想，更说明他对《汉译名著丛书》的支持与指导不因国家政治形势发生某种变化而改变。西山规划会开幕那天（12月5日），中宣部副部长李彦、龚育之和我都出席并讲话，代表中宣部和新闻出版署对会议和这套大书编译出版表示支持和祝贺。我在讲话（全文附后）中强调，胡乔木的信“不是一般意义上的贺信，而是对我们这套丛书的选题规划和出版方针提出了重要指导性意见”，如果落实中有什么困难，“就由我们来协调”；要像胡乔木信要求的那样，以百家争鸣的精神，对规划进行“广泛深入无拘束而有成果的讨论”。胡乔木信受到与会学者热烈欢迎与好评。“无论大会小会，学者们开门见山，各抒己见，讨论非常融洽”。（商务《汉译名著丛书规划座谈会纪要》）会议是开得成功和圆满的，为充实和调整规划取得了建设性成果。应当说，在当时情况下，胡乔木充分肯定《汉译名著丛书》“在编辑出版方面所取得的重要成就”，称赞《汉译名著丛书》是“对我国学术文化有基本建设意义的重大工程”，“选题的范围还可以更广些”及所列各个方面，“译本要有较好的序言”，在翻译出版等方面注意发挥台港及海外的力量和资源，由国家设立基金和保障奖励制度等，都对会议以及其后实施中的统一思想、排除各种思想干扰和调动各方面积极性，发挥了重要作用。

会议结束后，即1989年12月15日，新闻出版署就通过《新闻出版要情》，以《胡乔木同志对编辑出版汉译世界学术名著提出重要意见》为题，将祝贺信全文报送中央。

《汉译名著丛书》启动初期，重点在马克思主义三个来源——德国古典哲学、英国古典政治经济学和法国空想社会主义代表著作（有时也成为应对质疑和责难的盾牌），遵照胡乔木和学术界的意见，选题逐步有所拓宽：（1）下线放宽到第二次世界大战之前；（2）加强东方世界如印度、日本的名著移译；（3）扩充学科，如政治学、社会学、逻辑学、语言学和某些边缘学科及科学哲学名著；（4）继续加强序跋、索引和注释工作。

需要在这里指出的是，商务印书馆在2009年，为庆祝建国六十年大庆，隆重推出《汉译名著丛书》珍藏版十辑400种，获得学界高度评价。此后又以珍藏本为基础，加上新出版的十一、十二辑和即将出版的第十三辑中的部分图书，计五百种，分科出版，既便于专业学者研读查考，又利于广大读者系统学习。商务还制订了《汉译名著丛书》2000种长远规划，争取在2020年前完成。

写到这里，应当说，《汉译名著丛书》取得今日之辉煌，是数以千计的相关学者和出版人对我国思想理论文化建设的重大贡献，也是对已经逝世的胡乔木、陈翰伯、陈原等前辈最好的纪念。

附：

要认真搞好国家重大出版工程

——在《汉译世界学术名著丛书》规划座谈会开幕式上的讲话

(1989年12月5日)

今天会议讨论的问题，规划《汉译世界学术名著丛书》，涉及人类历史的方方面面，像一个宽阔的海洋，我没有这方面的知识，很难在会上讲什么具体的意见。我要很好地向我的前辈们学习，向在座的专家学者学习。但是，我觉得，这是一件非常重要的事情，非常有意义的工作，的确如乔木同志信中所讲，这是“对我国学术文化有基本建设意义的重大工程”。商务印书馆依靠广大的著译者，这套书已经出版了两百余种。商务要开这样一个规划座谈会，我们署领导班子知道以后，都很赞成。看到商务开会的请示报告后，我就给乔木同志写了一封信，请他给予指导，最好能来参加会议，如果不能来，也能够有所指示。听说陈原同志也给乔木同志写了信。乔木同志的祝贺信很重要，又来得很及时，是对会议的有力支持与指导。另外，我还把开这个会的计划转报给中宣部，忍之同志、惟诚同志、李彦同志，他们都批了意见，都很支持，都很重视。今天李彦同志、龚育之同志又来参加会议，讲了话。我今天来，主要是对出席这次会议的专家学者、出版界的同志表示感谢。我要告诉大家，新闻出版署要尽职尽责，支持这套书的出版。现在我们正在进行“扫黄”和压缩整顿出版单位的工作还要深入持久地进行下去。压缩整顿出版单位和“扫黄”的目的，就是要把那些不好的东西搞掉；同时，更为重要的是，扶植和支持好的东西出版。就翻译出版世界学术理论著作这个问题来讲，是不是可以这样说：是存在一种又乱又缺的状况。乱的问题相当突出，刚才龚育之、李彦同志都讲了，一个是选题方面的，有的甚至没有严肃的标准；一个是翻译方面的，确实有一些是粗糙的。所以，现在翻译书也有了质量问题。这就更需要有一个很好的规划。商务印书馆请各位来，搞第二次世界学术名著选题规划。这是一项很重要的工作，一定要搞好。

对重点出版物进行规划，组织全国力量，有计划地加以出版，这是1971年恢复出版工作以来，特别是十一届三中全会以来，我们取得的一条成功的经验。今天，我们原国家出版局的老领导子野同志、陈原同志都在座，从前的许多规划就是他们亲自主持的。比如，1975年陈原同志主持的辞书十年规划，现在看来，第一期的规划已基本完成，大家熟知的《现代汉语词典》《辞源》《辞海》《汉语大词典》《汉语大字典》都在其中，对我们近十年的出版工作起了重要的示范作用，也产生了重要的影响。现在我们又搞了辞书的第二个十年规划。对重要出版物要很好地加以规划，不仅是补缺，更要创新，有计划地把应该出版的东西加以出版。就这一套《汉译世界学术名著丛书》来讲，我觉得乔木同志的信不是一般意义上的贺信，而是对我们这套丛书的选题规划、出版方针提出了重要指导性意见。如果有什么建议的话，我希望商务印书馆，能够很好地研究一下乔木同志在信中所提的意见。特别是关于选题范围的问题，关于出版方针的问题，我看都很值得我们重视。这次会议所涉及的问题相当广，不一定都能在会上落实，如果有不能落实的问题可以提出来，会后再解决，也许不是商务印书馆一家的问题，那就由我们来协调，把乔木同志的意见落实下来。

关于会议的开法问题，我觉得乔木同志的意见也很重要，他提出“进行广泛深入无拘束而有成果的讨论”，这是对我们这次会议的开法的一个很重要的意见。这不是一个开会方式，而是一个贯彻百家争鸣方针的指导思想。我们这次会议应当开成一个无拘束讨论又取得成果的会议。根据过去的经验，我们搞世界学术名著的出版规划，必然要涉及许多有争论的问题，对有的问题的讨论还可能使人产生顾虑。现在正在反对资产阶级自由化，空气是否有些吃紧？而我要说，在这个时候，我们批准商务召开这次规划会，更加证明了这件事非办不可，一定要办好。必须讲明，反自由化那是指政治上的，在思想理论问题上要进行百家争鸣，进行无拘束的讨论。不用我多说了，我们党对中外文化遗产的方针，包括我们正在规划的世界学术名著丛书出版，是一贯的，明确的，而我们这次会议讨论的正是落实小平同志提出、乔木同志关注的"需要用几十年的时间"做好的事。我想，我们这次会议应当有个好的会风，能够真正开展百家争鸣，进行无拘束的讨论。当然，讨论是为了出成果，围绕落实规划，把规划搞好。

我想了想，从乔木同志的这封信，想到我们今后整个出版工作，无论"扫黄"也好，"整顿"也好，就是要出好的出版物，就是要把重要的、重点的、大部头的、系列的东西统一规划好，那不是一两家出版社能够完成的，所以要组织全国的力量。说三中全会以来这十年，我们的出版事业有很大发展和很多成就，就是因为有一批重要的出版物为标志、作支撑。我们正在考虑提出这样一个要求，就是在重要项目的出版上，今后十年达到或超过前十年的水平和规模。所谓后十年，即1990年到2000年，我们出版成套的、大部头的、高质量的出版物能够达到甚至超过前十年。我想我们应该有这样的雄心壮志。这也包括介绍世界各国有价值的思想、理论、文化、科学著作。最近，我们新闻出版署讨论工作时，已经明确，要一手抓"扫黄和整顿"，一手抓多出好书，促进出版繁荣。60卷的中国美术全集已经出齐了，那是由几家出版社联合出版的；还有当代中国丛书、中国大百科全书都在抓紧运作；列宁全集中文第二版，我们党组已开了会，要采取一些必要的措施，力保1990年出齐。这就是说，要下点功夫，抓好重点图书和骨干出版工程。否则，我们就没有办法向原来国家出版局几位老领导交待，也没有办法向我们理论界、学术界交待。今天，我借这个机会，向学术界、出版界传递一个信息，争取今后十年，重点、骨干、影响大的出版物能够超过前十年。

今天我就感想式地讲这些话。最后，我再次对各位支持《汉译世界学术名著丛书》出版工作表示感谢！

（根据录音整理）

学生与晚辈的思念

〔题记〕2012 年 5 月 30 日，当代中国研究所、中华人民共和国国史学会举行纪念胡乔木诞辰 100 周年座谈会。此文是我在会上的发言。《出版发行研究》2012 年第 7 期刊载。

在国家出版局和新闻出版署工作时，我有幸接触胡乔木，时间不算长，次数也不算多，但他在指导工作时，那种政治家、理论家和学者的风范，使我印象极深，受益良多。我常说，像胡乔木这样的领导人，真是难得，也难忘。作为他的学生与晚辈，我总是怀着敬仰之心，思念他对出版工作的关怀与指导。

我仅举数例。

1983 年，中共中央、国务院做出了《关于加强出版工作的决定》，对这以后二十多年出版事业健康发展起了重要的指导作用，而胡乔木是这个文件的提出者和把关人。

从 1982 年起，由国家立项实施印刷技术改造工程，以汉字激光照排这一核心技术带动整个印刷技术的进步，从根本上改变了印刷严重落后的局面，推动了整个出版事业的巨大发展，而胡乔木是这项被称为我国第二次印刷技术革命的指路人和布局者。

1984 年 9 月，中央批准图书定价制度改革后，书价增幅较大，引起社会的广泛关注，受到中央书记处会议严厉批评，胡乔木了解有关情况后，写信给胡耀邦等同志，说："就现有材料看，因中央已决定书价由地方自己决定，又决定课本以保本微利为原则，似还不好判断文化部和出版局应对目前的课本涨价问题负何种责任"，胡乔木既为文化出版部门承担了责任，又对书价改革起了保驾护航的作用。

经胡乔木倡议，我国 1984 年在少数高校试办的编辑出版专业，现在已有 62 所高校设置本科专业，另有 14 所高校获得出版专业硕士研究生授予权，为国家培养了一批又一批复合型应用型高层次专门人才，出版界和有关院校都深情怀念胡乔木这位中国高校编辑出版专业建设的倡导者和奠基人。

出版工作的成就，最终是以出版高质量文化精品为标志。当人们回顾改革开放以来的出版成就时，总是提到胡乔木对 1980 年代一批基础性和标志性出版工程的关怀与指导，特别是他对《汉语大词典》等语文词典的热情指导和排忧解难，对《汉译世界学术名著丛书》的一贯支持和精心指导，对《中国大百科全书》的统领全局和呕心沥血，对大型丛书《当代中国》编写出版的精心谋划与大力支持，都深深地刻印在中国学术界和出版界人士的心中，永难忘怀。

20 世纪八十年代的中国出版，被出版史家称之为改革、发展和全面提高的年代，无论在建国以后的 60 年中，还是在改革开放以后的 30 年中，都具有承前启后的重要意义，而这时期的出版，从废除以阶级斗争为纲、确立正确的指导方针到许多重大实际问题的解决，都是同胡乔木的支持与指导分不开的。我想进一步说，这不仅仅是对出版，而且对新闻、对文学、对艺术、对语言、对史学、对党史等学科的建设，都同样给予精心指导和有力支持，只要读过已出版的三卷本《胡乔木文集》、五卷本《乔木文丛》和《胡乔木书信集》相关内容，即可明了。正因为如此，胡乔木是当之无愧的“杰出的马克思主义理论家”，“我党思想理论文化宣传战线的卓越领导人”。但是，多年来，有些媒体，在一些人的鼓噪下，把胡乔木渲染成“极左派代表人物”，甚至被诬称为“左王”，对此我深感失实和不公，心中更有不平，希望看到有符合历史事实和理论深度的文章，以改变此种失实的舆论。

在这里，我不能不提一下 2010 年我同老资格吴江同志（从党龄与学术经历两个方面说，都是老资格）在《文汇读书周报》上的一场论争。本来，胡乔木 1979 年 1 月 7 日在中宣部例会《关于社会主义时期阶级斗争的一些提法问题》的讲话和 1980 年 9 月 24 日就波兰团结工会事件致胡耀邦的信，其主旨都是为吸取历史经验、防止阶级斗争扩大化和正确处理人民内部矛盾而做的，但却被吴江歪曲作为胡乔木欲发动一场新的反右派运动的“证据”公之于众。这场论争，先后发表文稿 11 篇，其中吴江的 5 篇，宋木文的 2 篇，黎虹和朱元石的各 1 篇，另有历史文献资料 2 篇，被认为取得了积极的成果。从补正吴江的失实史料进而阐述胡乔木对调整阶级斗争理论的重要贡献，对我来说，是一次难得的学习与提高；同时也有助于匡正人们心中的胡乔木形象和在重大问题上明辨是非。经过言之有据、论之成理的争辩，吴江终于“郑重声明：我对宋木文同志‘补正’意见是尊重的”，并且认同胡乔木对调整阶级的斗争理论“无疑是一项重要贡献。如果有人为胡乔木立传的话，这当然是不可忽视的一件事”。对老资格人士如此明确表态，我心生敬意。

但是，非常遗憾，不能不指出，吴江同志又在一篇《谈“实践的思想路线”——兼谈邓小平的理论贡献》的文章（《文汇读书周报》2011年12月2日）中，不指名地贬损胡乔木，称邓小平“当然也要找有一定写作能力的人为自己起草文件（这些人往往因此把自己看得了不起），但他只是把他们当作‘一支笔’（而不是什么‘家’）来使用，而且往往是合自己的意则用，不合自己的意则不用。”很明显，如果不是深藏成见又刻意借机为之，是不会使用此种方式、此种语言来贬损一位有学识有威望的领导人的！胡乔木只是“一支笔”而不是“什么家”吗？为什么要把“一支笔”与“什么家”割裂开来、对立起来呢？我们党是在极端复杂的内外环境下长期领导革命斗争逐渐走向成熟的大党，执政后又在多重困难和曲折中创造性地探索出一条有中国特色的社会主义道路，能够成为这样一个执政党最高核心层的“第一支笔”，起草大量政治的、经济的、社会的、文化的文稿文献的人，如果不具有杰出马克思主义理论家水平，能够胜任并被誉为“第一支笔”吗？胡乔木作为“党内第一支笔”和“杰出理论家”，是在中国革命和建设中历史地形成的，并为中外思想学术文化界所肯定。美国著名作家、记者索尔兹伯里为撰写《中国的新长征》（以改革开放为主题）来中国访问时，除了采访中国党和国家主要领导人外，特别提出采访最接近中央核心层的理论家胡乔木，我奉命安排他们于1987年11月5日和1988年5月21日两次会见，第一次会见以《答美国记者索尔兹伯里的提问》收进《胡乔木文集》第二卷。索尔兹伯里对这两次会见都表示满意和感谢；胡乔木则为他让索谈了在苏美英和中国采访的印象使自己由被采访者转为采访者而感到高兴。党中央已为胡乔木的历史地位与杰出贡献做出了正确结论。我阅读和研究胡乔木的著作，使我深信：胡乔木的确是毛泽东思想和中国社会主义事业坚定而又与时俱进的捍卫者，的确是在毛泽东之后又为邓小平及其他主要领导人辛勤劳动、无怨无悔的“党内第一支笔”，的确是在大转折年代和新时期创造性地阐明党的思想理论路线的杰出理论家。我的水平有限，无力做出准确的概括，但这三个“的确是”又确实是从学习胡乔木著作及其独特实践中体认得出的。特别是在他的晚年，也是在党的社会主义事业面临新的巨大考验的年代，他所发表的《中国在五十年代怎样选择了社会主义？》、《中国为什么犯二十年的“左”倾错误？》、《对社会主义的新认识》、《中国共产党怎样发展了马克思主义》等独具特色的高水平文章，是他留给他一生忠诚奉献的党和中国社会主义事业的最宝贵的政治和理论遗产。胡乔木作为中国革命和建设时期的历史人物，其经历、其贡献和贡献形式及其历史局限性，都有其特点和特殊意义。他对党的事业成就的书写，错误的剖析，理论的探索和道路的阐述，都是独一无二的。他的成功源于他的忠诚、学识和才气，而他的失误也同他的忠诚、学识和才气相联系。胡乔木为我们党和人民留下了宝贵的精神财富。在今天，我们要纪念这位历史人物，更要研究、宣传这位有独特贡献的历史人物，以捍卫和发展我们的中国特色社会主义事业。

1987 年 11 月 5 日，陪同中共中央政治局委员胡乔木会见美国著名作家、记者索尔兹伯里。

同索尔兹伯里交谈（1988 年）。

读解胡乔木写给我的一封信

[题记] 此信反映了胡乔木对出版工作的高度关注，又涉及当时的一些较为重要的情况，故作为出版史料收进来，并对有关问题作了说明。为纪念胡乔木诞辰一百周年再版的《胡乔木书信集》（人民出版社）补收了此信。

近日编稿，检出胡乔木写给我的一封信。信末只写“五月二十五日”，未提何年。经我考证，应是1990年。

信的全文如下：

木文同志：

24日信收到。新中国编年史暂缓正式出版发行很好。我所以注意到该书的出版说明，因为这个说明有6页，是反映了人民出版社编辑部的意见，人民出版社的负责同志也参加了该书的编辑工作，而我引出的一句话有画龙点睛的作用，认为应引起人民出版社同志的高度重视。要

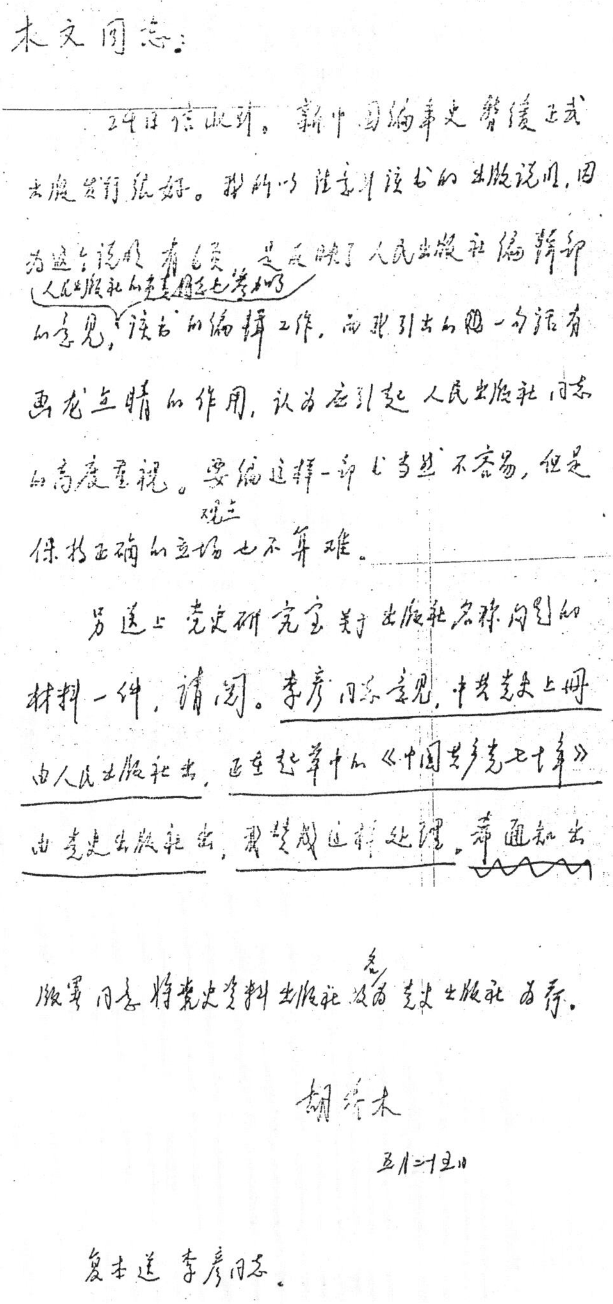

木文同志：

24日信收到。新中国编年史暂缓正式出版处理很好。我所以注意到该书的出版说明，因为这个说明有毛病，是反映了人民出版社编辑部的意见，（人民出版社的主要领导也参加了）该书的编辑工作，而我引出的一句话有画龙点睛的作用，认为应引起人民出版社同志的高度重视。要编这样一部书当然不容易，但是保持正确的观点立场也不算难。

另送上党史研究室对出版社名称问题的材料一件，请阅。李彦同志意见，中共党史上册由人民出版社出，正在起草中的《中国共产党七十年》由党史出版社出，我赞成这样处理。希通知出版署同志将党史资料出版社改名为党史出版社为荷。

胡乔木

五月二十五日

复本送李彦同志。

胡乔木致宋木文信手迹（1990年5月25日）

编这样的一部书当然不容易，但是保持正确的立场观点也不算难。

另送上党史研究室关于出版社名称问题的材料一件，请阅。李彦同志意见，中共党史上册由人民出版社出，正在起草中的《中国共产党七十年》由党史出版社出，我赞成这样处理。希通知出版署同志将党史资料出版社改名为党史出版社为何。

胡乔木

五月二十五日

复本送李彦同志

胡乔木在信中讲了三件事。

一、关于《新中国编年史》的出版

由廖盖隆（党史研究专家，曾任中央党史研究室副主任）任主编、庄蒲明（时任人民出版社副总编辑）任副主编的《新中国编年史》（1949 年 10 月—1989 年 3 月），人民出版社于 1989 年 7 月出版。鉴于本书有些内容尚需继续研究和论证，出版者决定内部发行。《新中国编年史》（据中国版本图书馆藏书）《出版说明》中说："本书是对中华人民共和国光荣的又是曲折的 40 年历史所作的一种客观的大事纪要式的叙述。""是一本研究中国现代史的入门书，也是一本可备随时查考的工具书。""为了保证本书能在建国 40 周年前出版发行，书中纪事截至 1989 年 3 月底为止。"

胡乔木看了样书后，给人民出版社写了一封信，主要是对《出版说明》中论述"僵化的高度集权的社会主义旧模式"一段文字提出质疑：

"对僵化的高度集权的社会主义旧模式进行全面改革的中心任务，就是要改革在经济、政治、文化、社会各方面与发展商品经济和社会化生产力不相适应的不民主和不科学的社会主义的旧体制旧机制，逐步建立在经济、政治、文化、社会各方面与商品经济和社会化生产力的发展相适应的民主和科学的社会主义的新体制新机制。这四个社会生活领域旧体制旧机制的改革和新体制新机制的建立，都是艰巨复杂的社会系统工程，必须经过长期自觉的、坚韧不拔的努力，才能逐步完成，而决不是轻而易举的，决不会没有困难和障碍。”

看到胡乔木致人民出版社信后，经同薛德震等同志商量，以我的名义写信给胡乔木，表示我们高度重视他的意见，又考虑对若干重要问题如何表述，一时尚难以统一起来，对已经内部发行的这部编年史目前不会再正式出版。胡乔木给我的信中在肯定“新中国编年史暂缓正式出版发行很好”以后，又进一步讲了他的一些意见，被他引出有画龙点睛作用的那句话，当指前已引出论述“僵化模式”的那段文字。他希望人民出版社的同志要高度重视。对胡乔木质疑的这段文字，当时有现在仍然可能有不同的意见，但胡乔木对马克思主义理论宣传出版工作所给予的高度重视和严格要求，却是深得我等敬佩和难以忘怀的。

《新中国编年史》经修订后，定名为《中华人民共和国编年史》，于 2000 年和 2004 年，分别由河南人民出版社和人民出版社先后出过两个版本，均未收 1989 年版《出版说明》，并公开发行。

二、关于中共党史的出版

党和国家重要文献，包括中国共产党历史，经中央批准，统一由人民出版社出版，但在中央文献、中共党史等出版社建立后，在选题、出书方面则时有纷争。1990 年春夏，《中国共产党历史》（上卷）和《中国共产党七十年》两书即将付梓时，中央党史研究室以撰写者身份要求改变，由其主办的出版社出版。鉴于党和国家重要文献的特殊重要性，也为保证这类重要图书的出版质量，新闻出版署认为不宜改变此项长期实行的集中统一的出版管理制度，但对中央党史研究室这样权威研究部门提出的要求也不能不予适当考虑。胡乔木信中说“李彦同志意见，中共党史上册由人民出版社出，正在起草中的《中国共产党七十年》由党史出版社出”，实际上是我和李彦（时任中宣部分管新闻出版的副部长）商定的。此事经胡乔木过问，表示“赞成这样处理”，才使这场纷争得以解决。关于党和国家主要领导人文选和宪法的出版也是按这个原则处理的。民主法制出版社曾自行决定出版《中华人民共和国宪法》受到署职能部门干预，全国人大常委会一位领导同志给我打电话批评此种干预无理，我争辩又遭申斥后，以新闻出版署党组名义向全国人大常委会党组报告此类图书由人民出版社统一出版的由来。在向中央宣传思想工作领导小组会议汇报此事时，我甚至不冷静地说，就是当不了这个“出版官”，也要维护此项经中央批准的出版制度，引起与会同志的关注。实践表明，由于中共中央、全国人大、国务院、全国政协所属部、委、局、办、院、校、室、社都先后办了出版社，纷纷要求甚至自行决定出版相关的党和国家重要文献和领导人著作，对此类特殊重要出版物实行适当统一管理，是必要的。

三、关于党史出版社名称

中央党史研究室主办的出版社原名为党史资料出版社，更名本无困难，但提出与解决此事又同协调党史著作出版相关联，既然此时有了处理原则，胡乔木又在信中“希通知出版署同意”，我当即督促发出同意更名的通知。

对胡乔木一次批评的回顾与反思

〔题记〕此文是我对人民出版社代总编辑辛广伟2011年4月1日来信的复信。写于2011年4月10日的这封信，是为商处我与吴江因“两条重要的史料”引发那场争论的文章是否要在《新华文摘》转载而写。这里刊发的是其中对过去相关人和事的回顾与反思。同时将许力以就相关事的回顾作为附注刊出，以供了解。

我进一步想到，由于特殊的复杂的社会历史原因，对过去的人和事，包括对胡乔木、对吴江，也包括对我自己，在建国后、“文革”中，也包括在大转折年代，所发生的一些事，都要强调实事求是，既分清是非，又不可苛求。我同吴江论争时，着眼点只在两条史料上分清是非，而对吴江本人则是尊重的，还特别肯定了他在真理标准大讨论中所做贡献。我对胡乔木是敬重的，对他在长期革命和建设年代的历史性贡献（包括对新时期出版工作的贡献），更是敬重，难以忘怀的。但我也不否认他在工作中的失误与不当。

就以同人民出版社有关的事来说吧！

1984年胡乔木曾找许力以（时任中宣部出版局长）等谈话，就出版肯定人道主义和异化三本书批评人民出版社，要以宣传马克思主义为己任，不要成为自由主义出版社，贯彻二百方针不能与四项基本原则并驾齐驱。这批评与指责显然是过头了，不符合实际。随后，文化部长又在全国文化厅局长会议上传达了胡乔木的批评。引起了一波未平一波又起的强烈反应。我曾赶到人民出版社领导班子会议上听取意见，讲了我当时可能讲的意见，并协助朱穆之同志修改了报告中的有关内容，主要是删去了“自由主义出版社”和引起曾彦修同志大声争辩的“二百方针不能同四项基本原则并驾齐驱”的文字。但我认为，人民出版社要以宣传马克思主义为己任的要求是正确的，所以我在人民出版社成立四十周年庆祝会上的讲话就以此为题，阐述了人民出版社所应遵循的方针和任务。许力以同志在拙著《亲历出版三十年》出版座谈会上曾讲到他亲历的胡乔木此次“讲过分了”的批评，说：“处在中间这一层，有很多问题可能和领导的看法不一样，但是怎样处理是很难的。”（见附注）我对胡乔木这次批评，也主要是在维护领导权威的前提下做了一点靠近“强烈反应”的事，尽管如此，却得到人民出版社领导同志的理解与支持。1989年北京政治风波后，《新华文摘》因“选文倾向”，受到权威领导部门的严厉指责时，我虽未按指示严厉整顿编辑部，却以八、九两期合刊留下了历史痕迹。人民出版社张慧卿、范用、戴文葆、薛德震等同志曾说，我对1984、1989这两次“高压”（心有不平才如此说）没有“加压”，这符合事实，但说我作了“抵制”，却是过誉了。这里有处境困难问题，也有认识局限问题，力以同志说得很实在。时过境迁了，我等也只能老老实实地总结经验教训，绝无唱起高调之资格。

附注：许力以的回顾：胡乔木同志曾批评过人民出版社一些不该出的参考读物，曾经把我找到家里批评，要我正确对待这个问题。我感觉他讲话，有很多是讲过分了，事情不完全是这个样子，但是我没有敢讲太多话，因为他在气头上。回来之后我思考应该怎么办，可能领导讲一些话，慢慢就过去了，也不一定要掀起什么大的波浪。我正在思考这个问题时，跟我一起去的同志已经给上级汇报了。第二天就开部长办公会议，李彦同志也在。领导讲你们不是去胡乔木同志家了么，那把他讲的事情传达一下。我坐那里不敢讲，但那时我是出版局局长，非得让我汇报，我才讲的。我也是原原本本讲出来的，没有讲自己的看法，讲完了以后还决定要到人民出版社传达，向室主任以上传达。我不愿意做这个事情，我觉得体会不了领导的讲话，我不愿意去讲，但是我在那个岗位上，没有办法不去讲，就指定我去人民出版社讲，结果一讲就开锅了。这个事情没有多久，就有声音反映到胡乔木同志耳朵里了，他就跟我讲，这个事情跟我讲就行了，不要跑到人民出版社去讲。我只是讲处在中间这一层，有很多问题可能和领导看法不一样，但是怎样对待、怎样处理是很难的。我看了木文同志的书里面写对于有些问题处理得比较好，处理得是比较公道的，我很赞成。（转引自《人间翰墨香》——《亲历出版三十年》出版座谈会发言及书信汇编，商务印书馆2008年编印）

3

为了版权

八秩老局长谈30年版权人和事
——《中国版权》记者采访记

〔题记〕此文是《中国版权》杂志记者孙悦、郑晓红对我的采访记，原载该刊2009年第1期，因涉及中国版权机构、版权立法和版权国际交流的一些重要历史情况，故收入本文集。

宋木文，原新闻出版署署长、国家版权局局长。他1978年参与并领导版权工作，是新时期中国版权制度建设的参与者和领导者。2008岁末的一个冬日，我们采访了这位迎来“八秩（十年为一秩）喜寿”的老局长，听他讲述改革开放30年来，中国版权事业的发展和变化、讲述那些被历史铭记了的人和事，与我们共同分享那些记忆和感动。

从版权研究小组到国家版权局

对改革开放后中国版权事业30年来的发展，宋老用“成绩巨大、路程艰辛、任重道远”12个字做了总体概括。

说到成绩，宋老如数家珍：改革开放后，我国在知识产权方面，走完了西方国家用几十年甚至一二百年才走完的立法路程，建立和完善了既符合国际公约又具有中国特色的法律体系，用前任世界知识产权组织总干事鲍格胥的话说，“在知识产权史上，中国完成所有这一切的速度是独一无二的”。与此同时，我国建立了有中国特色的版权行政管理与司法审判相结合、政府行政管理与社会组织集体管理相结合的版权保护制度；版权在民众中的普及程度也日渐广泛和深入。

在总结和回顾新中国版权事业所取得的成绩时，我们不应忘记那些为共和国版权事业做出过贡献的人们。在采访中，宋老特别提到了作为国家版权机构起步、为国家版权事业奠基的版权研究小组。

1978年3月，英国出版商协会主席格雷厄姆·格林带着英国外交部长欧文的信，率团访华，向中方提交了双方关于保护版权的“意见书”，并邀请中国于次年派适当代表团访英，考察英国出版业，讨论版权问题。陈翰伯（时任国家出版局代局长）思想敏锐、处事果断，当即决定把版权工作提上国家管理机关工作日程。随后，从北京图书馆等单位调汪衡等来局，专职从事版权工作，成立以汪衡为组长，李奇、沈仁干为副组长的版权研究小组。宋老说，这是回顾新时期中国版权工作时必须要谈的第一件事。

汪衡受理的第一项重要工作，即是1979年3月中美贸易谈判美方提出的涉及版权的第六条：“缔约双方承认在其贸易关系中有效保护专利、商标和版权的重要性”，“同意采取适当措施”，“根据各自的法律和规章并适当考虑国际做法”，给予对方权利人以版权保护。宋木文回忆道：“我当时负责联系版权小组工作。汪衡解释说，这是原则性、意向性的，由于中国没有版权法，不是立即实施的。我与汪衡向陈翰伯报告，可以同意此条款。”

英国出版商协会的“意见书”、中美商贸协议版权条款表明，版权问题是伴随对外开放而启动的。当然，这也符合国内保护版权日益突出的要求。在这种情况下，国家出版局经与有关方面协调意见后，于1979年4月21日向国务院报送了《关于中美贸易协定中涉及版权问题的请示报告》。对此报告，胡耀邦于4月26日即作出批示：“同意报告。请你们尽快着手，组织班子，草拟版权法”。这份批示，就成为当时国家出版局处理对外版权关系和内部加强版权工作的指导方针和主要依据。

版权研究小组还向国内外（通过我驻外使馆）收集版权资料和出国考察欧美日版权立法情况，参与请外国版权专家来华讲学和对外合作出版工作，为立法做准备。

1982年，出版局与文化部合并时，版权研究小组已扩建为文化部版权处，并在1985年扩建为国家版权局。后来，国家版权局仍与新闻出版总署并列（一个机构两个牌子），成为国家管理版权的权威机构。在回顾这个过程的时候，宋木文动情说道，“人们不会忘记，这个权威的机构竟是从一个版权研究小组起步并演变而来的，让我们记住这些30多年前迈出第一步的、‘为版权事业奠基的人们’吧，他们是汪衡、李奇、沈仁干、翟一我、杨德、叶宝一、刘波林、翟丽凤、吴晓农。这其中，汪衡、李奇、翟一我先后辞世，沈仁干不再担任国家版权局副局长后被选为中国版权协会理事长，其他人也已离退休，仅翟丽凤还在版权局一线任职。在这里，一一列出他（她）们的名字，我想也会得到后来者、后来居上者的理解的”。

1981年秋，在成都参加中日合作出版洽谈会后，许力以（左3）、宋木文（右1）同版权研究小组组长汪衡、成员翟丽凤（左1）合影。

同沈仁干（左）在全国版权局长研讨班上（1989年4月，杭州）。

22年前，决定国家版权局“命运”的一个会议

改革开放30年，在领导层、在知识界、在民众中的变化，也反映在对版权了解的广度和深度上。我们的成就和不足在这里都有反应，而且在一定程度上决定着我们工作的着重点、着力点。

宋木文在谈到这些问题时说，各级领导是关键，广大公众是基础。他特别讲了22年前的一件往事。

1987年1月9日上午，国务院召开常务会议，审议新闻出版署建署方案。宋木文受委托草拟组建方案，并在常务会议上做方案说明。建署方案顺利通过，而在同新闻出版署为一个机构两块牌子的国家版权局的问题上，却遭遇困难。国家版权局是1985年经国务院决定设立的，同隶属文化部的出版局为一个机构两块牌子，当时还特别说明因新成立的版权局带“国家”二字，发国徽图章，文化部出版局才“改称”国家出版局，发国徽图章。

“1月9日的会上，我做说明时讲了国家版权局设置的由来与必要。可能因为涉及机构编制设置，在有无必要设置版权局的问题上遭到质疑、争论。有人说版权和出版是一回事，由管出版的机构管就行了。也有人提出版权与出版不同，也不必设立国家版权局，在新闻出版署设一职能部门来管就可以了。我据理力争，说明版权与出版是两回事，版权管理主要是保护作者的权益，出版则是对出版物的管理，在国际上也是分设管理机构，不可混为一谈。对这种突如其来的问题，我担心我这个“业余搞版权的人”说不清楚，就请坐在另一侧的刘杲支援补充。看来刘杲对如此高层会议出席者竟对版权与出版同与不同发生争议有所触动，在做了版权与出版不同的争辩之后又说，我们说的也未必采纳，就请领导上决定好了。主持

会议的赵紫阳总理回头面对刘杲说，你这个同志，也不是不让你们讲意见。我马上说，我们没有过分的要求，只是希望理解我们的意见，建立版权局完全是出于适应对内加强管理和对外开放的需要，不是单独另设一个机构，只是要求给一个牌子，发一个同新闻出版署大小相同的图章。此时，我特别强调不增设单列机构和发大小相同图章，情绪有些失控，竟用手比划图章的规格，引起一些人发笑。令人高兴的是，经我和刘杲带有理与情交融的争辩，取得了好的结果。赵紫阳总理表态：就同意你们的意见，一个机构，两块牌子，大小相同的两个印章”。

2001 年 4 月，新闻出版署升格为正部级，称“总署”，仍由署长兼国家版权局局长，另增配一副部级的副局长。这也是提升版权管理地位、加强版权工作的一个标志。

在回忆这段往事时，宋木文再次感叹到：“现在，在高层讨论涉及版权的问题，不但不再可能发生二十多年前的事情，而是把版权、知识产权作为经常讨论的重要话题，给予高度重视了。知识界也普遍增强了知识产权保护意识，而广大公众‘知道’版权概念的人也日渐多了起来。这三个层面出现的可喜变化使知识产权界深受鼓舞，同时也更加明确了自身工作的着重点、着力点，根据中央指示，继续做好相关领导层、知识界和广大公众的工作。”

版权立法修法进程中难以逾越的一道门坎

版权立法与修改前后经历了 20 余年的艰难历程。作为亲历者，宋木文对新时期中国版权事业的变迁有着从宏观到微观的了解。对其中的艰辛体会尤深：

“立法时遇到阻力很大，最大困难来自科技界，我们准备把版权法草案提请全国人大常委会审议之前，多位著名科学家表示反对。国家科委、中国科协、中国科学院和教育部还为此专门给国务院写报告，以致起草和审议工作暂时停顿”；

“到全国人大常委会审议时，又遇到了先制定出版法后制定版权法的问题，立法再次遭遇挫折、一度搁浅”……

20多年后的今天，在回忆这些艰辛历程时，宋老感慨最大的还是“第43条”在立法和修改中成为最难迈出的一道门坎。熟悉著作权法的人都知道，关于广播电视组织播放音乐制品是否付费的问题，一直是争议很大、影响广泛的热点问题。经过十余年的反复讨论，在立法上取得了进展，而在实践上至今仍未得到妥善解决。

宋老回忆当时的情况说，1989年国家版权局送审、经国务院常务会议审定的著作权法草案，对广播电台、电视台播放已经发表的录音制品，按“法定许可”，可以不经许可，但要支付报酬。这项规定，得到音乐界的支持，而广电部门却以自己是非营利性的党的宣传喉舌而强烈反对。对此，音乐界人士还专门上书全国人大常委会，维护词曲作者的权利。在法律委员会讨论提交常委会表决文稿时，仍然存在两种不同的意见。作为政府主管部门的负责人，宋木文和沈仁干列席会议，一再坚持国务院送审方案。会上，还有其他一些争论，如法律称著作权法还是版权法的问题。这时，主持会议的法律委员会副主任宋汝棼给宋木文写了个条子：“勿因小而失大，勿求全而拖延”，希望他并劝说有关同志作出妥协，使这部对外有承诺、对内有需要的法律顺利通过。宋木文只能顾全大局，别无选择，会上不再反对“不经许可，也不支付报酬”的第43条。这在国际上是行不通的，只好在国务院颁发《实施国际著作权条约的规定》中作出调整，这一条只适用于中国人，而不适用于外国人，被国内人士讥讽为外国人在中国享有超国民待遇。

八年后，即1998年12月，由国务院提请审议的著作权法修正案仍未对第43条作出修改，在常委会组成人员强烈反对的情况下，又以“因对一些问题意见分歧难以统一”，将该议案撤回，直到2000年11月29日国务院再次提请审议时，才对第43条作出修改：“广播电台、电视台播放已经出版的录音制品，可以不经著作权人许可，但应支付报酬，”“具体办法由国务院规定”。这是一大突破，解决了多年来争论不休的一大问题。

但还留有遗憾，从2002年通过修正案到现在已经六年过去了，国务院的具体规定尚未做出，修改后的第43条至今尚未执行，向著作权人支付报酬竟成了“一句空话”。（笔者注：这个具体规定，已于2009年11月由国务院做出，虽然晚了，付酬标准也低了，但毕竟迈出了可喜的第一步。）

最根本的问题还是转变思想观念

“第43条的立法与修改何以如此艰难？主要是部门利益在作祟吧？”对记者的这个问题，宋老语重心长地说，还不仅仅是部门利益问题，思想观念的问题更为关键。

广播电台、电视台向音乐著作权人付酬的问题，为什么这样难以解决呢？宋老说，这肯定有多方面原因。但归根结底，是在人们的观念上，有一个深层次的问题，那就是使用精神产品不像使用物质产品那样必须付酬，可以有各式各样“言之成理”的“理由”去“合理使用”。比如“我是喉舌”、“我是公益性单位”、“我是非营业性播放”、“国家财政没有单列这笔经费”等等。

“1995年夏，我以全国人大代表的身份参加著作权执法检查”，宋老回忆到，“在文化部直属艺术院团负责人参加的一次座谈会上，一位团长申诉他们没有为著作权人付酬，是因为年度预算中没有列入这笔支出。我问他，剧场租金、服装购置、水电费……是否列入了预算？他说那当然要列入预算。我明白了，一个演出单位为一台戏的演出，所有的物质消耗用款都有预算，而唯独使用作品——精神产品却可以不用列入预算，像广电组织那样，使用广播摄像器材必须付款，而使用词曲作品却可以不向著作权人支付报酬。"

1998年12月28日，宋木文在九届全国人大常委会第六次全体会议上就第43条修改问题做了发言，他尖锐地指出："为什么使用广播设备、交通工具、房屋建筑、水电等都要付费，而唯独著作权是免费的。著作权与机器设备、汽车等一样，同是财产，都应该受到法律的保护。在人类进入知识经济的时代，使用知识成果要像使用物质成果一样付酬，甚至更要重视对智力成果的保护，并在全社会形成尊重和保护智力创作的良好风尚，以利于激发人们的发明创造，应成为国家的一项重要政策"。

使用精神作品要和使用水电、器材等一样付费，对宋老此番论说并进而从理论上论述保护知识产权的重要性，国家版权局版权司许超副司长说"宋老的论述很有创见性，在国内还是第一次有人这样说"。许超讲了20世纪50年代联邦德国的一个判例："德教堂以演唱宗教音乐是为上帝服务、演唱者不取报酬、听众不付门票费为由，拒绝向著作权人付酬，被德音著协(GEMA)告上法庭。经审理，法院判决：如果教堂使用桌椅板凳、乐器设备是无偿取得的，使用音乐作品也可以不用付费，否则，使用音乐作品至少要向音乐家付酬，就像使用砖瓦桌椅一样。宋老的说法，同德国法院的判决不谋而合、异曲同工。"

现在，著作权法从颁布到修订，将近20年了，"自主知识产权"已成为从国家领导人到大众常用的词语，但是，由于我国长期受

“左”的思想影响，曾经批判资产阶级法权和知识私有，形成一种根深蒂固的习惯势力，对使用作品不经许可、不付费习以为常。宋木文说，“这是第 43 条修改与修改后实施如此艰难最深层次的原因。”

在采访中，宋老一再强调，版权作为精神生产所独有的特殊性质。他说，版权是一种财产权，更是一种精神权，而精神权决定其财产权，财产权可以继承、可以转让，而精神权却是不可更改、永远不变的。尊重财产权源于尊重精神权，财产权有保护期，精神权的保护是无期限的。当然，我们也要处理好版权的私权性与公益性的关系，以利于传播和服务大众。受版权本质特征的决定，版权保护的必要性、重要性与其艰巨性、长期性相伴而生。他强调，当今世界，知识经济已成为社会发展的重要杠杆和经济竞争的重要内容。对知识产权——知识财产的保护，不仅仅是保护个人的权利，更关系到国家发展的大局。从根本上讲，我们要做好两方面的工作：一是完善立法，严格执法，形成完整的知识产权保护制度；二是转变观念，花大力气在全社会普及与提高知识产权保护意识。在这两方面，我们都有相当长的路要走。任重道远，也主要在此。

建议尽快启动著作权法再次修改工作

记者提到再次修改著作权法的问题，看来老局长对此也有所考虑。他说，版权也是一种民事权利，但与其他民事权利不同，版权的内容，受保护客体的范围，随着经济、科技和文化的发展，总是以较快的速度发展着。这就需要对不断发展变化的权利内容和保护客体进行调整，法律的制定与修改也不会是一劳永逸的。

著作权法 2001 年修订，至今已有七年了。这期间，我们党提出了建设创新型国家和文化大发展大繁荣的战略目标，又相应地颁布了《国家知识产权战略纲要》；加入世贸组织后，我国加快了对外开放和发展市场经济的步伐，促进了贸易自由和公平竞争；网络和数字出版等新技术、新媒体发展神速，对社会生活产生了极大的影响；2006 年我国又加入了《世界知识产权组织版权条约》和《世界知识产权组织表演和录音制品条约》。所有这些都对版权立法和执法提出了新要求。

首先要做好执法工作。宋老谈到，应当承认，对 2001 年修订的著作权法，有的方面的执行不够有力。为了更好地执法，著作权法规定的《广播电视组织法定许可付酬办法》（即执行第 43 条的付酬办法）和《民间文学艺术版权保护条例》都应尽快出台了。

也要尽快启动著作权法再次修改工作。1991 年对著作权法的首次修改，从政府主管部门到全国人大有关专门委员会都做了充分的、大量的调研工作，再一次修法也应从调研开始，明确思路、确定重点，在相关部门之间取得共识。宋老建议国家版权局征得国务院法制办的同意，迈出再次修法的第一步。

感谢与思念

出版和版权是宋木文为之献身的事业，在为这项事业拼搏的过程中，得到的支持和并肩奋斗中结下的深厚友情，成为宋老难以忘怀的又一“财富”。在我们的访谈将要结束时，宋木文深情地表示，30 多年来，我国版权事业能够取得今天这样的成就，靠国内多方面人士的共同努力，又是与国际组织、国际友人的友好合作分不开的。他对这些中外人士身怀感激与尊敬之情。“此时，我不能不谈到两个人：一个是从 1972 年就同我在一起共事的刘杲，一个是我在岗时任世界知识产权组织总干事的阿帕德·鲍格胥。”

1989年10月31日在版权法草案报送全国人大常委会后，同鲍格胥总干事在北京仿膳欢聚。

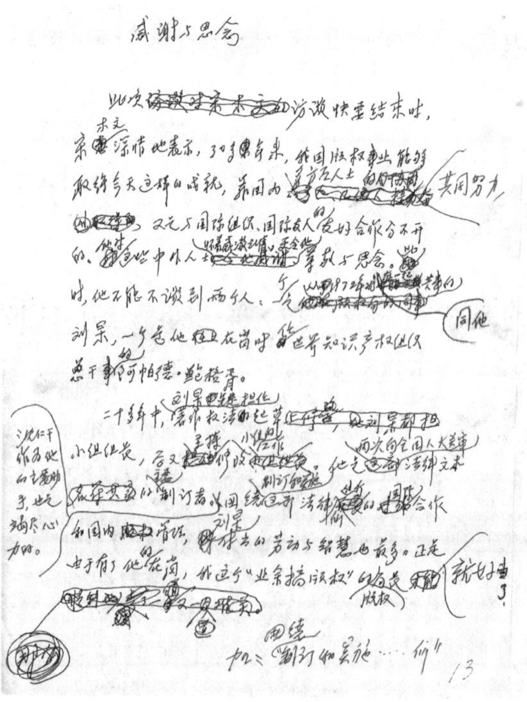

在记者送阅采访稿中加写《感谢与思念》的手迹。

“二十多年中，刘杲先是担任著作权法起草小组组长，后又主持修改小组的工作，他是两次向全国人大送审法律文本的主要制定者。沈仁干作为他的主要助手，也是竭尽心力。围绕这部法律进行的国际合作和国内管理，刘杲付出的劳动和智慧也最多。正是由于有了他的在岗，我这个‘业余搞版权’的版权局长就好当了。”

“鲍格胥从20世纪八十年代初起，二十多年来，为中国的版权立法、培训版权人员和扩大中国版权界的国际合作，殚精竭虑，感人至深。作为国际组织的总干事，他在促进中国版权立法要符合国际公约基本原则的同时，也很重视中国国情，把‘是否与中国的文化、社会与经济目标相适应’，作为与中国同事商谈版权立法的原则。这是他对中国的尊重，更是他的明智之举，成为国际合作的典范。我与他个人关系也很好。出于尊重，我称他为兄长和版权老师。他于2004年辞世，我发去唁电，表示哀悼”。

现任新闻出版总署署长、国家版权局局长柳斌杰，在为宋老《亲历出版30年》一书出版所亲笔撰写的讲话稿中指出，“他奉献给我们的不只是一部书和一段历史，还是出版人的责任和智慧。他……在许多重要关头和重大事情上都发挥了特殊作用”。

在采访中，记者经常想起上面这段话，并力图让这位老局长多谈谈他的“特殊作用”，但宋老谈到了为版权事业奠基的人们、谈到了领导的重视与推动、谈到了与世界知识产权组织之间“国际合作的典范”等等。唯独没有突出他自己，即使是回顾那些亲历的事件，他更多的是强调观念的重要性、强调工作的着重点。即便如此，在这些回忆和叙述中，这位老版权局长的清醒和坚定、责任和智慧，仍然处处清晰可见。

出席中央电视台《欢乐中国行——“版权在我身边”》活动剪影
（中央电视台 2009 年 4 月 26 日播出）

与会者击鼓助兴。

同柳斌杰（左）交谈。

同沈仁干（左2）、张小影（右1）在一起。

同翟丽凤一起出席。

接受中央电视台董卿访谈。

当代中国版权制度建设的历程

——《中国当代版权史》序

〔题记〕为李明山、常青著《中国当代版权史》(知识产权出版社2007年4月版)所写的序。是著以论述新中国第一部版权法为核心内容和主线。我顺其内容,在序文中,以亲历的体会,回顾了当代中国版权制度建设的历程和成就。此文写于2006年2月。广东《韶山学院学报》2006年第7期先行刊发;随后,《新华文摘》在2006年第20期转载。

中国当代版权史,是一部以版权法律为核心内容或主线的有中国特色版权制度建立和完善的历史。

为什么把建立和完善版权制度作为我国当代版权史的核心内容和主线?

这同我国版权保护制度的历史和发展相联系。

我国以造纸和印刷术的发明,对人类文明做出了重大贡献。中西方版权法学者都认为，版权是随着印刷术的采用而出现的。版权，作为一种观念，或作为版权保护的雏形，在宋代就产生了。比西方要早几百年。南宋出版的《东都事略》一书的书前牌记，上写“眉山程舍人宅刊行，已申上司，不许覆板”，就是一个明证。但从16世纪工业革命兴起后，欧洲印刷技术有了飞速发展，逐步建立和发展了与工业产权同步的较为完备的版权保护制度。在此期间，我国长期处于封建和半封建半殖民地社会，经济、科技(包括印刷)发展滞后和停顿，致使中国最早的一部版权法《大清著作权律》(1910年)比世界上最早的版权法——《安娜法》的产生，晚了整整200年。中国这部最早的版权法不仅内容不够完备，又极为短命，清王朝覆灭后虽经民国当局“通告本律暂行刊用”，但终因政权更迭，不可能发生有效的法律作用。中华民国时期，1915年和1928年先后颁布的两部《著作权法》，且不说其内容是否具有近现代意义上的完备性，而内忧外患、社会动荡不安的国情，也使版权保护在实际上难以全面实施。中华人民共和国建立后，虽然政府有关部门负责人也曾为建立版权制度做过努力，但在政府实施的法规中涉及版权问题的主要是使用作品支付报酬的规定，而且屡遭中断(如“文革”时期)。因此，1990年9月7日，七届全国人大常委会通过的《中华人民共和国著作权法》，不仅是新中国第一部关于版权(著作权)的法律，而且也成为近代以来中国颁布的与国际版权基本原则相符合又比较完备的版权法律。这就表明，《中华人民共和国著作权法》在中国版权历史上具有承前启后的里程碑意义。而经2001年4月完成修订的著作权法又进一步解决了与现行国际版权公约某些不相符合的问题，全面达到了国际版权保护的先进水平。

应当说，著作权法的制定与修改，我都是参与者。著作权法从起草到颁发用了十年时间，而从颁发到修改也经历了十年。前十年我在政府出版、版权管理机关任职，参加了著作权法制定及相关的某些工作。1989 年 12 月 24 日，我受国务院委托以国家版权局局长的名义向第七届全国人大常委会第十一次会议作提请审议著作权法议案的说明，并应召参与审议协助工作。后十年中，从 1993 年起，我的工作由政府管理机关转向全国人大教育科学文化卫生委员会，参与著作权法的执法检查、修法调研以及审议修正案的工作。1998 年 3 月九届全国人大一次会议上，我和马大谋、谷建芬、蒋福弟作为议案领衔人在各自的代表团(辽宁、陕西、山东、浙江)共联合 123 名全国人大代表，分别向大会提交了建议修改著作权法的议案。这表明修改著作权法已成为普遍性要求。1998 年 12 月 23 日，国务院向九届全国人大常委会第六次会议提请审议《中华人民共和国著作权法修正案(草案)》。这个修正案的基础是好的，在许多问题上反映了各方面的意见，但也存在一些重要问题。主要是：对高新技术条件下的著作权保护重视不够，对发展迅速的数据库、互联网没有做出必要的法律规范；对各方面意见很大的现行著作权法第四十三条广播电视组织播放已经出版的录音制品可以不经许可也不支付报酬的规定未作修改。这些问题在常委会内外引起广泛关注和热烈讨论，要求做出修改或补充规定。1998 年 12 月 28 日举行常委会全体会议，听取大会发言，我和谷建芬先后就现行著作权法第四十三条应该修改作了发言，引起与会者的关注。1999 年 6 月 13 日，因对一些问题意见分歧又难以统一，国务院将该议案撤回。2000 年 3 月 9 日，我作为议案领衔人联合 32 位全国人大代表，向九届全国人大三次会议提交了《关于重新启动修改著作权法的议案》。出于对内对外的需要，国务院于 2000 年 11 月 29 日再次向全国人大常委会提交了著作权法修正案(草案)的议案，对引起强烈反对的第四十三条作了修改，关于网络环境下的著作权保护等问题也作出了补充规定。对再次提出的这个议案，在2000年12月22日开始召开的九届全国人大常委会第十九次会议上进行了初审，以后又在2001年4月第二十一次会议、2001年10月第二十四次会议进行了二审和三审，每次审议都作了一些修改和调整。对一部法律草案出现提出审议又撤回又提出的情况是不多见的，说明修改这部法律的复杂性和难度，然而更反映了修改法律内外条件的成熟程度以及解决疑难问题的进展，这种曲折(如果可以说这是一种曲折的话)所带来的是更为积极的成果。由于全国人大教科文卫委员会、法律委员会和国务院有关部门广泛听取各方面的意见，反复研究和认真修改，常委会组成人员在审议中集思广益、广纳善取，2000年修正案比1998年修正案有很大改进。应当说，这次对著作权法的修改是比较全面的(由原56条增至60条，多数条款均有变动，其中涉及实际内容的增删改有53处)，从保护的客体、权利的内容、权利的限制、权利的许可使用和转让、法律责任等方面都有较大的改动，对外解决了与世贸组织关于知识产权协议不相符合的问题，对内则提高了对我国著作权人的保护水平。

作为著作权法的制定与修改的参与者，把我在完成制定与修改后的一些体会写出来，也许是有意义的。

七届全国人大常委会第十一次会议于1989年12月24日开始审议著作权法，又经十二次、十四次、十五次前后四次会议审议才于1990年9月7日通过。对此，七届全国人大常委会副委员长兼法律委员会主任王汉斌说："在全国人大常委会审议所有法律草案中，著作权是最复杂的一个法，调整的关系最广，审议时间最长。"我受国务院委托作了提请审议的说明后，又听取了常委会分组审议，列席了全国人大教科文卫委员会、法律委员会对著作权法草案的审议。我赞成王汉斌副委员长的看法。应对审议中的各种问题，我感到，著作权法的复杂性和难度，首先是这部法律要调整广泛的利益关系，又同这部涉及面很广而又专业性很强的法律主要调整的问题及其与其他法律的关系不甚了解有关。如主张依法禁止出版的作品不享有著作权，制定著作权法必须以出版法出台为前提等，曾发生争论，并因此推迟法律审议进程。这些在今天看来不应成为问题的而在那时却成了难以逾越的障碍。但是，探求其深层次原因又同著作权人、作品使用者和法律审议者的知识产权观念不强、正在转变观念相联系。“文革”中大批特批“资产阶级法权”、“知识私有”的影响尚未消除。许多人不了解知识产权的意义和作用。知识不能私有、文化产品不能作为精神权利和财产权利予以保护的观念还有相当大的影响。有人甚至认为，知识产权制度是同社会主义公有制格格不入的。在这种情况下，要在中国建立知识产权制度，必然存在许多困难和阻力。正是在很大程度上克服了历史遗留的这些困难和障碍，我国版权制度的建设才取得了跨越历史阶段的重大进展。特别是中国在颁布著作权法两年后即参加了《伯尔尼公约》、《世界版权公约》、《唱片公约》三个主要版权公约，用十多年的时间走完了西方一些国家用几十年甚至百余年的时间走完的路程，受到国际版权公约组织和国际版权界的高度评价。

在2001年10月27日九届全国人大常委会第二十四次会议审议通过著作权法修正案后，我写的《关于著作权法的修改》和《完善我国版权保护制度的重要决策》两篇文章，介绍了著作权法的修改历程、主要内容及其重要意义。在2001年11月9日由全国人大教科文卫委员会和国家版权局联合召开宣传贯彻《著作权法》座谈会上，我以十年前制定法律和十年后修改法律作比较，感到常委会组成人员对这部法律熟悉程度和关注重点发生了很大变化。我举例说：“我对审议国务院第二次提出的修正案三次常委会（第十九次、第二十一次和第二十四次）会议简报作了统计，在会上发言的有 108 人（次），发言内容涉及这部法律所有方面，许多发言水平很高，针对性很强，对有争论的问题进行了深入的分析。”更没有人像十年前那样，要求著作权法要写政治性条款，或要求著作权法必须与出版法同时出台。“因此，也就能够使审议中发生的难点、难题得到克服和妥善解决，最终使法律的修改获得成功。”

我还说：“由于这部法律对发展科学文化的重要性及其所具有的特殊性质，在立法和修法过程中出现的那些难点和难题在今后执法中也会不断出现。因此，要更加重视对修改后的著作权法的宣传和实施工作。著作权法起草十年后立法，立法十年后修法，再过十年，即 2010 年，我相信，如果加强对这部法律执行情况的检查和监督，加强行政管理和司法审判工作，加强集体管理组织的工作，加强版权理论、版权制度的研究与宣传，而使用作品的单位特别是那些国字头的大单位又能带头执行法律，我国的版权保护工作定会取得新的历史性的飞跃，从而带动全社会知识产权保护意识的普遍提高和知识产权保护制度的日益完善。”

在所有涉及知识产权各方面的工作中，提高知识产权观念，特别是国家重要思想宣传单位带头执法是最为关键的。针对以党和国家喉舌为己任的单位更不能有任何特殊，我在文章和发言中都强调说，既然作为党的喉舌，为什么使用广播设备、交通工具、房屋建筑、水电等都要付费，而唯独使用作品是免费的？著作权与机器设备、汽车等一样，同是财产，都应该受到法律保护。在人类进入知识经济的时代，使用知识成果要像使用物质成果一样付酬，甚至更要重视对智力成果的保护，并在全社会形成尊重和保护智力创作的良好风尚，以利于激发人们的发明创造，应该成为国家的一项重要政策。在涉及是否有利于智力创造这一国家发展根本利益的问题方面，作为党的喉舌的国字头大单位倒是更应该带头执行党的政策：尊重知识，保护知识产权。

回首当代中国版权保护的历史和版权保护制度建设，实属来之不易，具有诸多需要总结和体味的地方。这期间经过的无数曲折和反复，外间人多所不知。把这一历史过程叙述出来，应该是具有重要意义的。

我注意到，李明山教授在版权史研究方面颇为勤奋。在我国著名版权法学家郑成思的帮助和鼓励下，早在2003年曾有《中国近代版权史》专著问世。郑成思曾为之作序，并“祝愿本书的姊妹篇‘版权古代史’及‘版权现代史’能够以同样上乘的质量，早日与读者面世。”现在，作为姊妹篇的《中国当代版权史》著作又呈现在了我们的面前。我高兴地看到，这部洋洋40多万言的《中国当代版权史》，史论结合，资料翔实，脉络清楚，是当今研究中国版权史的又一力作。

中国的版权法学经过世纪之交的跨越式发展，应该说，具有了中国自己的特色和气派。它和其他众多社会科学的发展一样，既需要基础理论与应用实践的研究，也需要历史发展研究。这正如学与术的齐头并进，互为促进，不可脱节一样。版权法学的成长，如果没有历史研究，它的发展与前进，就会底气不足，缺乏后劲。这一版权史著，不仅继承了中国的修史传统，也正好弥补了这方面的缺欠。正所谓，鉴古知今，见微知著；承前启后，继往开来。但愿这只是中国版权史研究的一个良好开端，相信版权法学界会有更加厚重、更加深邃的版权史著付梓面世。

著作权法的历史意义

〔题记〕此文曾在2000年《著作权》第五期“纪念著作权法颁布十周年专号”上发表，以历史意义肯定成绩，以指出不足促进修法，是这一时期我谈著作权问题比较简明又有代表性的一篇，因未收进后来出版的《亲历出版三十年》，故作为资料补入《八十后出版文存》。

著作权法颁布十年了。十年前，我受国务院委托，以国家版权局局长名义，向第七届全国人大常务委员会做提请审议著作权法议案的说明。我对这部法律起草所做工作不多，但毕竟是一个积极参与者，而从起草到审议又经历十个年头，了解这全过程的曲折和艰辛，当新中国第一部著作权法以绝大多数票获得通过时，我的喜悦和兴奋的心情是不言而喻的。我当时的注意力是如何使这部来之不易的法律顺利通过，而对它的作用和影响并未深入思考。记得当时音乐界一位著名人士曾说过，没有著作权法就像在一个现代化的城市里行车没有交通控制。我觉得，这句话确实形象地说出了《著作权法》诞生的意义。有了《著作权法》，十年来我们这个川流不息、创作活跃、文化繁荣的“城市”里，才加快了建设现代化的道路和规范。每个人的创造性劳动和应得的权益都受到法律的保护。

《著作权法》实施十年了，它的作用和影响可以看得更清楚了。时至今日，应当说，全社会的著作权保护意识日益增强。越来越多的人、甚至是普通人已经认同了这部法律。由于各方面的深入宣传和认真执行，现在了解著作权法的人已不仅限于作者、出版者等专业人士，一大批普通百姓也开始关心著作权法的事。要知道，在这部法律出台之前和实施初期，连很多权利人都没有保护自己权利的意识。他们要么不懂法，要么就是对侵权现象听之任之。特别值得一提的是，各级法院对著作权问题的重视前所未有，很多法院建立了专门的知识产权审判庭，他们所处理的一系列案件在社会上引起了广泛的关注。这对于著作权法的深入人心，对于保护正当权益，推动文化发展和法律制度的完善，功不可没。

正因如此，虽然今天我们仍看到盗版现象十分猖獗，但我们也总能听到保护版权、打击盗版的高昂的呼声。魔高一尺道高一丈。有著作权法在，有巨大的保护版权的正义力量在，我们就不怕邪恶！

著作权法的作用和影响是历史性的，广泛的，深远的。

整整十年过去了。抚今追昔，我们在纪念《著作权法》的历史意义的同时，也深深地感受到，由于我国经历着从计划经济向市场经济体制的转变，也由于我国正面临知识经济大潮的推动，面临加入 WTO 对我国知识产权制度提出的更新的要求，现行《著作权法》也暴露出一些缺陷。其中尤其需要注意的是：根据现行的法律规定，对外国人的保护优于对中国人的保护，这种双重标准显然不利于我们国家的形象和利益；新技术特别是数字技术的迅猛发展带来一系列新问题，例如数据库、多媒体、网络传输的开发和利用，对作者权利的影响以及自身利益的法律保护，都需要在法律上得到明确。为此，现行著作权法急需修改。

1998年底，国务院曾将《著作权法》修正案（草案）提请全国人大常委会审议，后因还有一些重要的不同意见，又将议案撤回。如今，专利法的修改已经完成，商标法的修改正在进行，而著作权法的修改更加刻不容缓。为此，应尽快重新启动著作权法的修改工作，以利于调动广大知识分子的创作积极性，促进新闻出版、文学艺术、广播电视及软件产业的发展，更好地在全社会造成尊重知识尊重人才的良好社会风尚。

关注著作权法修改后的实施工作

〔题记〕2001 年 10 月 27 日，第九届全国人大常委会第二十四次会议通过了《关于修改中华人民共和国著作权法的决定》，但对有些条款只作了原则性规定，法律授权国务院依法制定配套法规。因而，及时制定这些法规，就成为实施法律的必要条件。这就是我把制定配套法规与著作权法的实施工作联系起来的原因。

我曾两次提出尽快制定配套法规的建议。一次是 2002 年 3 月 8 日向九届全国人大五次会议提出的《关于抓紧制定著作权法配套法规的建议》（被大会编为第 2641 号建议）；另一次是 2006 年 10 月 12 日对国务院法制办公室制定的《广播电台、电视台法定许可播放录音制品支付报酬办法（征求意见稿）》的意见。

关于抓紧制定著作权法配套法规的建议

我在 2002 年 3 月 8 日建议中提出：

就我所知，修改后的著作权法中规定了六个配套的法规将另行制定。具体来说有：计算机软件保护条例、著作权法实施条例、著作权法集体管理条例、信息网络传播权的保护办法、民间文学艺术作品的著作权保护办法和广播电台电视台支付法定许可费的办法。现在，除计算机软件保护条例已经修订颁布外，其他的条例与办法均未列入 2002 年国务院立法工作安排的计划中。然而，一方面，这些法规的制定将直接影响到著作权法的贯彻与实施，例如，在对侵权盗版行为进行行政处罚时，利用原有的实施条例与新的法律很不协调，并且，著作权行政执法权虽然扩大了，但是仍缺少可操作性的规定。再例如，著作权集体管理组织条例如不制定，将影响到如何建立、监督与管理集体管理组织的问题。另一方面，我国政府已经承诺，为了与 TRIPS 协议相符合，知识产权法律，包括著作权法及有关的实施细则的修改，应在我国加入世贸时完成，而现在工作已经明显滞后。因此，建议抓紧起草与制定上述配套法规的工作，以推动我国著作权法的贯彻与实施并履行我国入世的承诺。

对此项建议，《光明日报》2002 年 3 月 15 日在一版以《知识界代表委员之声》栏公开发表。

2002 年 5 月 16 日国家版权局对 2641 号建议作出答复："根据修改后的著作权法的有关规定，除已经修订的《计算机软件保护条例》外，目前尚需修订或者制定五个行政法规和规章。为保障著作权法的有效实施以及履行我国加入世界贸易组织的对外承诺，国家版权局正在积极配合国务院法制办抓紧修订《著作权法实施条例》的工作。同时，积极开展制定其他几个行政法规和规章的调研和准备工作，争取有关行政法规和规章尽早出台。”我的建议主要是向国务院法制办提出的，未想到却由国家版权局作出答复（因为建议中提到大多数条例或办法未列入“2002年国务院立法工作安排”，而且有的法规国家版权局也是难有作为的）。不过，应当指出的是，在国务院法制办的指导与推动下，六项法规的大多数都已陆续出台并付诸实施了。

关于对广电组织使用录音制品付酬办法的意见

2001年修改后的著作权法规定：“广播电台、电视台播放已经出版的录音制品，可以不经著作权人许可，但应支付报酬”，“具体办法由国务院规定”。然而，这个“办法”，却迟迟未能出台。

2006年10月12日，国务院法制办将《广播电台、电视台法定许可播放录音制品支付报酬办法（征求意见稿）》送我提出意见。此时，我已不在全国人大担任任何职务，在出版和版权界也已“下岗”，成为名符其实的离退休人员，但法制办操办者可能不忘我曾对这个问题屡有关注，特送来听取我的意见。我也愿意遵命提出意见。这个办法草案中有一条“广播电台、电视台法定许可播放录音制品的具体报酬标准由国务院著作权主管部门和国务院广播电视主管部门制定”。我是经历并深知由这两个部门对此事共同协商制定的艰难。我写了如下意见：

著作权人特别是词曲作者急切地盼望此办法出台。按修改后的著作权法规定，此付酬办法主要应规定付酬标准，如果将此事交由著作权主管部门和广播电视主管部门共同制定，很可能因达不成一致意见而拖延下去，使著作权人在新著作权法出台之后等了五年之久又不知再等待多少年，这样，国家法律的严肃性和著作权人的利益都将受到损害。或者“办法”出台的同时也出台两部门具体标准规定（在法制办主持下制定），并同“办法”一并提交国务院审议。尽快落实法律规定，实乃当务之急。

我是有话直说的：尽快制定，不能再拖了；按法律条文应由国务院规定，不要再下交了；如实在需要由两个部门共同制定什么执行标准，也要把国务院“办法”与两个部门“标准”捆在一起报国务院一并审议。

这个付酬办法，终于在2009年由国务院颁发了。时隔2001年修改法律时做出“可以不经著作权人许可，但应当支付报酬”规定后的第八个年头。权利人觉得出台晚了，付酬标准也低了，但毕竟迈出了可喜的一步。

著作权法政治性不保护条款的由来与归宿

〔题记〕此文以《依法禁止出版传播的作品不受著作权法保护的由来与归宿》为题，先送新闻出版报(2010年10月29日发表)；又蒙《中国版权》杂志厚爱，在2010年第6期(双月刊，即12月号)发表，用题《著作权法政治性不保护条款的由来与归宿》。

著作权是依法自动产生的民事权利。在著作权法中按政治标准规定不保护条款，是不必要也是不妥的。不同的法律有不同的管辖内容。在著作权法中不作此种政治性特别规定，政府主管部门仍然可以依据其他法律查禁违法作品。因此，无论说制订时我国尚无关于对作品出版传播进行监督管理的具体规定，或者说修改时我国对禁止出版传播的作品已有了明确的规定，也许各有其写入与删除所持的某种合理性，却难以说服反对这项特别政治性规定的法律界和其他学术界人士。在本文中，我以亲历的事实，介绍了这条政治性特别规定的由来、争论、遭遇及其恰当的归宿(“恰当的归宿”，即本来就不应有这项特别规定之谓也)。

此次对著作权法第四条的修改，只个别大报发了极简短消息，未见有任何评论。我首发此文，说法又有所不同。特在发表前送给我的老朋友、著作权法起草小组组长刘杲同志帮我把关。他阅后于2010年10月4日认真地给我写了回信："大作收到，当即拜读。你是当事人，又查阅了相关资料，所以情况真实可信。加以你的深入分析和清楚表达，使本文更具有说服力。没有第二人能写出这篇文章。这是一段宝贵史料，对于研究版权理论和版权历史都很有价值。"当年立法时，刘杲同我一样，不赞成这条政治性特别规定；现今对本文如此肯定表明，我的"恰当的归宿"说，也得到了他的认同。

此文在新闻出版报发表前，报社值班编辑曾提出"因在同版刊登广告，排不下"，要把"恰当的归宿"小题中的末段删去，我以这里讲的"使那条政治性特别条款有了恰当的归宿，是全文的点睛之笔"，未予同意。我的意见得到报社领导的支持。

2010年2月26日，全国人大常委会作出决定，将著作权法第四条中的"依法禁止出版、传播的作品，不受本法保护"删除。修改后的这一条成为："著作权人行使著作权不得违反宪法和法律，不得损害公共利益。国家对作品的出版、传播依法进行监督管理。"人们不禁会发问，二十年前颁布著作权法时就存在的这个第四条一款，是怎样制订又为什么被删除的？

简言之，这是特定历史条件下的产物，又与美国发难相关联。

特定历史条件下提出的难题

这的确是一个比较复杂和难解的问题。

据我的回忆和查阅有关资料证实，著作权法1980年起草著作权法后到1989年的十多次草案稿和送审稿，包括1989年12月24日我受国务院委托在全国人大常委会上作说明的送审稿，都未出现依法禁止出版传播的作品是否受著作权法保护的条款。

应当说，这个有特别意义条款的提出，是与国家大形势相关联，也同人们对著作权法与出版法调整内容的理解相关联。

著作权法草案从1989年12月到1990年9月，历经第七届全国人大常委会第十一、十二、十四、十五次前后四次会议审议，是在北京政治风波之后。当时，文化立法要吸取北京政治风波的教训，成为常委会高度关注的重大问题。常委们审议时提出著作权法关乎社会主义精神文明建设，“必须旗帜鲜明地坚持四项基本原则、反对资产阶级自由化”，“必须体现宪法中保护什么、反对什么的原则”，“必须明确规定对反动、淫秽的作品不享有著作权，不予保护”。在这种强烈的呼声下，提请第十四次常委会审议的修改稿增加一条：“依法禁止出版和以其他形式传播的作品，不享有著作权。”

试图破解难题的报告

著作权是依法自动产生的民事权利。著作权法明确规定什么作品不享有著作权，不仅会引起知识性的误解和法理逻辑方面的争论，还会造成其他不良后果。国家版权局经深入思考和认真准备，会同国务院法制局于1990年6月14日致函全国人大法律委员会，明确提出“这样规定不妥”。（笔者注：拙著《亲历出版三十年》对此事有详尽记载，见该书第434—439页）

主要理由是：

——不同的法律调整不同的社会关系，禁止传播内容有问题的作品，应由新闻出版法和政府有关管理规章规定，而不由著作权法规定。

——著作权是一种含有人身因素的民事权利。这种权利的行使必然受到其他法律（刑法、新闻出版法、保密法等）与客观条件（作品的质量和文化市场的需求等）的限制。不必担心不规定某些作品“不享有著作权”就会造成舆论失控。

——如果作这种规定，被保密法、档案法等规定禁止出版或以其他方式传播的作品如党和国家领导人的手稿、书信等就不能享有著作权保护了，其作者的署名权、修改权、保护作品完整权等可以听任他人侵犯。

——规定某些作品“不享有著作权”，有可能被解释为这些作品可以随意抄袭、复制与传播，而不必经过任何人的许可，这样反而有可能助长这些作品的传播。

——几乎世界上所有国家的著作权法都规定，著作权的享有不以作品内容为条件，而以创作事实为依据。要求著作权法中规定“依法禁止出版或以其他方式传播的作品，不享有著作权”，实际上是要求解决不该由著作权法解决而且著作权法也解决不了的问题。在著作权法中作这种规定，不仅没有任何实际意义，而且可能产生“剥夺公民民事权利”的不良政治影响。

以“不保护”代替“不享有”

国家版权局和国务院法制局的联名报告是有说服力的。在常委会审议时许多委员认为，经审查认定为违法的作品，不是作者没有著作权，而是国家不准许他的著作出版，因而赞成在修改稿中删去“不享有著作权”，改用“不受本法保护”。据此，全国人大法律委员会将提请常委会表决的法律文本修改为：“依法禁止出版、传播的作品，不受本法保护。著作权人行使著作权，不得违反宪法和法律，不得损害公共利益。”

我和沈仁干（时任版权司司长）作为政府主管部门负责人列席了为拟订常委会表决稿而举行的法律委员会全委会，我们在发言时表示赞成删去我们极力反对的“不享有著作权”，但也建议不写本不应由著作权法管辖的“不受本法保护”的政治性条款，只保留“不得违反宪法和法律，不得损害公共利益”。但此时著作权法已在常委会审议多次，对内有需要，对外有承诺，如再坚持我们的意见，就会被认为给常委会适时通过著作权法制造困难。主持会议的法律委员会负责人宋汝棼，为打破这个第四条和另一条（即第四十三条关于电台电视台使用录音制品不经许可亦不付费“合理使用”的规定）因争执不下陷入的僵局，还给我写条子：“勿因小而失大，勿求全而拖延”。我只能表态“我们顾全大局”。仁干原来顽强坚持“版权保护作品形式不保护思想”、“铁路警察各管一段”，此时也为顾全大局而无言了。

同政治上反动、内容淫秽的作品有无著作权，是否受著作权法保护相联系，全国人大常委会审议时还提出要先出版法后著作权法或者两法同时出台的问题。对此，全国人大法律委员会在同国务院有关主管部门商量后，在为表决稿所作汇报附件中特别说明：出版法“新闻出版署正在抓紧拟订”；并逐一列举法律规章保证“在出版法没有制订前，对解决哪些作品禁止出版传播的，还是有法可依的”。常委会组成人员在确认已在“加快制定出版法进程”的情况下，表决通过了含有第四条政治性特别规定的著作权法。

“不受本法保护”遭质疑

关于“不受本法保护”，在法学界、知识产权界，不断受到专家学者的质疑。带有认同倾向的，是说“不受本法保护”就是承认有著作权，但不保护，即著作权利主张既得不到行政机关的支持，也得不到司法机关的支持。但又被认为不合法理逻辑而屡遭质疑。在法学界比较有影响的是郑成思和刘春田的观点。他们都认为：著作权是“依法”而自动产生的；宣布一类作品“不受本法保护”，与宣布它们不享有著作权是一回事。很明显，这是不赞成“不受本法保护”这条规定的。

1995—2001 年讨论和审议修改著作权法的过程中，也常有人提出修改第四条，删除“不受本法保护”的意见。这时我已从政府转岗到全国人大任职，参与著作权法的修改和审议。我深知，这条学术理论上争议很大的政治性特别规定在法律审议层面有着重大敏感性，而法律的实际意义又极其有限，就劝阻建议提出者不要由此引发新一轮争议而又不得其果。得不偿失啊！

来自美国当局的指控

我没有想到，美国政府有关当局竟会对中国著作权法第四条发起攻击。2007 年 4 月，美国向世贸组织 (WTO) 提出三项指控，其中之一就是中国著作权法不保护“禁止出版、传播的作品”，意味着尚未获准在中国出版或传播的作品不享有著作权和邻接权保护，中国采取的对进口外国作品事先审查的措施违背了中国基于《与贸易有关的知识产权协议》(TRIPS) 有关条款所承担的义务。

此次被称为中美知识产权 WTO 第一案，各方经过反复多次谈判。我方代表捍卫了国家利益。谈判是艰苦的，有成效的。2009 年 3 月，WTO 争端机构会议 (DSB) 审议通过的专家组裁决报告驳回了美方大部分主张，该裁决也不影响中国对进口作品的审查权，但认定著作权法第四条第一款对未能通过审查的作品、通过审查的作品中被删除的部分不提供著作权保护同 WTO 规则不一致，需对著作权法相关规定进行修改。这是法律条文本身酿成的苦果，而非谈判者所能避免的。

我以为，解决这个问题的关键在于，要把著作权保护同国家是否允许一部作品出版区分开来。禁止一部作品出版，是因其内容不符合国家的相关规定，而不是否定其著作权。著作权是依法自动产生的。在著作权法里如此规定什么作品“不受本法保护”，是“门户不对”，也没有多少实际意义，还可能产生负面政治影响。在出版管理上，我和我的同事，在处理违法出版物时，从未考虑要援引这条特别规定，而主要是依据已有的相关法律和规章，如 1955 年全国人大常委会就做出了相当全面和行之有效的关于处理违法图书杂志的规定，还有刑法、治安管理处罚条例等有关规定，后来更有《出版管理条例》、《音像制品管理条例》等。我不相信美国有关当局竟会不明了这一点。值得重视的是，“美国未能证明中国的作法不符合 TRIPS 协议”（语出专家组裁决报告），却指控中国法律的相关规定，所为何图？法理原则上的较劲，是为着利益的争夺。探究此案，专家组的裁决显然是基于国际公约“不准出版的作品或作品在审查中被删除部分仍有著作权仍要受到保护”，而美国则要依据这个“通行的著作权原则”冲破中国的审查制度，使美国作品不受阻碍地进入中国，以维护和扩张美国的政治、经济利益。由此可见，法理逻辑上的不严谨，或与国际准则不相符合，也能引发出利益与原则上的冲突。当我听说中美代表正在为这条“不保护”交锋不止终又以我方败诉告终时不禁发出感叹：这个“不保护”的实际意义极其有限，却招来很多麻烦！

恰当的归宿

怎样评价2010年2月26日全国人大常委会对著作权法第四条的修改呢?

我认为，此次的修改是必要的，是一次明智之举，并且是一举多得的。

这次修改表明我国接受WTO专家组的建议和入世承诺，从而消除了我国著作权法与国际相关公约著作权保护原则的不一致，也终止了美方的纠缠和就此再生事端。

这次修改消除了我国学术理论界长期以来对这一条款的争论，使学术理论与执法实践相统一，有利于实施著作权保护工作。

此次对著作权法第四条的修改，有点像当年修改第四十三条，国人强烈要求遭拒绝，世贸谈判做承诺才修改。政府向人大通报时我在场。我曾说，对主要来自外力推动感到不是滋味，但又实现了国人的多年愿望而欣慰。这次删除本来无写入必要又遭强烈质疑的“不保护”条款，主要来自美国施压并在WTO组织裁决下做出的。我虽远离职场，却仍有一些心理触动。我要说的是，删除“不保护”规定，是使那条政治性特别条款有了恰当的归宿。对外承诺或妥协，只要符合国家利益，就会得到理解和认同。

祝贺《中国版权年鉴》创刊

〔题记〕此文是我在国家版权局于2009年12月21日召开的《中国版权年鉴》创刊座谈会上的发言。未曾发表。

年鉴是记载国家、行业、地区权威性资料刊物，有重要实用和积累价值。我国有出版年鉴，而无版权年鉴。今天，企盼多年的我国第一部版权年鉴终于创刊了。

在2009年出版《中国版权年鉴》创刊号，是一种正确的选择。因为这部年鉴所反映的2008年，在当代中国，是有重要意义的一年。

这一年，作为我国新时期起点的改革开放，走过了30年，随着我国发生的历史性巨变，以版权法的颁布实施与修改为标志，我国的版权事业也取得了历史性进展。

这一年，国务院颁布了《知识产权战略纲要》，版权作为其中的一个重要组成部分，更加受到国家的重视和全社会的关注。

这一年，我国成功地举办了奥运会，版权作为这一盛事的重要助力和智力保障，受到了中外广泛关注和检验，从而使我国版权工作的重要地位和影响力得到了阶段性提升。

所有这些，都反映在这部版权年鉴中。

我想还应该进一步肯定，这部版权年鉴对发生在2008年中国版权的其他重要活动、重要事件、重要文献、重要法规、重要案例、重要学术成果、重要国际交流都提供了翔实准确的权威资料。

我翻阅时想，如果早些年出版就更好了。不过我也从这部年鉴独特内容中得到了补偿。因为这部年鉴并未局限于2008年度的内容，它以其《版权事业30年》和《著作权史料》两个类目，约占文字页近1/3的篇幅（640页中的200页），介绍了近现代中国版权事业的发展历程，以及与中国版权密切相关的国际版权条约和国际版权机构。我想编者这样做，既是为第一部版权年鉴补缺重要历史情况，更是为了使读者了解到2008年中国版权事业的历史联系和国际背景。这就超越了一般年鉴的年度意义。

从超越2008年两个特设类目中，我们还看到了版权法从制定与修订的艰辛历程，看到了中国第一部版权法的法律文本、实施条例（细则）和相关的司法解释，看到了新中国之前从清朝到民国我国历史上三个著作权法律文本，看到了几个主要国际版权组织及其管理的主要公约以及我国是怎样成为其成员国的。总之，凡2008年以前发生的国内与国际版权的重大事件、重要文献、重要法律、重要组织，皆可以得到简明、准确地了解。因此，从反映本年度和追溯历史两个方面来说，这部版权年鉴，都具有版权百科的权威性，不仅可以供版权专业工作者查阅，又可以提供相关院校作为专业用书。

我向版权年鉴的领导者、编纂者、出版者以及各方面的参与者表示祝贺和感谢。

希望新一年高质量的版权年鉴适时问世。

李渔其人其事及其版权观

〔题记〕此文为读书（史）笔记。原载于《中国版权》杂志2008年第四期。我有看报的习惯，对有兴趣的文章和专题报道，还剪下来留存备考。2011年《光明日报》在3月24日、25日、26日、28日连续刊载关于李渔的争议的系列报道，介绍海内外李渔研究的历史、现状及进展，说由于“学术氛围的日益宽松”和“海内外对李渔热的再度兴起”，对这位“誉满天下、谤满天下”的“有争议的人物的评价渐趋理性”，“李渔生前为世人所不容，死后为世人所不识的局面得到改变”。这是多位李渔研究专家的看法，也是我愿意看到的。我不是李渔研究者，只是读李渔著作（《闲情偶记》等）的受益者，本文也主要是就李渔的版权观做了一些考察和评论。

这是一篇读史笔记，侧重于向读者提供一些历史资料。

李渔是版权保护先驱还是侵权者?

2008年1月1日,《文汇报》发表黄波的文章,说清代李渔(笠翁)为保护自己的版权誓言要与"我耕彼食"的侵权盗版者"决一死战","是中国历史上不折不扣的版权保护先驱",令我颇感新奇,便翻阅了李渔的相关著作。我曾两次阅读《闲情偶寄》,着眼点和感受却大不相同。四十多年前,我做艺术教育工作期间,对戏曲有所接触,那时读《闲情偶寄》,主要被书中的"立主脑"、"减头绪"、"密针线"、"重机趣"、"贵浅显"、"忌堵塞"这些论述写作技巧的内容所吸引;而今,当我做了三十余年出版与版权工作后重读此著时,则更对李渔的版权保护意识感兴趣。

1月15日,我又看到了蒋星煜在《文汇报》笔会栏发表的文章《李笠翁的版权意识?》,对黄波称李渔为"版权保护先驱"提出质疑。蒋先生指出,李笠翁《闲情偶寄》中关于美食、休闲生活的一些经验、知识都能在明代高濂"谈养生与饮食起居之专著《遵生八笺》中找到出处或片断的原文";而《闲情偶寄》的词曲(戏剧)部所谈内容,"绝大部分在明代万历年间王骥德的《曲律》中都谈过"。因而"《闲情偶寄》在一定程度上也侵犯了高濂和王骥德的版权","所以称他为中国历史上的'版权保护先驱',我持保留态度。"

我面对两种截然不同的学术观点。黄波调动我的阅读兴趣,蒋老促进我作进一步思考。我离休在家,不能完全闲着,就以"李渔其人其事及其版权观"为主线,打发时光,读之,思之,记之,慢悠悠地凑成此文。

李渔一生二业：办戏班与开书肆

李渔(1611—1680)，字笠翁，浙江兰溪人。青年时期几次参加乡试，均落第，无缘仕途。1648年(顺治五年)移居杭州，约十年，从事小说、戏曲和诗文创作，“卖赋以糊其口，吮毫挥洒怡如”。[①]1657年(顺治十四年)移居金陵(今南京)，耕耘二十年，达到事业高峰。一生应酬往还于达官贵人之间，广为攀附，多有唱和。著有《笠翁十种曲》(十种传奇合称)，诗文集《一家言》，短篇小说集《十二楼》、《无声戏》，编辑出版《芥子园画谱初集》、《资治新书》等。《闲情偶寄》是他的戏曲理论主要代表作。

戏曲家李渔在金陵以家姬组建戏班，亲自编写剧本，组织排演，周游各地，在达官贵人处“打抽丰”。他自称“二十年来负笈四方，三分天下，几遍其二”[②]。游燕，游楚，游晋，游秦，游豫，游闽，游粤，游桂，“诸姬悉为从者，未尝一日去身”[③]。“其地之所入，足供旅人之所出，又可分余惠以及妻孥”[④]。李渔无半亩之田，而有数十口之家，游荡江湖，就靠以家姬戏班“打抽丰”，故时有降志辱身，与人歌功颂德，而其诗文也多有低俗之作。这既是维持生计之所需，也是引起物议之缘由。

李渔被后世研究者称为“当行的编辑出版家”，主要是因他移居金陵后，开设芥子园书肆(书铺)，编辑出版书籍“车水计量”。李渔金陵住所与书肆连在一起，自称“此予金陵别业也。地止一丘，故名‘芥子’，状其微也。往来诸公，见其稍具丘壑，谓取‘芥子纳须弥之义’。”[⑤]他的诗有“开门书肆绝穿窬”句。李渔生前由芥子园出书多用翼圣堂名。书肆由其女婿沈因伯协助经营。芥子园所刻之书，遍于天下；所制之笺，亦极精雅。凡留传的芥子园画谱及戏曲小说等，均已成为历史的见证，今日之珍宝。近年人民美术出版社出版《新编芥子园画传》，书法家和美术理论家沈鹏作序时说："影响最广最深的图谱要数《芥子园画传》，此书一出，技法大备"；此新编画传"借用《芥子园画传》旧名，不仅因为它影响广，名声大，还因为《新编》继承了《芥子园画传》的优良传统。"中国出版史中，应有芥子园一席。芥子园的盛名，与金陵在杭州之后成为明清出版中心也不无关系。

李渔的版权观

李渔为捍卫自己的版权"誓当决一死战"，是在他的主要理论著作《闲情偶寄》中发出的。

我做出版与版权工作三十余年，亲历和备尝版权立法和执法的艰辛，虽时代大有不同，但阅读三百余年前的这篇版权檄文，仍能产生某种共鸣。现引出一段：

是集中所载诸新式，听人效而行之；惟笺帖之体裁，则令奚奴自制自售，以代笔耕，不许他人翻梓。已经传札布告，诫之于初矣。倘仍有垄断之豪，或照式刊行，或增减一二，或稍变其形，即以他人之功冒为己有，食其利而抹煞其名者，此即中山狼之流亚也。当随所在之官司而控告焉，伏望主持公道。至于倚富恃强，翻刻湖上笠翁之书者，六合以内，不知凡几。我耕彼食，情何以堪？誓当决一死战，布告当事，即以是集为先声。总之天地生人，各赋以心，即宜各生其智，我未尝塞彼心胸，使之勿生智巧，彼焉能夺吾生计，使不得自食其力哉！⑥

李渔在金陵的书肆，经营所刻之书与所制之笺。他所维护的是书与笺的双重权利。“是集中所载诸新式”，是指由李渔设计专供文人书写用木刻水印“笺简”，即“芥子园笺”。因制作精美，成为“名笺”，影响日大，销量逐增。李渔宣告斯时“已经制就者，有韵事笺八种、织锦笺十种”。“惨淡经营，事难缕述，海内名贤欲得，倩人向金陵购之。”“售笺之地即售书之地，凡余生平著作，皆萃于此。有嗜痂之癖者，贸此以去，如偕笠翁而归，千里神交，全赖于此。”[⑦] 李渔被盗版者激怒了。声称：倘有不听劝告之徒，“或照式刊行”，“或稍变其形”，“以他人之功冒为己有”，“夺吾生计”，掳吾赖以安身立命之精神支柱和寄托，岂不是比中山狼犹甚的食利小人，怎能不“誓当决一死战”！称李渔在这里发出版权保护檄文，决不为过。

读李渔文，使我产生一些联想。今世作者法定权利有人身权（亦称精神权）与财产权。人身权是指发表权、署名权、修改权和保证作品完整权。财产权依附于精神权。财产权可以转让，精神权永恒。世界最早的版权法是1710年英国的“安娜法”。中国1910年才有《大清著作律》。李渔在世时中国尚无版权法。但一定意义的版权观念或版权保护雏形，随着翻版行为的出现，早在宋代就产生了。宋《东都事略》和《方舆胜览前集》分别刊载编印者版权声明：“已申上司，不许复版”；“追人毁版，断治施行”[⑧]。清《再订文武合班缀白裘八编》编者兼书商钱德苍（镜心居士）与友人蕉鹿山人以刊载来往信札维护自己“赖以糊口”的权利，痛斥“图利小人翻刻”。钱氏晚于李氏，又同是编著者兼书商，但论版权观念，似乎李氏比钱氏更强烈和完备[⑨]。李渔办芥子园书肆，刻书与制笺均在销售，以维持生计，而盗版者却“夺吾生计，使不得自食其力”。在维护其财产权的同时，也必然要维护人身权，所以痛斥那些“照式刊行”、“增减一二”、“稍变其形”，“食其利而抹煞其名”者。李渔在《闲情偶寄》

“凡例七则”中声言写作“不攘他人一字”，阅者“如觅得一语为他书所见载、人口所既言者，则作者非他，即武库之穿窬、词场之大盗也。”[10]李渔以自己的创作为生命，把心灵与躯体融入所刻之书所制之笺，视购书笺者“如偕笠翁而归”，“千里神交，全赖于此”，怎能容得对他精神权的侵犯呢！我觉得指出这一点尤为重要。可以说，李渔为保护自己的权利，已经形成了比较明确的含有人身权和财产权的版权观念。

其实，早在居杭期间，“卖赋以糊其口”的李渔，随着写作增多、交友渐宽、名声日隆，其作品也屡遭盗版者的侵害，甚至迫使他决意由杭州迁往金陵。时在苏州游览的李渔，面对杭州新刻之书一出即有人在苏州翻刻，在《与赵声伯文学》书中曰：“弟之移家秣陵也，只因拙刻作祟，翻版者多，故违安土重迁之戒，以作移民就食之图。不意新刻甫出，吴门贪贾即萌觊觎之心。幸弟风闻最早，力恳苏松道孙公出示禁止，始寝其谋。乃吴门之议才熄，而家报倏至，谓杭人翻版已竣，指日有新书出贸矣。”[11]有史家认为，李渔举家迁金陵尚有其他原因。我阅读有关资料也有所思，比如不排除因清军南进而产生某种影响，但主要还是因遭受盗版的打击，迫使他决定迁居书业重镇金陵，如他致友人信所言，并为他在金陵二十年的发展所证实。

李渔得益于王骥德

李渔《闲情偶寄》是否抄袭《曲律》侵犯了王骥德的版权？

《闲情偶寄》是李渔的主要理论代表作。1671 年（康熙十年），由金陵芥子园书肆以翼圣堂名义首次雕版印行。其《词曲部》（上、下）、《演习部》论述戏曲编、导、演理论，对后世影响很大，曾以

《李笠翁曲话》或《笠翁剧论》单独出版；《声容部》被收入《香艳丛书》。其他部分，则论及服饰妆扮、园林建筑、器具古玩、饮食烹调、种树养花、医疗卫生等诸多方面。笔者近日查阅《中国大百科全书》(戏曲曲艺卷)中的李渔专条，全文 4300 字，而评介《闲情偶寄》就用了 3300 字，可见这部著作的重要地位及其深远影响。[12]过去学术界对李渔毁誉不一，有称其为“创作的矮子”者，也有因《闲情偶寄》而承认他是“理论的巨人”者。因此，涉及此著的考察与评价也更为人们所关注。

《曲律》是明代戏曲理论家王骥德主要代表作，成书于 1610 年，经十余年增改定稿。今存天启五年(1625)原刻本。《中国古典戏曲论著集成》收有此书。《曲律》推崇王实甫《西厢记》、高明《琵琶记》与汤显祖诸传奇为典范之作。《中国大百科全书》(戏曲曲艺卷)评介：“《曲律》是对前人和同代人艺术实践的总结，也是对戏曲创作规律第一次较为系统的总结，对当时和后世的戏曲创作都产生了较大的影响。”

对李渔与王骥德学术传承关系，早为学术界所注意，有时还成为学术研究的专题。著名戏曲史家和戏曲理论家赵景深(1902—1985)在 1980 年出版的《曲论初探》中探讨了李渔的学术渊源，对李渔与王骥德的观点作了比较，认为：王骥德的“毋令一人无着落，毋令一折不照应”，就是李渔的“密针线”；王骥德的“勿落套”，就是李渔的“脱窠臼”；王骥德的“勿不经”，就是李渔的“戒荒唐”；王骥德的“勿太蔓”，就是李渔的“减头绪”；王骥德的“本传大头脑”，就是李渔的“立主脑”。“所不同的是王骥德讲得非常简单，而李渔却讲得详尽细致。”[13]赵景深说王骥德“讲得非常简单”，是指王骥德《曲律》“论剧戏”：贵剪裁，贵锻炼——以全帙为大间架，以每折为折落，以曲白为粉垩、为丹雘；勿落套，勿不经，勿太蔓，蔓则局懈，而优人多删削；勿太促，促则气迫，而节奏不畅达；毋令一人无着落，毋令一折不照应。传中紧要处，须重著精神，极力发挥使透。如浣纱遗了越王尝胆及夫人采葛事，红拂私奔，如姬窃符，皆本传大头脑，如何草草放过！若无紧要处，只管敷演，又多惹人厌憎：皆不审轻重之故也。[14]对王的一句，李多发展为一论；王的“勿落套，勿不经，勿太蔓”，李则分写三章。前引赵景深文的“就是”，是讲李渔论点之“源”。因此，他在为叶长海《王骥德〈曲律〉研究》作序时，更明确地指出：“王骥德的《曲律》，是中国戏曲批评史上第一部完整的、系统的理论著作，是李渔创作《闲情偶寄》的先导”，而不是简单照搬和复述。[15]夏写时《论中国戏剧批评》也比较深入地论述了王骥德在中国戏曲史上的重要地位，称其主要理论著作《曲律》“是我国古代戏剧批评史上不可多得的杰作”，并且论述了王骥德与李渔的传承关系，认为：“后来李渔在《闲情偶寄·词曲部》中颇多剽取王氏之处，但近几十年来，人们却往往只知李渔而很少知道王骥德，是不公平的。”(原载《学术月刊》1979年第4期)[16]此后，夏写时在为1983年出版的《中国大百科全书》(戏曲曲艺卷)撰写王骥德词条时，对“剽取”说作了调整，称“清代李渔戏曲理论中的一些重要内容就是对王骥德艺术见解的继承和发展。”[17]

我觉得，称王骥德的《曲律》是李渔创作《闲情偶寄》的先导，李渔继承和发展了王骥德的学术思想，是能够得到认同的。中华文明是靠不断传承和创新而发展的。一个杰出的思想理论家，一定是勇于超越前辈而取得思想理论的新突破，同时也一定敢于向世人宣示自己的传承关系。我们不能苛求于李渔，然而也不能不指出，李渔不讲明他的学术传承，却标榜“写作不攘他人一字”，声言无一语“为他书所见载”，只能因失信于人而遭世人诟病。关于李渔是否抄袭了高濂的《遵生八笺》，主要涉及美食和养生，我又无力查考，只好另有期待了。

2008年5月于北京寓所

注释：

① 《李渔全集》(浙江古籍出版社 1991 年版)第五卷《笠翁传奇十种》，黄鹤山农作《玉搔头》序，第 215 页。

②《李渔全集》第一卷《笠翁一家言文集》之《与都门故人述旧状书》，第 224 页。

③《李渔全集》第一卷《乔复生王再来二姬合传》，第 98 页。

④《李渔全集》第一卷《复柯岸初掌科》，第 204 页。

⑤《李渔全集》第一卷《芥子园杂联》，第 241 页。

⑥《李渔全集》第三卷《闲情偶寄》，第 228—229 页。

⑦ 同上。

⑧ 叶德辉 (1864—1927)《书林清话》“翻板有例禁始于宋人”，岳麓书社 1999 年版，第 31—32 页："书籍翻板，宋以来即有禁例。吾藏五松阁仿宋程舍人宅刻本王偁《东都事略》130 卷‘目录后有长方牌记眉山程舍人宅刊行，已申上司，不许复版。’”杨志宋椠本祝穆《方舆胜览前集》“系本宅贡士私自编辑，积岁辛勤。今来雕板，所费浩瀚，窃恐书市嗜利之徒，辄将上件书版翻开，或改换名目，或以节略《舆地纪胜》等书为名，翻开搀夺，致本宅徒劳心力，枉费钱本，委实切害。照得雕书，合经使台申明，乞行约束，庶绝翻板之患。乞给榜下衢婺州雕书籍处张挂晓示。如有此色，容本宅陈告，乞追人毁版，断治施行。奉台判，备榜须至指挥。右令出榜衢婺州雕书籍去处张挂晓示，各令知悉。如有似此之人，仰经所属陈告追究，毁版施行。”

⑨ 转引自颜长珂《戏曲文学论稿》，文化艺术出版社 2008 年版，第 149—150 页。

⑩《李渔全集》第三卷《凡例七则》“四期三戒”第 3 页。

⑪《李渔全集》第一卷《与赵声伯文学》第 167—168 页。

⑫《中国大百科全书》(戏曲曲艺卷)第 201—202 页。

⑬ 赵景深《曲论初探》，上海文艺出版社 1980 年版，第 28—29 页。

⑭《中国古典戏曲论著集成》，中国戏剧出版社 1959 年版，卷四，王骥德《曲律》，第 137 页。

⑮ 叶长海《王骥德〈曲律〉研究》，中国戏剧出版社 1980 年版，第 9—10 页。

⑯ 夏写时《论中国戏剧批评》，齐鲁书社 1988 年版，第 332 页。

⑰《中国大百科全书》(戏曲曲艺卷)第 402—403 页。

关于抓紧民族民间文化保护立法的意见

〔题记〕此文是2000年11月9日在昆明召开的民族民间文化保护立法工作座谈会上的发言。

九届全国人大教科文卫委员会大力推动的民族民间文化保护法，经多年工作，最终成为《中华人民共和国非物质文化遗产法》，于2011年2月25日由第十一届全国人大常委会第十九次会议通过。这无疑是必要和正确的重大决策。

《非物质文化遗产法》公布后，我想起十一年前九届全国人大教科文卫委员会在昆明召开的民族民间文化保护立法工作座谈会，想起朱开轩主任、范敬宜副主任和聂大江委员对推动这项立法所做的卓有成效的工作。昆明座谈会体现的将国家立法与地方立法结合起来即是由朱开轩首倡和推动的。而聂大江早在八届全国人大教科文卫委员会副主任任上，即开始了对民族民间文化保护立法调研工作。范敬宜在昆明座谈会总结讲话中说："聂大江同志根据多年来深入调查研究的成果，大声疾呼：民族民间文化遗产目前正处在十分严重的危机之中，引起全体与会同志的震动。许多与会同志用'后继无人'、'人亡艺绝'、'风雨飘摇'、'处于生死存亡的关头'这样重量级的语言发出警告，如果我们再不警觉，并采取有力措施抢救和保护，中国的民族民间文化遗产随时都有失传甚至消亡的危险，我们将无以面对子孙后代，将成为中华民族的罪人。把问题提到这样尖锐的程度，是过去很少见到的。这就说明，认真解决在保护民族民间文化方面存在的问题，确实已到了'刻不容缓，时不我待'的关头了。"我在这里补充一句，与有形文化遗产相比，无形文化遗产的流失速度更快，除国内原因外，还面临着"外国巧取豪夺"。因此有人发出"救亡图存"的呼号。

这里值得一提的是，2002年11月，由范敬宜（团长）、聂大江、宋木文、谢铁骊以及朱兵等7人，对法国和葡萄牙访问后所写的《考察文化遗产保护情况的报告》，又进一步提出"非物质文化遗产的保护应当引起重视"的意见。《报告》说："目前联合国教科文组织意识到非物质文化遗产保护的紧迫性和严峻形势，正在抓紧起草非物质文化遗产保护公约，希望以此来督促各国加强立法对非物质文化遗产的保护。"《报告》建议，我国在这方面的立法工作，"必须全面尽快地启动"。

昆明座谈会是一个转机，此后十余年间，全国人大教科文卫委员会同文化部密切合作，使中国民族民间文化遗产立法工作步步向前，直至《非物质文化遗产法》的制定与颁发。

在昆明座谈会召开前，我被朱开轩、范敬宜指定在会上发言。经过查阅资料和认真思考，我将我发言的主旨内容集中在复兴中华大业与弘扬民族精神的关系上；而优秀民族民间传统文化的保护与发扬对中华民族魂的铸造、民族精神的养成、民族凝聚力的增强、民族传统的延续都有着重要的不可代替的作用；如果一个民族失去了自己的文化特色，这个民族也就失去了存在和发展的主要标志。当然，也讲了一些加强立法工作的建议，包括按著作权法第六条规定，抓紧起草

《民间文学艺术作品的著作权保护办法》。

此文据九届全国人大教科文卫委员会办公室内部刊物《研究与报告》第71期（2000年12月12日）排印。

今天我是奉命发言，又是匆忙准备的，讲一些意见，供大家参考。

由于高新技术的发展，当今世界，国家、地区之间越来越接近，可供全球人类共同使用的物质产品越来越多，而在国家、民族、地区之间不同的文化传统、不同特色的民族民间文化却将长期存在，形成丰富多彩的世界。我们要积极吸收全人类一切对我们有益的文化成果，更需要继承、发扬中华民族的优秀的文化传统，更需要我们挖掘、继承、整理、发扬体现中华民族精神、蕴藏在各族人民中的民族民间文化。

必须充分肯定在继承发展民族民间传统文化工作上所取得的重大成就，但更要看到在这方面存在着的严重问题和严峻形势，对这一点大家谈得很多了，诸如民间艺术严重流失，民间艺术传人后继乏人，有重要历史价值的古镇、村寨、宅院痛遭破坏，不少民间艺术受商业化的驱使而面目全非，失去原有的真谛，等等。当然，我们现在的问题，在性质和做法上，与旧社会的腐败政府是不同的，与“文革”时期的“破四旧”也是不同的，但是，在对民族民间文化最需要强化保护的当今社会条件下，如果我们仍然思想短视、麻木不仁，还是有可能发生其后果类似历史上曾经发生过的那种不可挽回的错误，使许多不能再生的对建设有中国特色社会主义文化不可缺少的民族民间艺术成果和文化资料丧失掉。一个民族失去了自己的文化特色，这个民族岂不也就失去了存在和发展的最重要的标志。如果出现这种情况，我们这些与这项工作有关的人将成为历史的罪人。

在当今社会条件下，在民族民间传统文化工作上，应当采取什么方针？朱开轩同志的讲话，云南省《民族民间传统文化保护条例》，都提出要实行“保护为主、抢救第一”的方针。中央提出的这个文物工作方针，也完全符合民族民间文化工作的实际，应当成为我们的共识。这不是说民族民间文化的一切都是好的。时代发展了，社会进步了，不能要求历史上存在的所有的民族民间文化成果都要保存下来，都不能发生变化，这是不可能也做不到的。应当强调，就保护抢救与开发利用这对矛盾来说，保护抢救处于主要方面，在这种情况下，需要采取一切可能采取的措施，把散见在各地区各民族的文化遗存和文化资料保护好，使前人留下的文化成果区分不同的情况，保存并展现在各族人民的习俗中，保存并展现在各民族的村寨、宅院和有关博物馆中，保存并展现在各民族的戏剧、歌舞和服饰中，保存并展现在各种书刊音像电子出版物中。这里用得一句老话：留得青山在，不怕没柴烧。

把民族民间文化遗存和文化资料保存下来，经过积极而又审慎地弃其糟粕取其精华、去伪存真的工作，我们这一代人、我们后一代人、后几代人定会创造出更加丰富多彩、灿烂辉煌的中华民族新文化。

聂大江同志在昨天会上的讲话中谈到谢辰生同志曾对他说钱俊瑞同志在主持文化部工作时讲过，文化工作的位置仅仅像龙身的尾巴尖上的一点，可见所处位置极低，所占分量极轻。我也听过这个讲话。我记得，这话是检查五八年大跃进文化部门领导同志头脑发热，位置摆得不对，提出浮夸目标，采取过急措施，大放文化卫星，全国不分地区许多文化项目都要村村办、村村达标等等。当时陆定一同志也可能是针对这种情况多次讲“文化办多了是要亡国的”。(范敬宜同志插话：这话是毛主席讲的，陆是传达毛的话)今天可以不必这样讲、这样检查了。然而，忽视文化建设、忽视精神文明建设的问题远没解决，在国民经济和社会发展计划中，文化投资所占比例同五六十年代可能没有太大的调整，今后一个时期可能也难以有重大突破。我对大江同志举此例的出发点和他依此所阐明的基本观点完全赞成，但我对文化工作处于龙尾尖处之说有一个新解：文化事业在国民经济投资中所占比例虽小，就占那么一点点，但这一点点却处于要害又很敏感部位，因为你稍微触动它、重一点刺痛它，就会引起全身颤动、甚至全身大幅度摆动。这个比喻也许是形象地表明，包括文化在内的整个精神文明建设所产生的精神力量对社会稳定和社会发展所发生的作用是不可低估的。近几年来说文化是综合国力的重要标志也主要是指这种精神的力量。联系这次会议的讨论，使我们进一步认识到，民族民间文化对民族魂的铸造，对民族精神的培养，对民族凝聚力的增强，对民族传统的延续、丰富和发展都有着重要的不可替代的作用。

在这里，我试以端午这一民俗节日来加以说明。

近来，我读《闻一多全集》中有关端午与屈原的著作很受启发。闻一多在《端午考》、《端节的历史教育》、《人民的诗人——屈原》等几篇文章中，对端午节的形成、端午节与屈原的关系及其意义作了科学考察和论述：

“端午这个节日，远在屈原出世以前，已经存在，而它变成屈原的纪念日，又远在屈原死去以后。”

端午节最常见的两个节目是竞渡和吃粽子。竞渡用的是龙舟，人们把粽子投入水中常为(或“以防”)蛟龙所窃。都与龙有关。远在屈原以前的吴越民族是以龙为图腾的，一年要举行一次盛大的图腾祭，而赛龙舟便是这祭仪中半宗教、半社会性的娱乐节目。

“惟其端午是一个古老的节日，中国人民同样古老，足见它同中国人民的生活如何不可分离，惟其中国人民愿意把他们这样一个重要的节日转让给屈原，足见屈原的人格，在他们生活中，起着如何重大的作用。也惟其远在屈原死后，中国人民还要把他的名字，嵌进一个原来与他无关的节日里，才足见人民的生活里，是如何的不能缺少他。端午是一个人民的节日，屈原与端午的结合，便证明了过去屈原是与人民结合的，也保证了未来屈原与人民还要永远结合着。”

经过长期演变，人民把楚国大诗人屈原之死与端午节联系起来，成为端午节的纪念对象，这不是历史的真实，而是民俗的附会。如果说吴越时代的端午以龙为图腾进行祭祀是为了求生，那么在屈原以后的时代应当是怎样求生得光荣，这也是我们时代所需要的意义。“但为这意义着想，哪有比屈原的死更适当的象征？是谁首先撒的谎，说端午节起于纪念屈原，我佩服他无上的智慧！端午，以求生始，以争取生得光荣的死终，这谎中有无限的真！”

闻一多发表这些文章时正值日本帝国主义侵略中国、中华民族处于危难之中，他多么期望通过端午节、屈原传说来弘扬“争取生得光荣，否则，毋宁死去”这种爱国主义的民族精神。端午这龙的节日，早已成为全中国(包括港澳台地区)、全世界华人每年举行纪念活动的重要节日，成为全中国全世界华人凝聚、弘扬中华民族精神的节日。闻一多先生的遗愿，当前复兴中华大业面临的挑战，多么需要我们一代又一代地弘扬伟大的民族精神！

当今世界，科学技术正成为不同国家和民族共同利用的物质财富，而各具特色的民族文化、民族精神则保持各自稳定的独特性，不可能也不应该天下趋同，一体化。然而以美国为首的西方国家则以他们先进的科技手段和强大的经济实力，对世界各国特别是中国进行思想文化渗透，以达到分化、西化中国的战略目标。我想，我们把民族民间文化保护与发展工作做好了，这既是建设有中国特色社会主义文化的需要，也是为抵制美国等西方国家的渗透颠覆在人们思想上筑起一道重要的屏障。

在民族民间文化工作中出现的问题有多方面原因，其中一个重要原因是长期缺少法律保障，立法严重滞后，解决这些问题也要做多方面的工作，而其中一项重要的工作是建立法律保障。

保护民族民间文化的专项法律法规的制订，当前主要是两个：一个是依据著作权法的规定，由国家版权局和文化部正在起草并已完成征求意见稿的《民间文学艺术作品著作权保护条例》；一个是已列入文化部文化立法纲要的《民族民间传统文化保护法》(重点调研项目)。这两部法律法规是既有联系又有区别的。“条例”主要是从作品使用方面进行规范，以利于民间文艺的继承和发展，而“保护法”则是对民族民间传统文化保护与发展各个主要方面给予法律保障。应当说，这两部法律法规的制订对民族民间文化的保护与发展都具有重要意义，都需要加快步伐，抓紧制订。

云南在没有母法的情况下，从本省实际出发，制订了本省的《民族民间传统文化保护条例》。朱开轩主任给予充分肯定，说“这是一项开创性的工作，具有示范效应”。这项法规的制订和实施，为起草全国性的民族民间文化保护法创造了条件，更为地方制订类似法规条例积累了经验。有条件的地区，都可以从本地实际出发，抓紧制订。云南条例不仅具有开创性，而且是比较成熟的，回答了民族民间传统文化工作中带有普遍性的问题，提出和制订的政策措施也有普遍意义，因而才能“具有示范效应”。例如，关于保护范围的确定，关于“保护为主，抢救第一，政府主导，社会参与”的方针，关于“应当注重对原生形态民族民间传统文化项目的保护与抢救”，关于推荐、认定、命名民族民间文化传人、文化之乡、文化保护区的规定，关于政府对民族民间传统文化的政策保障和奖惩规定等。对此，有的省区的同志已经表示效法云南，制订本地区的“保护条例”。

关于全国性保护法与地方法规的关系，我注意到辽宁省人大教科文卫委员会李小平同志提交大会发言稿中说：“通过参加这次会议，我们要认真学习云南省的经验，进一步推动本省的立法工作。同时，我们也感到，由于规范民族民间传统文化保护工作问题十分迫切，而且许多问题也需要在国家法律中予以统一规定，因而希望国家加快立法步伐，尽早出台相关法律。最近，联合国教科文组织已向各国发出信息，开始组织申报‘人类口头和非物质遗产代表作’项目，其所谓‘人类口头和非物质遗产代表作’，系指在历史、艺术、人种学、社会学、人类学、语言学或文学方面具有特殊价值的传统和民间文化表现形式。为了适应这一形势的需要，我国也应早日出台相关法律。”我赞成李小平同志的意见。

我还注意到，文化部政策法规司赵铁信同志代表文化部在大会发言表示：“民族民间文化保护立法的时机已渐成熟”，对这部法律的调整对象也有了初步意见，是“文物以外的有形文化遗产和无形文化遗产”，并且要与《民族区域自治法》、《著作权法》等相关法律相衔接。他还表示要积极开展调研、起草工作，力争早日出台。我听了这些话后非常高兴。在这里我还有个建议，尽快尽早把起草小组建立起来。国家版权局起草著作权法和国家文物局起草文物保护法的经验都说明，把起草班子建立起来，有了专门队伍，更有利于做好起草工作，更容易引起终日繁忙的本部门领导同志的重视和各相关部门的支持，加快起草工作。我希望也相信，我们这次座谈会能对民族民间传统文化保护工作有重要作用，并且使与会同志强烈呼吁的这部保护法和另一部保护条例（即著作权法第六条由国务院另行规定的《民间文学艺术作品的著作权保护办法》）都能早日出台。

2002年11月，在全国人大教科文卫委员会任职期间，本书作者（右2）同范敬宜（右1）、聂大江（左2）、谢铁骊（左1）在巴黎考察文化保护立法。

深情思念多次共同做文化立法调研的傅铁山（1931 年 11 月 3 日—2007 年 4 月 20 日）大主教。

同全国人大常沙娜（左 1）、聂大江委员（左 3）在敦煌调研。右 1 为敦煌研究院院长樊锦诗。

4

评书与荐书

厚重珍贵的“世纪礼物”

——祝贺《不列颠百科全书》国际中文版（修订版）问世

〔题记〕此文原载于2007年9月1日《光明日报》。时任中国大百科全书出版社总编辑徐惟诚对《不列颠百科全书》国际中文版修订出版很重视，特约我给予配合，故有这篇力求体现徐总编辑意图的综合评介文章，并由中国大百科全书出版社送《光明日报》发表。

受徐惟诚总编辑委派，中国大百科全书出版社对外合作部主任蒋丽君送来近日出版的《不列颠百科全书》国际中文版（修订版）。我的书橱原有1986年出版的《简明不列颠百科全书》（十卷外加一卷索引）和1999年出版的20卷《不列颠百科全书》国际中文版，现在又增添了2007年出版的1999年版的修订版，感到格外高兴，也倍加珍惜。从《简编》到“国际中文版”及其修订，是我国改革开放在文化方面的重大实践，是不同社会制度和意识形态国家在思想文化领域进行合作的历史性跨越，是我国开展对外合作出版的典范。徐慰

同徐惟诚（左，时任中国大百科全书出版社总编辑）出席2004年中共中央、国务院春节团拜会。

曾（《简编》副主编，“国际中文版”主编，先后任中美联合编审委员会中方秘书和中方代表）曾以《这是个好事情》为题著书（中国大百科全书出版社 2004 年版），回顾从《简编》到“国际中文版”20 余年艰辛的历程，值得一读。

“这是个好事情”，是邓小平对中美合作在中国出版《不列颠百科全书》一锤定音之语。1979、1980、1985 年，邓小平三次会见美国不列颠百科全书公司负责人，指出：“这是个好事情。几乎全世界都知道你们的百科全书在学术领域享有权威性的地位。我们中国的科学工作者将把你们的百科全书翻译过来，从中得到教益。”小平同志还确定了编译出版原则：“外国的部分搬你们的”，“中国的部分自己来写”。1986 年 9 月 10 日，时任中共中央总书记的胡耀邦在《简编》出版之后会见这家美国出版公司负责人，称赞中美出版界共同努力“办了件好事情，值得祝贺”。正是由于邓小平的坚定支持与有力指导，钱伟长、刘尊棋、周有光、徐慰曾等专家学者和出版工作者奋力拼搏，才使得《不列颠百科全书》中文版在迈出了坚实的第一步后又克服多重困难而获得成功，在我国广为传播。

《不列颠百科全书》，又名《大英百科全书》，1768—1771 年创始于苏格兰爱丁堡，20 世纪初被美国人收购，1974 年问世的第 15 版是经世界各国学者参加撰写修订扩充的全新版本，共 30 卷，主要由《百科简编》和《百科详编》组成，以后又经多次修订，是一套学术性强、权威性高，素为中国知识界广为赞誉的英文百科全书。美国不列颠百科全书公司同有关国家合作，先后出版法文、日文等十多个外文版。同中国合作的《简明不列颠百科全书》，1979 年开始筹划，1986 年完成，印行 17 万套。1999 年完成的《不列颠百科全书》20 卷国际中文版，是对《简编》的一次全面修订。主要是：（一）根据新的世界情势和学科的发展，对《简编》原有条目，对照英文版原书 95、97、98 年版逐条修订，更新资料，增补内容和纠正差错。(二)增加条目，凡《百科详编》中对人类产生过重大影响的古今人物，包括政治家、哲学家、科学家、文学家、音乐家、神学家、画家等条目均全文照译。世界 71 个大都市和美国 50 个州的条目也全部照译。近年来因形势发展而出现的科技成就、政治变化、新的人物和事件等，都根据历年增补的英文版《百科简编》新条目翻译收入。(三)修订和更新中国条目。经过改革开放，中国人对世界和对自己的理解与日俱进，国际中文版既搬进外国的新条目，也对介绍中国的许多条目作了刷新。对《简编》原有中国条目的修订是全面的，除充实内容、补充更新资料以及纠正差错外，还增加了众多的新条目，总数由原来的 2450 条增至 4000 条。国际中文版获得巨大成功，为中国知识界和广大读者奉献了厚重而又珍贵的“世纪礼物”。

不断进行修订和完善，是不列颠百科全书和其他著名辞书的优良传统。1999 年国际中文版前言指出：“为适应信息时代的新形势，更好地为广大读者服务，我们决定从本版起，采取连续修订方式。”2007 年国际中文版(修订版)系对照原书(英文版)最新版以及随时更新的《不列颠百科全书》网络版逐条修订，更新资料、增补内容，近 20000 个条目有所调整，反映了各国地理建制、人口数目的新变化，科学理论的新发展，人物的新评价及机构的变革等，并根据时事的发展增补了近年来出现的科技成就、政治变化、新的人物和事件等条目数千条，如基因复制、纳米技术、恐怖主义等。对原有的中国条目也进行了修订，除充实内容、补充更新资料外，还增加了数百条新条目。全部地图根据 10 多年来国际、国内等各种变化作了相应的修改，反映了当前的情况。同时，增加了各国国旗等特色彩插。全书总篇幅有所增加，条目由 81600 余条增至 84300

余条，总字数由 4300 万字增至 4400 万字。

百科全书是没有围墙的大学，使用更为方便的图书馆，百问不厌的老师。我祝贺《不列颠百科全书》国际中文版（修订版）成功问世，更希望这套书通过各级各类学校和图书馆以及个人收藏，能够发挥更大的作用。

佛学经典《嘉兴藏》的重辑出版

〔题记〕由民族出版社与北京慈航经典《嘉兴藏》编辑顾问中心合作，在中央统战、民族、宗教部门和中国佛教协会支持下，经过八年的艰苦工作，迄今中国最大的一部佛教汉文大藏经《嘉兴藏》，全部完成重辑工作，于2010年出版发行。被新闻出版总署批准作为国家重点出版工程的重辑《嘉兴藏》，分正藏、续藏、又续藏、补遗，全藏总计378函，2246种，2605册，收录经书12000多卷。其正藏部分基本囊括了汉译印度原典的各种经卷；续藏、又续藏、补遗等收录了此前历部中国大藏经没有收录的中国佛教著述，包括经疏、戒律、史传、语录等。

《嘉兴藏》于明代万历十七年（1589），初刻于五台山紫霞谷妙德庵，后移至浙江余杭之径山寂照庵等处继续雕刻，直至清代嘉庆年间才终止刊刻，历经二百余年，是中国历史上刻经时间最长，也是完成最晚的一部木刻本大藏经。在长达二百余年的刊刻史上，嘉兴始终与这部大藏经有着极其密切的关系，嘉兴的楞严寺先是这部大藏经唯一的流通中心，后又百余年成为这部大藏经从刻藏、印制到流通的全部担当者。因而被称名为《嘉兴藏》。曾用名有：以其雕版存藏于浙江径山寂照庵亦名《径山藏》；由于它的版本呈书本册装又称《方册藏》；以正藏的刊刻年代称作《万历藏》；依主其事者称《密藏本》。该藏传至日本，该国佛教界称它为《支那藏》或《明藏》。该藏别名之多，为诸藏之冠。称其为《嘉兴藏》，则是目前学术界与佛教界一致认可的。

《嘉兴藏》的刊刻历时二百余年，不断补刻，随刻随出，世间未见从始刻到止刻的全藏，更没有一部名副其实的总目录。此次重辑，经反复发掘，力求"穷尽现存底本"，达到足本全书。在多个收藏单位中，北京故宫博物院藏本较全，且保存原貌，故以故宫藏本来编排正藏、续藏、又续藏的函序和书序，并以故宫藏本为基础辅以其他版本进行影印复刻。对于收入其他藏本而故宫藏本未见者，则以增设《补遗》补之。此次又重新编辑《嘉兴藏》总目录和索引，为研究者提供了较为完整的全藏书目信息的检索手段。

这里值得一提的是，北京故宫博物院所属紫禁城出版社原也拟出版《嘉兴藏》，并已开始宣传征订。此前，民族出版社的《嘉兴藏》，已按照出版管理规定，经国家民委、国务院宗教局审核报请新闻出版总署批准，并由图书管理司下达准予出版文件；且此项出版工程耗资巨大，也不宜重复出版。我因担任《嘉兴藏》整理出版委员会主任，便应民族出版社要求，写信给总署分管副署长并署长，请求给予关注。经总署图书管理司出面协调，紫禁城社放弃原定出版计划，又经两社友好协商，达成合作协议，故宫博物院同意将其已制成的全套正、续、又续藏光盘资料提供给民族出版社使用，这样就使一对竞争对手转而成为合作伙伴，为这套佛学经典顺利出版发行创造了重要条件。

重辑《嘉兴藏》主体出版工程完成后，2008 年 9 月 21 日上午，在初刻地五台山殊像寺举行有宗教界和学术界人士参加的祭告仪式，由重辑《嘉兴藏》总编辑宣读《祭告辞》，殊像寺僧人举行法会；下午在五台山圆缘宾馆举行有重辑《嘉兴藏》总编辑、主编和专家学者参加的出版评议会。2008年11月9日至11日，在嘉兴隆重举行《嘉兴藏》三百年重归故里庆典仪式暨圆成法会，以及《嘉兴藏》重辑出版学术高层论坛，当地党政部门负责人、宗教界人士以及北京等地的专家学者、编纂出版人员和新闻记者出席。

我作为《嘉兴藏》整理出版委员会主任（主要做些协调工作）先后出席在五台山和嘉兴举行的活动并讲话。

2013年5月24日，王荣泰社长代表中国剪报社向常州清凉寺捐赠全套《嘉兴藏》，我出席捐赠仪式，赞扬报社善举，祈祷古寺常兴，祝愿出席者吉祥如意。

在五台山《嘉兴藏》祭告仪式上的讲话

民族出版社与北京慈航经典《嘉兴藏》编辑顾问中心合作重辑《嘉兴藏》，主体工程已经完成。为缅怀和祭告，晓谕世人，《嘉兴藏》出版整理委员会举行了这次祭告仪式。

以明朝高僧真可为首的佛教先祖，为弘扬佛法，于明万历年间发起刊刻方册本大藏经《嘉兴藏》，其后历经200余年，经几代高僧大德的不懈努力终于完成伟业，为中华民族留下了一部内容齐全、规模宏伟的佛教宝典。

此次重辑《嘉兴藏》，是抢救国宝的文化壮举，经过七八年的努力，民族出版社和北京慈航经典《嘉兴藏》编辑顾问中心，全面搜集和整理现存的《嘉兴藏》底本，按照今天的社会阅读需求编纂目录、设置索引。重辑的新版《嘉兴藏》，将这部中国历史上收书规模

在五台山《嘉兴藏》告祭仪式上。2008 年 9 月 21 日。

向佛学大师赵朴初请教。

最大、经卷内容最为丰富的中华大藏经，以足本全书的崭新面貌呈现世人，从而实现了先祖当年刻印《嘉兴藏》使其“慧命坚固、法宝长存”的夙愿。

这次祭告仪式的地点选择在五台山，主要是因为五台山是《嘉兴藏》的开刻之地。明万历十三至十四年间，高僧真可曾在五台山文殊像前问卜刻经地所，“三探三得清凉”（五台山又称清凉山），于万历十七年（1589）在五台山妙德庵正式开刻。此后，《嘉兴藏》的刻经地点辗转南迁到浙江径山、嘉兴等地。但五台山作为《嘉兴藏》的首刻之地，一直为后人所敬仰。

我希望通过这次祭告仪式，能够进一步增强弘扬中华文化的使命感，以高度负责的精神做好《嘉兴藏》影印出版的后期工作，全力做好《嘉兴藏》的流通和发行工作，做好抢救国家古籍工程的宣传工作，使这部来之不易的宝典，发挥出应有的社会效益，为弘扬中华文化和佛学文化作出应有的贡献。

在《嘉兴藏》三百年重归故里庆典仪式上的讲话

今天，在这里隆重举行中华宝典《嘉兴藏》重归故里的庆典活动。我代表重辑《嘉兴藏》整理出版委员会，向大会表示热烈的祝贺，向长期以来关心支持重辑《嘉兴藏》工程的各界领导和宗教界人士，向参与其事的专家学者和出版界同仁表示衷心的感谢！

中国佛学大师赵朴初曾经指出：“佛教传入中国已有两千多年，对中国文化的发展产生了深广的影响。”“中国佛教历史上的高僧大德译经著述，创宗立派，传经授业，留下了卷帙浩瀚的佛教文学、艺术、历史、哲学的宝贵资料，形成了中国佛教大藏经。”《嘉兴藏》是中华民族传承佛教文化的经典。这部大藏经所收录的经卷，数量之多、内容之全，以及它的方册版本印装，都可以说是中华传统大藏经中独一无二的。而且，近三百年来，在海内外广泛流传，影响深远。中国佛学是中华文化的重要组成部分。《嘉兴藏》既有印度原典，又有中国本土著作。在对印度原典的翻译中，中国僧人和学者注入了中华文化的底蕴。在中国僧人自己的著作中，更是贯穿了中华文化的精髓。中华佛学中以善为本、尊重生命、平等相处、慈悲为怀、和谐立世等基本内涵，已经成为中华民族的传统美德。今天，中国人的行为规范中，无不渗透着中华佛学的深刻影响。因此，这部佛教宝典的广泛刊行，必将对我们构建和谐社会产生积极影响；同时，又将成为联系海内外中华子孙的文化纽带。

佛教宝典《嘉兴藏》开刻于山西五台山上，为什么又以嘉兴冠名？这是因为明代高僧真可倡刻于嘉兴，又终刻于嘉兴，嘉兴人于明清两代长达200多年中，对这部大藏经的刊刻与传承，作出了特别重要的贡献。嘉兴有着深邃的历史文化，中华文化、佛学文化世代相传；这里名人辈出、名著辈出、名僧辈出。当年，正是有了高僧大德、有了官府要员以及众多佛教信众的倡议与合作，有了他们刊刻大藏经的弘愿与奉献，才有了中国最大规模、最多经卷《嘉兴藏》的成书，才留下《嘉兴藏》这笔无比珍贵的文化财富。《嘉兴藏》300年后重归故里，是嘉兴文化建设的大事，也是中国佛学传承的大事。古今之业，承上启下。当今的嘉兴，承之于昔，又胜出于昔，是我们国家经济、文化发展比较先进的地区。此次《嘉兴藏》回归故里的活动，既是嘉兴综合实力的反映，又是嘉兴文化建设的助力。我深信，嘉兴人在新的历史时期，必将谱写新的篇章，对弘扬中华文化作出自己的新贡献。

任务打造专门家

——颜长珂《戏曲文学论稿》序

〔题记〕为戏曲文学专著写序，不是因我在这方面有什么研究，而是屈从于青年时代朋友之命不得不为，其内容也主要是讲一个青年“新文艺工作者”成长为戏曲史论专家的主要工作历程和标志性研究成果，此谓以我之短扬人之长，并表我之祝贺与敬意。原题为《〈戏曲文学论稿〉序》。此书于2008年由文化艺术出版社出版。

颜长珂同志将他在“文革”后的部分研究成果结集《戏曲文学论稿》出版，我谨以此文表示祝贺。

1951年起，我曾与从东北鲁迅文艺学院戏剧文学专业毕业的颜长珂同在一个单位工作，那时我们都是二十上下的青年。五十多年过去了，我的工作单位几经变化，专业上也无所建树，而长珂却一以贯之地从事戏曲研究工作，在戏曲文学、戏曲史、戏曲理论诸多方面取得了突出成就，成为实至名归的戏曲理论专家。

长珂说，在戏曲学校（沈阳和北京）工作的五年，是他进修戏曲知识的重要阶段。这也是我同他共事的五年。他聪颖，好学，有才华，文笔也好，是那时同事中的佼佼者。起初，他并不真正了解戏曲，更谈不上热爱戏曲，甚至对戏曲还有某些隔阂。戏曲学校集中一批艺术造诣很高的京剧名家。他经常同这些老教师交谈，观摩他们的教学和学生的实习演出，还参加其他一些专业活动，在那弦歌之声不绝的环境中耳濡目染，逐渐了解和喜欢了戏曲，为他后来从事戏曲研究工作打下了良好的基础。

在革命战争年代，在建国初期，青年人的个人理想总是同革命的大目标紧密地联系在一起，甚至无所谓属于个人的事业追求。长珂说得好："我们这一代人的一个特点是在工作中学，边干边学，需要什么就学什么。个人的目的、方向不可能很清晰、很明确。草鞋没样，越打越像。"长珂的戏曲研究工作始于组织上分配的任务，是在完成任务过程中把一个时称"新文艺工作者"的青年打造成有突出成就的戏曲理论专家的。

二十世纪五六十年代，加强戏曲理论建设的任务主要由中国戏曲研究院承担。在张庚、郭汉城两位前辈主持下，调动全院戏曲史论研究力量，编写《中国戏曲通史》。这是一部力求以马克思主义为指导，在前人研究的基础上，全面评介我国古代戏曲发展历史，探索戏曲发展规律的戏曲史专著。作为基础理论建设科研项目的这部专著，1980 年出版以来，又经过一次修订重印和一次再版，长珂承担的任务也越来越繁重。1980 年的第一版，长珂主要撰写有关评介元清两代作家作品的章节；十年后修订时是集体参加而由长珂执笔；二十年后 (2006 年) 再版时，当年参加编写的同志都已先后退休，有的还离开人世，在沈达人、龚和德两位兄长的参与下，由长珂完成了全书的修订工作。中国戏剧出版社 2006 年版的这部《中国戏曲通

同颜长珂（左）在一起。1990年2月。

史》(上中下三卷)被中国出版集团选入荟萃20世纪文化经典标志性出版工程的《中国文库》第三辑。2007年11月6日，我出席《中国文库》第三辑出版座谈会翻阅入选书目时，不由地想起已故的张庚前辈，想起健在的郭汉城主编和其他参与编写的同志，想起长珂对中国戏曲史论学科建设的贡献。

长珂的另一重要学术实践，是参加国家大型出版工程《中国大百科全书》第一版《戏曲卷》和第二版戏曲学科的编选。参加《中国大百科全书》编选工作的都是我国各学科著名专家学者和中青年学术骨干。1983年出版的《戏曲卷》编辑委员会由张庚任主编，长珂作为中青年学术骨干出任戏曲文学分支副主编(主编郭汉城)。经我粗略考察对比，大百科《戏曲卷》与《中国戏曲通史》有着一定的连续性，不仅主要编写人员有衔接，内容上也是相关联的。长珂在张庚、郭汉城指导下，负责审阅元代、清代戏曲文学条目，撰写高明《琵琶记》等重点条目。计划于2008年出版的《中国大百科全书》第二版在各学科专家修订编选后按字顺统编，由长珂接替前辈担任戏曲学科主编。诚然，大百科第二版是在第一版基础上修订的，但也体现了对原版不足的改进和知识的更新，戏曲学科一二版主编的变更，不能不说是人才成长和学科建设的某种历史性跨越。

长珂的学术实践有一个显著特点，就是数十年来戏曲史、论“两门抱”，理论与实际结合，成果丰厚，撰写出版了多部学术专著。1988年中国戏剧出版社出版的《戏曲剧作艺术谈》，可以称之为戏曲编剧古今谈，是探知戏曲文学殿堂的入门书。1993年新华出版社出版的《中国戏曲文化》，则是中国戏曲史简明通俗本，对宋、元、明、清戏曲文学发展衍变以及主要作家作品均有深入浅出的剖析，为学习中国戏曲史者所必读。中国大百科全书出版社拟于2008年出版的《中国京剧百科全书》，长珂作为编委会副主任和京剧文学分卷主编，撰写了“京剧文学”和其他有关条目，是学习戏曲知识的又一基本读物。由长珂主编的《戏曲研究》丛刊，理论联系实际，纵论古今，二十年来发表千余篇文章，不少篇章影响广泛，成为学界公认的高品位学术刊物。

体现长珂学术研究另一重要成果的，应该是这部在“文革”后写成的《戏曲文学论稿》了。我看了其中的几篇。各篇都写得深入浅出，大雅若俗。《难登大雅之堂——戏曲文学的历史回顾》、《悲欣交集——“中国十大悲喜剧”前言》、《元杂剧的吏员形象》，记述了数百年戏曲文学的发展历程，剧作者与“梨园院体”关系之演变，最有代表性戏曲文学作品的成因及其影响等。《京剧文学简论》(为《中国京剧百科全书》所作)和《戏曲文学的艺术特征》(为亚洲传统戏剧国际研讨会所写论文)，是全面、科学论述京剧(戏曲)艺术及其美学特征的权威性与普及性相结合的论著。

本书作者是怎样看待他的这部《戏曲文学论稿》呢？长珂说，在完成《中国戏曲史》和《中国大百科全书戏曲卷》两项国家任务过程中，也“读了些相关的书，有些研读心得写成文字，就是这个集子里《元杂剧中的吏员形象》、《衣锦还乡的变奏》……自己命题自己做，有解数学题的感觉，心态比较轻松，甚至能享受到一些写作的愉悦，这是把写作当任务时不大容易得到的”。长珂如此珍视“自己命题自己做”，并由此获得远非赶任务所能得到的轻松和愉悦，这犹如“由必然王国到自由王国”那样，不仅是可以理解的，也是十分宝贵的。

前不久，长珂写给我的信中说：“专题论文，作者往往付出更多心血，故敝帚自珍。但在图书市场，销路却难看好。”依我看，值得珍视的，不仅是作者付出的心血，更由于书中的学术含量。至于学术著作市场销售不畅，则反映着当今社会的文化缺失。像《戏曲文学论稿》这类学术著作，理应归于小批量、常销售一类。此书的及时出版，应该说是文化艺术出版社及其主办主管者的远见卓识。

为写序，我阅读了有关书、文和资料，深感长珂——我青年时代的朋友，思想和文笔都很老到。可喜，可敬！

2007年12月初写于北京寓所

实施重大文化产业项目带动战略的一次成功实践

——《中国文库》第三辑出版感言

〔题记〕2007年11月6日，中国出版集团在人民大会堂为《中国文库》第三辑出版举行新闻发布会。此文是我在会上的发言。《中国图书商报》曾用同题在2007年11月20日发表。这里收入的是当年发言提纲手稿和图书商报发表稿的对照整理稿。

两年前，为《中国文库》第二辑召开的出版座谈会，我应邀出席，奉命讲话，以《汇集世纪文化经典的〈中国文库〉》为题在《中国出版》(2005年第9期)发表。这次更是情难却、命难违，也只好讲几句了。

前不久闭幕的党的十七大发出“推动社会主义文化大发展大繁荣”、“兴起社会主义文化建设新高潮”的号召，提出“实施重大文化产业项目带动战略”的任务。以《中国文库》的内容、规模、质量、影响力和组成单位，把今天的出版座谈会视为落实十七大提出的“实施重大文化产业项目带动战略”的举措，我想是合适的。

我们常把我们的工作称为新闻出版工作。新闻与出版都是传播媒体，其性质和功能有相同之处，但又有所不同。出版也要面向现实，为现实服务，但同时更要重视长远，重视文化积累，追求当前与长远的统一，为现实服务与文化积累的统一。当前，在商业化竞争日趋激烈、急功近利心态日益滋长的情况下，强调质量、积累、长远是很有必要的。《中国文库》所出图书，都经过严格挑选，是对近百年来政治、经济、文化和社会发展产生过积极影响、至今仍有重要影响而且将会保持长远影响的出版物，被称为世纪文化经典的汇集。我们的出版单位都要逐步增加高质量的不断再版的好书，靠这些文化积累与经济积累相统一的精神产品形成自己的特色、传统和实力。这种出版物和出版单位的增多，是我们出版事业走向成熟的标志，也是稳定发展的保证。《中国文库》的出版必将激励和带动各家出版社突出自己的特色和传统的图书，必将在新的历史时期发挥一般出版工程无可代替的重要作用。所以，我认为，《中国文库》的继续出版，是“实施重大文化产业项目带动战略”的一次成功的实践。

中国出版集团的组成单位大多是被称为“国家队”的老牌出版社。《中国文库》入选图书，也以这些“国家队”所出精品为主。但在策划之初，就采取开放的方针，欢迎全国各出版社选送好书“入库”，有的出版社更以其“镇社之宝”加盟。《中国文库》的影响力大增。我高兴地看到，中国出版集团外的出版社已由第一辑的 2 家、第二辑的 15 家发展到第三辑的 29 家，可以称之为举全国之力，共襄盛举。我再一次重申我的一个看法：《中国文库》是起源于中国出版集团、成就于全国出版业，体现国家最高水平的中国出版工程。因此，我衷心祝贺这次在十七大之后举行的出版座谈会，并且认为是落实十七大提出的“实施重大文化产业项目带动战略”的一次成功的实践。

高度关注出版的文化担当和政治责任

——《中国文库·新中国60年特辑》出版的启示

〔题记〕中国出版集团出版的《中国文库》第四辑，以《新中国60年特辑》推出，要我出席出版座谈会(2009年12月25日)并讲话。我不能不按主持人的意愿着重讲一讲这个特辑的特色和意义，但我更想强调我当时更为关注的出版的文化担当和政治责任。

在出席这次出版座谈会之前，我看到老作家林希在《光明日报》(2009年11月6日)发表的《当小说沦为经济作物》，批评当下有一种将文学沦为经济作物的倾向，指出“只炒作印数和名利双收，绝对不是精神文明产品的运作方式”。我把林希的批评写入我的发言中了。

我注意到，2009年10月30日《新闻出版报》在头版头条以贯栏大字标题称赞《时代华语以“稿费＋股权”方式招贤》，“承诺签约作者和策划人不但能获高稿酬，还可以根据累计贡献率认购公司原始股”，鼓吹此种将精神劳动纳入资本市场，走作家—股东—富翁之路，“这是中国出版界的一项制度创新”。我发言时质疑了这篇报道的舆论导向，但隐去了报社名。2011年春，趁报社总编辑、副总编辑来居所探访之机，面告此事。

我还看到著名作家、中国作家出版社社长何建明当选中国作家协会副主席后接受记者采访时说，作家出版社要“为作家出书，出作家好书，为读者奉献最好的书”。对眼下出版市场以高版税策略取胜的招数，何建明不以为然。他认为“高版税带来高风险，靠出版社品牌与和作家之间建立的信任机制才是常胜之道”。(2010 年 4 月 2 日《新京报》) 何建明此言极好！

资本把一切社会关系转变为商品和货币，这是马克思从剖析资本主义得出的科学论断。新加坡学者郑永年认为，现实中国出现了“从‘以人为本’到‘以钱为本’的转型，钱变成了衡量人的价值的唯一标准”。(郑永年《中国“GDP 至上”付出社会成本》,《参考消息》2010 年 1 月 6 日) 如果存在这种社会现象，那么在精神生产领域，使小说沦为经济作物，为写作和出版纳入资本市场高调鼓吹，岂不就是这种表现，这还不应该引起我们高度重视吗？

此文以现副题为题，载于 2010 年 1 月 22 日《中国图书商报》。

《中国文库》已出版三辑，成为加强思想理论建设和促进学术发展的名牌精神产品。

为纪念新中国成立 60 周年，出版界出版了一大批重点图书，其中自上而下组织出版的《辉煌历程》书系 (54 种) 和自下而上选定的 100 种重点图书，深得好评。《中国文库 · 新中国 60 年特辑》是在《中国文库》总体框架下，为庆祝新中国成立 60 年推出的一套专辑，即是《中国文库》的第四辑，又具有相对独立性，在众多纪念、庆祝新中国 60 年出版物群体中独具创意，挺秀一枝。《中国文库 · 新中国 60 年特辑》与新近编写的各种纪念图书有所不同，它是产生于新中国各个历史时期、经受过实践检验、有过重要影响的名篇名作的集中展示，对研究60年来的学术成就和思想文化发展，有着不可替代的重要作用。

中国出版集团挺拔主业，服务大局，把组织重大出版项目作为一项重要发展战略付诸实施，在当前更有其现实与长远的必要性。当前进行的深化出版改革，做强做大出版产业，正是为了增强出版的传播力、影响力，使符合党和国家要求的优秀出版物更多、更广、更有效地传播到社会各界，溶入人心，成为传播主流意识形态的重要载体。我们要把做强做大出版产业同建设以马克思主义为指导的社会主义意识形态结合起来，统一起来。中国出版集团挺拔主业，组织出版《中国文库》等大型出版项目，就是这些“国家队”在当前出版改革中所起的示范作用和导向作用。

此次推出的《中国文库·新中国60年特辑》，以文学方面最为引人注意。一眼望去，强大的作家阵容，最具代表性的文学作品，无所不包的文学样式，你不能不认为这是最为简约、最有权威的60年新中国文学的一次巡礼。我更注意到，这里共收入41种作品选集，而人民文学出版社一家就有29种，占文学类图书的70%。从这里，也使我们真切地感受到并加深了“新中国文学从这里起步和发展”的历史记忆。这个事例说明，一家出版社60年中有那么大的凝聚力，尽管今天的出版格局发生了重要变化，也仍然能给我们一定的启示。

我认为，《中国文库·新中国60年特辑》所收各书，每一部都可作为专题加以研究和评介，以指导阅读和发展学术。在这里，我提一下收入本文库的三联版金冲及著《转折年代——中国的1947年》。这是怎样一个转折呢？这一年即将结束的12月25日，毛泽东在《目前形势和我们的任务》一文中向世界宣告：“中国人民的革命战争，现在已经达到了一个转折点。”金冲及以其亲历的历史感悟，使用大量的国统区报刊资料和我党我军高层档案，以发生在国民党统治区的民主运动和国共两军在战场上的演变为背景，详尽、深入、有说服力地论述和评价了发生在1947年的这一历史性转折。正是由于这个转折，导致了蒋介石20年统治的覆没，导致了帝国主义在中国百余年统治的结束，而建立中华人民共和国则是这一伟大转折的必然归宿。我在1948年初曾经在东北解放区学习过毛泽东的《目前形势和我们的任务》，深受大转折到来的鼓舞。半个世纪过后阅读金冲及论转折年代的史著，感到特别亲切，仍然受到激励。

同《转折年代——中国的1947年》相关联，金冲及前不久又出版了四卷本百万字《二十世纪中国史纲》，这部由社会科学文献出版社出版的以中华民族伟大复兴为主线的百年世纪史著，得到史学界极高的评价，销路也看好。我初读后深感惟史学家兼写作高手又善于使用高层档案之金冲及教授才能够写出这部有史记、史评与史感、且记评结合感在其中的鸿篇巨制。我建议像《转折年代——中国的1947年》一样，将《二十世纪中国史纲》也纳入到后续的《中国文库》。

当今做出版人，做出版单位带头人，需要有经营头脑(这是你自觉与不自觉非有不可的，但却有高低之分)，更要有文化担当和政治责任，切不可在利润指标的高压或诱惑下，淡忘了文化担当和政治责任。说一句老话，就是一定要以多出好书为永恒主题，就是要为国家大局帮忙而不添乱。写作者、出版者和掌握舆论的人都不能不面对这个问题。我看到林希在2009年11月6日的《光明日报》发表文章《当小说沦为经济作物》，评论当下有一种将文学沦为经济作物的倾向，疾呼：“不问这类小说的文学含量和精神格调，只炒作印数和名利双收，绝对不是精神文明产品的运作方式”。我还看到一家专业报以头版头条大字标题刊发新闻，宣扬以作品入股，由写作到股东到富翁，将精神劳动纳入资本市场，说“这是中国出版界的一项制度创新”。我的不解之处在于，对精神生产单位，该不该做这种过度刺激“经济头脑”的宣传？我以为，为了体现精神生产的特殊要求，即使有人这样做了，我们的主流媒体也不必做这种宣传！看来，在追求企业规模最大化、单位利润最大化、个人财富最大化日趋强势的社会氛围下，在出版界强调一下文化担当和政治责任，以更多有《中国文库》水平的好作品影响人，十分必要。

我想，这就是《中国文库·新中国60年特辑》给我们的启示！

评《中国出版通史》对民国时期革命出版事业的撰写成就

〔题记〕此文是我在2009年2月26日召开的《中国出版通史》出版座谈会上，以《中国出版通史》顾问的名义所作的发言。《中国出版通史》常务副主编、中国出版研究所所长郝振省在会上作研究编纂和出版情况的汇报中说，宋木文顾问“在‘出版起源’的讨论及民国出版史研究撰写中起了重要的协调和推动作用”。这无疑评价过高。关于“出版起源”我所做的工作，已写入《关于〈中国出版通史〉写好“两头”的意见》(见宋木文《亲历出版三十年》下卷第896—990页)，对民国出版史我主要就革命出版史在民国出版史中的地位问题在出版界老同志和出版通史编写者之间作了一些沟通和协调工作，本文也主要讲了这方面的情况，并充分肯定了编写者所做的努力和贡献，如本文最后所说：“民国出版史因其对革命出版事业的正确处理，而成为近代思想史、文化史系列的一部成功之作。”

本文原载《出版发行研究》2009年第3期。

正确反映和处理中国共产党领导的革命出版事业，是《中国出版通史》“民国卷”所取得的一个重要成果。

《中国出版通史》第8卷“民国卷”，论述1912—1949中华民国从创立到终结的38年出版史，历史跨度不长，但却比此前其他各卷更容易引起人们的关注。

2008年初，我听说“民国卷”2004年稿对三联书店的历史地位写得很不到位，引起三联老同志的极大关注，便从中国出版科学研究所要来有关文稿和资料，翻阅了2004年专家审读意见材料和2007年修改稿。我看到，王仿子同志对民国卷初稿未能正确反映党所领导的三联书店等革命出版事业及其代表人物提出了详尽而又很有说服力的意见。郑士德同志对书稿未能正确写出解放区出版事业表示强烈不满。方厚枢同志主要转述了陈原同志生前关于革命出版事业在这一历史时期的重要地位问题的五点意见。

与此同时，三联书店汪家明同志转来仿子同志写给他的两封信(2007年7月11日，2008年2月13日)，说明将在上海《出版博物馆》杂志全文刊载，实际上是将仿子同志对“民国卷”审读意见公开发表。信中说：“正在印刷中的《中国出版通史》的《民国卷》的质量很令我担心”。还说：“这一卷在讲民国时期著名出版人这一节的题目上，只有张元济、陆费逵、沈知方三个人的名字，说明他们不知道邹韬奋在民国时期出版界的地位。”“这件事从另一个角度说，我们对生活、读书、新知这三家宣传得太少了，它的光荣历史许多人不知道。”

汪家明转送仿子同志这封信时，又给我写了信，说：“三联这些年确实被出版史家们淡忘了，当然也可能不是淡忘，而是认为，三联的‘革命性’现在不时髦了，商务、中华的‘文化性’才是值得赞扬的。这是对'文化'的浅解，而且，三联即便是解放前，也出过大量进步文化的书，如鲁迅的书，高尔基的书，乃至许多文学名著(《巴黎圣母院》等)。然当下世风如此，所以我们要奋起自重。"

看了有关三联书店和新华书店问题的一些资料后，我认为，这些意见都很好，都很重要，是写好"民国卷"必须解决的问题。而当我看完了"民国卷"2007年修改稿后又感到很高兴，因为这个修改稿认真地吸收了仿子、士德等同志的意见，有了很大的改进，把党所领导的革命出版事业单列一章(第十二章)，把有关历史事件和人物集中而又分别作了论述，并在编辑出版家群体中补写了邹韬奋、徐伯昕两位三联书店的主要代表人物。当然，也还有若干具体问题有待加强、增补和调整。比如在三联主要代表人物中增补胡愈之，补写1949年7月18日中共中央关于三联书店今后工作方针的电报指示等。

我想，在"民国卷"一个重要问题形成热点、编写者与出版界有关人士互不通气的情况下，作为《中国出版通史》的顾问之一，我也应该做一点事情。2008年2月22日，我写信给石峰、郝振省同志，向编委会告知我对这一卷的关注和我对2007年修改稿的基本评价，以及我对今后工作的意见；同时附送王仿子致汪家明的两封信。说实话，我不希望在"民国卷"作了重要修改后，编委会仍然还承受着来自出版界有影响人士的某种压力。因此，我将我给石、郝信转送三联书店有关同志，以利于消除疑虑。关于今后工作的意见，信中说："撰写民国卷(1912—1949)三十八年出版史，必须正确解决革命出版事业历史地位及其相关问题，而认真听取仿子等同志所代表的一代人(包括他们的继任者)的意见是其中的重要条件。因此，我建议将民国卷修改稿分送仿子等同志(五、六人即可)审阅，请他们对修改稿提出修改意见和作出基本评价。《中国出版通史》是在总署领导下由中国出版科研所组织编纂的国家重点出版项目，非一般学术著作，对重大问题取得基本共识，是不能不达到的基本要求。在目前，消除疑虑、取得共识与听取修改意见，同样重要。”

现在，可以概括地说一说“民国卷”出版本比2004年初稿所做出的改进和所取得的进展。主要是：(一)将“中国共产党领导的出版事业，从原来分散叙述改为专章模式”的十二章(本书后记)，使党“如何有效地利用出版作为革命斗争的工具”“那一时期重要的出版文化现象”，且是“中华人民共和国出版业源头”(本卷导论)，包括各个革命历史时期的主要出版单位和主要出版活动，作了符合历史的全面评述，给人们留下了清晰而又深刻的印象。(二)在“出版家群体”的第七章，将三联书店主要代表人物邹韬奋、徐伯昕、胡愈之三人同张元济与王云五、陆费逵与舒新城等并列，各为一节，以显示其重要历史地位。(三)在“其他较有影响的编辑出版人”的第七节，像对待商务印书馆、中华书局等著名出版单位一样，将“曾在生活书店、读书出版社、新知书店供职的编辑出版人”杜重远、艾寒松、柳湜、张仲实、万国钧、孙明心、俞鸿模、黄洛峰、艾思奇、华应申、石西民等11人，先后列出，简介其“主要编辑出版活动”。

我注意到本卷后记说，在编委会召开的二十余次编撰工作会议上，有多次讨论到本卷的内容。“观点上的争锋，学术上的辩难，对我们深化历史认识，提高撰写质量，大有裨益。”这其中，经过“争锋”、“辩难”，“深化历史认识”，使编者获得“裨益”，经王余光、吴永贵等主要撰写者的辛勤劳作，确已获得重要成果的，当首推正确解决革命出版事业在民国出版史中的重要地位和作用问题。

在新华书店和三联书店历史地位问题出现的争论，似乎同曾经在撰写五四以来思想史、文化史引发的争论有某些相似之处。在学术界，人们高度关注和评价商务印书馆及其代表人物对发展中国近现代出版业所做出的历史贡献，这是正确的和必要的，而对新华书店和三联书店所代表的革命出版事业所取得的历史成就的关注和评价则曾经显得有些不足。建国后，新华书店演变成图书发行单位，不再承担出版任务，而三联书店则长期处于副牌地位，远不如她曾经做出历史性贡献的三四十年代那么受到人们的广泛关注，这同商务印书馆在建国后特别是改革开放后所产生的影响力形成鲜明对照。然而，观察现状与评价历史毕竟是不同的。这里的关键在于写历史要符合历史，要准确把握历史发展的脉络和走向。38 年的民国史，在推翻满清统治之后，中国共产党领导的人民革命事业由兴起到胜利，是这一历史时期最重要最伟大的事件，决定着中国命运的走向。而革命出版工作，是这一时期整个革命事业的一个组成部分，是作为革命政治斗争工具的文化工作，必须从这个大局来观察和处理革命出版事业的历史地位与重要作用。如果讲学术观点，这也是反映这段出版史极为重要的学术观点。我注意到并在前面引出，编著者最终是把这一“出版文化现象”作为“革命斗争工具”和“中华人民共和国出版源头”来观察和撰写的。民国出版史对革命出版事业的撰写，不是简单的“由分散叙述改为专章模式”，而是顺应了历史走向，把握了这一历史时期政治斗争与出版文化的内在关系，反映了具有时代内涵的一个重要历史时期的“出版文化现象”。因此我认为，民国出版史因其对革命出版事业的正确处理，而成为近现代思想史文化史系列的一部成功之作。

一部翔实准确的现当代出版史著

——读王仿子《出版生涯七十年》

〔题记〕此文是2010年5月28日在老出版家王仿子《出版生涯七十年》出版座谈会上的发言。《出版发行研究》(2010年第7期)发表时用题《九旬出版老人的忆旧与怀人之作》。

我非常高兴看到王仿子《出版生涯七十年》的出版。

有七十年出版生涯的，能有几人？所以很珍贵。

仿子同志说，这是一部忆旧、怀人之作。忆旧是回忆七十年的出版史，怀人是怀念与之共同奋斗的战友。这是一部人物与事件结合着讲述的翔实准确生动的出版史著。

先讲人物。我认为极为难能可贵的是这部书的主人公是一位94岁高龄仍然在勤奋思考、笔耕不辍、时刻关注今日出版走势的老出版家，他一辈子只干出版、全心全意干出版，而且业绩卓著、令人敬仰。在书中我们看到这位老出版家在抗日战争、解放战争、新中国各个时期为出版事业奋斗的身影，看到他在出版社、在书店、在印刷厂奋进的足迹，看到他在出版领导机关对出版事业的操劳与谋划，看到他在出版和印刷两个协会为开展对外文化交流与合作做出的贡献。历史在一定意义上说是由人物与事件组成而以人物为主导的。仿子同志七十年出版生涯，是七十年出版历史的一个缩影，从一个或多个侧面反映了七十年出版发展的脉络，特别是为我们树立起一批优秀的出版人物群像。我们从仿子同志为出版奋斗的业绩、思想和品格中深得教益。仿子同志在书中向我们讲述的邹韬奋、胡愈之、徐伯昕、黄洛峰、夏衍、陈克寒、胡绳、华应申、程浩飞、陈原、钱君匋、曹辛之、赵晓恩等老一辈出版家的历史业绩，为我们研究出版史提供了宝贵的人物资料。书中还评介了几位外国友人，如日本的安井正幸、森泽信夫、讲谈社三代野间社长，以及下中邦彦等。仿子同志还选收了一些历史照片，他深情地说，“有些照片是很让人留恋的了”，我也深有同感。

再讲事件。这也很重要。仿子同志在书中讲述了许多重要的出版事件，又都是他亲历亲为的，真实可信。可以说，七十年来出版史上一些重大事件，一些重要单位，都可以在书中得到了解。你想了解生活书店以及后来重组的三联书店吗？你想了解建国前后的中宣部出版委员会是怎样成立并做了哪些重要工作吗？你想了解建国后第三天即召开的首次全国出版会议都有哪些议题、做了哪些决定吗？你想了解新华书店是怎样由分散走向统一并成立总管理处的吗？你想了解毛主席“认真作好出版工作”的题词是怎样做出并成为印制《毛泽东选集》的一次成功实践的吗？你想了解建国后第一次书籍定价办法是怎样制订及其主要内容并对后来书籍定价制度形成的影响吗？你想了解新中国排名第一的人民出版社和首家大型印刷企业中国印刷公司是怎样成立的以及这两家重要出版单位成立后各自的开创性工作吗？所列这些问题，你都可以在这部以亲历亲为亲自撰写的史书中得到答案。

因此我认为，对这部史著，我们后来的出版人不可不读，我们的研究机构不可不研究，我们编写现当代出版史著不可不作为参照。在编写《中国出版通史》过程中，关于近现代出版史编写，我特意建议要多听取王仿子同志的意见。现在有了这部书，我们更要充分利用。

因此，我在这里要特别感谢仿子同志，要特别感谢此书的策划者和编辑出版者上海出版博物馆和上海百家出版社。

2010 年 5 月 28 日

向王仿子祝贺八十寿辰（1996 年）。

其文有用　其人可敬

——读喻建章《我的七十年出版生涯》

〔题记〕此文是为1925年出生的老出版人喻建章著《我的七十年出版生涯》一书（江西人民出版社2008年出版）写的序。2007年10月10日，我写出序稿后致喻建章信中说："《我的七十年出版生涯》稿已拜读，并遵嘱写了一篇读后感，内容大都是从大作中摘录并加了些评论的，如有不当之处，请予指正。"信中还说："1980年青岛读书会后，我同您的接触并不多，对您的为文和为人也主要是读了大作之后才有较为全面和深入了解的。这也说明您写出此稿出版此书确有必要。"这必要体现在我写此序的八字题中"其文有用，其人可敬！"

喻建章同志将他的新著《我的七十年出版生涯》排印稿寄来，拜读后掩卷思之：其文有用，其人可敬。有用，是指其文的价值；可敬，是崇敬其人的品格。

1925年出生的喻建章，从1937年12岁到中华书局南昌分支机构当练习生起一直从事出版工作，迄今已是一位有七十年出版实践的资深出版人了。建章同志经历丰富，当过编辑，搞过发行，编过刊物，做过社长，管过出版，从领导岗位退下后又集中精力抓出版科研十余年，出版领域的方方面面都留下他的足迹，许多方面烙印深刻，个性鲜明。《我的七十年出版生涯》回忆了他的丰富经历，记述了他所经历的人和事，也从一些侧面反映了时代的变迁。我确信，每一位阅读者都会对其文的价值做出公允的评价，更敬佩其人的品格。

建章同志从青少年时代起就具有强烈的出版情愫，一生都以出版为业，矢志不渝，奋战不止。书中从多个侧面总结他做出版的体会，在《我的出版理念》一章中更对出版的本质和他的出版实践作了深刻论述，值得认真一谈，其中一段如下（以下所有引文均见本书）:

我目睹人民社的社长走马灯似的轮换，如果把出版社长当官来做，是很难长久的。因为出版工作是专业性工作，需要职业化，长久干下去，积累下去，才能做出一些成绩来。许多名社、老社、大社的领军人物，够得上称为编辑家、出版家的，大部分是干了一辈子的。……出版社是出书的，内中只有科学文化的内涵，并无所谓“黄金屋”、“颜如玉”那些官本位追求者的幻想。如果计较官阶，就不可能去追求出版职业化了，就不能心平气和去认真做好出版工作了。

建章同志是这样说的，也是这样做的。他几十年的所在单位江西人民出版社 1968 年（“文革”中）被撤销，并入省新华书店，他放弃去省文教办的良机，“宁可在书店编辑组带着一些编辑在那儿坚守”。为了恢复江西人民出版社的建制，他到处奔走呼号 :1977 年

12月全国出版工作座谈会上，他作大会发言，“将撤销出版社的经过及目前现状据实在会上报告”，会议简报作了刊载;1978年10月借在庐山召开全国少儿出版工作会议之机，他请主持会议的陈翰伯、许力以同志向省委提出复社的建议:他更借各种机会向省委省政府领导反映撤社之不合理、复社之迫切。1979年省委省政府批准恢复人民社建制后，为解决人民社办公用房问题，他去找省委主要领导，“但门槛难进，于是趁下午他在家休息，由公馆厨师带我从侧门进去”，经当面陈述终于争取到有利于解决的批示。

当好出版社社长，要抓好经营，更要抓好出书，而做到这一点的关键又在于发现和扶植作者，发现和培养编辑人才。这被建章同志视为发展出版的“能源”。书中讲的两件事引起我的注意：其一是关于发现和扶植作者的，讲了若干例，其中讲到:在“文革”中期，喻建章即冲破“左”的阻力，敢冒风险，亲自约请下放农村的杨佩瑾来社创作反映朝鲜战场的长篇小说《剑》几经周折，使其出版，先后印行一百多万册，并被外文出版社译成英、日等文字出版，后又支持其出版多部长篇小说，作者一举成名，当选江西省文联主席。其二是关于发现和培养出版社编辑等人才的，也讲了若干例，其中讲到:桂晓风原在某县工作，专业不对口，要求到出版社当编辑，喻建章专程到乡下寻访，前后联系三年，将其调入出版社当编辑；熊向东原在南昌教育部门工作，因曾在北京人教社当编辑，要求到江西人民社工作，喻建章欣然接受将其调入当编辑。桂晓风、熊向东二人后来的发展有多种因素，但进入江西人民社则是一个不可忽视的起点。

建章同志重视出版高质量的图书，也重视编好社办期刊。这被他称为“书刊并举，双向发展”。在他的主持下，创办了大型文艺刊物《百花洲》；1979—1982年间江西人民社还办了其他刊物9种。

这些刊物“在创办时都有个特定过程和遭遇，但至今都存活着，并有各自的发展和稳定的质量”。

建章同志退休后，退而不休。他受省新闻出版局委托，主持全省出版科研工作，带头写科研论文，直至现在仍坚持不懈。从1991年起，每年召开全省出版科学研讨会，出版论文选八集(均由喻主编)。由于局社领导大都参加论文撰写，带动一批年轻人也参与进来，培养了一支科研队伍，使江西省出版科研由滞后转为领先。

建章同志七十年出版生涯始终在江西，但他勤于思考，善于积累，对他所参加的全国性会议(活动)，如1950年参加出版总署召开三联、中华、商务、开明、联营“五联干部会议”，成立中国图书发行公司，1978年10月参加庐山全国少儿出版工作会议，1979年12月参加确定“立足本省、面向全国”出版方针的长沙会议等，都有比较详尽的记述，有的还配发了有关的历史资料。这对一个在地方工作的同志来说更是难能可贵的。此外，1980年夏，我受国家出版局和中国出版协会的委派，在青岛主持全国出版社总编辑读书会，静心读书与研讨，建章同志竟能保存一套完整的资料，于读书会举办26年之后，写出专题回忆文章，在《中国出版》和《出版史料》上发表，并将对此事的回忆收入本书。

建章同志在本书《自学一生、学无止境》一章中，对自己出版七十年实践作了深刻精辟的揭示和解说，很是感人，很有说服力。他说：“学历，应是指一个人受正规学校教育的程度，我因家境贫寒，在少年时代只读过三年私塾，一年公立学校，却又偏偏踏进了对学历要求很高的出版、文化部门工作，为了在这个行业有立足之地，只能是以勤补拙。我的‘学历’就是我自小到老边学边干、边干边学的经历。”我看到此处，不由地作了一个旁注：“学历新解”，表示赞同。他的确在这条路上，边学边干、边干边学、点滴积累、顽强拼搏，成就了一位资深出版人。他的四个儿女都有高学历，但他仍教育他们："再高的学历也要加强自学，学无止境，干到老学到老才是硬道理。"

最后我想说，《我的七十年出版生涯》有史料价值和借鉴意义，喻建章是出版人学习的榜样！

2007年10月于北京寓所

同喻建章在北京寓所合影（2007 年）。

一段尊老敬贤的出版佳话

——《海滨诗草》31年后出版序

〔题记〕《海滨诗草》2011年12月由江西人民出版社出版后，受到好评，反响热烈。据该诗集主编喻建章来信说，诗作者或他们的子女，“多数均有热情的回复”，“引发了他们对往事和亲人的回忆与思念”。老出版人刘杲读后致信喻建章：“捧读之际，不禁回想当年。改革开放初期，人心何等振奋。万马奔腾，千帆竞发，非凡气势于诗中可见一斑。”

中国出版工作者协会1979年12月成立不久后，即在次年夏季举办了两次全国性编辑干部读书会，先是在承德避暑山庄（由中国版协副主席、老出版家黄洛峰主持），后是在青岛海滨，两次我都参加了。历时月余的青岛读书会我是全程参加，且奉命主持其事，留下的印象也更深一些。青岛读书会参加者江西人民出版社喻建章在2008年出版的《我的七十年出版生涯》中，以一节《全国总编辑读

1980 年“全国编辑干部青岛读书会”全体学员合影。前排左 4 为本书作者，二排右 3 为《海滨诗草》主编喻建章。

书会散记》作了回顾，并先后在《中国出版》和《出版史料》两个刊物发表单篇回忆文章。我为喻著写序时也提到此事。2011年8月27日，喻建章又写信给我，建议由我促成出版他深藏31年的青岛读书会参加者的诗作《海滨诗草》并作序。信中说：

近接湖南人民出版社老社长黎维新等几位老同道来信，他们从我的《七十年出版生涯》回忆录中得知我还存有青岛读书会学员们即兴创作的打印诗集《海滨诗草》一册，纷纷要求抄寄一份作为纪念。其实我前些时搬家，书稿打乱无法应命，最近从整理旧稿中竟发现了它，但已风黄，却字迹清晰，现复印一份寄去，31年了，不知您是否能记起？

我认为这些诗品虽非佳作，但却反映了改革开放初期这部分老出版工作者的愉悦心情，其中有部分作者已去世（如福建的陈德峯、新疆的哈斯巴克、青海的李恒朴、甘肃的曹克已、山东的初甫川、北京的郑公盾等）。健在的多数已过了八十高龄。参加读书会的绝大多数一辈子从事出版事业，系为人作嫁衣的裁缝师傅，留下这本小诗集，可供他们晚年小小的纪念。因此，拟请您这位当时读书会主持人写个序言，通过总署相关主管部门（署人事司、出版司或中国版协）向青岛出版社推荐出版这个小册子。考虑到读书会系在青岛，作品的内涵也是有关青岛环境，富有历史和现实意义。估计此书发行不会有什么收益，出版社可免付稿酬。

2011年9月19日，我又收到喻建章的催办信，并寄来黎维新提供的当年青岛海滨游泳集体照，备诗集出版采用。

我无力处理此事，便给现任新闻出版总署出版管理司司长吴尚之写信求助：

此次读书会正逢十年动乱结束之后，拨乱反正初见成效之时，四十余名出版社领导骨干从全国各地聚集滨海城市，以潜心读书为主，辅以讨论交流，间有游海登山，伴以诗词吟诵，至今仍然成为参加者深情忆念的话题。《海滨诗草》如其编者前言所说，是“以诗的形式记下了读书和各种活动，以及参加者的心情。”喻建章建议由当年读书会东道主青岛出版社（当时尚未建社，称出版办公室，应视其为社之前身）出版。我对今日出版三十余年前的这个诗集未想周全，故写信给你，请予酌定。

我的信于 2011 年 9 月 20 日上午 9 时许送到吴尚之处，他看完信和附送的有关资料后，在上午 10 时 30 分左右即给我这个无能为力者回电话表示支持，他考虑还很周全，为方便 87 岁高龄的喻建章老同志联系出版者，建议此诗集在南昌出版，并将同近期来京办事的江西人民出版社社长商定此事。9 月 28 日，徐建国社长、游道勋副社长面告建章，遵照尚之意见，此诗集由江西人民出版社出版，并请建章出任责编。就这样，我未想周全、也想不周全的《海滨诗草》在 31 年后出版之事，尚之都想得周全、也处理周全了。建章叫我写序，我也找到了便捷的出路——把建章提出倡议、尚之出面谋划和两位社长拍板的过程写出来不就成了吗？参加读书会的大都是建国前参加工作的出版社总编、副总编等领导骨干，在任时对出版改革进行了积极的宝贵的探索，称他们为老一代出版贤人决不为过。我相信，这个诗集的出版过程，必将成为一段尊老敬贤的出版佳话。是为序。

这里我突破写序的常规再补写几句：当年我受“创立诗社、吟咏奋勉”的感染，也曾跟着哼出几句顺口溜。因毫无诗味，未送入诗集，今从旧稿堆中翻出《崂山游》片段，其中游崂山太清宫时得知蒲松龄曾在三皇殿写作《聊斋》。查其《崂山道士》篇，描绘书生王七少慕道，懒工读，入观后，又生邪念，欲以仙法不劳而获，终碰壁。蒲松龄讲了这个故事后又以“异史氏曰”(笔者注：蒲氏自称，因《聊斋》所说多为“怪异”，故以“异史氏曰”模仿《史记》篇末之“太史公曰”，自说自评)借昔喻今，说“世之王生者正复不少”。我由此吟出：“西有三皇殿，蒲氏著奇篇。狐鬼亦有情，唱出人间怨。崂山一书生，邪念留笑谈。吾辈崂山游，王七可为鉴。工读宜勤奋，无私宏图展。”此乃自吟自娱，绝无入集之念。今借31年后为诗集写序之机，在集外也在序外道出，作为印证当年读书会诸学友之愉悦心情，也以此与诸学友及其后人作一次心灵沟通。是为补序。

因写序，我又翻阅1980年几期《出版工作》(中国版协主办，今《中国出版》之前身)，在第10期载有承德避暑山庄读书会“一些老同志在读书之暇，诗词唱和”之《诗三首》。读书会主持者、老出版家黄洛峰一首《江声》诗特别引起我的注意和联想：

江声

承德久旱，武烈河日涸，息于“月色江声”湖畔，思潮起伏，即景偶成。

江声久歇几时有？
坐看云山似亦愁。
岸柳无心空自舞，
凝眸望断烟雨楼。

当年在承德，我也曾在读书之余，陪同黄洛峰参观避暑山庄和外八庙一些文物景点，在交谈中我感到，这位老革命、老出版家对十年动乱给党和国家造成灾难性后果有着深一层的思考和难以摆脱的忧国忧民之心，这从他的诗中是不难看出的。但我同时感到，他对粉碎“四人帮”和十一届三中全会后大好形势及未来走向还是充满着热忱、信心和期待的。

黄洛峰1909年出生，1927年入党，1936年创办读书出版社，1948年生活、读书、新知三家合并后任三联书店管委会主席，建国后长期主持国家出版工作。他在十年动乱中被诬陷为“三联黑店大老板”，身心屡遭残害，但仍能保持乐观和斗志，为恢复和发展出版事业殚精竭虑。他是深得出版界尊敬的老一辈出版家。在刊载黄洛峰《江声》诗这一期《出版工作》上，还刊有中国出版工作者协会1980年8月30日召开主席团扩大会听取我以秘书长身份作的工作汇报，其中谈到“举办了读书会”，“第一期在承德避暑山庄，已经结束。第二期在青岛，即将开始。”五个月后举行的出版协会主席团第二次扩大会上，依据山庄和滨海读书会经验总结，我又进一步谈到办读书会“可以使出版干部脱产读一点书，又可以互相交流工作情况和经验，因而受到了欢迎。今后，读书会将坚持下去，并努力办得更好一些，形式也可以多样一些。”（《出版工作》1981年第三期）这更加促使我借为《滨海诗草》作序把黄洛峰的诗作引进来，因为先后两届读书会参加者都是应当受到尊敬的老一代出版贤人。尊老敬贤的出版佳话，怎能顾此失彼呢？是为又序。

2011年国庆假日写于北京寓所

金冲及《七十后治史丛稿》编校质量的通信

〔题记〕人民出版社自成立以来一贯高度重视编校质量，至今在全国出版社仍处于编校质量总体领先水平。但在编校总体水平有所滑坡的情况下，人民出版社也有个别图书出现编校差错。我给黄书元社长、辛广伟代总编辑写信指出，在出版金冲及教授《七十后治史丛稿》一书中出现的编校差错，即是一例。然而，当看到该社领导班子对个别编校差错所采取的严肃态度和补救措施后，则使我相信，人民出版社定会保持和发扬高度重视编校质量的好传统。

致黄书元、辛广伟信

书元、广伟同志：

近日，老友金冲及将他的《七十后治史丛稿》赠我，我读后认为，人民出版社在当前出版此类史学著作，很值得肯定和称赞；但也感到编辑工作有些粗糙，因而在阅读产生兴奋和满足时还伴有某些美中不足之感。

例如，如后记所说，此书所收主要是作者年逾七旬之后所写论文，我阅读时也自然注意各篇写作时间和出处，但也有遗憾，其中的《蒋介石是怎样应对三大战略决战的》、《新中国诞生的划时代意义》、《谈谈新中国的“前三十年”》、《二十世纪中国历程的启示》、《答〈中国历史评论〉问》等多篇，均未注明写作时间和出处。金冲及是我国研究近现当代中国历史的著名史学家，近二三十年来在编辑和编写我国党和国家主要领导人著作和传记的同时，先后出版了《辛亥革命史稿》、《五十年变迁》、《转折年代——中国的 1947 年》、《二十世纪中国史纲》（四卷本）等史著，可以说《七十后治史丛稿》与前述著作在学术思想、研究成果上是一脉相承的，然而，由于编辑工作不到位，未注明写作时间和出处，不能不给读者特别是研究者的研究与思考带来不便。

再如，书中《杨西光在复旦大学的日子》（见 451 页），是《光明日报》为纪念（似乎是）《实践是检验真理的唯一标准》的发表和此文重要组织者和策划者杨西光逝世二十周年，特邀杨西光在复旦大学任职时的助手金冲及、江春泽“撰写文章，以志纪念”。此文收入《七十后》时，报社当年为发金、江二文所作的那段编者按语仍按原样并以正文相同字体印于金著书中（笔者注：共 7 行，约 150 字，含“今年 5 月 14 日是杨西光同志逝世 20 周年纪念日，本报特邀金冲及、江春泽二先生撰写文章，以志纪念”），同样也未注明发表时间。此前我曾在《光明日报》读过此文，今日读金著，虽也努力回忆，但仍不能准确判断发表此文是为纪念“真理标准大讨论”，故在讲此事时注明了“似乎是”。如果不是由于编辑的粗心（或曰缺了一点责任心）造成这一技术性差错，也就不会使读者阅读遭遇此种困难了。

此外，书中的错字，如第526页第8行将“民族”印成“民放”，也顺便提一下，但愿仅此一例而已。

人民出版社的编辑工作一向以科学严谨著称，历史上形成了以林穗芳、白以坦等为代表的编辑队伍和优良传统。我觉得，《七十后》出现的问题不能不说成是传统缺失的一例，更表明在当今加强编辑工作、发扬优良传统之必要。

以上，就作为我的一点建议吧！

宋木文

2010年5月24日

黄书元、辛广伟的回信

木文老首长钧鉴：

大札收悉。老领导对人民出版社、对我们两人工作之关心，令我们俩非常感动。

大札所涉事宜，乍看似乎是编辑责任心不强问题。其实，事关编辑基本专业素养，且不仅涉及一个编辑，实乃关系全社编辑之专业素养，关系人民出版社整体出版物编辑质量问题。亦如您所言，关系到人民出版社的传统传承问题。

正因此，接获大札后，我们采取了两项措施。一是对该责编及相关领导进行了严肃批评，并要求他们提出可能之补救办法，包括对该书再进行一次全面编校质量检查，结合您提出之问题及检查后发现之其他问题提出相关增补完善意见。二是责成总编室、人事处等部门在制定今年编辑业务培训计划时，增加相关内容事例，进一步加大责任意识和质量意识教育，加强继承和发扬人民出版社优秀传统教育，力求每个编辑都能牢牢树立把好书稿编校质量关意识。

身处人民社，我俩均感责任重大，如履薄冰。个人虽不才，但定会加倍努力，兢兢业业，以求不负各方所望。再次感激您之关心，亦望前辈继续一如既往地指导支持我们之工作。

最后祝前辈身体健康，阖家欢乐！

人民出版社

黄书元　辛广伟敬上

2010年5月25日

以书价破题促改革

——陈昕《中国图书定价制度研究》序

〔题记〕陈昕新著《中国图书定价制度研究》，已由北京三联书店于2011年4月出版。这篇序文，主要内容是对这部专著的理解和体会。以书价破题促改革，既是陈昕著作原有之义，也是我的发挥和倡导。文末“我的一点进言”，则反映了我对当前出版改革及其走向的一些看法。此文曾在上海《文汇报》(有删节。2011年3月28日)和《中华读书报》(2011年3月30日)发表。《中华读书报》发表时，编者将文题改为《陈昕：倡以书价破题促改革》，经陈昕和我指出后，编者承认改得失当。

近日，收到陈昕同志来信和他的新作《中国图书定价制度研究》书稿，希望我能为之作序。他说：“您是1984年以来中国图书定价制度改革方案的制订者和参与者，我在研究图书定价制度时曾反复拜读了您在《亲历出版三十年》中有关书价改革的文章，受益良多。

因此，我想请您为我这本小书撰写序言，谈谈新时期以来书价改革的过程及其对中国出版业快速发展的意义，以便让更多的同志了解中国书价制度建设的重要性。”

我时年八十又一，家人和友人都约束我不要过度劳累，一般情况下，不要再做为书作序写跋这样的事了，但陈昕不同，他是出版界少有的用经济学理论和方法研究出版问题的学者和重要出版实体的主要负责人，而在拜读书稿全文之后，又觉得有实质性内容可写，不作这个序倒是有些对不住陈昕的创见和厚望了。

从开篇与结尾看陈昕的科学治学精神

读完书稿后，我觉得有必要先对开篇与结尾说一些话。

陈昕是对“自上个世纪80年代中后期中国图书价格管理体制改革之后，图书价格的不断攀升一直成为人们热议的话题”的关注与研究开篇的，进而又通过对图书定价的多侧面多层次的经济学分析，解剖了图书定价问题所反映的制度性弊端，既为新一轮书价改革发出呼唤，又为深入进行出版体制改革破题。

陈著上卷对图书定价作了经济学分析。他指出，图书是以内容为王的信息产品，是低价格弹性和高收入弹性的商品，具有较强的垄断性。他认为，图书市场存在的垄断性，容易出现生产过剩，三级价格歧视和跨期价格递减是图书市场的基本定价机制。他对图书商品经济属性和图书市场特征的这些分析，对我们了解图书价格的特性和走向，提出相应的对策，增强驾驭书价的自觉性，有理论指导实践的现实意义，值得重视。

在下卷，陈昕以开阔的视野和重要出版单位改革带头人的实践体会，对中国图书价格制度的建立和演变的历史进程作了回顾，对近几年书价不断走高的状况及其制度性根源作了剖析，对今后深化出版体制改革提出了政策性建议。

这些经济学分析使我受益匪浅。我更敬佩陈昕对书价研究的科学态度和治学精神。陈昕在书稿结尾处特别注明，此书 2008 年 5 月至 2009 年 2 月写出第一稿，又从 2009 年 4 月至 2010 年 11 月经六次修改而定稿；还附注撰稿的参考文献 40 篇。这表明，陈昕的这部专著是经过充分准备、广泛阅读、深入研究、多次修改而完成的。这更是值得学习和肯定的。

中国书价从“计划体制”向“市场体制”的转变

陈昕说得好：“社会主义市场经济改革决定了图书定价制度的市场化取向。在研究图书定价制度的市场化改革问题时，我们不仅要重视图书定价的计划经济模式向市场化模式转变的历史过程，而且更应该注重市场因素对图书价格影响的实证分析。”

陈昕把建国以来图书定价制度的演变划分为五个阶段。对于陈昕所说建国初期出版社自我定价和 1950 年代中期到 1980 年代中期的价格管制，我没有参与，不知其详情。我参与制订方案并监督执行的是 1984 年到 1993 年的书价改革，通称 1984、1988 和 1993 年的三次书价改革，也就是陈昕所说的“计划与市场过渡时期”和“正式进入市场化阶段”的开端之年的书价改革，这之后我就不在政府任职了。现在回忆起来，我没有那么高的自觉性，理性地提出要由计划经济向市场经济过渡，只是顺着潮流探路走。在上游产品大幅涨价、图书定价过低的情势下，要为出版社求得生存谋得发展；而当时实行的定价制度又管得过严过细过死，需要简化，让出版社便于执行并有一定的灵活性（实际上是给予一定的生存发展空间）。这样便出台了 1984 年由 38 类划分为社会科学和自然科学两大类、由 12 个档次改变为只分上下限的调价方案。这是对建国后长期实行的定价办法即陈昕所说“价格管制”的突破。1988 年的那次印量在 3000 册以下学术著作按成本定价的改革，更是被逼无奈，我才跑到中国科学院所属科学出版社作调研，拟方案。此次改革为当时受价格管制影响最大、出版社亏损最多、出版最难而读者特别是科研和教学人员又最为需要因而呼声最高的学术著作谋得一线生机。后来也证明，这次改革是拯救了学术著作出版，也为国家科学、教育、文化事业发展大计助了一臂之力。学术著作定价放开，对出版物价格改革的全局有重要影响。1993 年 4 月的第三次书价改革在 1984、1988 两次改革所定原则的基础上，进一步明确图书定价要面向市场又区别对待，实行三类管理：第一类，对教科书，实行国家定价，分中央与地方两级管理；第二类，对党和国家重要文献，由出版社按微利原则定价，报国家主管机关备案；第三类，对其他图书，也是图书的大多数，由出版单位根据生产成本和市场需求自主定价，国家实行宏观调控，以保持书价相对稳定。要求各单位切实搞好成本核算、降低成本消耗、建立以盈补亏的出版机制，鼓励学术著作和重点图书的出版，力求做到社会效益和经济效益的统一。这样，除教科书外，一般图书的定价，基本上完全放开，由市场进行调节了。

2008 年 3 月，我在《出版发行研究》上发表《改革开放后的三次书价改革》一文，对 1984—1993 的书价改革作了评估：“我国书价体制改革是同我国经济体制改革和市场经济发展同步的，有力地推动了书价管理体制由适应计划经济向市场经济的转变，逐步确立了中国特色社会主义图书价格体系的基本框架。”这是对那段时间有媒体突出地报道说，改革开放三十年了，我国书价制度未作改革，仍然实行 1956 年的“计划模式”的回答。

中国图书固定价格制度的演变与虚高特征

陈昕对中国书价制度历史演变进行考察后说，中国图书价格市场化后最初实行的仍然是固定价格制度。

陈昕对反映中国国情的固定价格制度状况进行多侧面的实证分析后得出结论：改革开放以来中国图书价格不断走高，并且是以超过整体消费品价格上涨的速度在不断走高。他认为这种价格不断走高符合图书高收入弹性、低价格弹性和垄断性的经济属性；符合图书多品种、小印数并在一定程度上助推价格上涨的发展趋势；符合出版与发行关系上风险主要集中在出版社并易于助推书价上涨的这种风险机制的实际；最终造成图书的实际销售价格远远低于名义价格，前者一般是后者的60%—80%，而其中的专业类图书又常以高定价大折扣造成高定价卖不了高价，使中国书价由不断走高变成不断虚高。

陈昕指出，无论同其他商品比，还是与外国图书比，中国书价都谈不上昂贵，在某些领域，比如专业图书，甚至还偏低。但图书是一种准公共产品，价格攀升更容易引发人们强烈的不满情绪。他对中国人口读书状况作了分析后认为，中国广大读书人口收入偏低，他们如果买不起书，会成为制约中国未来发展的一大隐忧。这个警告是值得重视的。

陈昕对中国图书价格虚高的生存环境、内在原因特别是制度因素作出了分析，并且提出了政策性建议。

他从竞争策略、竞争模式、竞争结果三个方面，对各种虚高状态所作分析表明：如果图书市场充斥着大量的内容低俗、抄袭、模仿、粗制滥造甚至无病呻吟之作，打价格战就会成为占领零售市场的重要手段，而热衷于做“大书”、“伪书”、“跟风书”、“特价书”、“项目书”、“一号多书”，必将带来无序和过度竞争，久治不愈，愈演愈烈，还会成为书业常态和顽疾，造成生产过剩，库存急剧大量增加。2007年库存金额达到565亿元，为1988年的26倍，超出了一般公认的警戒水平。这使我想起深得陈昕敬重、被陈昕称之为出版界前辈的巢峰兄，曾对“出版滞胀现象”所提出的警示。

陈昕认为，像中国这样超规模的生产过剩必然反映出中国图书出版产业存在一些根本性的体制问题。

改革出版的行政性壁垒的建议

陈昕认为，中国对出版社一直实行生死两难的行政性准入与退出壁垒，扰乱了产业内正常的优胜劣汰机制。多年来，又实行书号由国家最高出版行政当局统一配制，书号代表国家赋予的出版权利，是图书实现利润的前提，出版社就尽一切可能用足书号，运营效率低的出版社通过“寻租”、凭借倒卖书号而获得“生存”能力，从而不必退出市场。这是造成图书品种猛增，低质书泛滥，乃至生产过剩的制度性原因。我记得，三十年前，因印刷生产能力不足等原因，曾出现出书“一版定终身”，使读者买不到所需要的书，想不到今天又出现陈昕所指的长版书越来越少的新的“一版定终身”。陈昕认为，这种短期行为，不顾品牌和长远发展的“竭泽而渔”，出版社产品质量下降就自然不可避免。陈昕说得好，这种低质图书唯一的竞争手段是价格战，其产生的“劣币驱逐良币”效应，对图书出版产业造成的损害，是非常大的。前不久我看到《人民日报》(2010年12月13日)发表长篇的记者观察《书价竞折腰，馅饼还是陷阱》，讲价格战又在升级，呼吁“出版秩序需要构建”。

陈昕建议改革政府管理体制，按照社会主义市场经济的要求对政府的功能进行调整，厘清政府与出版的关系，改变政府行政行为对出版业的过度干预。陈昕建议：(一)允许国有、民营甚至外资企业有条件地进入出版行业；(二)努力建立和发挥行业协会的作用，逐步把政府的部分职能转移到行业协会；(三)进一步破除区域行政壁垒，做大做强中盘。我也认为，如果多年形成的部门所有、地区分割和行政权力不适当干预的情况不改变，当今转企改制中人们高调唱和的重塑市场主体也难以规范行世。

呼唤新一轮的书价改革

陈昕认为，现行出版与发行领域的非正常激励机制助推了图书价格的“虚高”。其一，风险分担不均。现行退货制使出版风险几乎全由出版社承担，出版社常以高定价规避风险。其二，恶性竞争与价格战。随着销售渠道竞争的日趋激烈，零售方的利润在大幅降低，从而形成上游“倒逼”的机制，出版社不得不提高图书定价以给发行和零售商更大的折扣，而能拿到更高折扣的零售商又会率先进行新一轮的价格战，由此形成恶性循环。其三，中国图书市场一直实施转售价格维持制(固定价格体系)，但一段时间以来这一制度并没有被严格遵守，特别是近年来网上书店和部分实体书店的折扣行为，使得中国图书市场的固定价格制名存实亡，处于既非“固定价格”又非“自由价格”的“名义价格体系”。尽快规范图书定价方式，整肃市场秩序，在业内已达高度共识。2010年1月，中国出版工作者协会、中国书刊发行业协会和新华书店协会在联合发布的《图书公平交易规则》中规定了“限折令”，算是对这一共识的首次表达，但由于遭受国家权威机关的调查和业内一些零售商的反对，此举却在公布后又被夭折了。可见，规范定价方式的艰难。

陈昕呼唤新一轮图书定价制度改革。他建议，政府出版行政主管部门在广泛听取业内各方意见的基础上，尽快推出一部规范出版定价方式的条例，使得图书定价有明确的法规可以遵守和参照。他还建议对出版物价格按公共产品属性较强出版物与一般出版物的区分实行分类管理，并在一定条件和范围内实行自由定价。

2010 年 11 月 1 日，台湾出版界老朋友郝明义先生给我写信，说他“一直关心图书市场打折销售的影响，以及其可能衍发的问题。因此日前写了一篇文章《现阶段我们需要图书定价销售制的理由》，发表于《中国图书商报》。”我注意到，陈昕撰写书价新著时，已把郝明义的这篇文章列入参考文献。我也认为，郝先生的意见是值得重视的。

我的一点进言

近几年来进行的出版改革，以出版单位转企、改制、重组、上市为主要内容。改革不会停留于此。改革必将进一步触及更深层次的矛盾，由主要解决逐个出版单位的体制问题向解决涵盖出版全局的体制问题发展，进一步解放和发展出版生产力。正是在这个时候，陈昕发表专著，进言献计，以书价破题，促进改革。陈昕的建议有的涉及重大敏感问题。比如改变出版社准入和退出制度，有条件地、适时地允许民企外资参与出版，如果实行，需要周密论证、选择时机并履行决策程序。陈昕建议规范图书定价方式，建立有利于提高图书质量和出版发行两环节合理分担风险的运行机制，进行新一轮的书价改革，当属当前应兴应革之事。但书价改革的社会敏感度也比较高，始于 1984 年的书价改革是报请中央批准而后施行的，2010

年1月中国版协等颁发的《图书公平交易规则》中的“限折令”被迫中途夭折有教训，新一轮的书价改革先得到“尚方宝剑”再启动，可能更好些。

陈昕这部著作，是专题研究，是对书价及其相关问题作面面观式纵横研究，没有对出版全局形势作总体评估。这更便于解放思想，深入思考与研究问题。比起凡文必谈形势大好那种回避矛盾的文风好得多。而且从陈昕的分析中，我似乎看到了社会转型期在改革中发生的那些问题带有某种必然性、不可避免性，是一定会来的。对此，正确的态度应该是，不是期盼其“不来”，而是对“要来”保持清醒。我注意到，现在，弘扬主旋律，大力抓精品的声音不绝于耳，不能说不强不高，并有一些防范治理不良图书的措施跟着做，但那些低俗、违规之作仍在泛滥，这便是那种必然性的折射和反映。说到底，出版的根本任务是以高质量的主旋律产品，高质量的品牌和精品之作，高质量的学术著作和通俗读物占领图书市场。比起转企改制做强做大的高调与强势来，我们对自己担负意识形态建设重任的注意力是否也应更大更强些。我看是需要的。在市场经济条件下，资本的导向往往比文化的导向更强大。如果文化担当的声音弱了，措施软了，也有可能偏离正确轨道。解决这方面的问题，明确指导思想和加强规划是重要的（其中大师的出现、大作的问世，还有其不可规划性），而建立和完善管理制度和激励机制，使出版的思想文化属性更充分地彰显出来，更有其现实的紧迫性。这也要经过坚持不懈地长期努力并取得丰厚积累才能达到。

这算是我借助陈昕专著问世所作的一次进言吧。

2010年12月22日于北京寓所

祝贺谢辰生两部文物论著出版

——兼谈两书对致康生信的不同处理

〔题记〕此文是我2010年9月16日在《谢辰生先生往来书札》（上下卷，国家图书馆出版社）和《谢辰生文博文集》（文物出版社）出版座谈会上的书面发言（请老友、中国文物学会会长彭卿云代读）。

1922年出生、一直在国家文物管理机关任职、对文物保护事业做出重大贡献的谢辰生同志，1993年患上癌症以来历经五次手术，部分病变器官被切除，长期接受放射治疗，仍坚持奋战在第一线，为文物保护奔走呼号，顽强拼搏，被称为“国宝卫士”。我作为他的老朋友，对他的两部文物论著出版表示祝贺。同时，因两书对谢辰生与康生往来书信的处理截然不同，前者按历史保留书信原貌，后者因人废文隐去康生姓名，我对此作了评论，以供研究。

此文中文物保护部分，以《尽职尽责一以贯之》为题，于2010年9月17日，由《中国文物报》发表。

我因左腿突然发生点问题，行动很不便，不能出席漱芳斋会议。我不能不为老朋友出书表示祝贺，便匆匆写出发言稿，以委托代读的方式祝贺两部大书的出版，祝贺老友八十八岁大寿，待到他一百周岁时我们再聚会。

辰生一辈子只干一件事，那就是管理与保护文物。是全心全意一以贯之、顽强拼搏地干了一辈子。他在文物管理岗位上的忠诚、勇敢、智慧与贡献，在全国都堪称第一人。有人颂扬他像是文物护法神，我更愿意称他为国家的文物卫士。神可以施法术，而卫士只靠智慧、勇敢和斗争。他的《七律》诗中的“而今垂老尚何求，维护原则敢碰头”“蒿目层楼忧社稷，坚持信念度春秋”，是他的精神面貌的真实写照。

我和辰生在文物工作上的接触不多，但却给我留下了深刻的印象。比如2001年、2002年对《文物保护法》的修订。当时有一种说法，现在实行市场经济了，文物也要像其他方面适时开放。在一些人的活动下，修改草案中出现“馆藏文物可以出租、出借、交换、有偿转让”，甚至可以“出售或拍卖”的内容。有些地区要把文保单位、博物馆与旅游公司合并捆绑上市的做法也向京城立法机关高调传来。面对此种情势，辰生联合其他老专家，既上书，又发言，以理抗争，确也感动了立法机关的同志。这中间还组团出国考察，发现越是市场经济发达的国家，对文物的保护越严密。最后，此次《文物保护法》的修订，在新形势下进一步贯彻和落实了“保护为主，抢救第一”的方针。我至今记得，关于“国有文物保护单位不得作为企业资产经营”，“禁止国有文物收藏单位将馆藏文物赠与、出租或者出售给其他单位”的规定，都是很有现实针对性的。这都是辰生等文物保护卫士极力抗争和立法机关明智决策的结果。有人说，全国人大教科文卫的“四委员”范敬宜、聂大江、常沙娜和宋木文，也出了力。想起这段往事，我为能同辰生为伍而感到高兴。

再讲几句此次发布两书有关的事。

大约在年初，辰生打来电话，说文物出版社正安排出版他的文集，对其中的 1964 年 12 月 9 日他致康生的信，出版社只同意收信不同意出现康生名字。我说这是历史，写给谁的信应该如实反映出来才有意义。随后我还向辰生介绍中央文献研究室编选、人民出版社出版的《毛泽东书信集》，内有毛泽东 1959、1964 年致康生的两封信，均按原信保留"康生同志"其名；我还介绍了邓力群、程中原主持编选、人民出版社出版的《胡乔木书信集》，内有胡乔木 1962 年致陈毅（信中称陈总）、康生（信中称康老）信，以及《建国以来毛泽东文稿》、《邓小平年谱》等处理此类人和事均保留历史原貌，以作为辰生向出版社争取的依据。我还说如不能如愿，则争取以加注方式注明此信何时写给何人，否则将失去历史真实性，也减弱了此信的历史价值。辰生又将致康生信的排印件寄我，我为那个年代能写出观点如此鲜明的信而折服；同时也想信称康生为"康老"可能给今日出版带来麻烦。稍后辰生给我写信说，经出版社请示权威领导部门仍不同意出现康生名字，这样在文物出版社版《谢辰生文博文集》中致康生信就成为《致中央文教小组负责人》了。

我翻阅了李经国编撰、国家图书馆出版社出版的《谢辰生先生往来书札》。这《书札》内容丰富，有时代感，有学习与研究价值。我注意到，书中所收谢辰生 1964 年致康生信，像《胡乔木书信集》中胡乔木致康生信那样，仍按原貌称"康老"；我还看到 1956 年辰生力保朝阳门古建筑不被拆除给康生信和康生复信的原貌。康生复信称："尊函已读，所见甚是，昨已面交彭真同志。此复。"

我还在《书札》编者注中了解到，辰生给康生信、康生复信的经过，以及此信中力保的朝阳门古建筑终未能保的历史情况。

我赞成国图社对辰生与康生来往信件的处理。这是对历史的尊重，留下了历史资料，且有研究价值。提供研究资料，是出版的一项功能。如果一个人，当然是指有影响的历史人物，因其后来的变化，就将其历史作为及其影响在书中全部删除，使后人无从知晓和考证，这对学术发展乃至政治建设都有不利，都会造成难以弥补的损失。

我是搞出版的，不通文物，但我在出版上却不像辰生搞文物那样尽职尽责，持之以恒，所以我很惭愧。我要向辰生学习，争取有所进步。

最后，八十一岁老弟恭祝八十八岁兄长健康长寿！

2010年9月16日晚敬书

抢救“向阳湖文化”的特定历史意义

〔题记〕李城外编著的《向阳湖文化丛书》，含《话说向阳湖》、《向阳湖纪事》(上下)、《向阳湖诗草》、《向阳湖文化研究》、《城外的向阳湖》(上下)五种七册，由武汉出版社2010年10月出版。本文由两篇组成。一篇是我为这套丛书撰写的序文(原题为:《抢救向阳湖文化是有意义有价值的工作》；一篇是我在北京出版座谈会上的讲话(2011年1月11日)。

1968年至1974年，作为文化部文化大革命“斗批改”的一项重大举措，将文化部及其直属单位六千余人(含部分干部家属)下放到湖北咸宁“五七”干校，围湖造田、劳动锻炼。其中包括徐光霄、李琦、赵辛初等部级领导和冰心、沈从文、臧克家、萧乾、张光年、周巍峙、冯雪峰、李季、郭小川、冯牧、严文井、韦君宜等文化名人。中共咸宁地委青年干部李城外以敏锐的目光和坚强的毅力，捕捉并书写了这一本来不该发生却深含特定历史意义的事件和人物群体，花费16年时光成就了这套丛书，为今人和后人留下这一独特的历史记录；李城外也随之成为“文革”时期“五七干校文化”研究的开拓者。拙作序文曾在《中国新闻出版报》（题改为《记忆深处的向阳湖》，2010年12月10日）和《中国图书商报》（按原题《抢救“向阳湖文化”是有意义有价值的工作》，2010年12月17日）发表。

需要在这里注明的是，本文中提及的“向阳湖文化名人旧址”，已于2013年5月由国务院公布为“第七批全国重点文物保护单位”。

《向阳湖文化丛书》总序

湖北咸宁将向阳湖文化部“五七”干校视为一种特定的文化现象，加以发掘研究并成书、成史，我十分赞成。这件事不仅对鄂南的经济和文化发展有意义，对我国当代政治史和文化史的研究也有价值，能给今人和后人留下点有分量、可供思考和借鉴的东西。因此，从这两方面来看，我对咸宁市和咸安区重视开发向阳湖文化资源非常赞赏，积极拥护。

1969年我下放向阳湖时，正当不惑之年。一家四口下放干校3年，对自己有意义，对孩子也有意义。我的人生经历，在咸宁这一段应该说是重要的。早在1996年5月李城外就曾登门采访，我当时不太愿意回忆这段往事，一直没有写出有关文章，因为感到怎么写都很难写出有积极意义的东西，是身在向阳湖不认识向阳湖。虽然自己的积极性没有调动起来，但也不能给志向高远的年轻人泼冷水。是李城外感动了我。十多年来，他坚持不懈地专注于此事，埋头苦干，是值得学习、令人敬佩的。向阳湖文化能发展到今天这个程度，能产生今天这样的影响，李城外功不可没，起了第一人的作用。他采访了很多人，发表了很多文章，也约写了很多回忆，有了明显的工作成果。他的执著精神使我逐渐转变了态度。2009年新年伊始，咸宁市和咸安区又在北京举办向阳湖文化人联谊会，我欣然赴会，还有近100名“五七”战士及子女“向阳花”们参加，省文化厅、新闻出版局的领导也到了场。由此可见，向阳湖文化开发由个人行为变成了政府行为，就可以更好地开展起来。李城外在继人民文学出版社推出向阳湖文化书系后，又编著了一套“向阳湖文化丛书”，即将出版，我表示衷心祝贺！

我认为，40年前大批干部下放“五七”干校，是不应该发生的，就像“文化大革命”不应该发生一样，因为它本身就是“文革”的产物。但辩证地看，这批人在那里受到了不公正待遇，也受到了锻炼，会产生积极的东西，就像苦难的历程可以产生伟大的作品一样。“文革”时期，在一种不正常的背景下，一个国家的文化部不务正业、整个地搬到向阳湖去了。不仅仅是部里的干部和直属单位的文化人，还有他们的家属和子弟都去了。对这个事情怎么看？怎么写？我看是要从不该发生的事件中总结吸取历史教训。因此，不要回避文化部，因文化部有它的特点，它既有党政干部，还有一大批文化人，是一般的干校代表不了的。这些文化人可以写日记，可以作诗、画画，还可以写文章著书，这种独特的经历和作用也是别人代替不了的。我看了陈白尘先生的女儿陈虹写的去向阳湖寻访父辈足迹的文章，觉得很好，读起来感到亲切，能够引发我回忆这段历史。如原文化部副部长李琦患有高血压，他挑着担子在向阳湖的“452”高地劳动，几乎倒在那里；还有一位副部长徐光霄得了严重的哮喘，他在向阳湖干拉风箱的活，大家于是说“两个风箱一起拉”，可见多么辛酸。值得称道的是，我们的作家、文艺家在那样的一种情况下，也没有丧失他们的信念，他们以自己的行动深爱自己的国家和人民。这就值得深入挖掘。当时我们被视为接受改造的，但是心里并不服气，怎么文化部的干部就那么不好？我们一样都是党的干部嘛！文化部同志的政治素质并不比其他部的同志差，怎么一到文化部就成了染缸，成了黑的呢？所以那时候心里有气，有时候还爆发出来，顶撞"左派"。这批文化人把亲身经历写出来，能够比较深刻地反映当年的社会现象，使人们不忘这段历史。

我们反思"文革"，不应该忘记向阳湖这一历史现象。抢救向阳湖文化，不要回避文化部，回避"五七"干校。深入研究这种现象，对揭露"文革"更深刻，对后人更有价值。既然发生了，不能不留下历史的资料，不能不留下相关的作品。我们就应发掘它，研究它，从中找到积极的东西，警示后人和今人的东西。所以说，把这篇文章做好又是值得的。咸宁是全国开发干校文化的发源地，卓有成效，填补了当代中国文化史的一段空白。抢救向阳湖文化，会唤醒人们认识历史，吸取历史教训，有它的认识价值，认识社会、认识历史。既认识我们党是正确的，我们党的干部队伍的主流是好的，也认识我们党的错误和干部队伍中各种各样的问题，但不要纠缠过去的陈年老账。要充分挖掘向阳湖文化积极的内涵，它给今人和后人一些有意义的东西，不管是政治层面、历史层面、文化层面，都是值得的，都是需要做的。党的干部在那样艰苦的条件下，得到咸宁人民的支持、理解、爱护和关照，这也是值得歌颂的。向阳湖"五七"干校当年都是文化部系统的干部，后来又分出新闻出版总署，现在有些干部分属于广电总局、作协、文联等单位。建议湖北、咸宁的同志争取这些部门的支持。在需要支持的若干事情上，得到他们的关心是必要的。老同志身体还好的话，也可以帮助做点事，疏通一点关系，在关键时候助一臂之力。如"向阳湖文化名人旧址"正在申报"国保"文物单位，文物专家们义不容辞，都会积极出力，早日促成。我愿意在有生之年，积极支持咸宁做好向阳湖文化开发工作。总之，真诚地希望，随着时间的推移，向阳湖文化取得更大的收获，产生更大的影响！

在《向阳湖文化丛书》北京出版座谈会上的讲话

我算是一个“向阳湖人”，但是比起那些作家、理论家，我文化不多。我在向阳湖劳动了3年，各种农活都干过，向阳湖给我留下了终生难忘的印象。我那时虽然没有遭受严重的审查和批斗，但也经常受到“修理”，日子也不好过。当时是怎样一种境况呢？文化部机关一位老同志这样说：一些人琢磨怎么整人，另一些人琢磨自己如何不被整。对开发向阳湖文化，我起初是想都没有想。当年李城外采访我，我都不愿意谈。是李城外的精神感动了我，虽然不积极主动，但还是谈了一些。他花了16年的时间，他说是16年“一个人的文化苦旅”，丛书中《城外的向阳湖》留下的厚厚两本“备忘录”，便是证明。后来我逐渐地比较配合了，他让我做点什么，我都尽可能地去做。

武汉出版社有眼光，决定出版这套书。它又把我重新带回到向阳湖那段难忘岁月。这套书很有历史研究价值，我统计了一下，正文3774页，序言和目录共107页，加起来3881页。如果按每页800字计算，达300多万字。重量不算重，因为是种轻型的纸，但也有6斤半重。可以肯定地说，武汉出版社出版的这套《向阳湖文化丛书》，为我们留下了一套相当完整的文化史料，“文革”史料，“五七”干校史料。

2009年1月，咸宁市和咸安区在北京召开向阳湖文化人联谊会的时候，人比现在多，到了100多人，这次只有几十人。如果下次开会，我想可能人还会少些，这是没有办法的事。向阳湖的文化人是越来越少了，将来我们也会作古，但是，有了这套书，那段历史

同老友金冲及（左）一起出席出版座谈会。2011 年 1 月 11 日。

同《向阳湖文化丛书》编著者李城外在家中交谈。

就还在，就会长期地永久存在。咸宁“五七”干校是个实证，实实在在的“五七”干校的重要实证。深入地进行研究，可以帮助我们反思许多重大的问题。

咸宁干校比较起其他干校，有许多共同点，都是在特殊历史条件下采取极端措施的产物，但又有特殊性。其一，文化部“五七”干校与其他“五七”干校不同的是，国家主管文化的文化部，文化部机关，整建制地全部“一锅端”下放到咸宁。当时我在文化部机关，除了个别留守的，全部下去了。由此给我们提出一个问题：这意味着什么？会造成什么后果？其二，大批文化人（包括很多名人）停止正常写作，被集中到农村，边劳动边搞“斗批改”，这是其他干校没有的。这些文化人通过他们的日记，写诗作画和著书，为这段历史留下了记录，也为众多文化人存照。通过对向阳湖干校的实证研究，会使我们不忘历史，更要通过这段历史对我们今人和后人有所警示，总结和吸取必要的历史经验和教训。

这套丛书的主编李城外同志，为这套书提供作品的文化人，武汉出版社，为丛书出版做了贡献。丛书还得到了咸宁地方的支持，也得到了省出版局的支持和重视。一旦个人行为得到政府重视，事情就好办些。

需要在这里提一下，在李城外的推动下，前不久又将几年前成立的咸宁市向阳湖文化研究会冠名为湖北省向阳湖文化研究会，以推动向阳湖文化研究迈出新步伐，我还为此写信祝贺。

今天的座谈会是个标志，标志着研究向阳湖文化乃至干校史有了阶段性的重要成果。有了这套书，又有省一级专门研究会的推动，今后的向阳湖文化研究必将取得新的更重要的成果。

编选“文革”出版史料应保留历史原貌

〔题记〕此文是我对《中华人民共和国出版史料（1966年5月至1976年10月）》即“文革卷”的审读意见。

2009年11月18日，出版史料副主编、“文革卷”责编方厚枢写信给我，说此卷与前各卷不同的是：“因中央档案馆没有收‘文革’时期的出版文件，现在所收的‘文革’出版文件、史料，都是我在原文化部出版局、毛主席著作出版办公室、国务院出版口、国家出版局工作时期收集的出版文件、史料，经初选之后，提供《史料》主编袁亮同志逐篇审阅后编辑的。现排出清样，先送请您和仿子、力以、刘杲四位老领导审阅，提出出版‘文革’出版史料的必要性，并提出意见后，再由出版研究所汇总送请总署领导审批后出版。”

1927年出生，从商务印书馆练习生做起的方厚枢，是靠自学成才和工作实践积累而成为有突出贡献的出版史研究专家。1987年6月，我任编辑出版专业高评委主任时，经我提议，全体评委通过，破格评定了方厚枢的编审职称（无正规学历，未经副编审阶梯）。曾任《中国大百科全书·新闻出版》卷和《中国出版百科全书》两书的出版史分支学科主编，《中国出版通史·中华人民共和国》卷主笔（负责撰写 1949—1979 年文稿）。著有《中国出版史话》、《中国当代出版史料文丛》、《中国出版史话新编》等著作。1991 年 10 月获国务院颁发“为发展我国新闻出版事业做出突出贡献”的表彰证书，享受政府特殊津贴。

对方厚枢委托之事，我认真办理；又是我理应促成之事，就集中两天时间办完。我写给方厚枢的信和在书稿上批注的意见（在该信后逐一列出），都集中在一点上，即编选供今人和后人研究的“文革”出版史料要保留历史原貌。

厚枢同志：

《出版史料》“文革”卷稿收到第二天我即去台湾访问，12 月 5 日回来，12 月 7 日才开始翻阅。我认为，这一卷收有许多鲜为人知的重要史料，对于了解和研究“文革”出版史乃至整个“文革”史都有重要意义。我注意到，凡文末注有据出版局，毛著办、出版口保存的原件刊印者，皆为你保存的文件，你为这段历史研究立了一功。

我匆匆看过后提出以下意见，供研究参考：

对于被林、江集团诬陷，在历史文件中隐去被诬陷者名字，我建议不要一律这样处理为好。此类事涉及几十页，我均在有关处作出了标记。在其中的《本卷编辑说明》以及第 105、106、167、319、320、321、399、418、421、467、629、650、671、742 页处，均分别注了意见，这里未一一列出，请查阅。总的意见是不一律以符号代替，能保留原貌的最好保留，有特殊需要隐去的亦可变通处理。（详见笔者注 1）

关于陈翰伯、陈原 1976 年 1 月在修订《辞源》协作会议上的

讲话，我的意见以不收为好。具体意见写在695—696页（详见笔者注2）

石西民、徐光霄关于鲁迅著作、开门办社问题的讲话（三篇）收与不收，我未想好，意见写在707页，请袁亮、厚枢同志慎重作出决定。（详见笔者注3）

邓小平关于《人民文学》复刊批示事，未见收入。我注意到，此事已写入厚枢同志本集的《“文革”十年的期刊》一文中。如因资料不完整(如无文化部报告等),可否只收小平同志批示，有关情况，如张春桥如何批的，袁水拍如何办的，班子如何组建的，编辑部设在何处，何时交给作协等，用加注的方式加以说明。总比不收更好。

关于《出版界反革命的“两个估计”出笼经过》，署名彦石。“彦石”者，国家出版局研究室代名也。我加了一注，见841页，其实是首刊于国家出版局1978年3月2日《出版工作情况反映》(增刊)。研究室编写也署名彦石的还有一篇《极“左”思潮在出版工作中的一些表现》，刊在1978年《出版工作》第5期。我曾将此文收入《宋木文出版文集》，以使人们了解由王匡指导、陈原主持的调研小组和研究室的工作成果（见《宋木文出版文集》第40—48页）。我建议将此文作为《“两个估计”出笼经过》的姊妹篇一并收入本史料集。像另一篇一样，注明出自《出版工作》1978年第5期。署名彦石，并加注“国家出版局研究室代名”。

此外，对稿中出现的人名，如石西民（“文革”前与“文革”中均出现过），徐光霄、张平化等，建议注明“时任职务”；肖望东是代部长，未当过部长（见756页）；有错字（见624页），请改正。还有若干处注了意见，未一一列出。

最后说明一点，我对《本卷编辑说明》作了两处修改（请查阅排印稿），主要想说明在毛主席亲自发动“文革”那个特殊历史年代，包括有崇高威望的领导人的言行（本书中有明显反映），无不带有那个时代的烙印，不可以按通常情况，更不可以今天的尺度来衡量。当然是虚写的了。（详见笔者注 4）

以上只供参考。

宋木文

2009 年 12 月 8 日

笔者注 1：对隐去被林彪、江青集团诬陷者名字，我在书稿上的批注有：

1. 对“本卷编辑说明”中的“由于这些同志早已恢复名誉，我们不想把林江集团强加给他们的种种罪名和诬陷之词，再一次和他们的姓名联在一起，所以将他们的姓名隐去，均用圈圈符号代替，以免使他们的名誉再一次受到损害”。我批注：“其实，也损害不了。特殊年代政治上的‘罪名’常显示相反的意义。”

2. 我对上段又批注：“一律这样处理未必就好。看了 105、106 页的处理，我觉得效果反而不好，详见所写意见。”这是指出版史料编者对《中共中央关于纪念毛主席〈在延安文艺座谈会上的讲话〉发表二十五周年宣传工作的意见（1967 年 5 月 17 日，中发【67】160 号）》文件的处理，将文件中的文艺黑线代表人物的名字和“将一批毒草拿出示众，放映供批判用的毒草片”名均隐去，以“OO”、“OOO”、“OOOO”代替。我批注：“没有必要用 OOO 隐去。既然是反映那段特殊年代的历史，隐去真相，反而让人（特别是后人）不好理解。保留历史文件的真实面貌，才有研究价值和警示意义。此文件通篇（从内容到提法）真实反映了那个特殊年代的情况，何必要对所批判的人名和片名加以删节呢？”

3. 对编者将国务院出版口领导小组关于毛主席著作印制发行情况向中央的汇报中的“长期以来，以中国赫鲁晓夫为首的党内最大的一小撮走资本主义道路的当权派和他们的干将 ＯＯＯ、ＯＯ 之流……”一段文字的处理。我批注：“此件一派‘文革’语言。何必只删去两个人名。收此件的意义只因反映了那个特殊年代和其中某些可供研究的情况（包括一些数据）。否则可以不收。”

4. 对编者对《林彪同志关于政治思想工作言论摘录》中“军委办事组办公室 1968 年 8 月 31 日答复：这套书是反革命修正主义分子 ＯＯ 主持编辑的，有的他进行了篡改；有的塞进了他自己和反革命修正主义分子 ＯＯＯ 的大量黑货”，“人民出版社根据以上复信，通知书店将这套书封存”一段文字。我批注：“指何人？如需以 ＯＯＯ 代替，可作为特例加个注。如何？我意不作为一般原则，如特殊需要，可用加注解决。”

5. 对《中共中央批转国务院关于出版工作座谈会的报告》（即肯定“两个估计”的 1971 年第 43 号文件）中“到会同志以极大的义愤，狠批了 ＯＯＯ 一类假马克思主义政治骗子所贩卖的唯心论的先验论、反动的唯生产力论、地主资产阶级的人性论和阶级斗争熄灭论，狠批了 ＯＯＯ、ＯＯＯ、ＯＯ 一伙在出版界推行的反革命修正主义路线”一段文字的处理。我批注：“这应是指陈伯达，更不宜删。此三人也删去，是否受了删陈的牵连？”对这个中央文件中点刘少奇、陈伯达等人名字处均以 ＯＯＯ 代之，我批注：“中央文件，以保留文件原貌为好。我见过有这样处理的先例。”

6. 对《国务院出版口关于图书定价试行标准的说明》中说明此规定是“在批判陈伯达一类骗子推行的反革命修正主义出版路线”的基础上制定的，将陈伯达名字以 ＯＯＯ 代替。我批注：“那时讲穿鞋戴帽，无关的事也要带上一笔。”

7. 对《关于中外语文词典编写出版规划座谈会的报告》（即1975年经周总理批准的中外语文辞典十年规划）中将刘少奇、林彪的名字并列为“反革命修正主义路线”代表人物，现在编者将刘少奇以OOO代替。对此，我批注：“是否指刘少奇，这是当时文件流行的提法。”对同一文件中出现的“进一步肃清刘少奇、林彪反革命的修正主义路线流毒”以OOO代替刘少奇名。我批注：“何人？如确需以O代替，可加注。”“如指刘少奇，能否加注：‘原文如此’。比空起来好。”提供编者研究。

8. 对国务院批转国家出版局《关于鲁迅著作注释工作座谈会的报告》国务院批语中出现的“反击右倾翻案风，深入批判刘少奇的反革命修正主义路线”，将刘少奇名以OOO代替。我批注：“历史文件，保留原貌。”

9. 我在审读中还发现“一正一反”的两个例子，在这里分别列出，以供研究：

所谓“一正”，是指经邓小平报毛主席批准的《胡乔木同志关于处理毛主席著作注释中林彪名字问题的信》（1975年8月29日致庆彤同志并请转光霄同志）。

胡乔木认为：“《在中国共产党第七届中央委员会第二次全体会议上的报告》注释[2]中林彪的名字仍予保留，因注中引的是中央文件，不宜也不必改动。”在此信旁，我请出版史料编者注意：“此处可作为不删改文件中的人名的依据。可依此先例用来说服不同意见者。此种处理，在中央文献研究室编辑的《邓小平年谱》中也出现过。”

所谓“一反”，是指国务院出版口向周总理的请示报告中，关于对恩格斯著《费尔巴哈与德国古典哲学的终结》一书（1957年

10月第3版）中加入普列汉诺夫的序言和注释受到陈伯达严厉批判一事所做的汇报。据人民出版社革命委员会报告："现在查明，在1957年苏修为叛徒普列汉诺夫翻案的高潮中，人民出版社原社长兼总编辑王子野提出将普列汉诺夫序言和注释加入此书，出第三版。当时，王子野曾向张仲实建议，经张同意，由编译局五人译出，张仲实修订后编入书内。这种明目张胆的反革命伎俩，正如陈伯达同志所严厉指出的：'是不可容忍的'。"

请示报告还附上正在五七干校劳动的王子野《关于〈费尔巴哈与德国古典哲学的终结〉一书出版问题》的交代。王子野说："这是我出的主意。我当时是这么想的：普列汉诺夫的这两篇东西都是早期作品，对宣传马克思主义有一定的影响，而且列宁曾予以肯定的评价。因此我向张仲实建议，请他把这两篇东西翻译出来，附在恩格斯的原著后面出版，供读者参考。张表示同意，后来他就转请编译局的一位青年同志翻译普的这篇东西。从那时起，我社就出版这个版本。这件事是我批准的，没有经过阎王殿。"

我认为，保留这些史料的历史原貌，人们看到的是陈伯达"假马克思主义政治骗子"的真实面目，也更加敬佩王子野在逆境中（身在干校劳动，受审查，因陈伯达的严厉批判，又遭到多次批斗。）敢于坚持实事求是、敢于承担责任的思想品格。我看后批注："此处保留王子野的'反革命伎俩'，并附上王子野1970年3月31日所写的'说明'，使今人读后所能得出的结论只能是正面的。"

笔者注2：关于建议不收陈翰伯、陈原1976年1月在修订《辞源》协作会上讲话，我在书稿695—696页上的批注意见是："我以为，陈翰伯、陈原关于《辞源》的两篇讲话以不收为好。一是不收不影响'文革'中对这类问题的了解；二是1976年10月后，陈、陈对辞书编写皆有更能反映他们观点、也更为重要的讲话。"

笔者注 3：对是否收石西民、徐光霄在“文革”中关于编选鲁迅著作的讲话（1976 年 4 月），我在书稿 706 页批注的意见是：“阅读中，对石、徐的讲话，鲁迅著作与开门办社，我曾考虑是否要收？但细想后，又觉得收进来有助于了解‘文革’中这类问题的观点。看了 742 页国务院批准鲁著报告后，又想此事请厚枢并袁亮同志再研究一下，慎重作出决定。”

笔者注 4：对“本卷编辑说明”所作两处修改：一是在“说明”之四开头加了一句：“本卷所收史料是反映一个极为特殊的历史时期，带有那个年代的烙印。”在此段说明“对所有这些反映当时的历史现象，我们也按原样出版”之后加了一句：“这对总结历史教训，警示今人和后人，都有必要。”一是建议将说明之五“本卷出版史料采用内部发行”之后强调的“以限制可能产生的不好的社会影响”一句删去。我在此处批注：“建议删去此句。采用内部发行，我考虑，主要是许多中央文件、批示、讲话，未经中央授权机关审定，或据中央档案馆存件刊印，而不是造成什么不好的社会影响。”

努力写好《续修四库全书总目提要》

〔题记〕此文是2012年4月26日在《续修四库全书总目提要》编纂出版工作会议上的讲话。经我整理，曾在上海《编辑学刊》（2012年5号）摘要发表。

4月27日，开过《续修提要》编纂工作会议之后，部分撰稿者和出版人前往苏州工业园区金鸡湖参观。途中得知湖区有一李公堤，然对李公者何人，其说不一。中午，行至午餐处附近，偶见今人所立一长方形石碑。碑文所刻，竟是清代俞樾所著《李公堤记》，详载着光绪年间元和知县李超琼目睹金鸡湖水势浩淼，波涛险恶，渔民往返，每蹈不测，恻然悯之，遂“谘访疾苦，以兴锄力”，经筹款兴建，成就金鸡湖中唯一长堤，尔后风有所蔽而波不兴，途无所危而行旅皆便，获变害为利、改善民生、美化环境之效。为纪念这位李知县的“美哉斯举”，爰临安苏公堤例，“名之曰李公堤”。岁月悠悠，原堤今已无存，经修葺重建，现已成为融人文历史与自然景观为一体的现代商业水街。经查，对李公堤之李公其人，坊间和网上均有不同说辞。管理当局以刻制此碑追忆历史，提示今人，或许兼有纠误匡正之意。令我

同伍杰（左）、李国章（右）参观出自《续修四库全书》之《李公堤记》碑。

惊叹的是，刻制者在碑文之后特别附注："本文见于《续修四库全书》。据清光绪二十五年刻《春在堂全书》影印之《春在堂杂文》五编卷一。张嘉巽校点"。有朋告知《续修四库全书》在高校和研究院所日益受到重视，成为大型经典文献汇集《中华大典》编选学者使用率很高的常备用书；但我从未想到，竟能在一旅游景区被用作历史遗迹的权威证言。这一意外发现，使我兴奋不已，并以此行之重要新闻在午餐时发布。餐后，同行者亦前往观看、留影，各个喜出望外。在此记下，愿与共襄《续修》盛举诸君共勉。

好多年没有像今天这样，同大家一起开会了，坐了一上午，觉得身体还可以，听得也很有兴趣。既然议程上安排了，就讲几句吧。

记得 2002 年，《续修四库全书》完成的时候，我们在人民大会堂开总结会，中共中央政治局常委李瑞环亲临会场，同参加这一盛举的专家学者、出版者一起座谈、照相，大家都很高兴。《续修》的编纂历时 8 年，是八年成旷典，我当时讲，是"大功告成"，现在一切情况证明，是"名副其实的大功告成"。但是呢，还要补一句："尚未尽善尽美。"为什么这么说？因为当年我们通过媒体向出版界和读者公布过，像《四库全书》那样，《续修》也要有《提要》。如果不能兑现，我们就失言于出版界，就对不起读者。所以，同《续修四库全书》配套的《提要》，是非写不可，非写好不可的。

参加今天的会议，了解了一些情况。我认为《提要》编写的进展还是好的。由主编傅璇琮牵头，各位分卷主编同心协力，上海古籍出版社组织协调，取得了很好的进展，看到了可喜的成果。在几年内完成《提要》撰写工作，看来是有信心的。究竟什么时候能够交齐稿子，什么时候能够全部出版呢？（王兴康：估计 2014 年出齐。傅璇琮：争取明年出2部，后年出2部。）就是说2014年完成全部四卷的出版工作。任务书下达了，时间表也有了，2014年全部出齐。这个时间并不是很宽裕。从大家反映的情况来看，还有若干未定因素，但我们要努力争取2014年完成。

现在碰到的难题，一个叫请人难，请写作的人难，请高水平的学者更难。主编、分卷主编，为请人已经做了很多努力。各分卷主编压力更大，人要你们一个个请，请来不干了还得重请，思想动摇了还得说服。没有一个比较整齐的写作队伍，就很难保证质量。现在看，有的分卷请的写作者还是比较理想的。一定要把写作者队伍组织好。傅璇琮主编在学术界威望很高，要用自己的威望，请一些高水平的学者进来。现今，人们做事很看重功利。我也讲几句撰写《续修提要》的功利观。大家知道，《续修四库全书》是对《四库全书》的匡谬补缺，又是对清代乾嘉至辛亥革命以前学术文化发展进行新的归纳总结；《续修》与《四库》配套，构筑起一座中华古代基本典籍的大型书库。为《续修》写《提要》，虽然同撰写独立的学术著作有所不同，但仍另有其学术价值和历史意义，因为像《四库提要》那样，《续修提要》也是要同《续修》共存长存于史册的。在这里，应当追求的是经得起历史检验，而不是急功近利。

还有一个难题就是统一体例和要求。《续修提要》5357个条目，由众多的单位过百位学者分头撰写，统一编写体例与要求，十分必要。尽管起步时就有明确要求，并提供了样稿，但仍有稿件不够规范。对此，大家已讨论多次了，似乎说法仍有不同。但我相信，经这次会议讨论后，撰稿必将更为规范。为保证《提要》的总体质量，两条基本要求必须进一步明确，而且似乎已经达成了共识：其一是总体上能够反映各个相关学科的当代学术水平；其二是各个条目力求成为以版本目录为纲的学术著作。把版本目录学和一般的学术著作统一起来，符合编写《续修提要》的要求。对这两方面的基本要求，赵昌平总编辑多次作了阐述。由于采取了撰写者与出版者紧密合作的工作流程，更有利于实现那些既定要求。我看现在有些稿子，已经符合这个要求了。当然也有些还要继续努力。

再讲几句关于加强编写班子的意见。

傅（璇琮）老夫子，你这个主编很重要。主编就是“总其成”。当年周总理给二十四史作批示，请顾颉刚“总其成”。现在，你是《续修四库全书》总主编之一，又是提要的主编，就要由你总其成。我建议：第一是用你的威望帮助请一些作者。这个已经做了，可以再做一点，尤其是一些关键的条目。第二是指导分卷主编。第三是重点地看一些稿子。79岁的人了，做多了也不行，能够做到这几条，也就很辛苦了。

《提要》要能够最后完成，各分卷主编非常重要。工作量、工作的繁重程度、质量要求，你们的担子都是最重的。希望各位更多地出智慧、出力量，除了自己承担的撰稿任务之外，还要组织和审阅相关部分的稿子。我已写条子给王兴康社长，要适当提高稿酬，特别是各分卷主编的酬劳。我作为《续修四库》工委会主任讲一句话：要编好这个《提要》，在很大的程度上，要靠各位。现在已经取得很好的成果，我相信会取得更好的成果。

今天会上推举清华大学刘石教授为《续修提要》编委会副主编。这是编好《提要》的现实需要。我想起当年，我们确定《续修四库全书》主编的时候，总主编就是顾廷龙顾老。后来又增补傅璇琮为主编。那时顾老都快90岁了。老傅那时也就60来岁。我为什么做此类比呢？老傅和顾老，年龄段有相当的差距。刘石和老傅，年龄段也有相当的差距。所以刘石给老傅当副主编，就像当年老傅给顾廷龙顾老做助手一样。我就是这么想的。我相信你能够承担起大家对你寄予厚望的副主编的职责。

接着说几句上海古籍出版社。当年，1994 年，我们选择了上海古籍出版社承担《续修》的出版任务，我多次说过，这个选择是正确的，被事实和实践证明是正确的。我和伍杰同志，都相信上海古籍出版社不仅能够在 2002 年把《续修四库全书》大功告成，而且能够在 2014 年把《续修提要》完成，使这项重大出版工程做到尽善尽美。（王兴康：2014 年书出版后，我们再到北京开出版座谈会。）那时，还要请关心和支持这套书的领导同志出席我们的出版座谈会。

努力吧，还有两年！

古今文明交相辉映新亮点

〔题记〕此文是2012年9月16日在扬州《四库全书》(文津阁本)原样出版专家审评会上的讲话。

今天,在扬州,为参加《四库全书》(文津阁本)原大原色原样出版专家审评会,得以和扬州市委市政府的领导同志见面,得以和各位专家学者见面,我很高兴。我想简短地讲一些情况和意见。

第一,我是怎样和《四库全书》挂上钩的。

我文化不多,不像在座的学者对文化研究那么深、那么透、那么有系统,但是历史给我以机会、机缘,搞了几十年出版工作。所谓出版工作主要是出书,和书打交道。我1993年从行政岗位退下来,到了全国人大,在教科文卫委员会工作了十年,还有时间做些别的事。做些什么呢?如果有机会,还是作一点书吧。我作书不是书商那个做法,主要是组织与策划,不具体操办经营业务。

第一件就是影印出版毛泽东生前阅读并作大量评点的清乾隆武

英殿本二十四史，定书名为《毛泽东评点二十四史》(线装本)，并有幸和时任中央办公厅副主任、现任中央政治局委员王刚同志共同担任出版委员会主任。这个事情是办得成功的。

第二件事就是影印出版《四库全书》和编纂《续修四库全书》。先说为什么要搞《续修四库全书》？这也是一个历史机缘，是被几位出版者和学者拉上马的。应该肯定，《四库全书》是中国历史上规模最大的一套图书集成，基本囊括了乾隆以前历代重要典籍，成为了解和研究先秦至清前期二千多年中国学术、思想、文化的重要大型百科性丛书。这是乾隆帝及其编修班子对我国思想学术文化积累和发展作出的巨大贡献。但由于政治偏见，在编选时寓禁于征，抽毁、全毁、删改了不少图书；又由于学术偏见，不少应该选录的优秀著作(如小说、戏曲等)没有入选，在乾隆以后的一二百年中屡有“续修”之议。从乾隆中期以后至辛亥革命以前，中国学术又积累了大量重要成果，如以纪晓岚、戴震为代表的“乾嘉之学”，以魏源、章太炎为代表的“新学”等。如果条件具备，编纂出版一套《续修四库全书》，既可为《四库全书》匡谬补缺，又能够继往开来，对清代乾嘉至辛亥革命以前的学术文化发展进行新的归纳总结。这使我确信在改革开放以后的新的历史时期编纂一套《续修四库全书》是十分必要和非常有意义的。在解决了投资和确定出版单位之后，就要建立一支队伍，一支编纂队伍，今天在座的李致忠先生，他是常务副主编，从始至终承担着“编纂常务”，对这套书的选目、选本起到了不可替代的作用。这不是我今天才讲的，以前也讲过。这套《续修四库全书》从1994年开始到2012年完成，历时8年，规模超过《四库全书》(收书5213种，比《四库全书》3462种增加51%)。我有一篇文章就是李致忠给我定的题名，叫《八年成旷典》。这套书是成功的，得到了专家学者的肯定，得到了中央领导同志和新闻出版总署的肯定，特别是得到了李瑞环同志的肯定和支持。

《续修四库全书》做下来，我的名声也大了点，虽然不像当署长时有权，但有一点影响。影响体现在哪里？就体现在商务印书馆影印出版文津阁本《四库全书》时要我出任出版委员会主任。他们说《续修四库全书》都做了，影印出版文津阁《四库全书》也应该做啊。我说，《续修四库全书》做了八年，我体重都掉了多少斤啊！而今天在座的卢仁龙同志却说，具体工作由他来操办。我也就没有理由推辞了。就这样，文津阁《四库全书》影印出版的事便和我的名字连在一起，所以我说得来全不费工夫。因为我没做多少事。

有了影印出版文津阁《四库全书》的事，就有了后来的事，就有了这次在扬州原大原色原样影印出版文津阁本《四库全书》的事。这是我讲的第一点。

第二，扬州是国家最高权威机构认定的历史文化名城，它的文化含量很丰厚，很全面，既有重要历史意义，又有重要现实影响。

不说扬州历史上的文学、美术、曲艺的独树一帜，只说古籍刻印、雕版印刷术的发明、创造，就对中华文化的发展做出了杰出贡献。现在，扬州中国雕版印刷博物馆、广陵古籍刊印社，都在拓展自己的传统业务上取得了新进展。我从北京带来新近一期《中国出版》(2012 年 8 月下第 16 期)发表的《从扬州雕版印刷看传统手工艺保护与传承》的文章(署名孙路)，对怎样继承、振兴雕版印刷提出了较为全面的意见，我觉得讲得挺好，昨天当面交给市委书记谢正义同志，供扬州市党政领导参考。

今天会议的主题是讲扬州与《四库全书》的关系。大家知道，清乾隆帝为编纂《四库全书》，前后在南北七处建阁各藏一套手抄本《四库全书》，南三阁的文汇阁就建在扬州。今天又听说，建在镇江金山的文宗阁当时也属扬州管辖，可见扬州与《四库全书》关系之密切。扬州的文汇阁及其《四库》藏书，同毁于太平军战乱。今日扬州拟重建文汇阁，并将此次原大原色原样影印出版的文津阁本《四库全书》收藏阁中。文津阁本是七部《四库全书》中至今仍原架、原函、原样一体完整存放保管唯一的一部。据专家核对，文津阁《四库全书》与已出版的文渊阁《四库全书》在篇卷、文字、序跋附录和提要等诸多方面都存在差异，各具价值，原样影印出来，必将进一步推动《四库》学的研究。对在重建的文汇阁中收藏文津阁《四库全书》影印本，我曾有过疑虑，但看过此次展示的精美厚重的第一批样书，听了专家评审意见，又了解到扬州党政领导建阁藏书的决心与气魄，我有了新的认识，觉得这事就让历史与实践来检验吧！现在怎样评价呢？我在今天会上了解到，江泽民同志对扬州有个题词："把扬州建设成为古代文化和现代文明交相辉映的名城"。我想把江泽民同志题词和我们现在做的事联系起来，我们做《四库全书》原大原色原样影印出版这件事，就是再造扬州历史文化得以传承的新的亮点，就是再造扬州历史文化和现代文明交相辉映的新亮点。不知各位以为如何？

第三，办事需要一个志同道合的好班子。

昨天到扬州后，我很高兴地看到扬州市委、市政府很重视原大原色原样影印出版文津阁本《四库全书》。按照中国的体制与国情，这个项目没有地方党委和政府的支持是办不成、办不好的。反过来说，要在地方把一件重要的事办成而且办好，必须得到地方党委和政府领导的支持。再加上我们北京方面，有中国出版集团、商务印书馆支持参与，和地方党委政府合作，就形成一股力量，形成一股办好事、办大事的力量。

我来扬州以后了解到，承担原样影印文津阁《四库全书》之事的扬州国书文化传播公司，原来是北京同道文化公司与扬州报业集

在专家评审会上讲话。

会前同专家一起审阅样书。

团合作的。有扬州报业集团的参与，又有市委、市政府的领导和中国出版集团、商务印书馆的支持，这都是非常有利的条件。但我也看重更具实际意义的操作层面的力量构成。我注意到有四位同志作为中坚，在同心协力做这件事。他们是哪四位呢？国书文化公司董事长王根宝，代表扬州报业集团；国书文化公司副董事长卢仁龙，代表北京同道文化公司；国书文化公司总编辑陆国斌，一位有古籍整理出版经验的老社长；国书文化公司总经理汪海潮，一位善于经营的书业人士。这四个人合作得很好、很紧密，是志同道合的“四兄弟”。我相信通力合作的“四兄弟”，一定能够把以原样影印文津阁本《四库全书》为主要内容的国书产业办起来，并且以扬州为开端，把国书产业发展起来，使传承历史文化和现代文明交相辉映的亮点更亮起来。

天日昭昭　人史共鉴

——读《中国天机》致王蒙信

〔题记〕我写给王蒙的这封信，实际是对《中国天机》的评论。为公开发表，我加了文题，并有少量文字修改。原载2012年第12期《读书》杂志，并先后在《新华月报》(2013年1月号下)、《新华文摘》(2013年第5期)刊发。

王蒙同志：

收到你七月赠书(《中国天机》)时，我正在编一个集子、赶写一点文字，又有伦敦奥运会分心，直到八月中旬，我才开始阅读，而这一读，就入脑、入神了，边读边想，读完还想呢！

也只有你——一位有良知的作家，深邃的思想者，被政治打入另册，又被政治起用当部长，一生追随党所领导的事业，为新中国富强和中华民族复兴“有真正主人翁责任感与理解担当”的人，才能写出这部对共和国历史有真情实感、独具特色的回顾，对党和国家未来发展情理相融、更富建设性的立论建言，也就是你所道出的“在近耄耋之年”，“痛痛快快地写出自己的政治见闻、政治发见与政治见解”。[①] 我不认为你说的都对，但我相信你在自序中说的不指望与指望的将同时存在，有同意你的见解的，更有思考、参考、长考你提出的话题的。[②] 真是如你在自序中所言：“天日昭昭，人史共鉴”！我认为，这部《中国天机》是值得党的领导干部认真一读的资政治国的好书。如果要编今日资政治国阅读书目的话，我建议将《中国天机》列入其中。

老王，你的确很政治，很大局，很主流，很维护党的历史贡献和执政地位。昨天革命的伟大胜利，今日社会进步之辉煌，全靠党，全在党。对党的业绩，你热情讴歌，讲党的错误，你痛心疾首，你甚至说“不是共产党，不会造成那么大的失误”，“不是中国共产党也抗不住那样大的困难压力与风险，那样乘风破浪向前进”[③]。对毛泽东的错误，你与有的人不同，主要剖析他所犯错误的国际与国内、历史与文化的根源，而对他作为伟大思想家、战略家则是凡能肯定的则肯定甚至是歌颂的。比如你全文引出毛泽东 1964 年那篇名文“人类的历史，就是一个不断地从必然王国向自由王国发展的历史……”[④] 后，又用迄今我从未见过的极热情极高调的言辞颂扬之。但这决不是出于维护狭隘的党派私利，而是对历史与现实深谋远虑的思考与把握。读者是能够理解老王所言中国天机之主旨的，中国从昨天走过来取得胜利，中国从今天走下去取得新的胜利，全在党的思想理论路线是否正确、全在党与人民群众能否保持密切联系、全在党在历史转折关头能否与时俱进。这样，你对历史的回顾，你对现实的思考，你对今后的进言，哪怕使用很尖锐、很文学的语言，都是“在维护总体体制的情况下提出问题”，都是为了“珍惜保卫发展中国的社会主义”。[⑤]

老王，你的写作很历史，也很现实，是把历史回顾与现实思考结合起来、融会贯通起来，并且由现实通向未来。历史的经验值得注意，现实的任务是历史发展的必然，对未来的谋划总是以历史经验的总结和现实问题的解决为前提。我读《中国天机》不是注意你泄露了多少机密，爆出了多少内幕，而是关注你是否把握了历史发展的脉络、反映了现实社会的主题及其对未来走向的意义。

我注意到，针对建国后接连搞政治运动、用大兵团作战指挥经济建设，你说："胜利的最大危险是迷信原先取得胜利的方法，以为用同样的方法能够取得后续的胜利。"[6]对建国后历次政治运动，特别是对"文化大革命"，你作了宏观叙述后指出："问题在于，至今没有谁深刻地分析过这个绝非无意义的大课题。"你问谁来从政治上学理上进一步总结"文化大革命"？你说中国共产党、中国学者"应该干这个活"，并且认为"这是中国人的历史与国际责任"，"也是中国对人类历史的贡献"。[7]你确实从政治上、学理上作了分析，共12条。[8]还有12条以外的一些议论，包括对华国锋宣布"'四人帮'的覆灭，标志着'文革'的胜利结束"所作的分析[9]；也包括按照物极必反的规律，"文化大革命"在客观上导致了改革开放新时期的开端。我认为，你是作为执政党的一员、中国的一位学者，在履行自己的一份责任。

你按照中央的要求，关注着当前与今后的新问题、新挑战、新忧患、新危险，特别是腐败、动乱与外来的煽惑。这既是对现实也是对未来的一种担当。你强调了历史发展的辩证法："第一，历史不能断层，那太危险。第二，历史必须前进，拒绝前进就是选择垮台。"你说"新问题不断出现，老传统却渐渐有所消失。""现在青年人已经很难理解'土改'、'文革'与毛主席"。[10]你想到"15年或20年后，到2026年至2031年，在新中国成立80周年即2029年前后，全新全新的一代人，一代与中国屈辱和革命的历史相当隔膜的人会成为国家的柱石。”你提出，面对西方强大的物质力量的挑战和强势思想文化思潮无孔不入的渗透，在二、三十年后作为我们国家柱石的新一代“有可能用不同的思路思考中国”。[11]这是关乎党和国家前途命运的大问题。你的《中国天机》是以提出和解决这个大问题为主题和主线的。

让我顺便再举出几点吧！

你对“以人为本与阶级观点”的关注与分析，是从现实出发又考虑了长远。你说，“对于当今的阶级或阶层或社会集团或社会群体的情况，完全可以作从容、理性、科学与心平气和的探讨。”你分析了我们党党员构成的重大变化和从革命党到执政党的历史性转变，认为“从代表某个特定的阶级到从这个阶级根本利益出发同时代表全体中国人民与整个中华民族的根本利益的先进分子的党”，这是发展的必然，更是全新的更严峻的考验。你指出，在“执政的条件下，自觉与不自觉地会倾向精英主义”，但“绝对不允许出现工农大众受到漠视，权益得不到保障，官员与私企哪怕是国企老板联手咔嚓工农的现象。”[12]

关于政治体制改革这个热门敏感话题，你明确指出，“有人希望通过政治体制改革削弱共产党的执政地位”，而又坚定地表示，“一定要把政治体制改革的主动权掌握在自己手里”，“不能让政治体制改革变成异己的旗帜”，而且“要有一套说法、做法、路线图、预案。”[13]

除我在前面提到的，你在全书各个章节都有立论建言（专题的，或旁及的）。我阅读时注意到：关于中国爱国主义的核心是文化；关于和谐社会是中国的一个重大机遇；关于民族问题从说到底是一个阶级问题到各个民族谁也离不开谁；关于指导思想的统一性、非多元性是以承认被指导思想的多元性为前提的；关于舆论阵地既要有导向又不能没有空间；关于增强主流意识形态的吸引力与凝聚力；关于掌握文艺、新闻、出版等意识形态管理的主动权和答疑解惑的话语权；关于软实力，不是为了增强国力而创造了文化，是创造了文化而增强了国力；关于改造党风文风，领导干部讲话不用稿子，不讲空、套、假、大话；关于党的高级干部怎样能真正了解下情，要当作治腐防变的大事来抓；关于执政党领导干部在实践中面对的理想、权力与实绩的“三人舞”（第257页有精彩论述），三者相互依存、相互制约、相互碰撞，要注意总结经验，树立典型，淘汰不称职者，清除违法滥纪者；关于北京天安门广场的定位及走向，解决好了，意义重大；关于编好中华人民共和国国史，以作为对干部进行正面教育的重要内容。

我排列了你在这些方面的立论建言之后就想，你是为你提出的那些有长远意义的问题在未雨绸缪，建议党以改革的精神做好党的自身建设，特别是做好接班人的教育和广大干部的培养、选拔、监督工作（党内外，这方面意见最多，也最重要），从指导思想到制度设计都能适应新形势新情况，使几十年后一代又一代的国家柱石，对他们先辈革命和建设历史不断层，又能与时俱进，迎接新的挑战，战而胜之，以保持党和国家的长治久安，兴旺发达。这当然是靠全党全社会才能做好的事，而你只是提出了一些立论与建言，做了你该做的事。但是，我必须说，你为筑牢中国特色社会主义大厦而进言献计的精神，是非常难能可贵的。我虽然比你早来人世五年，对建国前和建国后六七十年的胜利、曲折与辉煌历程也算是个亲历者，但限于水平（学识的、理论的、表达能力的），又胸无大志，就远远没有像你那样尽到自己的一份责任。所以，我要向你学习。我给你写这封长信，谈我读《中国天机》的体会，就是向你学习的一次尝试！

天日昭昭　人史共鉴

祝你长久保持高龄健康，更盼再读你的新作！

宋木文

2012年8月28日

注释

①《中国天机》第1页。
②《中国天机》第4页。
③《中国天机》第128页。
④《中国天机》第175页。
⑤《王蒙：什么是中国天机》
——答《瞭望东方周刊》记者（2012年第27期），见《新华月报》2012年9月号上半月。
⑥《中国天机》第79页。
⑦《中国天机》第166页。
⑧《中国天机》第193—196页。
⑨《中国天机》第190页。
⑩《中国天机》第276页。
⑪《中国天机》第279页。
⑫《中国天机》第292—295页。
⑬《中国天机》第300—302页。

从《中国天机》读出了什么

〔题记〕在2013年1月5日举行的《中国天机》座谈会上，出席者熊光楷、王大明、李君如、聂震宁、李松晨、辛广伟、王能宽、陈德宏、龚珍旭、何向阳、李雪、王安等，对王蒙这部新著给予很高的评价。王蒙出席并致答谢辞。此文是我在会上的发言。可视为我读《中国天机》致王蒙信的续篇。2013年1月10日在《光明日报》全文发表。收进本书时，删去了同《学好文件　树立新风》(见本书第6组)相重复的内容。

今天，主要讲一讲我读《中国天机》，为什么要给王蒙同志写信又送出去发表，也联系学习十八大精神谈一点看法。

《中国天机》恢宏高远的立意深深地吸引了我。王蒙说他动辄受到来自两方面人的炮轰。我觉得有时也不被不属于这两方面的人的理解。我有必要给他写封信谈谈我的读后感，未想到发表。后来接受一位同志的建议，送给了《读书》(见2012年第12期)。为发表，

出席座谈会同王蒙合影。

我加了题目、改了几处文字、调整了一个段落的前后顺序，整体面貌和实际内容均未改变。

我从读《中国天机》过程中感受到，王蒙对建国后我党执政60多年的回顾、议论以及联系当前和今后的建言，都围绕一个主题，那就是在新的时代，党要长期执政和保持长治久安，应该怎么办，做什么。我还从《中国天机》中读出了“中国从昨天走过来取得胜利，中国从今天走下去取得新的胜利，全在党的思想理论路线是否正确，全在党与人民群众能否保持密切联系、全在党在历史转折关头能否与时俱进”。再强调一下，这些贯通历史与现实的“怎么办、做什么”和“全在党”，是我从《中国天机》的字里行间读出来的。王蒙是一位享誉中外的著名作家和知识渊博的学术大家，曾经被打入沟壑又身居部长的高位。更难得可贵的是，有如此经历的王蒙，一直保持着对民族和国家的政治责任感和政治担当。他在耄耋之年，以亲历者和作证者写出的六十余年的政治见闻、政治发见与政治见解，就更有其非一般人所能写出的深刻思想内涵和感人力量，也更应受到重视。所以我认为“《中国天机》是值得党的领导干部认真一读的资政治国的好书”。我也泄露一点机密（够不上天机），那就是在我给王蒙信的手稿中曾有值得“党的高级干部认真一读”和列入“干部必读”书目的建议，在送出发表时觉得不该由我来说被我删去了，今日道出这个细节表明我仍然坚持原来的看法。其实，这也不只是我个人的看法。在2012年12月25日，《光明日报》公布的2012年度的“光明书榜”十种入选图书，《中国天机》就榜上有名，而且是秉承一贯坚持的“强调主流价值和影响力”的选书理念，“体现中国知识分子家国情怀、真理情结、关注时代、关注人的命运”的高标准当选的。在今天的座谈会上，有位发言者说，《中国天机》是当今的《警世恒言》，我觉得这话也不无道理。

我在给王蒙信中列举了他在书中议论的十多个问题，例如从革命党到执政党转变和党员构成变化带来的新考验，党要掌握政治体制改革的主动权，改进党风文风和党的高级干部真正了解下情的建言等等，都关系着党和国家的前途和命运。我们高兴地看到，在十八大闭幕后两个多月的时间里，以习近平为总书记的新的中央集体就在深化改革、改善民生、反腐倡廉、联系群众、改进作风等方面做出了多项重要决定，得到了广泛热烈的反响，产生了巨大的正能量。不能说中央新领导集体的新风新政出于什么人的什么意见和建言，却可以说是同王蒙等一批对国家和民族有真正责任感和担当的先进人物的意见和建言相通的，是有广泛民意基础的。

对《中国天机》可能和将要产生的影响，我将继续进行观察。

2013年1月5日

陈斌著《中国书业备忘》序

〔题记〕我应约作序的这部《中国书业备忘》，实际上是中国当代书业30年某些侧面的纪实，即将由南方出版社出版。

多年来，我与《中国图书商报》的联系，主要是通过陈斌进行的。2010年，为纪念《商报》创刊15周年，陈斌约我题词，我写了两句话："过去看商报，我喜欢：出版元老的谈经论道，出版新人的独创性思考。现在祝商报：在商言商中提高我国出版人的文化素养，精心打造中国出版业的文化品牌。"这两句话，确也如实地反映了我读《商报》的所得与心愿。也希望陈斌与《商报》继续在这两方面做出新的努力。

这部《中国书业备忘》，是《中国图书商报》副总编辑、高级记者陈斌30年书业报道作品撷要，从多个侧面记录和反映了1983—2012年近30年出版改革与发展的历程。

说来也巧，我初识陈斌，也在30年前他从事新闻写作开端之际，那时他供职于新华书店总店《图书发行》报；而当《图书发行》报改刊扩建为《中国图书商报》后，由于他对我的采访增多，我们之间的了解也就随之加深，成为我在新闻出版界的朋友。他那踏实、勤快、朴素的做人和为文，给我留下深刻印象，也使我对他的采访来之必从。

在本书《访谈特写》篇，陈斌以《关爱有加 一路扶掖》记述了《中国图书商报》成立后第一个十年对我的采访，这也是我从新闻出版署领导岗位退下在全国人大教科文卫委员会任职的十年（每届五年），他每年3月全国人大开会时都到辽宁代表团驻地采访我。

他在文中这样道出：

在《中国图书商报》10年的历史里，有一位出版界的老领导，对商报格外关爱，与商报有着非同寻常的亲密接触：他先后十余次接受商报记者的采访，就业界所关注的问题发表富有创见的见解；他将对出版业某些重大问题的思考交由商报发表；他将商报发表的一些重要文章带上全国人大会议，视同会间“文件”；他看了商报的重要文章后马上给现任出版界最高领导写信，提出重要思考——他就是曾为全国出版界最高领导的原新闻出版署署长、中国出版工作者协会名誉主席宋木文。

在那个十年，我对出版改革、发展与管理的有些重要问题的思考，的确是通过陈斌的采访传播出去的。比如：1996年提出图书发行体制改革是个系统工程，要把出版社与书店捆在一起，作为整个出版体制改革的两翼实行整体推进；比如2001年成文的《改革寻突破 发展求效益》，提出随着出版改革逐步深化，势必应在某些重大的事关全局的方面有所突破；比如2002年在“入世”后提出要出版全行业整体应对，出版管理要改革与创新，等等，都是经陈斌之手，由《中国图书商报》发表的。我多次向陈斌说：“这些年你们对我的紧盯不放，将我‘逼上梁山’，促使我对一些问题做更深入的思考。如果说商报发表我的一些所想所说对读者还有用的话，那是和商报对我施加影响分不开的。”本书的《访谈特写》篇，记录着数十位包括国家和部门领导人、各界知名人士，从不同角度关注出版工作，提出建议，我想他们也是受到陈斌的请求与近逼而接受访谈的。

在这里，我还要讲一件事。在 1990 年代，随着城市改扩建，曾经在北京、上海、沈阳、贵阳等大中城市刮起一股拆迁风，险些将新华书店从城市中心地段迁出，引起社会各界高度关注和强烈反响，陈斌一直对此事进行跟踪报道，还将我与刘杲联合全国人大代表、全国政协委员发出“救助贵阳科技书店呼吁书”，送到全国人大贵州代表团，面交省委书记和省长。许多大中城市新华书店代表性门市至今仍能继续保留在中心地段，也有着新闻舆论发挥的重要作用。

本书有 80 余万字，内容分为 6 个部分，除上面提到的《访谈特写》外，还有其他 5 个部分：

产业要闻。主要记述中国书业的重要活动、重要改革举措，两岸重要出版交流等。

专题述评。主要对中国书业的改革发展趋势和重要产业现象进行综述性报道，以述为主，夹带评析。

典型案例。通过典型案例，对各种体制和各级各类各地的代表性书店进行考察和剖析。

产业数读。即通过对产业数据的解读，对不同时间段的中国出版产业进行深度剖析（配图表），包括年度、5 年、10 年、15 年、30 年、60 年等历史阶段产业数据的全景式剖析，以及对新闻出版业五年规划数据的系列透析等。

言论絮语。系作者就书业现象、事件撰写的评论、杂感，以及拟写的编辑部文章等。

由此可见，通览此书，既可以回眸 30 年来中国书业的发展态势，又可以领略成功书企的方略与实践，为研究当代出版业的改革与发展提供了宝贵的历史资料。

2013 年 1 月于京寓所

关注学术　倾情文化

——喜读庄建新闻作品三十年

〔题记〕2013 年 2 月 26 日，光明日报社召开“庄建新闻作品研讨会”。庄建在会上以《行走在路上　勇于去担当》，介绍了自己从业近 40 年来对新闻记者这一神圣职业的执着与坚守。来自出版界、媒体界及高校的专家学者对庄建一些代表作品的影响力、特色、风格等进行分析研讨。2013 年 3 月 2 日，《光明日报》用一个版面对这次研讨会作了报道，并摘发我的发言。现刊载的是我在这次研讨会上的发言全文。

我同多家重要媒体记者有交往，但连续时间最长、阅读作品最多、受益最大者，当属《光明日报》记者庄建。

庄建自上世纪 80 年代初“跑出版”起就同我有联系，从未中断过，至今已有三十余年了。

2002 年以前，我主要阅读庄建对出版界重要活动的报道，当时是了解信息，作为思考问题和研究工作的参照，后来则成为回顾过去可供查询的历史资料。比如 1999 年 10 月，江苏译林出版社为出版《播火者译丛》（瞿秋白、张闻天、沈雁冰、胡愈之从五四运动到三十年代的译文集）在京举行出版座谈会，庄建在《光明日报》发表《〈播火者译丛〉记录播火者足迹》的新闻报道，使读者能够及时了解这套书出版的相关情况及其重要意义；13 年后，即 2012 年，我写回忆《胡愈之译文集》编校者戴文葆的文章，庄建的这篇新闻报道便成为我撰文所依据的历史资料。有价值的新闻报道都有提供适时信息和保存历史资料的双重价值。三十年来，庄建以《光明日报》记者身份发表各领域的新闻消息和通讯 2000 余条，其中有相当一部分是采写出版界的重要活动，稍加梳理，就会成为研究当代出版史的史料或史料线索，希望有心人和有力者给予考虑。

2002 年至 2008 年，在庄建担任《中华读书报》总编期间，我成为该报的忠实读者和受益者。此间，庄建对我的活动也给予热情关注。2005 年，我同巢峰关于出版转制历史考察与图书出版业“滞胀现象”有过长篇通信，庄建以《出版人两地书》在《中华读书报》二、三版刊发，并在一版做了重点推介。2007 年，拙著《亲历出版三十年》出版后举行座谈会，庄建亲自采写新闻稿：《岗位离开了，事业还牵挂着：宋木文倾心写出新时期出版纪事与思考》，在当年 6 月 6 日的《中华读书报》发表，同时还用一个整版在《峥嵘岁月 我们一同走过》通栏大题下刊发座谈会的发言。想起这些往事，久积于心的感谢之情便由衷而生。

2009 年以后，庄建摆脱行政杂务，专力从事新闻写作，以撰写重要人物、重要事件、重要单位的长篇通讯（特写、专题等）为重点。这是庄建新闻写作取得重要成就的时期，也是庄建新闻写作的一个高峰期。这期间，庄建连续发表《有关“中国故事”的故事》和《“中国故事”的讲述者》两个长篇，讲述中国外文局的国际传播，讲述50年来外文局中外专家向世界介绍中国的历程与成就，在外文局内外产生强烈反响，可视为这一时期有代表性的佳作。

在这里，我要单独讲一讲2012年，这是庄建新闻写作高峰期的丰收年。仅我看到的，这一年发表的新闻特写就有12篇，平均每月一篇。这些经过深入采访、缜密思考而写出的高质量长篇通讯，深深地吸引了我。

在2012年，庄建热情关注学术出版，那篇《学术著作出版：缘何“不差钱”却“差了学术”》和《蔡美彪：洗尽铅华呈本色》，以两个不同的实例，呼唤重视学术出版，倡导出版高质量的学术著作。

在2012年，庄建热情颂扬为学术献身的专家学者，那篇《追赶太阳的人们——记〈现代汉语词典〉的编纂者》和《为了中华文化之常青树——北京大学国学研究院教授群体纪事》，使读者走近了少为人知的那些为学术无私奉献的群体。她还著文呼吁：“典籍整理亦学问，标点也是大文章”，理应受到版权保护，为弘扬中华传统文化鸣锣开道。

在2012年，庄建深情书写有突出贡献的出版人物，先以“中国出版的一个传奇”，书写资深辞书大家巢峰；后借古代神话故事，以“书海精卫鸟”，赞誉新起辞书女精英马静，这一老一新的感人业绩和坚毅品格，为我们树立起今日编辑出版人的楷模。

在2012年，庄建多次精心书写老字号的出版单位。她用百年前“为了立国根本”的宣告，做大文题，提升文意，书写中华书局百年来，以强教科书、强出版服务于强教育、强国家的不懈追求，薪火相传，不老常新。她以“那些书 那群人 那书店”书写三联书店八十年对文化自觉的坚守与创新；用另一篇《三联的分社元年》，预示着这家老店又在开辟新征程。她还以“一脉书香”书写中国书店一个甲子（六十年）的历程，我读后产生联想：如果没有古旧书店的修复、抢救、收购，那些“最早”与“唯一”的珍籍国宝早就不存于世了。这样书写“老字号”，足显庄建思考的深邃和文笔的功力。

在2012年的12月6日，庄建在《光明日报》发表深情讴歌中国翻译家的长篇特写，以“人类文明的搬运工”赞誉李文俊、高莽、林茂荪等中国翻译家们，他们搬运来的不是金山银山却胜似金山银山，因为他们传播着人类的思想光辉和文明成果，对中国的发展建设更有深远意义和长久影响。

读庄建这一时期的新闻作品，我强烈地感受到有思想内涵的深度，有文化底蕴的厚度，有写作技巧的高度。在当今出版界，文化担当和社会责任有所缺失的情势下，庄建发表这些思想内涵和文化底蕴紧密结合的佳作，对出版有着一种强魂健体、引领走向的作用。我受到鼓舞，在2012年10月31日写信给她说，你这一时期的作品“都非常好，都能产生广泛、深刻的影响，我读了再读，读后又留存备用。我希望你继续写出这样高水平的专稿，这比忙碌于某种领导岗位更有实际意义。”

前几天(2月21日)，我看到，庄建在《光明日报》一版又发表《书香氤氲 中国更美》，评论日渐浓郁的全民阅读，这也是一个信号，2013年仍将是庄建新闻写作的丰收年。

最后，我想说的是，新闻写作，同样会产生优秀的作品，甚至伟大的作品，但未像文学作品那样受到应有的重视。今天举行庄建新闻作品研讨会，定会对新闻写作有所推动，定会对新闻作品有所提升，定会对新闻撰稿人有所激励。

祝研讨会圆满成功。

2013 年 2 月 26 日出席庄建新闻作品研讨会。右 3 起为宋木文、何东平（光明日报社总编辑）、阎晓宏。

5

思念故人

深情思念老出版家王益同志

〔题记〕在出版界几位老领导中，王益是我相识较早、接触较多、交谈较深，对我有着潜移默化影响的一位。这篇深情思念是缅怀王益对出版事业贡献的，但也论及他的为人之道、为文之勤、为业之精，虽说只是若干事例和侧面，却都对我有着深刻的影响。我思念王益，要永远向王益学习。

本文先后在《中国新闻出版报》（2009 年 3 月 17 日，一版转二版）和《出版发行研究》杂志（2009 年第 4 期）发表，并在《新华文摘》2009 年第 15 期“人物与回忆”栏目刊载。

深受我尊崇的老出版家王益同志，走完他九十二岁的光辉历程，告别了他为之毕生奋斗的事业和跟着他脚步前行的人们。1935 年参加生活书店的王益同志，在全国解放前，为革命出版工作做出了重要贡献；在全国解放后，是新中国出版事业的开创者之一。作为他的老部下和他的事业的继任者，我更想由悲痛转化为思念。

祝贺王益八十岁生日（1997 年）。

从1959年起，因同住文化部宿舍的一个楼层，我开始认识时任文化部出版局长的王益同志，感到他知识渊博而又平易近人。1972年，他和我先后从文化部“五七”干校返京在国务院出版口报到，接触也逐渐多了起来。但“文革”那种特殊政治环境使这位出版界的智者和行家难有作为。他当年曾悄悄对我说普遍存在两种人：一种是总想怎么整人，一种是总想怎么不被人整，这怎能使人做好工作呢？粉碎“四人帮”特别是十一届三中全会之后，这位多年受着压抑的智者和行家像获得了新生一样，从精神状态到工作业绩都达到了成熟出版家的高峰期，抓改革，促发展，著书立说，稳步前行。

图书发行体制改革的首创者和奠基人

我国出版改革是从发行体制改革起步的，而发行改革则是由王益同志提出并组织实施的。

十一届三中全会之后，经过拨乱反正，我国出版事业很快得到恢复和发展，图书品种和印数迅速增长，广大城乡读者对图书需求更是与日俱增，出现了社会普遍关注、反映强烈的出书难、买书难。这首先由于印刷落后、出版周期过长的出书难造成的，而发行体制存在弊端使流通不畅也是重要原因。从五十年代初开始，实行专业分工，出版社集中精力搞编辑出版，图书发行由新华书店独家经营。这种体制有其历史积极作用，但流通渠道太少、购销形式和所有制形式单一，出版社不得自办批发，开办个体集体书店也受到限制，已不能适应改革开放的新形势。疏通流通渠道，搞活发行体制，增强发行能力，迫在眉睫。

经过充分调查研究，王益同志早在1982年即提出：“以国营书店为主体，多种经济成分、多条流通渠道、多种购销形式，少流转环节”（“一主三多一少”）的改革思路，并被写入中共中央和国务院 1983 年做出的《关于加强出版工作的决定》，对主渠道的改革、出版社的自办发行、多种购销形式的出现和民营书业的发展，都起了推动作用。

1984 年，王益同志又提出，从改变出版与发行绝对分工、出版社也要搞发行入手，推动包销改为寄销，适当提高书价，出版社由生产型向生产经营型转化，对图书出版与发行的传统体制进行综合配套改革的新思路。王益同志的意见在新华社《内参》发表后，中共中央政治局委员胡乔木于 11 月 8 日写信给邓力群并中宣部出版局、文化部出版局，说“王益同志所提意见，触及了现行出版发行制度弊端的症结所在，这是建国以来没有人提出过的。”

王益同志积极倡导和组织实施的出版发行体制改革，既缓解了当时困扰出版界和广大读者的“买书难”，又为日后的深入改革打下了坚实的基础。

对振兴中国当代印刷事业的重要贡献

王益同志对发展我国印刷事业的贡献，应当以浓重的笔墨写入当代中国出版史册。

印刷术是中国古代的重大发明，是我们祖先对世界文明的伟大贡献。到了近现代，特别是到了需要加快发展出版事业的二十世纪七八十年代，我们才痛切地感受到被西方发达国家远远地抛在了后面。印刷技术和装备严重落后，印刷生产能力严重不足，造成出书慢、出报难，出版周期长，压得出版部门各级领导人喘不过气来，成为当年天天讲、月月讲、年年讲的“永恒主题”。王益同志经过认真调研和周密思考，于 1982 年 8 月 7 日在新华社《内参》指出：“不尽快地用新式的机器和新的工艺来取代陈旧的老式设备和落后工艺，是很难改变书刊出版这种落后状况的。”“目前由使用单位进行研究的办法要改变。”他建议由国家经委牵头，“机械、轻工、化工等有关部门密切配合”，“搞好印刷技术改造”。这项建议得到中共中央政治局委员胡乔木的“完全赞成”，并在写给中宣部长邓力群并国家经委主任张劲夫的信中指出：“为了解决我国出版事业的极端落后状况，非请机械、轻工、化工三部门大力协作攻关不可。此事希望中宣部和经委共同牵头来解决。”从中央采纳王益同志的建议起，出现了一个重大转机，关注和解决出版印刷落后问题，不再局限于使用单位和宣传、文化部门，而是提到党和国家最高当局，成为国务院领导下各有关部委共同谋划和实施的国家技术改造专项，并经十余年的协作攻关，我国印刷由手工铅排到激光照排、由铅版印刷到胶印印刷、由照相制版到电子分色、由单机装订到联动装订的全面性历史飞跃，根本改变了我国印刷技术严重落后的面貌，为我国出版事业大发展大繁荣提供了坚实的物质技术基础。在为《亲历出版三十年》撰写《印刷技术革命的历程及其历史性巨变》一文时，我深情地回顾道：“我个人有一种非常幸运的感受，在我担任新闻出版署主要领导职务的时候，再也没有当年徐光霄、王匡、陈翰伯那种沉重压力了，新闻出版署主管印刷的机构，再也不会像二十多年前那样做着全国印刷生产总调度室的工作，而是侧重于对我国印刷技术、印刷工艺和印刷企业管理如何赶超世界先进水平的筹划。人类印刷技术的发展，从铅与火到光与电是一个历史性的飞跃；现在又有了新飞跃，进入了 0 与 1(数字化)，或者可以说是光与电、0 与 1 相结合的新时代。技术的革新与进步永无止境。抚今追昔，请允许我以中国出版界受益者的名义，对提出应由国家经委牵头组织联合攻关建议的王益同志”，向领导、主持、参与其事的其他同志，“表示由衷地感谢与敬意。”

一位出版实践家和理论家

王益同志一生只做了出版这一行，而出版的各个主要方面他都工作过。他长期从事图书发行工作，也做过编辑出版和书刊印刷工作，更长期在国家出版管理机关担任领导职务。王益同志一生为出版事业一直在不倦地追求，不倦地奋斗，不倦地奉献。王益同志有丰富的实践经验，又善于思考和总结，将实践经验上升为理论。他对我国出版的历史和现状有比较全面和深入的研究，对外国出版业做过比较系统和深入的考察，写了大量的立意新颖、论据严谨、文风朴实的文章，他对我国出版学的形成和发展以及对出版实践问题的解决，都做出了重要贡献。他一生笔耕不辍，著述甚丰。著有《王益出版发行文集》、《王益印刷文集》、《王益印刷发行文集》(续编、三编、四编)、《出版工作基本知识》等；主编《图书商品学》，亲自撰写《前言》和有较高理论水平的《总论》(上编)第一至第八章。他在80高龄时，还翻译出版了美国一位出版家的专著《图书出版的艺术与科学》，赠送给出席庆祝他从事出版工作60周年座谈会的同志，使与会者不仅能够读到这部有借鉴意义的专著，而且更可以从中体验到这位老出版家对出版事业极端负责、精益求精和不断进取的精神。王益同志以他的出版学著作，给我们留下了一笔丰厚的遗产。

严谨求实创新的楷模

以我几十年的接触，我认为王益同志最大的特点也是特长，是他的严谨求实的精神。他从不夸夸其谈，也少有豪言壮语，总在勤勤恳恳、扎扎实实地工作着。大到一个重要理论问题和实践问题的探求，如国家印刷技术改造专项的建议与筹划，小到一个技术性问题的解决，都要通过对大量的信息资料和准确数据进行认真细致的分析，得出符合客观实际的正确结论。工作中讲科学、严谨与准确，他首先做到了，也对他的追随者从严要求。1981 年我起草国家出版局党组向中央的汇报提纲，在讲出版重要地位时，不经意地写出："有史以来，在整个人类文化绵延不断发展的过程中，图书出版一直是传播和积累优秀文化的主要工具。"王益同志批道："不能说'有史以来'。中国是有出版事业最早的国家，历史也不过一千几百年。"对我未多加思考写下的这个"有史以来"，他只作批注而未作删改，这一细节多少也反映了他处世待人的一种风格。

王益同志不断进取、勇于创新的精神，深受与他共事的人们及其继任者所称道。他不满足现状，总是想多做贡献。他不守旧，一直在追求创新。二十世纪八十年代，王益同志已是出版战线的一位老兵了，而这位老兵却在书写新传，在不断创新历史。当年为打破独家垄断、搞活流通而推行发行体制改革的时候，是在这位老兵带领下，克服各种困难和阻力而不断取得改革的新成果，创出一片新天地的。读读这位老兵当年那些讨论发行改革的文章吧，你会感受到一位有个性的稳健的改革者在向你走来。当前，出版界正按中央的部署进行出版社的转企改制，然而，人们也许未曾注意，首先提出出版社应确定为企业而不应是事业单位的乃是王益同志，是他在《出版发行研究》1999 年第 1 期发表的《事业乎？企业乎？》一文中提出的，进而引起出版界的广泛关注和热烈讨论，起到了当年引领出版舆论的积极作用。

我深情地思念着王益同志。我曾这样说过："我从他对出版事业的贡献中得益，使我有一种‘坐享其成’之感；我从他思想品格中得益，又使我感到同他有一种难以缩短的差距。”王益同志对出版事业的重要贡献和不倦追求的思想品格将永远激励着我们。

2009 年 3 月 14 日

深切思念资深出版家许力以同志

〔题记〕许力以同志2010年12月8日与世长辞。为怀念我的这位老领导，我先后写了两篇文章。一篇在他逝世后写的《深切思念资深出版家许力以同志》。12月14日《中国新闻出版报》发表此文时，正是出版界为许老举行遗体告别的日子。我襟怀这篇悲情疾书的悼文，向许老作最后告别。2011年1月号的《中国版权》杂志，也在“往事追忆”栏发表。华龄出版社2012年2月出版的《许力以纪念文集》和《春天的脚步——许力以回忆录》均收进此文。另一篇是在他逝世一年后，我出席《中国美术分类全集》出版座谈会有感而作的抒怀《许力以临终遗言全都实现了》。先后在《中国新闻出版报》（2012年3月30日）和《光明日报》（2012年4月6日）发表。许力以在逝世前为《中国美术分类全集》出版事留下两份文件：一是作为个人遗言《我最后的几句话》，写于2010年10月21日；一是以《中国美术分类全集》办公室名义向中宣部和新闻出版总署的工作汇报，许力以签名于2010年12月7日，即逝世前一天。发表文对此事的表述不够准确，特在此补充说明。

两篇忆许文分别于后。

许力以同志是我深为敬重的革命老干部和资深出版家。他的辞世，我感到突然，更感到悲痛。我一直这样想、这样看，在比我年高的老同志中，力以同志身心最健康，思路最清晰，虽年近九十，仍然笔耕不辍，直到生命最后时刻，还在为他所心爱的出版事业操劳着。对他突然离世，我实难接受，又不能不面对现实。我回忆着，思考着，许力以的身影总是离不开我。

1973 年 5 月，力以同志从宁夏贺兰中宣部“五七”干校调国家出版局工作，先后任出版部主任和副局长，是我“半路出家”搞出版的领路人和指导老师。我知道他是抗日战争和解放战争时期的随军记者，建国后一直在中宣部出版局担任领导工作，很注意向他学习和请教，他也不时地在政治上和业务上给我以指点。我近几天的回忆与思考，也总是围绕这两方面而展开。

1974 年“四人帮”发动“反文艺黑线回潮”运动，矛头直指刚从原文化部和原中宣部“五七”干校恢复工作的领导干部，国家出版局机关被大字报攻击为“旧文化部旧中宣部的浓缩”，而从“旧中宣部”被“浓缩”过来的直指许力以。在巨大压力之下，力以同志清醒沉着、善于应对，既能保护自己，又能帮助别人“过关”。当时，被视为重点批判对象陈翰伯（后任代局长）所在出版部党支部，力以同志多次召开支委会统一我们几位支委的思想，以刚刚恢复工作跟不上形势定调，在不得不开的批陈会议上，大家心领神会，一直坚持“跟不上形势”这个基调发言，并在此后积极支持陈翰伯为恢复出版业务所做的各项工作。

得知力以同志逝世的噩耗，我正在广东。从深圳到广州，我多次向广东出版界同志讲，1975 年我跟随国家出版局负责人徐光霄、

同许力以在2000年元宵节中共中央与知识界联欢晚会上。

陈翰伯、许力以来广州，在羊城宾馆(今东方宾馆)参加《中外语文词典十年(1975—1985)规划》会议的情况。此次会议所订的《辞海》、《辞源》、《现代汉语词典》、《汉语大词典》、《汉语大字典》、《汉英词典》等160种中外语文词典，十年后陆续出版，成为新时期出版繁荣的基础性和主体性工程，影响巨大和深远，直至今日仍然是书写新时期出版成就的重要选项。在制订和实施这一宏大出版工程中，陈原主持的工作班子起了重要作用，而许力以作为当时的出版部主任和随后的主管副局长，不仅参与了策划，更在组织协调和实施中发挥了重要作用。力以同志还直接组织领导了由四川、湖北两省负责的《汉语大字典》的编纂工作，1979年11月2日，他写信给胡耀邦，拟在四川成立编纂处作为执行机构，胡耀邦于11月6日即做出批示："请川、鄂两省有关部门大力协作进行。希望全体编写同志同心同德，克服一切困难，完成这项有历史意义的工作。"耀邦同志对力以同志信的批示，使《汉语大字典》以及其他词典编纂起步阶段面临的机构不确定、人员不稳定、财力无保障等实际问题得到解决。

1976年粉碎"四人帮"后，力以同志作为王匡、陈翰伯两任局长的主要助手，对出版界的拨乱反正做出了重要贡献。1977年，他坚定地支持王匡推倒"四人帮"强加给出版界的"两个估计"(写入毛主席批准的中央文件，称：建国以来出版界是"反革命黑线专政，资产阶级知识分子占统治地位")，极大地解放了出版生产力。1978年，他坚定地支持并组织落实了王匡决定大批量重印建国以来出版的35种中外文学名著，极大地缓解了"文革"造成的严重书荒。1979年，他坚定地支持陈翰伯在长沙会议上确立的地方出版社"立足本省，面向全国"的出书方针，并在实际出版管理中指导地方出版社扩大出书范围和提高图书质量，有力地推动了从地方到中央的出版繁荣和发展。1980 年前后出版界的拨乱反正，始终以清除“以阶级斗争为纲”的影响为主线，突破出书跟着当前政治运动转的狭窄局面，使各级各类出版社迈入图书品种丰富、特色突出、质量提高的新天地。在这方面，力以同志不仅成为国家出版局主要领导人的得力助手，而且还有着自己的独特贡献。这是为王匡、陈翰伯以及其后的局领导班子成员所敬佩的。

1983 年，中共中央和国务院做出《关于加强出版工作的决定》，成为新时期指导出版工作的纲领性文献。在《决定》前起草向中央汇报提纲和随后起草《决定》的工作中，力以同志都是积极参与者，并且给有关同志以具体帮助。国家出版局党组关于三中全会以来出版工作向中央汇报提纲送审稿，遵照中宣部领导同志意见，按 1981 年中央思想战线问题座谈会精神，对几年来出版工作受资产阶级自由化和“一切向钱看”影响出现的问题做了检查，并在图书和期刊出版部分增写了有关内容。力以同志对这一段作了使我认真思考的批注：“老宋：根据现在的形势和要求，繁荣创作和出版方面的内容要增加，还要积极一些才好。”力以同志对重大政策性问题一向深思熟虑。我理解他的意思是，即或在重视反对资产阶级自由化的形势下，在指导思想和政策掌握上也不要搞得太紧、太窄。据此，我在汇报提纲中加强了“进一步把出版的路子搞宽，把出版工作搞活”的内容，强调了“在社会主义方向下的学术讨论的自由、各种文艺形式和风格竞赛的自由，使创作和著述繁荣起来”。实践证明，把路子搞宽搞活，促进了出版事业的繁荣和发展。对《决定》的起草，他更重视解决影响出版事业发展的实际问题。为在《决定》稿中如何写入“出版单位的利润(包括外汇)基本不上交，或采用大部分留成的办法，作为发展基金”；“出版部门由于纸张提价而增加的支出，由财政部门给予补贴”，力以同志“邀请王益、宋木文、徐荇(《决定》起草小组负责人)等同志开会商讨”，上报邓力群并中央书记处。出版部门至今享有的优惠经济政策，多项来自1983年《决定》，力以同志为此所做的努力却鲜为人知，我觉得有必要在这里写出。

力以同志对出版工作的指导，始终把促繁荣、上质量、抓重点放在突出地位，在几次面临调整和整顿时也绝不放松。他对中外语文词典编写规划实施的宏观指导与其中的《汉语大字典》的编纂，对中国大百科全书《出版卷》的编写，对《中国美术全集》(60卷)和分类全集(302卷)的出版都倾注全力，抓了再抓，直至完成。

随着国家对外开放的步伐，组织和推动出版界的对外开放和对外合作，是力以同志工作中的一大亮点。比如策划和推动英国培格曼出版公司出版《邓小平文集》英文版，策划和推动中国人民美术出版社与日本讲谈社合作出版大型画册《中国之旅》，策划与推动中国多家美术出版社与比利时范登出版公司合作出版60卷《中国美术全集》法文版等，都是力以同志在1979至1985年间全力支持与组织的重点对外合作项目。他还主持制定了对外合作出版的文件，经国务院批准下发，以指导和推动中外出版交流与合作的有序发展。

对改革开放后列入党和政府议事日程的版权工作，力以同志是热情的倡导者和身体力行的实践者。他协助和支持陈翰伯在国家出版局建立版权研究小组，开展版权立法调研，启动版权法起草。1985年，在中宣部出版局长任上，他主持起草了中宣部关于我国加入国际版权公约的报告，这一年的6月24日胡耀邦主持中央书记处会议批准了这个报告，成为尚在起步阶段的我国版权管理和版权立法工作的指导性文件，并确立了我国加入国际版权组织和处理中外版权关系的基本原则。

力以同志对两岸出版交流与合作做出了突出贡献，是两岸出版交流与合作的开创者。两岸出版界一致认同，1988年，经力以同志的精心策划与组织，并同上海市长汪道涵一道出席开幕式的上海“海峡两岸图书展览”，开启了两岸出版交流与合作的大门。以此为标志，两岸互办书展常态化，其他方式的交流与合作也随之开展起来。力以同志还率先访台做调研，广交朋友，达成“五点共识”，为随后在台举办大陆书展、开展深度合作和派团出访探路和铺路。许力以也深得台湾出版界同仁的敬重与怀念。

力以同志高度关注出版理论工作，重视出版研究机构建设，重视出版教材建设，重视出版专业人才培养，重视开展图书评论工作。他以身作则，亲自动手写文章，文风朴实，深入浅出，《许力以出版文集》等著作是出版人必读的好教材。作为中国大百科全书出版卷“总论”的《出版与出版学》，影响广泛持久，成为他出版理论的主要代表作。

力以同志在抗日战争和解放战争时期主要从事新闻工作，建国后一直在党和国家出版管理机关担任领导职务，六十年来，参与和主持出版方面许多重要决策和这些决策的组织实施，主持和指导过许多重大出版工程项目的规划和实施工作，是新中国出版事业发展历程的推进者和见证人。我们不仅要缅怀他对出版工作的重大贡献，更要总结和学习他指导出版工作所积累的丰富经验，从而在思想上得到宝贵的启迪，以做好我们今后的工作。

力以同志给我印象最深、启迪最大的是他真正做到了不断解放思想，一贯保持与时俱进的精神。做好出版工作，离不开国家的大形势。当国家大局出现了新情况时，他能及时调整自己的思想，适应新形势；而当形势错综复杂，众说纷纭时，他能保持清醒和冷静，沉着应对。特别是在转折时期，能够抓住机遇，提出新的主张，推进出版事业的改革与发展。

力以同志从党和国家出版领导岗位退下来后，给人的感觉主要是换了个位置：岗位上退了，思想没有退；职务上退了，责任没有退。这正如他1993年在出版文集自序中所作自励与自省所言："出版工作面临新的形势和新的任务，作为出版战线的一名老兵，我将继续学习，与同志们一起，为繁荣出版事业，为加强出版的科学研究，提高理论水平，竭尽余力。"他全做到了，直到最后一息！

我的这篇追思文写完后看到许虹进传来他老爸亲笔书写的临终遗言。这位老革命、老出版在生命最后时刻所写的《我最后的几句话》，深情地倾诉了他对党的事业的热爱与忠诚，真诚地表露了对他一生奉献的出版事业的眷恋与期望，而更令人感动的是他所交代的后事全都是他所主持并操劳了25年之久、有重大历史意义和学术价值的《中国美术分类全集》的未竟事业。作为他的"最后希望"，他请"中宣部与新闻出版总署给予最后支持"，将未完成的24卷"加以全部完成"，并表示"我在此致以敬意"。我想，无需多说什么，我们所有出版人，都被许老对人民出版事业的无限忠诚和高风亮节强烈地震撼了。

力以同志，我深情地思念着你！

2010年12月11日悲情疾书

许力以临终遗言全部实现了

《中国美术分类全集》是许力以生前直到生命最后一息还在牵挂着的国家重大出版工程。

2012年3月20日，中宣部、新闻出版总署为《中国美术分类全集》（302卷）全部出齐，隆重举行出版座谈会。这套中国出版史上规模宏大、内涵丰富、制作精美的艺术巨制，经34个出版单位25年通力合作，终于在2011年底全部完成了。弘扬成绩、总结经验、表彰先进成为会议的主题。当柳斌杰、蔡名照代表中宣部、新闻出版总署向实际领导这套"艺术出版世纪工程"的常务担当者许力以颁发唯一的特殊荣誉证书和荣誉奖牌时，将此次总结表彰大会推向高潮。正如会议主持人邬书林所说，许老"坚守信念，一生奉献，不仅促成了这部传世之作以惠后人，更将一种精神留存后世，激励着更多出版工作者拼搏进取，无私奉献。"当看到许老的两个儿子许虹进、许小济上台代表他们的老爸接受荣誉证书和奖牌时，我不由地想起许老在逝世前留下的遗言《我最后的几句话》，想起他深情地对他一生奉献的出版事业的眷恋与期望，想起他为《中国美术分类全集》尚未完成的24卷操劳的字里行间。作为他的“最后希望”，他请“中宣部、新闻出版总署给予最后支持”，请“邬书林、张小影与陶骅同志给予帮助”，并且提出在“300卷出齐的时候，是否要开一个会总结和庆祝一下”。现在，仅仅时隔一年，在受托部门和受托同志以及相关单位同心协力下，这项新时期国家重大文化出版工程就全部出齐了。一年前，我在一篇思念文章讲许老临终遗言时说：“我们所有出版人，都被许老对人民出版事业的无限忠诚和高风亮节强烈地震撼了”。一年后，当我看到许老临终遗言全都一一得到落实，我的心情已经由震撼转向欣慰和激动。如果许老有知，相信他会比我更加欣慰和激动，相信他会重复他在临终嘱托中对受托人讲的话：“我在此致以敬意！”

在2010年12月28日的追思会上，我曾建议，像对《中国大百科全书》、《汉语大词典》、《汉语大字典》（许老主持的另一部大书）、《中国美术全集》（60卷）那样，在《中国美术分类全集》出齐时，能够有一篇重头专题文章，评介这套大部头艺术精品的学术价值及其出版历程。为此，我还建议由《光明日报》资深记者庄建来成就其事，并请她与书林同志联系。我甚至还曾想过，如果有关部门和同志（包括我在内），当年也能像邓力群和郁文同志那样高度重视和关注《中国美术分类全集》，也许就不会使力以同志临终前还在为此事操劳。但是，今天我要说的是，仅仅用了一年时间，许老临终嘱托的这24卷就完成了，从而为这套浩繁的高质量的艺术精品出版工程画上了圆满的句号。一年前的追思会上，我看到几位受托人对许老敬重非凡，又深知这套大书的历史价值和现实意义，我相信许老的遗愿一定会实现的，但未曾想到能做得这么快、这么好，对这一年的“扫尾”，我不能不说是给世人留下了一段尊老敬贤、完善精品的出版佳话！当然，人们仍然还希望看到关于这套大书学术价值、深远影响及其编辑出版历程的评介文章。不过，我今天在这里讲的已经不再是对这套大书如何宣传的建议（因为我想对此早就有了安排），而是此时此地参加此次出版座谈会的一种感怀，一番感言。

力以同志，我们——所有追随过你、得益于你、思念着你的人们，再次向你致以最深情的敬意！

写于出席 2012 年 3 月 20 日大会之后

为国家出版与版权管理机构建设呕心沥血

——为边春光逝世二十周年出版纪念文集而作

〔**题记**〕为纪念边春光逝世20周年，中国书籍出版社于2009年4月出版《怀念边春光同志》一书（孔祥贵、邵益文编）。我以此文怀念边春光对建设国家出版与版权管理机构所做的不懈努力与重要贡献。

缅怀边春光同志的业绩，我认为有一件事不能不讲，那就是他对国家出版与版权管理机构建设所做的努力与贡献。

1982年，按中央部署，在国家机关机构改革中，将直属国务院的国家出版局并入文化部，称文化部出版局。春光同志由中宣部出版局局长改任文化部党组成员和文化部出版局局长。我作为副局长，同他共事将近四年。当时，出版工作经过拨乱反正之后，既保持强劲的发展势头，又面临许多巨大的困难，有物质条件上印刷生产能力不足和纸张短缺的严重困难，有体制上中央集权与地方分权并存，在协调管理与解决实际问题上带来的诸多困难，更有打破思想禁锢

1987 年 1 月，同边春光（左 1）在国家出版局机关春节茶话会上。

后各种社会力量和社会思潮对出版管理和出书内容不同要求的挑战。出版局领导班子面临着加强和改进出版管理的繁重任务，而出版管理机构又在实际上被削弱了。春光同志以坚定的立场和明确的思路，提出坚持方向、加强管理、建设队伍、保证质量、促进繁荣的一系列措施；同时为健全和加强出版管理机构出谋划策，奔走呼吁。

出版局划归文化部后，各省市出版局动荡不定。出版管理重在基层，春光等同志力求上动下不动，保留省市出版管理机构。在起草 1983 年中共中央和国务院《关于加强出版工作的决定》文件时，春光等同志得到中宣部的支持，在《决定》草案中写入了“各省、市、自治区可根据实际情况，或者保留精干的出版局，或者以省人民出版社为主，吸收其他出版社和印刷发行单位，成立联合党委，直属省、市、自治区党委宣传部领导”（意在机构变动时不被拆散），但中央审定时这段文字被删去了。在此次地方机构改革中，除上海、天津、湖南保留出版局外，其他大都按“上下对口”的原则将出版局并入文化厅（局），也有受省政府委托由出版总社代行出版局职权的，如浙江等。在此种情况下，春光同志仍然没有放弃，一有机会即提出加强管理机构的建议。

根据对内对外工作的需要，亟须建立独立的版权管理机构，以加快版权立法工作。1984 年夏，整党进入整改阶段时，春光同志提出新建立的版权局与出版局为一个机构两块牌子，请求文化部党组向中央反映。先经郁文（中宣部常务副部长）、朱穆之（文化部部长）和顾明（国务院副秘书长）协商，拟建立独立的国家版权局，未获同意；后又经中宣部牵头同文化部、主管编制的劳动人事部协商提出“可以仿照专利局的模式，在文化部建制内成立版权局，但为了有利于对国内外开展版权工作，可给版权局带个帽子，叫中国版权局，发给有国徽的印章，其编制暂定 100 人。”（摘引自 1985 年 1 月

29日向国务院报送的方案）为了准备参加中宣部召集的协调会，刘杲同志写出应对预案送春光同志和我。边春光同志明确批示“我的意见还是会上详述《关于当前端正出版工作指导思想的几个问题》中的关于版权立法的说法。那种说法比较现实，比较实际，两个牌子一个机构，既节省人力，又可行使职权。可能会有人提出国家出版局不能恢复，那为什么环保局可以改称国家环保局。专利、商标、版权三者属同类型，专利可以设直属国务院的局，为什么版权就不可以呢？我看达不成一致看法可以拖一下。免得定了盘子将来再改更加困难。”由于多种原因，特别是涉及机构改革中经中央批准的出版局机构变动问题，春光同志的意见未出现在向国务院报送的方案中。但我觉得，在准予成立中国版权局的情况下，争取将文化部出版局改为更有权威性名称的条件已经具备。1985年三四月的一天，我去时任国务院秘书长助理的侯颖同志办公室，按前引边春光“一个机构两块牌子”的方案，对设立国家版权局，同时将文化部出版局改为国家出版局，再做一次争取。我说，版权单设一个管理机构很有必要，也算是定下来了，但出版工作也需要一个更有权威性的机构来加强管理。这两个机构直属国务院，这最好，但现在做不到，我们能够理解。按现在业已形成的方案，版权机构带“中国”字头，而出版机构却是另一种名称，又都在文化部属下，看起来也不够协调。可不可以设立文化部属下的国家版权局（原拟成立的中国版权局，也在文化部的属下），同时将文化部出版局改为国家出版局，把两个机构设在一起，一个机构两个牌子，不另找办公地址，又比给100人编制单设中国版权局节省一些人员。侯颖听后认为这个方案好，可以报请国务院领导同志考虑和决策。看来边春光的方案有希望实现了。随后，按照必要程序，由文化部送出专题报告，国务院于1985年7月25日做出在文化部设立国家版权局，将文化部出版局改称国家出版局，两局为一个机构两块牌子的批复。版权与新闻出版管理机构为一个机构两个牌子的做法一直延续至今，而其首创者和主要设计者是边春光同志却知者不多。

边春光同志为恢复出版局独立建制，更是做了坚持不懈的努力。1985年11月18日，胡耀邦总书记主持中央书记处会议，审议文化部国家出版局的工作汇报。此次会议对汇报提纲——恢复国家出版局独立建制的建议未明确表态，但耀邦同志在总结时把“出版机构体制问题怎么办”列入应研究解决的问题之一，为解决这个问题创造了条件。春光同志紧紧抓住这一有利时机，精心策划，积极争取。

1986年3月由王子野、徐光霄、陈翰伯、严文井、王益、萨空了、吕叔湘、楼适夷、王仿子、邵公文、曾彦修、常紫钟、朱语今、李鸿范、潘奇等老同志给胡耀邦总书记写信，反映将出版局划归文化部削弱了对出版工作的管理，建议恢复出版局为直属国务院的建制。耀邦同志对此信做了重要批示“请启立、纪云同志约集有关同志商议予以适当解决。最好还请乔木同志出席一下。”并在15位老同志签名处批示“这么多同志的呼声，看来也值得重视。”田纪云、胡乔木看到胡耀邦批示后均批示表示赞成。田纪云还亲自听取出版局的汇报，说解决国家出版局体制问题还需请中宣部、文化部表示意见。

1986年6月27日，边春光又直接给胡耀邦写信，着重汇报了耀邦同志对王子野等老同志的信批示后此事的进展情况，以及中宣部、文化部的意见：

中宣部认为，国家出版局直属国务院，有利于加强出版工作。意见已写在由中宣部代中央起草的关于加强和改进出版工作的指示的草稿中。文化部王蒙、高占祥、宋木文同志都明确表示，国家出版局直属国务院，单列户头，业务上受中宣部领导，有利于出版事业发展，挂在文化部，对加强出版工作领导不利。

仲勋同志也十分关心出版管理问题，我们也曾向他反映了当前出版管理的情况。仲勋同志请万里、纪云同志并劳动人事部赵东宛同志研究处理。

各地出版部门的同志得知您和其他中央领导同志对出版管理问题极为重视，受到了很大鼓舞，都期待着这个问题能及早得到解决。

边春光还给胡乔木、田纪云写了信，内容跟给胡耀邦信，基本相同。6 月 30 日在给田纪云信中还说，中宣部、文化部关于同意将国家出版局改制为国务院直属机构的意见已报告国务院办公厅。还谈到国务院主管机构体制工作的劳动人事部遵照习仲勋同志的批示，“曾两次约我们去汇报了出版管理体制问题，他们也认为目前的出版管理体制很不适应加强出版管理的需要，应该进行必要的调整”。在同日给胡乔木的信中还说他所关注的经济问题：遵照田纪云的意见，“已由赵维臣同志（国家经委副主任）主持的造纸、印刷、出版、发行协调小组在研究，可望增加一点投资；同时财政部也约请我们去汇报了申请减免税收的问题”。

按国务院办公厅通知，将现属文化部管理的国家出版局改制为国务院直属机构需由文化部向国务院写出正式报告。我请出版局代部草拟《关于恢复国家出版局为国务院直属建制的请示》（拟稿人为石峰，此次机构改制多次上报文稿均由他执笔），并对代拟稿加了一句话“将出版局改为国务院直属局，既有利于加强对出版工作的领导和管理，也有利于文化部重点抓好艺术和对外文化交流工作。”

国务院于 1986 年 10 月 6 日发出《关于恢复国家出版局为国务院直属局建制的通知》。

边春光同志政治上强，作风正派，既有丰富的编辑工作经验，又有对出版事业宏观管理的能力，更对此次国家出版局改制精心谋划、积极争取，做了大量工作。在中组部、中宣部进行局长人选考核时，我和出版局的同志都推荐边春光为最合适的局长人选。当时边春光年已 61 岁，几年前曾突发心脏病休养了一段时间，可能有人担心他能否坚持一线出版管理工作。我特别请求组织上从宽考虑年龄界限，并提供医院开出的健康状况不影响正常工作的证明材料，以作争取。但这些争取和努力终未有效，在事先一无所知的情况下将我从文化部调任国家出版局党组书记、局长一职。我深感遗憾，也更加敬佩春光同志。

国家出版与版权管理机构几经变迁，1986 年是个转折年，从部属局转变为国务院直属局，后来又演变成新闻出版署和新闻出版总署，在这转折中边春光所起的重要作用应当载入国家新闻出版管理机构变迁史，而作为国家出版与版权管理机构“一个机构两个牌子”体制模式的首创者和设计者，也更为熟知其事的人们所尊敬与怀念。

从 1987 年 9 月 5 日起，边春光同志出任中国出版科学研究所首位所长一职，对新中国第一家出版研究机构的建设做出了开创性的贡献。1989 年 12 月 29 日，边春光同志在研究所他的办公室再次心脏病突发倒在地上。我和石峰同志闻讯赶去，守护在那里，急救中心医生抢救近两个小时，也未能挽救为出版事业殚精竭虑的我们的“老边同志”。我和刘杲同志联名写了一篇文章发表在《出版工作》（现今的《中国出版》）上，深切怀念从 1982 年至 1986 年同我们共事四个春秋、成为我们学习榜样的边春光同志。

深切怀念戏曲教育家晏甬同志

〔题记〕此文是我同早年同事和朋友吴琼、颜长珂（同为中国艺术研究院戏曲研究所研究员）合作写出、联名发表的怀念我们的老领导晏甬同志的文章。在中国戏曲学院院刊《戏曲艺术》2009 年第 1 期发表。对这位德高望重的老领导，我至今还深情地怀念着。

晏甬同志卧病经年，今春以来病情益加沉重，令人日夜心悬。九月二日晨忽传噩耗，悲痛之情，难以言表。

晏甬同志是我们敬重的一位老领导，是几十年来从多方面给予我们言传身教的革命前辈，更是吴琼、颜长珂先后受教的老师。痛惜、怀念之时，更难忘他那平易近人、勤勤恳恳、不断进取的精神风貌。

抗日战争烽火年代投身革命文艺工作的晏甬同志，解放战争时期在东北鲁迅文艺学院任教。从 1953 年到 1978 年的二十多年间，一直从事戏曲教育和戏曲创作与研究工作，先后任东北戏曲研究院

在北京友谊医院探视老领导晏甬（中坐者），左 1 为老友韩澎。（2007 年 2 月 2 日）

院长、中国戏曲学校校长，后又主持中国戏曲学院的筹建和1958年建院后的教学工作，直到1963年该院停办。也许他与戏曲教育确有缘分，那场“文革”尚未终结，又曾应召再回戏校主持工作。1978年后，他虽已调任中国歌剧舞剧院院长，然而，他对自己为之操劳过的中国戏曲学校，以及在此基础上建立的中国戏曲学院，仍然关怀备至，寄予厚望。可以这样说，长期以来，他为中国戏曲教育事业殚精竭虑，积极探索，开拓新路，至今仍为他的同事和学生们所敬重和称道。

晏甬同志热心戏曲艺术和戏曲教育的革新。他认为新中国戏曲学校培养出来的学生应该是有思想、有觉悟、有文化、有能力继承发展中国戏曲艺术优秀传统的新一代的戏曲工作者。他重视学生思想品德、文艺修养的教育，重视基本功训练，为他们毕业后能够成为有创新精神的优秀人才打好全面的基础。学校购置大量图书，建立图书馆、阅览室，鼓励学生养成读书习惯。在课程安排上，除国家规定的中专文化课之外，又为高年级同学增设了中国戏曲史、表演理论、中外名作选读等有助于增强文化艺术修养的课程。

当时，中国戏曲学校有不少艺术成就卓越、教学经验丰富的老教师。晏甬同志对他们非常尊重，把他们的剧目教学课视为业务教学的主体。同时，要求学校各个部门做好服务工作，以保证老先生们在教学上能更好地发挥主导作用。在与老先生们的日常交往中，他也不断引导他们适当地学习一点政治理论和党的文艺方针，希望在教学的同时，凭借他们的经历、威望与对新旧社会的理解，对学生的人生观、艺术观产生积极的影响。

晏甬同志主张从各单位调入一些从事戏曲史、表演、音乐、美术、文学工作的专业人材，除教课外，还要求他们采用各种办法多和老教师们交往，在接触中增加对戏曲的了解，向老教师学习，丰富他们本身研究工作的内涵。同时，在相互交流中，也可让老先生们接触一些新的知识，在教学中，逐渐形成与传统的口传心授相结合的启发式的方法。

对练功课，晏甬同志支持借鉴体育、舞蹈等的一些训练方法与内容，并由专业教研室进行了探索。有些成果还体现在至今仍在采用的形体训练教材中。

为培养新型戏曲人材对戏曲教育进行的改革，也曾引起过一些疑虑甚至争议。晏甬同志以坦荡的胸怀，顾全大局的态度，通过适时地总结和耐心细致的工作，既贯彻了一些有利于改进戏曲教育的主张，又维护了领导班子的团结。

从晏甬校长到史若虚副校长（后任院长），都很重视戏曲教育新路的探索和经验的总结，形成一套比较完整的训练体系。1962年为艺术院校制订教学方案（涉及培养目标、专业和课程设置、教学原则等）时，文化部教育司把中国戏曲学校办学之路总结为“四个结合”：全面发展与因材施教相结合，启发式教育与口传心授相结合，学戏与基本训练相结合，课堂教学与舞台实践相结合，受到各地戏曲学校的重视，仿效而行。中国戏曲学校培养了一批又一批优秀人材（特别是表演人材），成为各地院团的骨干。1986年，经中央批准，文化部为“尖子”演员破格晋级，中国京剧院上报的便多为中国戏曲学校的毕业生。列入第一档的部属艺术院团的8人中，中国京剧院的刘长瑜、刘秀荣、杨秋玲、孙岳便都是中国戏曲学校的毕业生。这也表明，经过多年探索和总结的戏曲演员专业训练体系是成熟的、有效的。上世纪五六十年代的学生，如今多已到了退休的年龄，其中有些还在演出、授课或从事研究，继续活跃在戏曲界的各个方面。50年后的今天，如果再来议论当年的得失长短，应该是不难做出回答的。

随着中等戏曲教育体制的基本形成，以及戏曲艺术的深入发展和国际交流日益频繁等情况，急需培养具有更高水平的戏曲人材，筹建中国戏曲学院的工作便逐渐提上了日程。这一重担又落在了晏甬同志的肩上，担任1956年成立的中国戏曲学院筹备委员会中“负责日常工作”的副主任(主任为欧阳予倩)。中国戏曲要创立大学，这是历史上前所未有的事情，如何才能完成？按照周恩来总理的指示：“在培养人材上要走自己的路。”晏甬同志提出目前可以招收剧团中的演员、导演、编剧、音乐、美术等人员为主，因而考生年龄可以放宽到35岁。学制可从半年到三年不等，应视各班具体情况而定。教学可吸取中国传统的书院式办法，课堂教学与讨论、自学、研究结合进行；把成人教育与普通高等教育相结合，构成自己的特点。

1958年，中国戏曲学院筹备委员会与中国戏曲研究院合并，一套机构两块牌子。晏甬同志是分工负责教育的副院长(院长梅兰芳)。学院成立后，先后办了几件很有影响的事情。1959年开办第一届研究生班，招收学生38人，大都来自艺术院校或普通大专院校，也有相关艺术单位委托代培的学员。他们大都具备了一定的戏曲艺术修养，其中有的已是剧团的负责人，或是大学的讲师，都很热爱和有志于从事戏曲工作。后来也都在各自的岗位——特别是教学和研究工作上，发挥了重要作用。

1960年开办了表演艺术研究班。初拟开办梅兰芳表演艺术研究班，考虑从全国遴选10名左右初露头角的旦角演员，由梅院长亲自授课。后因各地反映，各剧种的各个行当都有一批优秀的年青演员，也盼望能有这样一个学习机会。因而扩大了招生名额，从京剧、汉剧、川剧、粤剧、越剧、豫剧、湘剧、评剧、蒲剧、晋剧、秦腔、河北梆子以及湖南花鼓戏等的小生、小丑、旦角中招收了54名学生。教师在梅兰芳之外又增聘了萧长华、荀慧生、俞振飞、马师曾、刘成基、徐凌云、徐兰沅等先生。同时还邀请袁雪芬、陈伯华、红线女、尹羲、常香玉、陈书舫、王秀兰等著名演员参与本班的教学工作。开课后，首先请林默涵、夏衍以及张庚、晏甬、郭汉城同志就古为今用，传统剧目的人民性，现代戏的意义等问题进行了阐释。随着梅兰芳等各位老师在教授他们拿手戏时所遇到的一些共同问题，又安排了阿甲、马可、李紫贵等同志就人物创造，现代戏的表演以及唱腔、演唱技巧等问题谈了他们的看法。结合经验介绍还观摩了《游园惊梦》、《奇双会》、《宇宙锋》、《醉酒》、《金玉奴》、《打神告庙》、《红娘》、《烤火》、《柜中缘》等精彩的演出。这届研究班虽然只有三个月的时间，大家却深感收获颇丰。

1963 年举办了编剧讲习会。它集中了当时国内一些有成就的戏曲作家，如杨兰春、陈仁鉴、徐文耀、范钧宏、汪曾祺、吴祖光、宗华、俞百巍、钱法成、完长舟等。他们从事创作较久，体会此中甘苦也较深，遇到的问题也较多。因此为他们安排了较充裕的时间，较安静的生活条件，以利于他们读书、交流、思索、总结。同时也请了茅盾、老舍、赵树理、焦菊隐、王朝闻以及吴晗、侯外庐等各方面的专家做了艺术讲座。他们对生活与题材、文学语言、戏曲的特点等精辟的见解，都曾引起大家深入的思考。

这种主动、灵活的“书院”式的学习模式，长短结合、以短为主的办学宗旨，既符合当时中国戏曲的实际，也取得了预期的效果。

1960 年，中国戏曲学院从高中与有关中专毕业生中招收了第一届本科生，也是中国第一届戏曲大学生。文学、导演、音乐、美术 4 个系，经过系统专业学习，毕业时共有 74 名学生。除留校、分配内地各省外，也有分赴云南、贵州、广西、甘肃、青海、宁夏、新疆、内蒙古等边远省份。他们从事教学，搞创作，当编辑，或担任领导。“文革”后，大多成为当地可资倚重的中坚力量。

这样，从中等专业到大学本科，再到研究生，对戏曲教育新体制进行了有益的探索，为戏曲教育的科学化、现代化打下了基础。这一切自然都是在党的领导下，由所有从事、关注戏曲教育事业的同志们共同努力的结果，但作为党在戏曲教育事业岗位上的领导人之一的晏甬同志，以二十多年的精力为新中国戏曲教育事业的创建、兴旺、发展所付出的心血，也理应记入中国戏曲教育的史册。晏甬同志也曾多次充满感情对我们谈起1978年新建的中国戏曲学院，寄予很大希望。我们也同他一样，对这所中国戏曲的最高学府的发展和成就感到高兴，并表示深情的祝愿。

我们跟随晏甬同志工作多年，有的几十年，目前虽已不在一个单位，可是我们每每会想起这位平易、亲和、有创建的老领导。如今晏甬同志虽然永远地离开了我们，而这种怀念只会更长久，更深切。

2008年9月16日于北京

要学郑成思的做人做事

〔题记〕2007 年 9 月 14 日，中国版权协会举行纪念会，追忆和缅怀一年前逝世的中国杰出的知识产权专家郑成思。我在会上的这个发言强调，郑成思由于学术成就和社会地位的提升，已成为学术大家和众人仰视的人物，而他的言行绝无使人有居高临下之感，更像是普通人群中的普通人，劳动者群中的劳动者，我们要像郑成思那样做人与做事。此文原载于《中国版权》杂志 2007 年第 5 期。

郑成思逝世整整一年了。今天参加纪念他的会，怎样表述此时我的心情呢？可以这样说：悲痛之心尚在，而思念之情更深。思念什么？思念他对知识产权法学学科建设的成就，思念他对版权立法的贡献，更思念他一生走过凝聚起来的人格力量！

首先是思念他是怎样做人的。我只从一些侧面讲起。郑成思是我党高级干部家庭出身。其父郑伯克 1927 年参加革命，三十年代在上海做党的地下工作，后去延安。“文革”后在中组部担任领导职

同郑成思（右 1）在一起。

务。1983 年，我曾为解决三联书店职工革命工龄问题拜访过郑老，得到他的支持，但很久以后我才知道郑老与郑成思的父子关系。我更从多方面了解到，郑成思的一生从未因父亲的权威获得升迁的便利，而是遵从父辈的教导，严于律己，自强自立。大家知道，郑成思靠个人努力和组织培养，逐步成长为世界著名的中国知识产权法学专家，他的多部著作因其质量和影响而被誉为我国知识产权研究史上的经典。他是中共十四大、十五大的代表，第九、第十届全国人大代表和法律委员会委员，又曾当选全国人大大会主席团成员。中国社会科学院成立哲学社会科学学部后，他即当选学部委员。他的学术成就和社会地位日渐提升，成为众人注目的学术大家和社会知名人物。郑成思的成就和影响，已成为众人仰视的人物，而他绝无使人有居高临下之感，诚实、朴素、严己、宽人，似乎成为他与生具备的品格。如果你是个有心人，你会发现，此时的郑成思，仍然是衣着节俭，生活朴素，平等待人，极像是个普通人群中的普通人，劳动者群中的劳动者。难怪有的学生去他家送资料竟把他当作打扫卫生的工人了。我也曾劝说郑成思注意改善生活，保健身体，对自己不要过于苛刻，并不主张一切都像他那样，但他那严于律己、自强自律的人生之路，却是感人的，令人敬佩的，需要发扬的。现今我国有家庭背景的高官不少，如果都能像郑成思那样不以父辈（祖辈）的权势升迁，这对兴党强国的意义，无论怎样估计都不为过。我国学术界的主流是好的，但腐败滋生甚至发展，也引起人们的忧虑，如果都能像郑成思那样，淡泊名利、勤奋治学，视学科建设为生命，现今的学术腐败必将得到扼制，学术建设必将更加兴旺，更将被视为国之幸事。

我也思念他是怎样做事的。郑成思的一生，以知识产权法学研究为己任，著述丰厚，其代表性著作《版权法》、《知识产权论》等被誉为经典，“逐步形成了自己的知识产权法学思想和学科体系”，“对我国知识产权的研究和教学有深远的影响”。(新华社2006年9月15日稿，载《人民日报》)许嘉璐副委员长在肯定我国知识产权保护工作取得巨大成绩时指出：“在这当中，我们一个新的法律学科也建立起来了，郑成思同志就为此做出了很突出的贡献，也培养了一批人。”(2001年11月9日在宣传贯彻修改后的著作权法座谈会上的讲话)我完全赞成许副委员长的评价，按这个评价，郑成思则是这一新兴法律学科的主要代表。在这里，我想补充并强调的是，我国知识产权事业是伴随理论研究与法律制定而建设而发展的。从专业层面说，法学研究是法律制定的理论基础，而法律制定与实践又推动法律理论的提升、丰富与发展，两者是相辅相成的。郑成思同时参与了这两方面的工作，既是知识产权理论的主要代表者，又是制定与修改专利、商标和版权等知识产权法律的骨干，而且是在实践中把理论与法律紧密结合起来的典范。像在知识产权理论研究取得的成果一样，他在知识产权立法上也做出了重要贡献。比如他对著作权法第四十三条(广电组织使用已出版的录音制品可以不经许可不支付报酬)的修改，在著作权法中增加网络传播权的规定，都从理论与实践的结合上发表了符合现实又具前瞻性的意见，极有说服力。(具体内容请参阅拙著《亲历出版三十年》第526—528页)

郑成思对版权立法的倾心与专注是非同寻常的。比如法律名称，他一直主张称版权法而不称著作权法。在全国人大法律委员会会议上，在全国人大常委会分组审议会上，他都有理有据地提出自己的意见，获得很多委员的支持。我是赞成郑成思意见的，并在审议会上发言与之呼应。郑成思在给中共中央政治局讲知识产权专题课时，还离开讲稿，谨慎地提到著作权法改名问题。由此，我们还酝酿给李鹏委员长写信，以作争取。信是写了，法律名称未改，只是在法律附则中将原来的“本法所称的著作权与版权系同义语”，改为“本法所称的著作权即版权”。我今天不是在这里讨论法律名称的是与非(也许再修时还会成为议题)，而是介绍郑成思在这个问题上表现的执著追求和处事待人的原则。

请看他写给我的一封信：

木文同志：

7月11日讲课时，涉及版权的插话是在讲课接近结束时，是在讲到“我们向世界宣传中国的传统文化还不够”一段插入的，我记得是这样讲的：

“在中国传统文化里，有许多很值得宣传的，有时是我们自己忽略了。例如，本次讲课开始时，提到版权产生于中国，并且是中国发明了印刷术的有力旁证。对此，联合国教科文组织的文件，大多数国家的法律里，也都使用中国首创的‘版权’概念(即英文中的copyright)。反倒是我们自己偏偏跟着日本使用‘著作权’概念。这既不合中文习惯，又不利于向世人昭示中国的历史贡献。所以我多次建议我们的法律应改称《版权法》。”我讲完这段时，感到总书记十分注意，在认真作笔记时，还侧过身去与李鹏委员长进行了交谈。

木文同志，我建议您向委员长要求改回“版权法”时，不必再提当年为什么选择了“著作权”概念。因为一提此事，会使一大批当年主张使用“著作权”的人反感，因而极力反对改名。如果只提：①现在事实反映出国人仍旧不习惯用“著作权”而习惯用“版权”；②“著作权”确实不合中文语法；③强调“版权”，在法中改用“版权”，表明中国古代首创版权保护的历史贡献与我们发明印刷术一样，是不容争辩的历史事实，表明我们对此并不该回避，而该大讲特讲。这样，有利于使大部分当年曾主张用“著作权”的人一同向前看，即看清这样对弘扬中国传统文化、昭示中国历史贡献有帮助，就会表示赞同我们的意见。只剩下一两个人仍坚持不同意更改，事情就好办些了。

在我的经验里，往往一提起旧事，容易使旧时有错者坚持错误；根本不提旧事，容易使多数人接受可行的建议。这个意见供您参考。

祝好。

郑成思

2001.7.26

我对郑成思的信，不多作解释了，但是不是可以从中体味到这位学者的执著追求和处事待人的原则呢，大家评论吧。

近读《中华读书报》(2007 年 9 月 5 日) 发表郑成思姐姐郑为群的长文，多是从细节上回顾其弟“自强自立、玉汝于成”的一生，很是感人。我在此借其文的结束语以表达我又不会只限于我的心愿：

成思走了，作为亲人我们感到十分痛心和惋惜；但是这么多人自发地、真诚地来纪念他，有这么多的同事和学生能将他的工作继续下去，我们就感觉到他的生命在一直延续，我们感到很欣慰。

我想，这段文字所表达的心愿，不仅是郑成思家人的，也会是我们大家的。

别后一年忆德炎

〔题记〕2011 年 6 月 10 日，我收到商务印书馆给我的信函："今年 6 月 22 日是杨德炎同志离开我们一周年的日子，我们非常怀念他。在 6 月 22 日这天，我们将以在有关报刊登载纪念文章的形式表达对他的怀念之情。恳请您作为他的老领导、老朋友写一点纪念的文字，表达我们对他的思念。"2011 年 6 月 22 日杨德炎逝世一周年的日子，《中国新闻出版报》第四版发表了商务印书馆组织的 8 篇纪念文章，我写的《别后一年忆德炎》是排在上端的一篇。在这篇文章中我以几个具体事例表达了一个看法："商务造就了德炎，德炎也成就了商务"。

杨德炎是我的老部下，更是我的亲密同事和知心朋友。这种亲密关系，是几十年中随着个人成长和事业发展而增进而积累而成熟的。一年前，在八宝山向德炎遗体告别时，我看到灵堂悬挂着挽联，回来后也以德炎为人做事特有风貌写了上下两联，以颂德炎千古："大事精小事明事必躬亲事事有成　待人宽律己严宽严有度人人称颂"。

出席商务印书馆《文津阁四库全书》出版座谈会时同杨德炎（左 1）交谈。（2005 年 12 月 14 日）

同杨德炎（左 1）一起拜访老出版家、德炎导师陈原（中）。（1993 年）

从1973年开始，德炎作为陈原的助手，为词典十年规划而鞍前马后地忙碌着。我初识德炎，印象极好：一个20多岁的青年，待人彬彬有礼，爱岗敬业，不见有“文革”习染，实属罕见。1975年广州词典十年规划会议是一次载入史册的重要会议，德炎在会上的出色表现，受到普遍赞誉。那时编词典要大批判开路，正确意见受到压制。对与会者——顾虑重重的老学者，跟唱“左调”的专业人士，还有以占领上层建筑为己任的工农兵代表，德炎都能普遍接触，常把各种意见反映上来，使领导及时掌握。对深夜还在工作的会务人员，德炎每晚都送上点心和水果，在供应不足的条件下，及时得到营养补充。时过30多年了，被称为情报员和服务员的小杨形象，至今还历历在目。

德炎的成长，同他的导师陈原的栽培密不可分。德炎从编辑做起，到了1987年，作为商务总编室主任和总经理助理，已成为领导班子的后备人选。这时，文化部外联局正为驻外使馆文化处选拔干部。他们看中了德炎，还找我这个他们称之为“老部长”（实为“前副”）疏通，德炎也想赴任。我知道这里有陈原的意图，但知之不深。我同意了，批准他到外联局报到。从此，他如愿以偿地先后在我驻德国和瑞士使馆文化处任一等秘书，一干就是4年。1991年经我出面，同文化部交涉，把德炎要了回来，经署党组决定，出任外事司司长。在商务总经理任上，德炎陪我去看望他的导师陈原。那天在“陈原小屋”谈兴甚浓，话题众多，其中一个内容就是当年策划德炎赴我驻欧洲使馆任职，是为了让德炎有充分的时间和条件考察欧洲文化，以增长知识，开阔视野。这时我才真正明白陈原幕后导出这一幕的深远谋划。我想，德炎主持商务期间，对办“洋务”（系统介绍欧美等国学术著作）那么得心应手，有声有色，是同他对欧美文化的深刻理解和吸纳百川的胸怀分不开的。

德炎对我说，他出任总经理后，最要紧的就是做好商务印书馆一百周年庆祝活动。他是想，如何使这次百年社庆，成为商务在新时期创造新辉煌的新起点。他这样做了，他成功了。他主持商务12年，确实为商务创造了守正出新、稳定发展的新辉煌。如果归于一点（这常常是挂一漏万的），那就是他和他的一班人，在12年中，打造出具有历史标志性、多系列的商务出版品牌。这里有由他开创的以《蓝海战略》为代表的150种哈佛经管类图书和以《商务印书馆文库》为核心的原创图书，有由他维护和提升的《现代汉语词典》、《牛津高阶英汉双解词典》和《汉译世界学术名著丛书》等重点知名品牌，还有由他主办和推动的《故训汇纂》、《文津阁四库全书》、《张元济全集》、《赵元任全集》等重大出版项目。我还没有发现，有哪一家出版机构，能在10年中有如此辉煌的出版成就。

德炎始终坚持百年商务“做有良知的出版人”。还对如何坚持这样的出版理念做了新解：“我们是文化建设者，而不仅仅是商人；我们提倡实事求是，而不是夸张和误导；我们提倡社会责任，而不是攫取社会财富；我们提倡首创精神，而不是盗取他人成果；我们培育名牌，而不是捕捉猎物。”

商务造就了德炎，德炎也成就了商务。

德炎精神常在！

两个“老头儿”的交往与心声

——纪念范敬宜逝世一周年

〔题记〕为纪念我的老朋友范敬宜逝世一周年而作。此文多蒙友人鼓励，文题也得到普遍认同。老友情深。在交往中，我更多地感受到老范对老宋的深情。在《光明日报》(2011 年 11 月 2 日）发表后，多家网站刊出，文摘报刊《中国剪报》(2011 年 12 月 19 日)、《新华文摘》(2012 年第 3 期）也先后全文转载。

我的老朋友范敬宜与世长辞整整一年了。他病重期间，我曾去医院探视。此前，对他的病情传来的都是坏消息，但我仍然心存幻想。那天，从主治医生那里得到的仍然是坏消息，说他将不久于人世。我通过他带在身边的手机多次同他通话，询问病情，说几句贴心的话。在逝世前一天，即 2010 年 11 月 12 日下午，我还同他通电话，他神志清醒，但气力不足，还感到他有什么话要对我说。我表示一、二天内一定再去医院看他，同他聊聊。他说怕聊不下去了。

2002 年 11 月，赴欧洲考察文化立法，同范敬宜在罗马亲密留影。

我很后悔没在通话当天再去见他一面。一年来，我总为错过他要同我说些什么那个稍纵即逝的机会而责怪自己。

我同老范，1984年相识。他先后当外文出版局长、《经济日报》总编辑、《人民日报》总编辑，同一时段，我先后任文化部副部长、国家出版局局长、新闻出版署署长，都在一个大圈子里，自然有联系。然而，工作接触最多、思想交流最深的还是1998—2002年他任全国人大教科文卫委员会副主任、我任委员时的那五年。我们一起赴全国各地做立法调研、执法检查，一起为文化立法、修法商量对策，一起出国做文化考察，一起交流对国内外一些大事的看法，甚至个人生活遭遇也成为二人谈心的话题。我俩在全国人大的工作毕竟不如从前那么繁重紧张，已被人们习惯地称为“退居二线”，自我感觉也像半是“头儿”半是“老头儿”。可到了2004年离退休后，就彻底完成了从“头儿”到“老头儿”的转变，我俩的关系也就更加密切，常见面，常通话，用老范的话说成为无所不谈的好朋友。

别后一年忆老范，写老范，我想，从离退休后我们俩都由“头儿”转换为“老头儿”说起，谈谈两个老头儿的交往与心声，或许能够多有一层深意。

2004年秋冬的一天，老范“打的”回家（他有专车，却为体察民情，常乘出租车外出），出租车到万寿路甲15号大门口停下时，“的哥”扫了一下周围的环境，又看看老范的着装，好奇地发问：“您，家住这儿？”老范点头相告。“的哥”若有所思地说：“噢，我明白了。您过去是个‘头儿’，现在您是个‘老头儿’，对吧？”老范觉得这话特别有智慧，怪不得人们常说北京的出租车司机个个都是业余政治家，明察秋毫，一字增减，就把问题的要害点破了。老范深有所悟，写了一篇《安于当个“老头儿”》。主要意思是说人到老年要顺应自然规律，不要老想当年当头头的事情，也不要替今日头头想什么事情，那是自寻烦恼，要甘于和安于当个老头儿。老范把这篇文章送出发表前在电话里跟我念了，我深感他的新闻敏感和文学功力，写得很有现实针对性，表示完全赞同，又补充几句：“当个健康的‘老头儿’，快乐的‘老头儿’，在条件允许的情况下，当个有所作为的‘老头儿’。”我是顺便一说，他却认真了，他很在意“当一个有所作为的老头儿”，在文章结尾处把这几句话写了进去，还说什么：“毕竟是老领导，想得比我更周全。”这篇文章多个报刊（包括《新华文摘》）转载，用老范的话说，叫“流毒甚广”。

以文会友，成了我的一种享受，特别是同老年的老范。我在2004年离休后，主要做了一件事，即回忆和撰写我所经历的改革开放三十年出版事业变革的一些事，也就是2007年商务印书馆出版的《亲历出版三十年——新时期出版纪事与思考》（上下卷）。此书出版前，我把部分样稿送老范审阅，没想到竟得到他的热情鼓励，为我这书的出版赋诗四首。2007年4月，商务印书馆为《亲历出版三十年》举行的出版座谈会上，老范说，他在写《安于当个“老头儿”》听到我的意见时，就“有个预感，宋老头儿可能在想做点有所作为的事情”。“两个月前他把书稿给我看，我才知道他一直在做这个‘有所作为’的事情。”“为了表示我对他这种精神和毅力的钦佩，我自觉地给他写了几句打油诗（这是他自谦之说），表达了我‘虽不能至，心向往之’的心情。”他不仅作诗四首，还用他书法家的笔把诗作书写出来（我请荣宝斋装裱，悬于居室，永以为念）。送诗作时又亲笔写信给我，表达深厚情谊，逐首说明诗意，并用钢笔工整重抄诗文，对诗中引用典故又一一注释含义和来由。这一切都非同寻常，使我深受感动。

为了不辜负老朋友的真情与厚意，我不能不在这里全部引出：

赠诗信

木文同志：

为尊著写了四首小诗，呈上请省览，不知是否可作为插页。

第一首是对阁下半生业绩的总体评价；第二首是追溯阁下的成长过程；第三首是讲阁下几十年从事新闻出版事业的甘苦；第四首是称颂阁下离休以后著作的影响。

诗中引用了一点典故，附后，不供发表，只是说明来由。

水平有限，如不堪用，付之一笑可也。

顺祝

著安

范敬宜

2007.1.26

贺诗及注释（按老范手抄件排印）

（一）

雕梨刻枣岂寻常，扫叶校雠费思量。

辨章考镜唯一愿，为书辛苦为书忙。

（二）

绵绵长白势莽莽，耕读家声育栋梁。

投笔从容挥手去，儒风侠骨添锋芒。

（三）

一入兰台日月长，丝丝绿鬓转苍苍。

尽抛心力终无悔，乐在神州飘书香。

（四）

华章一卷记沧桑，半是欢欣半忧伤。

莫道老来甘寂寞，长安争说著书郎。

宋注：老范毛笔竖写诗文还有落款：丙戌岁杪喜读木文道兄新著爰成四绝以志贺忱　吴郡范敬宜

注释：

（1）“雕梨刻枣”指出版印刷，“扫叶校雠”指校勘。均泛指出版事业。（《宋史》：郑樵“聚书数千卷，皆自校雠。”）

（2）“辨章考镜”是对汉代文史出版家刘向的评价。（见《宋史》）

（3）兰台：汉代宫内藏图书之处，以御史中丞掌之。后世称御史台为“兰台”。东汉时班固为“兰台令史”，受诏著书撰史。其职务与阁下的国家出版总署署长相似。

（4）著书郎亦作“著作郎”。清代龚自珍诗中自称“著书郎”。

宋注：老范以毛笔竖写诗文手迹附后。

老范赠诗，对我赞誉有加，我受之有愧。诗作不能等同于人物评价，我所感受的是老友深情。

老范赠诗，不可否认涉及到我和我写的书，需要多说的几句是，这书主要不是写我个人，而是写新时期我亲历的大事，写中央的正确决策，写老领导的艰辛，写我们一班人和一个群体的共同努力，是奉献给为新时期出版事业辛勤劳动的人们的。我和老范有过交流，老范的心是和我相通的。

老范是资深记者、文坛高手，文章写得好，诗词书画全能，又经历过常人少有的政治、精神、生活、身体上的磨砺，意志坚强，处事柔韧，待人温和。他作贺诗，书写贺诗，为贺诗作注，可以说是他人格、才学和朋友真情的集中体现。更能帮助人们了解老范。

就这样，我对老范的贺诗，也就接受下来，虽诚惶诚恐，却也喜出望外。

老范在2005年初“盘点”为《新民晚报》开《敬宜笔记》专栏笔耕收成并考虑如何回报社会作《五年·百篇·四谢》文时，又讲到那篇《安于当个“老头儿”》，对做个快乐、健康、有所作为的“老头儿”，福建的一位朋友来信表示赞成，但又补充一句，“还要做一个不讨人嫌的‘老头儿’”。老范跟我讲过此事，我也认识此人，同我们一样，也是个从“头儿”转换为“老头儿”。快乐与健康恐与“讨嫌”无关，问题在于“有所作为”。如果像老范讲的，不留恋当年做头头之事，又无替当今头头想事之心，做一点“有所作为之事”，似不会使人生嫌。按老范所为，他晚年为回报社会主要做了两件事。一个是在清华大学主持新闻与传播学院，以自己的学识、经验与人格魅力培养新闻与传播新人，可以说是有口皆碑，好评如潮。再一个就是他散见于《人民日报》等多家报刊的散文、评论、小品等美文，以及载于一家报刊的专栏文章。老范的老有所为，不是出于何人之建议，而是如他自勉所言，是广大读者的激励与认同，使他这匹“老马”下定决心，“竭尽钝驽”，“不用扬鞭自奋蹄”。遗憾的是，老范走得太早了，不然他会有更多好作品回报社会。现在的问题是，散见于各处的诗文书画何时得以集中出版，让更多的人得到美的享受？

老范的人品、文品永远让人思念。

2011年10月下旬于北京寓所

雕梨刻枣岂寻常扫叶
校雠费思量辨章考镜唯
一愿为书辛苦为书忙
绵绵长白势莽莽耕读家声
育栋梁投笔从容挥手
去儒风侠骨添锋芒
一入兰台日月长丝丝缕鬓
时苍苍老抛心力终无悔
乐在禅灯飘书香
华章一卷记沧桑半是
欢欣半忧伤莫道老来甘
寂寞长安争说著书郎

丙戌岁杪喜读本文道兄
新著爰成四绝以志贺忱
吴郡范敬宜

思念“捉刀者”

——忆无私撰稿人潘国彦

〔题记〕此文是为纪念潘国彦逝世三周年而作，于2012年3月21日国彦逝世纪念日在《中国新闻出版报》发表，3月26日《中国剪报》转载。

潘国彦多年在我领导下工作，是我视为亦部下亦友人且写作勤奋又神速的一位干才。他多年做着“捉刀者”，为他人无私撰稿。在老潘逝世临近三周年的日子，我想起他曾代我为《万寿大典》写序之事，便动手写出实情，送他担任过副总编辑的《中国新闻出版报》上发表，以此追念亡友。我以“捉刀”命题。“捉刀”这个典故是说，曹操命他人替他接见匈奴使臣，自己却持刀站立床头，后来把代别人做文章叫“捉刀”。然而，由于我的文史知识不扎实，又未细想，自以为是我捉“刀笔吏”之刀（笔）替自己做文，把已被约定俗成的“捉刀”典故用反了，文题也错用《“捉刀者”的思念——忆无私撰稿人潘国彦》。此文见报重读时，经查阅《现代汉语词典》和《辞海》，才确认误用无疑。我请教资深编审吴道弘，他竟宽待于我，说在新编文集（道弘正帮我通读文稿）改一下题目就是了。过了半月，我收到《咬文嚼字》主编郝铭鉴纠错来信，他先说从拙作中“看到了潘国彦先生的热情和忠厚”，也看到了“您本人的坦荡和真诚”，然后才“提出一个小疑问”，按与曹操有关的“捉刀”典故，潘是“捉刀者”，“您把自己说成了‘捉刀人’”，“不知道这里是否搞反了”。4 月 19 日在家中看过来信后，我当即写了回信，自去邮局，用特快专递寄出，感谢他纠正我误用“捉刀者”，并“衷心祝愿《咬文嚼字》办得更有威力，对语文规范事业做出新的贡献！”我 4 月下旬为《续修四库全书》编写《提要》事去上海，因郝铭鉴已远赴日本，未能当面道谢，便在同上海世纪出版集团陈昕会面时（上海古籍社赵昌平、李国章、王兴康在场）谈起郝铭鉴纠我错用“捉刀者”之事，还引出在场者对郝铭鉴是个难得人才的赞誉。返京后又接到郝铭鉴来信，说“一个无足轻重的笔误，您竟如此郑重其事，让我十分感动。由此可见您为文、为人的态度。”理应如此处置，他却上纲上线拔高了。信中还为他兼任主编的《编辑学刊》约稿，我高兴地将我在上古社的一次讲话整理成《努力写好〈续修四库全书总目提要〉》寄去，发表在 2012 年 5 月号的《编辑学刊》。

近来回忆往事，常常使我感悟到友情的珍贵。人的一生，要多交一些朋友为好。以诚相待，可以增添友情；心怀坦荡，必会相遇知己。多为朋友着想、做事，不求回报，但求理解与知心，这样才能活得安心与顺心。

近日翻阅旧稿，一篇为精装珍藏版《万寿大典》（荣宝斋 2009 年出版）撰写的序文稿重又燃起我对逝者潘国彦的思念。原来，这篇由我署名的序文，却是出自潘国彦之手。国彦于 2009 年 3 月 21

同潘国彦交谈。（2006 年 5 月 12 日）

日与世长辞，生前长期为《新闻出版报》撰文，又曾担任报社副总编辑，并在报社退休，我理应在他逝世三周年之际，借助贵报版面一角，说出实情，以追念亡友。

《万寿大典》主编（中国剪报社社长）王荣泰、副主编杨继刚（新华社资深编辑）欲将他们长期收集珍藏始于商周沿至近现代一万多个形态各异的“寿”字结集出版。2007 年 11 月讨论此事时，荣泰执意要我作序，我因对绵延 3700 多年“寿”字演变历史一片空白，难以从命。此时，国彦（参与此书编辑工作）主动表示愿为之代笔。我知道，国彦也不精深于此，然而却被荣泰乘机拍板决定了。三天后，经查阅资料，国彦便将序文草稿送来，想不到竟是一篇对寿字形成和演变有所考证的文稿。我请国彦压缩篇幅，变专业考证为一般评介，我又作了一些修改，便以《人寿年丰——祝〈万寿大典〉出版》为题定稿了。现在我最该做的就是借助舆论，将“捉刀文”公之于众。

历时数年编著的《万寿大典》即将付梓，主编约我在卷首写几句话。我想健康长寿是人类永恒的追求，“寿”字是喜庆的图腾，一幅寿联能使满堂生辉，集万寿于一书更是喜庆吉祥之事。

汉字中“寿”字最初出现在什么载体上，又出于何典？现在还没有确证。本书辑录的“寿”字，最早取自钟鼎文，铸于青铜器上，大约始于商、周，距今已有 3700 多年的历史。此后，在各种载体上，“寿”字绵绵不绝，寄托着中华民族对健康长寿的美好愿望。

本书主编王荣泰、副主编杨继刚及诸编委长期从事新闻出版工作，对中华优秀传统文化的研习孜孜不倦，积多年之功，从钟鼎、笠印、书画、典籍、简白、铜镜、钱币、器物、陶瓷、瓦当、摩崖、碑帖等载体中截取形态各异的“寿”字汇编成书，共集商周至近现代单体“寿”字10001个，对“寿”字的原作者和载体出处一一加以注解，集腋成裘，诚属不易。

以如此宏大规模集“寿”字之大成，本书可谓是首创。这部书对研究“寿”字的演变，学习名家的书法，以及实际运用于工艺品及各种器物上的装饰，都有很好的欣赏和实用价值，是一部有用的工具书。

时逢盛世，祝愿人人健康长寿，人寿年丰，尽享美好生活！

我同国彦交往30多年，同在国家出版局和新闻出版署共事，相互了解与知心。他博览群书，勤于写作，又有极强的责任心和自尊心，待人处事讲原则重友情、有热情易激动。在长期共事中，他察我善用其长避其短，又曾支持他破格评定编审职称，对同我相关的事就格外在意和热心。我想，这是他主动为我代笔的内在动因。这又不会只对我一个人，同他共事的其他人也会有与我相同或类似的感受。他在《新闻出版报》任副总编辑时，对于处理我与于友先职务变动新闻稿的敏感与谨慎（也包括总编辑谢宏），就是一例。1993年5月至10月，新闻出版署领导班子分两步完成新老交替，开头友先只接任署长，我的党组书记一职暂予保留，整个班子几个月后才调整到位。这期间，报社有两次因相关新闻稿“不好处理”向我请示。一次是中共中央任于免宋的内部文件下达后、新署长尚未到任也未对外宣布之时，报社对驻河南记者给报社发来新署长视察河南出版界的新闻稿，觉得不好处理，向我请示。此事本来不难，却想复杂了。我答曰：新署长尚未来京报到履新，也未对外公布，在河南的活动不宜作为新署长任职的首发新闻，此稿搁置不发就是了。另一次是为新署长到任召开机关及直属单位干部大会，新署长与留任党组书记在新闻稿中如何处理报社觉得有些难处，向我请示。其实，我在干部大会上已经讲明并强调：“保留我的党组书记一职，是一种短期过渡性安排”；

“从今天起，新闻出版署的各项工作都以于友先为主进行运作”。按此，我回答：“在主标题上用黑体大字宣布新任署长到任，在副标题上用小字说明会议由党组书记主持。”当天报纸的一版头条就是这样处理的。我在《亲历出版三十年》第405页按前引记载了此事，不过，经再回忆，这也许是我与谢宏、国彦共同商定，而非全是落实我的设计安排。国彦后来还特别向我解释：当时面对难题有着要体现新老交替又不使老领导不高兴的复杂心境。我有批评又有理解地表示，你们想多了，前一条报社本应自主决定，后一条的处理你我之心是相通的。

我同国彦“两心相通”直到他逝世前。他病重住院期间，我去看他，他带病给我写信。2007年末2008年初，他为《为书籍的一生》（他所策划的《书林守望》丛书之一）写后记《黄昏絮语》两次写信并附送文稿给我，我对他反思历次政治运动人生教训，特别是“文革误我”、“自己也有责任”所作自我解剖沟通了我的体会和意见，如他再次来信所说“遵嘱对原来的代跋作了修改”。又一次病中给我写信并寄来他“这次三小时一下子写了六千字”报告文学《有病方知健时仙——病中忆语》。他在病房煎熬犹如战斗，晨时“看看窗外升起的红日”，“又迎来了生命中新的一天”，使读者感受着国彦珍惜生命、热爱生活的精神力量。

国彦自学成材，称自己“16岁从书店练习生起步，因自学而粗通文墨”，故将其第一部自选集称之为《白丁侃书》。他为另一部自选集《为书籍的一生》（十卷本《书林守望丛书》之一，此书出版时国彦已与世长辞）所写《作者简介》说：“已在境内外（含香港及台湾地区）公开发表200多万字，包括杂文、评论、书评、通讯、出版史料、工作研究、报告文学、短篇小说等”。可见著述甚丰。国彦还说他“另有职务作品200多万字”。这主要是为任职机关起草的文件、文稿，但其中有些为他人撰稿的署名文章则很难都说是严格意义上的职务作品。为《万寿大典》序文代笔，即属此类。对于撰写这种名利全失、只有“捉刀者”和身边人知情的文章，国彦却无怨无悔，默默奉献。

国彦啊！你的一生的确是为读者忠诚奉献书籍的一生，的确是为管理书籍的任职机关默默服务的一生，你的确是一位值得尊重与怀念的无私撰稿人！

从戴文葆写给我的信中想到的

〔题记〕戴文葆是一位多才、极用功、认真到底、非常难得的人才（曾彦修语）；是一位知识渊博、善于独立思考、敢为人先的编辑大家；虽历经苦难，仍能顾大局，识主流，意志坚强。我视他为师为友。我本想以他写给我的信和赠书（《射水纪闻》）为主要内容，综合写一篇怀念文章，但查阅相关资料和深入阅读后，竟情不自禁，难以自控，在两个月时间里，接连写了三篇：《从戴文葆写给我的信中想到的》，主要是以他给我的信为线索，回顾他的一段革命历程和他对编选《胡愈之译文集》的贡献；《读戴著〈射水纪闻〉感言》和《读戴文葆致曲家源信——记〈射水纪闻〉成书点滴》，都是关于《射水纪闻》的评论，更确切地说是对这部史著的学习体会。以上三篇，均被收入人民出版社 2012 年版《光辉曲折的编辑生涯——戴文葆先生 90 诞辰纪念文集》，其中《从戴文葆写给我的信中想到的》在《出版发行研究》（2012 年第 9 期）发表，《读戴著〈射水纪闻〉感言》在《中国编辑》（2012 年第 5 期）、《出版博物馆》（2012 年第 3 期）发表，《读戴文葆致曲家源信》在《出版科学》（2012 年第 11 期）、《出版史料》（2012

年第 4 期)、《出版博物馆》(2012 年第 4 期)发表。此外，这里还收入了关于举行戴文葆编辑思想与实践研讨会的建议。

四篇忆戴文分别在下面刊出。

戴文葆写给我的信，需要办理的，当时就转给有关部门处理了，如 1995 年 5 月，他在韩国参加国际印刷出版文化学术会议时得知，韩国学者利用在庆州佛国寺释迦塔内发现一唐印本《无垢净光大陀罗尼经》(实为中国流传物)，鼓吹韩国是最早发明雕版印刷术国家，回国后专就此事写信给我，我很重视，当即批送有关单位认真研究，写出有理有据、经得起历史检验的文章，予以澄清；并嘱有关单位注意事态发展，在相关外事活动中进行有理有节的工作。近闻此信似有人保存，不知能否找到？不过，需要在这里提及的是，戴文葆于 1997 年，在《出版科学》第二期发表《关于印刷术起源的论争》一文，回顾了中韩学术界论争的由来，介绍了我国学者张秀民、潘吉星、李致忠、启功以及旅美学者钱存训先后发表的印刷术起源于中国的极有说服力的文章，表明了他对这场论争的高度关注。现在，我手头保存戴文葆给我的信，还有三件。

1999 年信

追忆青春战斗岁月，着力传播真理火种

木文同志：

咽炎想已消除，甚念！我过去有咽炎又有喉炎，一九八二年从广州回来，两地温差大，咽喉很难受，痛下决心戒烟，平时服些消炎药，至今尚无大患。

多年来您总是关照我，衷心感谢之至。关于最近编好的《胡愈之译文集》及瞿秋白、张闻天、沈雁冰译文集都已印好，胡绳同志在病中写了总序，将在人民日报发表。张闻天夫人刘瑛又请了江泽民主席题签，江苏方面甚为感谢。译林出版社觉得自身是个小社，业已由胡绳同志决定，将由中共党史研究室出面，在国庆后在京举行首发式，译林想扬扬名。届时一定会邀请您出席。

几年前，我发现有人写追悼1945年12月1日被国民党杀害的同学大会，在重庆很有影响，其中有我的身影，那时刚毕业几个月。翌年四月王若飞等同志蒙难，在重庆举行盛大追悼会，我们学生代表也参加念悼词。当时我们南方局青年组，常指派我们参加民盟的公开活动，如同大革命时共产党人替国民党办党部一样。今将该文奉呈，我们青年时代就是这样走过来的。

不赘。敬祝

康复！

戴文葆拜上

（一九九九年）九月四日

经综合考证，此信写于1999年。

信开头有“咽炎想已消除，甚念！”我1991年曾患此疾，住北京友谊医院手术治疗，还戒掉了从年轻时即沾染的吸烟积习，效果甚好，但也偶有嗓音异常，并无大碍。老友念我曾患有喉疾“前科”，关怀心切，问候之后，又向我传授他治疗咽炎及喉炎之体会。老友情真，深以为念！作为政府的“出版官”，能够得到资深编辑大家以真诚友情相待，实乃我平生之幸事！

信中向我通报了两件事。一件说起他参与其事的《播火者译丛》。

一件追忆他青年时代的革命活动。

我先说远的，再说近的。

远的是说，1945 年 12 月 1 日，昆明西南联大等校师生举行反对内战、呼吁民主团结大会，遭国民党军警特镇压，打死学生、教授 4 人，打伤数十人。信中说，为抗议此次震惊全国的“一二·一”血案，战时陪都重庆举行“重庆各界为昆明反内战死难师生追悼大会”，“在重庆很有影响，其中有我的身影”。他随信附送给我的《浩气震鬼魅　热血慰忠魂——民主斗争的片段回忆》一文，为重庆追悼大会司仪者、民盟成员胡静之所写。（戴文葆特注此文载于《我与民盟——中国民主同盟成立五十周年纪念文集》第 120—124 页，群言出版社 1991 年 8 月出版）据胡静之回忆：千余人参加的重庆“追悼大会由沈钧儒主祭，郭沫若宣读祭文，陶行知、罗隆基在大会上讲话，青年代表戴文葆朗读了悼念死者和控诉国民党反动派暴行的长诗”。这个回忆，让我们看到了当年热情、激进、为民主而战的戴文葆的身影。此时的戴文葆是中共中央南方局领导下的青年组成员和《中国学生导报》（由南方局青年组领导，1944 年创刊，1946 年停办，前后出版 37 期）编辑部负责人（一说任主编）。在抗战胜利前的各期，“由戴文葆撰写时事讲座专稿及其他评论文章，向学生们大力宣传国际民主力量战胜法西斯反动势力的必然趋势，揭露和抨击国民党反动派的倒行逆施，用来促进国内人民民主运动的高涨。”戴文葆受党的指派，“参加民盟的公开活动”，并以《中国学生导报》全部版面报道昆明、重庆等地青年学生争民主、反内战运动。在办报工作中，“经常受到反动学校当局的警告，受到被逮捕的威胁，看见刀光，听到枪声，但毫无畏惧”。47 年后，戴文葆在回顾这段革命斗争历程时深情地说：“为实现自由、民主、平等的理想，为建立富强、繁荣、幸福的新中国，大家自愿地献身，奉献青春，奉献生命。

时至今日，霜雪满头，还和年轻时代一样坚持自己的理想。”（以上引文出自戴文葆编《号角与火种——〈中国学生导报〉回忆录》，中国华侨出版公司 1991 年版第 10、15、22、24、395、399 页）

再讲近的，是说戴文葆信中向我通报有他参加由江苏译林出版社出版的《播火者译丛》各卷“都已印好”。这套由《瞿秋白译文集》、《张闻天译文集》、《沈雁冰译文集》、《胡愈之译文集》组成的译丛，是四位译者在五四运动前后到三十年代中期的译作，将外国民主与科学的新思想引入中国，进而把马克思主义介绍到中国，以真理的火种播撒天下，燃烧自己，唤醒民众，故称之为《播火者译丛》(《张闻天译文集》编选、校刊主要负责者程中原的建议)。胡绳为这套译丛作序《真理的火种唤醒民众》(《人民日报》于 1999 年 9 月 7 日发表）强调指出：“由于编者们的努力访寻、搜集、整理，今日终于产生了这个译丛。我可以想象编者们在浩如烟海的资料、文献中求索、考证的辛劳。这种填补空白的文化积累工作，其功绩是不言而喻的。”

戴文葆是这套译丛中《胡愈之译文集》编选、校刊的主要负责者。受译林社原社长李景端委托，该《译丛》责任编辑施梓云近日向我提供的专题资料中回忆：“戴文葆先生是首提并坚决支持将胡愈之译文列入译丛的”，并且“数次利用出差机会到南京了解进展情况，与责任编辑共同讨论遇到的问题和解决办法”。戴文葆认为“胡愈之是最早的党的文艺家，并且是新中国第一位出版事业的领导者，与前三位并列，他当之无愧。”施梓云说：“当时戴老负责的任务和事务尽管很多，但他对编辑《胡愈之译文集》付出了极大热情、极多劳动。因为原始材料的集辑、辨别、整理、校刊非常复杂艰难，从他稿纸上密密麻麻的注释和校订文字可见丰富的编辑含量，也可见到他对新中国出版事业及其前辈的深厚感情。译文集后的长篇后记更是体现了戴老对这一选题意义的深刻认识和对胡愈之等老一辈红色知识分子在中国革命文化中卓越贡献的历史评价。文中处处闪耀真知灼见。”

施梓云所说的长篇后记，是指附在书中由11个小题组成的《胡愈之的翻译事业》一文，此前我已经认真地读过当年《出版广角》转发的此文，并且认为是研究戴文葆者必读之文。戴文葆说“编辑二三十年代的这种译文集，绝不应是资料的堆砌，而首先应当作为一种研究工作来对待”，而他写的这篇《后记》实际上就是关于胡愈之从事翻译事业、文学事业、出版事业的综合研究力作。《后记》告诉我们：早在五四新文化思潮涌现之前，年轻的胡愈之即以翻译家身份登上文坛，成为翻译外国作品传播新思想新科学的播火者，又是中国文学走写实主义——现实主义道路的鼓吹者；胡愈之在翻译工作中继承了鲁迅以来的优良传统，“把介绍世界文学的重点放在被奴役民族和被压迫人民的痛苦、呼号和斗争上”；胡愈之对埃德加·斯诺《西行漫记》翻译出版的精心筹划与组织，从把他和二弟住处当作编校出版办公室到组织多种秘密渠道在国内外广泛发行，“正像划破了重重乌云的闪电，这本书使中国和世界人民预见到将出现在东方中国的黎明”；胡愈之以商务印书馆为落脚点和基地，从事翻译、文学、世界语和出版活动，主持《东方杂志》，“帮助和培养了一批新作家和社会学家”。掩卷思之，在戴文葆笔下，我看到了胡愈老这位出版界“佘太君”（周扬语）早年的光辉形象。

戴文葆在《后记》的第十一题（即最后部分），专门讲了他为什么要承担《胡愈之译文集》的编选工作以及是怎样完成的？这首先是出于一种自觉，一种思想和文化的自觉。他说：“作为一种思想解放和文化变革运动，‘五四’新文化运动中对外来思想的引进，五四精神的理解，经过八十年风云激荡的历史进程，仍然是需要我们认真研究、辨析和再认识的，从而思往事，念今朝，以供文化意义上的反思。”这种文化自觉，可以肯定地说，正是总结与反思“五四”的现实需要，对胡愈老个人的崇敬，中国编辑的社会历史责任，使戴文葆克服了编选工作中的重重困难。“首先是编集原始译文的困难。胡愈之一生关注为作家们、为广大读者出书，可是对他自己的译著却听任散佚，有些用笔名和未署名的文章更鲜为人知，不易查考。”他是怎样克服这些看似克服不了的困难，“尚能如约勉力献出这部选编的译文集来”的？靠的是自觉与坚持，仰仗各地好友的热情赐助：“或展示原书，惠允出借；或将稀见版本，远道寄下；或检索期刊，代为影印复印，乃至竟亲为抄写；或在忙中接谈，促膝讨论；或则作函慰勉，提示要点。”他对所有提供帮助之人，“均在这里敬致谢忱”。蜗居京城又处酷热的戴文葆，编完译文集，写好《后记》，“心摇摇如懸旌，病躯又值酷暑”，“深有识力与时间均不从心之憾”，如从编辑业务上看，由于时间紧迫和客观困难，确实会有不足与缺憾，但在编选中所展现的这位编辑大家的思想、品格和智慧，却是永远值得我们学习与敬佩的。

译林出版社为向建国五十周年和五四运动八十周年献礼，于1999年10月22日，在北京人民大会堂举行出版座谈会，中央政治局原常委宋平、中央书记处原书记邓力群亲临会议视贺，我因有戴文葆事先邀请，同梅益、王仿子、刘杲一道出席。与会者以胡绳在序言中的评价盛赞这套“《播火者译丛》的价值并不仅仅在为历史保存见证，更重要的还在为未来提供启示。”中央电视台、《光明日报》等媒体以《播火者译丛》“记录播火者足迹”、“弘扬革命前辈播火精神”为主题，对会议作了报道。

2001年信
高度关注图书质量，切忌出版见利忘义

木文同志：

收到了您寄下的今年初元宵节人大会堂的合影，非常难得，非常高兴。

最近又拜读了您的大作《出版社是生产精神产品的出版企业》。先是在广西《出版广角》上刊出，大约是刘硕良同志抢先发表；现在又在武汉《出版科学》上刊出，副题添了“为《出版科学》而作”，大约是蔡学俭同志特意加的了。后来发表时，您又添写了一大段，这一段很重要，其中说到“出版社改革实际上是以国民经济一个产业和思想文化一种载体相统一的要求而进行的”。这个提法很重要的！这十多年来固然出版了不少好书，有些还能称为精品，应予肯定。不过从整体上看，很悲哀，有一种不好的势头越来越显著，卖书号（有时美称“赞助”），见利忘义，不注意质量，出版社分成好多营利单位，光想赚钱，上下不想认真读稿审稿，对工作人员缺少职业道德和政治责任心的教育，忘记了所出的书是“思想文化一种载体”了。您这个提醒十二万分重要！这十多年来，恕我不免苛求，并没有真正全面地实现向质量转移。有个别单位，反而转移到趋向下降了，更谈不上孜孜以求开拓了。在经营管理上，没有查查一本账是怎么样了？可说有个别单位没有审计，无自知之明，实际经不起公正切实的审计。（是我估计，可能有错的说法。）和十几年前相比，我敢肯定，是倒退了！甚至人心也涣散了。像林穗芳这样严肃认真的同志，可说有十分明白的理解，也不再说话了。我希望读到您的文章的人能醒悟。

这次见到2001年元宵节的相片，我想到于光远同志曾散发祝贺

2001年和己巳新春的贺年信（第十五封）。他在那长信中说了一段话："2000年我有两句座右铭：一句是'莫辜负了满头白发'，意思是我好不容易熬到这么大的岁数，就更应该做真人，说真话；还有一句：'世界真奇妙，后来才知道'，作为我的'活命哲学'。"

他大约有八十五、六岁了，向亲友们贺年信既报告了他本人一年内做了多少研究工作和社会观察，又勉励年高的同志"莫辜负了满头白发"，继续为党和人民做点力所能及的有益工作，是很有意义的贺年信。

现时平常不容易常见到您，就多说了话了。

敬祝

康吉！阖第安泰！

戴文葆拜上

（二〇〇一年）四月九日

从江泽民任总书记后，直到胡锦涛总书记的任期内，中共中央都在人民大会堂三层金色大厅举行元宵节联欢晚会，中央政治局常委们同知识界（文艺、科技、教育、理论、新闻、出版）知名人士欢度佳节（席位交谈，看节目，吃元宵）。我每次都应邀参加。戴文葆也多次应邀出席。我们每次都提前到达，借机与朋友问候谈心。此信开头所说"元宵节人大会堂的合影，非常难得，非常高兴"，即是2001年我与许力以同他出席此次联欢活动的留影。

2001年，《出版广角》和《出版科学》先后发表拙作《出版社是生产精神产品的出版企业》一文，没想到会得到戴文葆的重视和厚爱，甚至连刘硕良、蔡学俭如何发表此稿的细节都说到了。我对这位编辑大家信中的肯定和评论非常珍视。但深入一想，这主要是以议论我的文章为由头，发表他对现实出版势态的看法。他是给我个人写信，并未也不必细心斟酌。所以我对此信以“高度关注图书质量，切忌出版见利忘义”立题。这也是我对此信主旨的领会。

戴文葆见到我寄送的元宵节合影深有所思，又以老领导、老学者于光远“莫辜负了满头白发”的贺年信激励自己和友人，可见他年迈志高、继续奉献的精神，是很值得我等尊重和学习的。

此外，作为《中国出版论丛》之一的《宋木文出版文集》1996年出版后不久，我收到戴文葆写于1997年元月5日的来信（这是三封信中最早的一封），主要是讲他同意我在一篇文章中的看法，即1995年出版的《陈翰伯出版文集》过于单薄，“未出力搜求遗文，可憾之至”，并回顾了早年他同陈翰伯接触的一些情况，我以为有史料价值，收到2007年出版的拙著《亲历出版三十年》（下卷第1050—1052页）中了，这里不再重复刊出。

2012年6月下旬写于北京寓所

同戴文葆（右 1）在 2001 年元宵节中共中央与知识界联欢晚会上（信中提到的那一次）。右 1 为戴文葆，右 2 为许力以。

读戴著《射水纪闻》感言

《射水纪闻》是戴文葆在“文革”逆境中所作的方志作品，更是他在那个特殊年代忧国忧民、尽所当为的真实书写。“文革”风暴袭来之时，戴文葆是一身为两个单位（人民出版社和中华书局）打工的“员外郎”（非在编人员），仍想“依靠组织”找个去处改造自己，但未能如愿，便以顾炎武《日知录》中总结历朝动乱自保的“小乱居城，大乱居乡”，辞别京城，南下老家阜宁。历经十年，查阅、抄写、评点阜宁保存的方志及其他古籍，积累数量可观的笔记，密藏于安全之处，“以待他日自炊举火”。笔记稿经整理后，仿宋代司马光《涑水纪闻》定名为《射水纪闻》。

从两次赠书说起

戴文葆对自己的这部作品十分珍视，2005 年出版后亲自题辞赠送友人。我曾两次收到他的赠书。2006 年元月 2 日的赠书扉页书写着“源于敬乡之诚，出于桑梓之情”；2007 年 7 月 10 日，他正在病中，又蒙再次赠书，扉页题辞改写为“源于爱国敬乡之诚，感谢领导言教身教之恩。苏北射水之畔人戴文葆拜上。”两次赠书的题签上下，都各有一枚印章，如此认真和用心，令我心生敬意。从两次赠书所写题签看，戴文葆手迹已由苍劲有力变得老态失衡。此次病中赠书还写下附言：

拙作一件：

关于老家江苏阜宁历史地理，及抗日战争中黄克诚创建 抗日民主根据地，刘少奇任政委，重建新四军。我应家乡大众之命，为地方申述历史文化，保家卫国。拙作受到地方群众欢迎，并蒙国家图书馆发给“荣誉赠书”一件；我原在北京图书馆所收拙作，并二十余种获得登记，并征收阅读费。（这样一来反可能没人借读了。）

敬请宋署长指教

我难忘曾分配西总布楼房给我居住。我迁居和平里后，原署日（分）三室一厅归人民出版社所有了。

感谢宋署长诸多关照从不敢忘。

戴文葆

（二〇〇七年）七月十日

重读附言，我感受到病中的戴文葆，既珍视此书的写作，向我倾诉他撰写《射水纪闻》意在“为地方申诉历史文化，保家卫国”的赤诚之心，又对此书的命运深有牵挂。附言重提不忘分配西总布住房一事，则反映了这位饱经风霜、惨遭厄运的老知识分子对党和政府为纠正错误、落实政策所做的一切努力“从不敢忘”的真情，而不是只对我个人说的。

我开始重视《射水纪闻》，是在2008年戴文葆逝世之后，为写一点纪念文字翻阅赠书之时，特别是较为认真地读了戴文葆有感而发的几篇跋文之后，深感这决不只是一般意义上的敬乡怀旧之作，更是这位资深编辑大家在逆境中对“文革”那个特殊年代的党和国家一些大事的深度思考。

2012年5月22日，我在电话中，把我对《射水纪闻》读后所感并准备写出来告诉我的老朋友、资深编审吴道弘同志，他表示同意我的看法。5月23日我收到吴道弘来信以及他送来的《盐城师范学院学报》（人文社会科学版2012年第1期），内有山东大学刘光裕教授所写《一曲正气歌　一把辛酸泪——读戴文葆〈射水纪闻〉》。我读后认为此文的确“很有见解”（道弘信中语），很有说服力，应当引起重视。

据《射水纪闻》整理者曲家源回忆，戴文葆2002年因肺炎住院“好像一下子垮了”之时，“才想起有一件重要事情早该做而未做”。“这就是我在‘文革’十年中抛妻别子，只身被发配家乡阜宁，在与世隔绝、心情极度压抑环境下所写的大量笔记。当时我用抄书自勉，用书写自励，它们构成了我生命的一部分。我非常珍惜它。”这就是戴文葆拿给曲家源看的四册线装书样的《射水纪闻》稿。曲家源看到这些“文革”中精致的自制书，“用的是毛边纸，折页双面，手工线订，里面都用钢笔写满了工整的小楷，每本都有一二指厚。由于装订的非常细心，书脊上下头都衬以小花布，外观几乎与图书馆里的线装书没有区别。”重读这些文字，又经思考，我似乎理解了戴文葆为什么那么珍视这部《射水纪闻》，又为什么两次向我赠书并写下“为地方申诉历史文化，保家卫国”附言的深意！

编辑大家的慧眼时评

戴文葆是中华文史根基很深的编辑大家。他运用司马迁作《史记》“太史公曰”、蒲松龄作《聊斋》“异史氏曰”的笔法，在节录一段方志史实或人物之后，总是以跋语形式发表某种议论（或曰“时评”）。此种有感而发的“时评”，《纪闻》中随处可见。我在此选其卷十一，略作剖析。

戴文葆癸丑（1973 年）仲夏曾环行里下河地区，秋冬随其栖身效力的集体制小厂厂长推销产品，冒风雪出塞，奔波辽沈旅大，回程专访京西。一路上目睹武斗打派仗、停产闹革命乱象，祖国壮丽河山横遭作践，内心痛苦，思考甚多。甲寅（1974 年）居阜宁读《后汉书》，以对时势观察之所得，鉴古喻今，生发出一段善与恶的议论：

> 夫善恶之辨，考其实际，凡切合社会最大多数人之公益者，即谓之善；反之，则谓之恶可也。民人生息蕃衍于天地间，不可以一日无治生之具，无教化之设。故凡有助于发展社会生产力，提高大众经济文化生活，推动社会历史前进，丰饶天下之财富而与天下人共享有之者，则谓之善。如不思所以治生产作业，计工农出入，抒亿兆之力，夺自然之利，而终日狂惑叫呼，侈谈“纲目”，自以为经天纬地，不可一世，皆患神经压迫，病菌扩散，不知末日将至之人也。

经查，此段“时评”被本书整理者完整引入他所写的《射水纪闻后叙》（《射水纪闻》第 359 页），而在本书正文“卷十一甲寅跋”中却未见前引“如不思所以治生产作业……”之后的一段文字。（《射水纪闻》第 221 页）不知是何原故？事关重要细节。可惜整理者曲家源已于日前逝世，我通过戴文葆之子杨进（随其母姓）转请原稿收藏单位上海出版博物馆帮助查阅原稿，现已查明，前引《射水纪闻》第359页未见的那段文字，在上海馆方直接寄给我的原稿复印件中清晰可见，又因出版者河北教育出版社印制档案今已失存，此大段论善恶之文字，应以上海出版博物馆保存的书稿原件为准（亦是曲家源抄稿之所据）。

读《中国共产党历史》第二卷下册，1973年（癸丑）的大事，当属召开党的十大，但在极“左”思潮再次抬头背景下的这次大会，不论是在思想路线、政治路线还是在组织路线上，都继续了九大的“左”倾错误；1974年（甲寅），“四人帮”借“批林批孔”、“评法批儒”、“反‘文艺黑线’回潮”，使周恩来、邓小平为恢复生产、改善民生的努力严重受挫，全国经济出现大幅滑坡，极“左”思潮再次抬头。这是从京城腹地扩散至边远城区，大江南北，长城内外，概难幸免。戴文葆据观察所得，暗自写下以是否“有助于发展社会生产力，提高大众经济文化生活，推动社会历史前进”为善恶之标准，无需多说，都会使人深感这是非常难能可贵的，我这个过来人更是敬佩他的敏锐、勇气与远见卓识；而他对“终日狂惑叫呼，侈谈‘纲目，’”，“不知末日将至之人”的警告，更可以理解其锋芒是对着“以阶级斗争为纲”及其严重后果的。

《射水纪闻》卷十一，多有警世时评。读《玉山诗文钞》为清代一“不负所学，不愧于职责”地方官而寄语今人：“祝愿青年后生，万勿自卑自弃，亟宜自强自律，典型俱在，努力奋起，为淮甸争光，为吾多灾多难之祖国复兴再思，三思！”读《杏仙残稿》为辛亥英烈雨涵就义前诗句“人生乱世头颅贱，黄祖能枭弥正平”而赞曰：“今览遗泽，非徒诗歌小技，自有壮烈大节，实乃乡邦光焰，足为海曲增辉。”在《〈赵家吟〉读后》，对“赵括之事仅谓‘长平遗恨’，未得其实质”，剖析曰：“须知死读兵书，不务实际，终至乱军祸国，此正墨守教条之贻害也”；以秦赵高“篡夺政权，指鹿为马”，“遂导秦以亡”，警示曰：“此为野心家阴谋家之标本，剖析之可为治国从政者戒。”(《射水纪闻》第 217 页）

此时的戴文葆，自叹“以病弱之身，处交困之地，敢不自爱自重，识时识己”，“坚忍伉直，守志不移，地裂山崩，不可自乱凝定之志”，“所争当在吾行之是非”，“超荣辱，出溺途，毋为胁肩谄笑之觍颜”。戴文葆对他在癸丑、甲寅观察之所得颇为看重，并有意得之感，在甲寅跋之结语处写道：“由是观之，斯集如成，亦足为予遭际之一纪念也。”(《射水纪闻》第 222 页）

身居沟壑志在天地

此题句是对“丘曰匹夫不可夺志也，轲曰人不可以无耻也”的引申。戴文葆“愿坚匹夫之志，明修恶之耻”，誓以“志士不忘在沟壑，则沟壑亦志士之天地”，作为身处逆境险境之座右铭和世界观。这从中华文化之孔孟而来，亦是深受马恩唯物史观和辩证思维的滋养。

戴文葆终生之志在爱我中华，卫我中华，强我中华。外敌入侵，跟党走，以笔作枪，勇敢战斗。为争民主，求解放，年轻激进，奋发有为。建设新中国，编书著文，献计进言，意气风发。政治运动，屡遭摧残，信念不改，意志犹坚。深陷沟壑，大志未泯，无自由表达之机，则深藏抒怀文字，以待他日自炊举火。一生以读书编书为业，“任何环境均离不开读书，与每天需要进食一样”，而《射水纪闻》中之历史故事与人物，则是读后录存以古鉴今之言、借彼抒己之志。《剑南摘英跋》引马克思“作品即人”名言，纵观陆放翁一生，抒发戴文葆之志。在评述陆放翁一生“有其年而不得其时，有其志而不有其用”后，慨叹曰：“年华虚度，宏图成梦。时已失，心徒壮，请缨无路，投效无门。一怀愁绪，辛酸郁结，满腹感慨，幽愤难平。垂钓碧潭，日望中兴之运；独对青灯，空洒忧时之泪。‘报国欲死无战场，志士凄凉闲处老’，此等诗句，当是滴泪为墨，研血成字，用生命写就，千载后犹令人同声一恸！”（《射水纪闻》第338—339页）不难看出，这是用陆放翁之遭遇抒发自己之感慨、日望我中华复兴之伟业。此跋收笔，时在己酉（1969年），戴文葆在跋后以抄者自注：“书于淮浦客舍，其时蚊雷蛙吹，灯昏人寂，风雨欲来，予心如石。”读此境此情，也使我为之一恸：志士在沟壑，自有志士新天地！

戴文葆并未停留于沟壑中之慨叹，而且还以马恩之言，诉说济世之良策。他从议论《同乐厅楹联》前代风人的作品中，得出富民裕国乃“千古公认之普通政治道理”；进而曰：“民为邦本，本固邦宁。而锅灶为人民性命所系。揭锅不空，香气扑鼻，民情乃安，此所谓‘民以食为天’也。古来贤哲持此说者不一，至近世始大昌明。马恩尝为吾人描绘灿烂动人之图景，大地涌现无穷无尽之生产力，集体财富之一切源泉均充分涌流。社会经济结构及其所制约之社会文化发展之物质与精神产品，悉归全民所有。海隅茅屋与京都大厦笑语洋溢，将不复为渺不可及之高超理想也。”（《射水纪闻》第266—268页）这不仅同前引以是否有助于发展社会生产力为善恶之标准同义，而且还直接引出马恩社会发展之图景，不能不说是以马克思主义原理批判那些在生产力落后、生产又大幅度滑坡的形势下还在大批特批“唯生产力论”的极左派们。戴文葆回顾曾经有过的砸锅炼铁、面对时下偶有饥荒，在此跋文之末再次请出马克思、恩格斯，“予祷斯人化身千百万众，使吾民熙熙而乐，同跻于马恩所示之乐园。予虽为之执鞭，所忻慕焉！”

苦难磨砺之后的清醒与坚定

戴文葆 1977 年从阜宁返回北京，在十一届三中全会以后的新时期，更加勤奋也更有创造性地投入到编书写书的实践，更加倾注全力地编写多种编辑工作教程和编辑史著作，同时也活跃在单边与多边中外编辑出版学术交流活动中。他在回顾返京后这段工作经历时说：“我通过所评介的图书，歌颂了这个清醒的时代。希望之星已经升起，痛苦的觉醒之后，发生了令人振奋的转变。对于我所读到的书籍和创作，我说出了我的认识，也坦露了我的襟怀。没有理由隐瞒我的善善恶恶的倾向，因为我们有幸躬逢容许和鼓励讲真话的时代。”（《〈新颖的课题〉自序》第 7 页，三联书店 1986 年 11 月版）1987 年 9 月 9 日，他荣获全国第一届韬奋出版奖，代表十位获奖人在大会上致答词，说“能够和韬奋伟大的名字联系起来，大家都引为殊荣”，而他个人只是十一届三中全会以来作了大量工作的各出版社编辑的“普通一员”，“我真实地理解，今天不过是代表人民出版社和三联书店（笔者注：此时任职单位）的同志们，来为他们拜领这份荣誉。”

怎样理解返京重新投入工作的戴文葆呢？在我看来，戴文葆对党和党领导的事业，可以说几十年来都是忠诚奉献，然而他却屡遭厄运，在大局变化和痛苦觉醒之后，难免仍有疑虑和保留，但从根本上说，他没有因个人不幸遭遇而与他几十年前就选定并一路追随的党所领导的事业分道扬镳，而是更加看重党用自身力量纠正“文革”及其以前的错误，更加看重十一届三中全会路线必将为我们祖国带来伟大的复兴，更加看重他一生为之献身的新闻出版事业在新时期的蓬勃发展和累累硕果。这种清醒与自信，决不是偶然的。因为在“文革”中他就很清醒、很坚定，就认为找他调查地下党活动的造反派，是“要把南方局领导的青年运动抹黑，‘伟大旗手’煽动起来的这帮小子，就是要破坏共产党，污蔑党的革命历史。”他当时就“已感到‘文革’如此进行，将来必定否定它自身！”(《射水纪闻》第370页）同这种清醒与坚定一脉相承，从阜宁返京后，他就按《黄克诚自述》和《李一氓回忆录·模糊的荧屏》，摘抄有关记叙，在《射水纪闻》第二卷之《阜城沿革》之后补入了《开创苏北抗日民主根据地》、《八路军新四军会师白驹镇》、《刘少奇陈毅进驻盐城》、《皖南事变后在盐城重建新四军》、《华中局在阜宁单家港举行扩大会议》、《根据地开展各项建设工作》、《局部反攻解放阜宁》、《三师与苏北人民鱼水情》、《苏皖五十三座旧县城获得解放》等章节，凡党领导的与阜宁相关的革命历史之大事，都补入他精心撰述的这部史册。前已提到，即或是向我赠书也不忘写上：“关于老家江苏阜宁历史地理，及抗日战争中黄克诚创建抗日民主根据地，刘少奇任政委，重建新四军。”起初粗读《纪闻》时，我曾以为有关八路军、新四军与阜宁这些往事，也是在阜宁苦居时写的，并对杨进讲过我的惊叹和敬佩，但细读之后才发现是返京之后特意补入的。这使我更加确信，如果不是同党所领导的革命事业长期息息相关、至今还同党在政治上保持紧密联系之人，是不可能做到这一点的。

戴文葆是一位见多识广、勇于善于独立思考之人。他对党和国家的一些大事常有深入、冷静的观察思考。2005年，在一篇回顾“文革”的文章中说，“文革”被否定了，否定“文革”的《历史决议》做出了，然而“后人习惯上很容易忘却”。他郑重地向他跟随一生的党进言：“否定‘文革’，并不是冷藏‘文革’。——现仍迫切需要把1979年后的实事求是的思想解放，继续开展起来！”(《射水纪闻》

第 376 页）说得多么真诚和恳切，可别当作异见置若罔闻啊！

做好研究与补编佚文的建议

对《射水纪闻》，本文只评论了部分内容，有些重要卷章，如对射水、阜宁政治、经济、文化历史沿革的记述，本文基本未能涉及。戴文葆向我赠书所写附言特别说明“为地方申述历史文化”，“受到地方群众欢迎”，但我至今未能读到（不是说没有）反映有关情况的文字，如有机会定会悉心捧读。

《射水纪闻》是一部有特殊意义的近现代历史著作，需要给予重视与研究。山西师范大学曲家源教授及其夫人白照芹教授，作为此书校阅整理者付出的辛勤劳动，使我们的学习与研究成为可能。我们要重视与研究已出版的《射水纪闻》，还要重视与研究现存于上海出版博物馆的书稿档案。我在本文开头谈到，曲家源教授说他曾看到四本戴文葆在“文革”中“精致的自制书”，不知这些保存历史记忆的重要资料是否仍按原样存留。近来为撰写此文，我曾请上海出版博物馆提供有关文稿档案获得实效，并且意外地收到馆方特供的几件跋文原稿复印件，其中两篇跋文值得在这里提出。

一篇是戴文葆壬子（1972 年）夏为偶遇名伶柏叶所写的《跋》，《射水纪闻》卷十第 197—200 页以《邂逅柏叶君》收入正文，两相比对，发现赵炳麟（笔者注：字竺坦，号柏巖，1876—1927，广西人，清翰林院编修，民国后任北京湖广会馆参议，两次当选广西出席国会的参议员）撰《柏巖文存》“记清名伶程长庚逸事”一大段未收。《中国大百科全书》（戏曲曲艺卷）第 37 页称程长庚“继承了徽班兼容并蓄的传统，冶徽调、汉调和昆腔等多种声腔于一炉，为京剧艺术的形成作出了重要贡献。有‘徽班领袖，京剧鼻祖’之称。”

《中国京剧史》以专节对程长庚的生平与贡献作了评介。(中国戏剧出版社 2005 年《中国文库》版第 391—397 页)。1986 年我在全国文化厅局长会议上为“尖子”演员破格晋升作专题报告，讲杰出表演人才特殊作用时，也特别谈到“程长庚的贡献，使他成为京剧形成的奠基人，京剧的鼻祖”。(《宋木文出版文集》第 674 页，中国书籍出版社 1996 年版) 按戴文葆向柏叶叙述“古有优孟”以来历代名伶故事看，此处讲起程长庚也顺理成章，而其人其事又是为时人和后人所称道。比如讲鸦片战争失败后，清廷割让香港，卖国求荣，程长庚演《击鼓骂曹》饰弥衡，指堂下怒骂曰：“方今外患未平，内忧隐伏，你们一班奸党，尚在此饮酒作乐，好不愧也。有忠良，你们不能保护；有权奸，你们不能弹劾，好不愧也。”骂罢而唱，唱罢而骂，发目皆动。戴文葆作跋说：“此等演奏，予爱其雅而旨、谐而庄也，与柏叶漫语时，倏然而忆及之。”不知何故，戴文葆对柏叶讲程长庚逸事以及因“此等演奏”对柏叶倏然忆及之言均被略去。读后颇感缺憾！

另一篇是说花论兰之跋文，其中云：“岁在辛亥(1971 年)，两春夹一冬”，“予方辑订所写《纪闻》成集，有风北来”，“拂面不寒”之时，戴文葆从《左传》、《离骚》直至清初桐城派诗文，博引众说，论述兰花之生长规律和特征。文末综论曰：“予辑订此集《纪闻》时，正值兰花风信之期，蛰处山海之滨。鱼龙寂寞，寄平生风谊之感，桑梓敬恭，谢父老江东之责。风起草末，巧合兰候，因信笔率而书之，是为跋记。”我读后想，戴文葆借兰抒怀，深有寓意，不知何故，竟未收进《射水纪闻》，不能不说是另一缺憾！

近悉，吴道弘正在为编辑《戴文葆序跋辑集》收集材料，拟将《射水纪闻》跋语部分辑在一起。我在此建议，将前述《邂逅柏叶君》未收程长庚逸事和以兰抒怀之跋语，也补入《戴文葆序跋辑集》，以为读者欣赏与研究。近日上海林丽成告我，9月出版的《出版博物馆》季刊，拟将拙著此篇《感言》刊出，同时刊发戴文葆《邂逅柏叶君》原稿中“记清名伶程长庚逸事”一段文字和以兰抒怀篇的跋文，我即表赞成，并致谢忱。

壬辰年五月，公元2012年6月，
年逾八十又三，写于京城寓所

读戴文葆致曲家源信

——记《射水纪闻》成书点滴

《射水纪闻》从原始文稿到整理成书，主要靠曲家源、白照芹教授夫妇的忘我劳作和精心编纂。此间，戴文葆与曲家源书信往来频繁，倾心交谈。前不久，照芹教授又把全部信件交出，为戴文葆研究者提供了宝贵资料。戴文葆致曲家源信，始于1992年，止于2005年，约60余件，我读过1999年以后的26封，都是商谈《射水纪闻》整理出版之事，更涉及他一生的经历。我庆幸他在劫难中得此成果，更为他忠诚于党却屡遭劫难深感痛心。

劫难中的抗争

戴文葆在信中多次谈到他十年苦居时抄录、评点那些古籍轶事的心境与感受。其一，“难中自慰”：“我当初写作时不过解闷遣怀”。“抄抄写写，以求安心处置流放”，“平安度过劫难”，有些“是为自身诵读的。不知何日是‘文革’尽头，我总要念一些前人诗文，滋养自己”。其二，常有警世时评：抄录合为一集之后，“往往写序或跋，序跋可能暗露牢骚，讽喻数语。当时非常自珍，视之为生命之一页”。其三，又怕出事：动笔用文言，以利自保；密藏于安全处，以防暴露。摘录本县人著作，“未明白注出诸人生平，是我害怕败露于世，可能危害他们的后人（有人还生存）”，对有的人名则“假托以避祸”。其四，待人处事高度警惕：“我待罪闲居，虽对我表面客气，我不能把‘客气当福气’”。凡此种种，都如他信中所言：“抄抄写写收心，同时又怕为人发现出麻烦，心情是很复杂的”。

戴文葆 2003 年 5 月 16 日信中说：“当时只身流放，若以王禹偁为文相比，不是写《待漏院记》的心情，而是与写《黄州竹楼记》心情一样，不知明年又在何处呢！”王禹偁为北宋文学家，在庙堂为官敢直言，“屡以事贬官”，修《太祖实录》，“直书史实，为宰相不满，出知黄州，后迁蕲州，病卒。”享年 46 岁。所著“《待漏院记》、《黄州新建小竹楼记》颇传诵。”（《辞海》第 6 版缩印本第 1943 页）政论文《待漏院记》“规劝执政者要勤政爱民，而不能‘窃位而苟禄，备员而全身’，义正辞严，笔触锋利。”写于贬官黄州（今湖北黄冈）时期的《黄州新建小竹楼记》，“文中极力渲染谪居之乐，把省工廉价的竹楼描绘得幽趣盎然，含蓄地表现出一种愤懑不平的心情。”（《中国大百科全书》第一版“中国文学卷”第 909—910 页）戴文葆将“自我流放”阜宁著《射水纪闻》，比作与王禹偁写《竹楼记》的“心情一样”，表明他不仅有适应当年逆境之心，更有对当年政治愤懑和抗争之志。

由此可见，戴文葆能够在那劫难随时而至的特殊岁月而平安度过，为今人和后人留下一部有历史价值和现实意义的《射水纪闻》，是值得庆幸的。

自制线装稿与抄稿的取舍

戴文葆寄送曲家源的书稿，起初主要是两部分："原线装书式与新抄有格子稿，一并分批寄呈"。

2003 年 5 月 2 日信则说了两类书稿的由来："我现在开始寻找《射水纪闻》十三本的原稿及另外的散篇未订的稿子。当年（上世纪）77 年北来时未带来，后送来时似有散失，都未及整理。""到八十年代收到原订成的线装书式《纪闻》后，才请友人找人按横排抄写在正式稿纸上，当时奋力干新工作，绝大部分抄成后未能校对（但付款酬谢了的）。"

戴文葆自称的"原线装书式"稿，即曲家源看到的被戴文葆视为生命一部分的"文革"中自制线装书稿。由于新抄稿"未能校对"，有的"还不够好"，下决心做出牺牲，为曲家源方便改，在多封信中反复提出，把字迹清晰、便于笔削的原线装书样稿拆开来使用。他对这些用生命换来的自珍之物放出狠话："将来身与名俱灭，不值得保存"！由于整理者不能拒绝他的要求，我在《读戴著〈射水纪闻〉感言》一文说到并且希望看到的那些保存历史记忆的"文革"中"精致的自制书"可能看不到完整的了。不过，也不能看轻了那些回京后请人抄写稿的重要作用，比如我以上海出版博物馆寄来卷十一跋文抄稿作比对，关于善与恶的议论，《后叙》比正文多出的那一段重要文字，原来就是曲家源依据戴文葆信中所说用出版社"下面空很大、准备自己写什么的"稿纸抄写稿；这段话何以在正文中缺失，经我征求出版者意见，很可能如邓子平（时任河北教育出版社社长）来信所说，是"戴老在看校样时自己将这段颇有见地的文字给删掉了。"

在天津出席编辑出版专业高评委会议期间同戴文葆合影。

付梓前的瘦身与增新

读戴文葆致曲家源信，最引我注意的是，《射水纪闻》付梓前，对书稿“还要‘瘦身’和增改”。2005年6月15日信中说他三月初告诉出版社：对原作当时我有两事不能自觉：“一是学术问题，另一是政治问题。‘史无前例’中我都没法自觉。现在必须：甲、‘瘦身’，删去我过去写的某些部分，整篇整段不要；乙、新增，阜宁沿革后，同时加写：‘开创苏北抗日民主根据地’，根据中共方面刘少奇（华中局）、黄克诚（新四军）文献资料，老实地严肃写出，这也是阜宁沿革历史有关的新事，几乎是抄录。”在此信稿纸下端又补注：“删去的多，新增的少。”又说，经同出版社“不断交换意见，始得沟通，稍加改进与谅解”，也“给出版社添了不少事”。不过，又在信中申明，对整理者曲家源所写《后叙》“不得删简，能说明原作原意。”

从信中看，所谓“学术问题”与“政治问题”，都是为“瘦身”而设。为确定编次、控制规模（十万字左右），在2003年6月5日信中说：“我不要太多无意味的东西，浪费人家的钱，我也被人斥骂。虽然，我重视为我生命的一页，但不能滥，务乞斧削，审核。地方志无书可查，凭您本人鉴别即可，也可作为‘野史’无凭证对待。我这些东西不是学术作品，只能作为乡土杂记而已。”为对读者负责，不把自己那个特定条件下的作品视为学术著作，让整理者放手斧削。这封信在谈及为家乡裴荫森所作《七省纪游》整理入集（内涉“防倭”、“剿捻军”）时说：“我写有跋语，请痛删套语，改为前言，留此文来历、抄件实况，把左派的介绍语大删，修改。所有《纪闻》稿，评介人物只用中性，不用意识形态语言。”在2003年8

月 4 日信，为得整理者一序，情真意切地说："务恳为拙稿写序，将贤伉俪之费心力救助成书经过写明。想来看我在大难中写出文言文，手中又无参考用书，且时刻提防骚扰，此中情况，不用多言，您来为拙作写序，可以解剖我心。摒去美言，直述其事。"我想，此时，已有人——整理者，朋友，出版者，对戴文葆"文革"中所思所为有过"美言"，也许这即是信中"不用意识形态语言"来"美言"他在《纪闻》稿中那些"暗露牢骚，讽喻数语"的文字。这亦是从政治上考量后必须"瘦身"的另一内容。关于新增——在阜宁沿革后加写中共"开创苏北抗日民主根据地"和南方局、新四军在阜宁的重要活动，是作为抄录历史资料而提出的。其实，这更是从现实政治出发的。顺便指出，我在《读戴著〈射水纪闻〉感言》一文曾强调指出，"凡党领导的与阜宁相关的革命历史之大事，都补入他精心撰述的这部史册"，表明他虽屡遭厄运仍然在政治上同党站在一起。这固然是读信前写的，但我读信后仍不改此前所言。

巨大创伤仍未愈合

戴文葆对《射水纪闻》稿的"瘦身"与新增，不仅引起我的注意，更引起我的思考再思考。

戴文葆 1940 年代就跟随党投入抗日爱国民主革命运动，1949 年后为新中国建设施展才干，意气奋发。但令这位革命先锋、建设主力无法想到的是，1957 年只因考虑出版不同于物质产品提出不要苛求品种、册数、印数、纸张、利润"五项指标"而被打成右派，从此被打入另册，走上六年劳改、两年编外和十年流放的漫长苦难人生。大半生的灾难，使他妻离子散，陷入深渊。1978 年后重新归队，获得新生，勤奋工作，编书著文，成就突出，1987 年获得全国出版界最高奖首届韬奋出版奖，在政治上思想上都发生了大变化。2003 年 10 月 10 日给曲家源的信讲述了这个大变化。在晚年，他要“盘点精力，重新铸造形象，做编审，写文章，讲学”等；而处境也变好，因“老共对我不错，后来认亲了。”此言有点怪异，但表明了真情。他列举许多亲历之事以作证明。如每年元宵节都请他出席党中央政治局常委们同知识界在人民大会堂一起吃元宵、看节目。又如党中央约请百位知识分子（他也在受邀之列），在中央政治局委员李铁映全程陪同下，视察长江三峡工程，听取意见；在酷暑期专请 50 名知识分子，由中央领导陪同在北戴河休假半月，也有他参加。我在这里替他补上一句，2006 年春节，中央政治局常委李长春亲自登门慰问祝福。这些都表明，戴文葆已全面恢复名誉，政治地位获得极大的改善。但是，一位知情老同志告诉我，一直到去世，戴文葆心中的巨大创伤仍然没有愈合。遇到知己，又是私下对话，致曲家源信中多有流露。

2003 年 9 月 21 日信：“你们伉俪把我废稿救活，我当然感激！我不想从头说我是怎么走过来的，国人中有人知之甚明。这时刻能当真吗！请您只就文论文，叙事纪实，说明为什么给我写序，应我之请，情不可却，‘以文为（会）友’而已。千请不要深化。我是另类人中命运好的。我在南方一报上说我是阿 Q 的哥哥，阿 P！ P 在 Q 之前，我这一生只是屁用而已。那文章极短，是花城黄纬经约我写五六千字刊出。一生未写好一篇学术论文，老师、老前辈人中有人叮嘱我多次，至今悔之无及。效命于何许人啊！一个好姑娘，遇人不淑，自怨自叹而已。”同一信，为编个人署名的《胡愈之文录》和选个人发表的文字编辑《编辑学问题求索札记》副题拟用《在狭窄的编辑室中零乱的足印》，向曲家源倾诉：“你看，我还想不管力衰，是为名为利么！不是，那是为什么？忆旧瞻前，往者已矣，现在如何过这余年呢！天仍梦梦，不尽欲言。”

2003 年 9 月 26 日在回顾自己一生遭遇的长信中，对“天仍梦梦，不尽欲言”，更有深入诉说。讲未去文化部“五七干校”，又应约不得不写《怅望向阳湖》（文化部“五七干校”地处湖北咸宁“向阳湖”）一文的心境时说：“《怅望》等于‘文革’处理报告，文字借考据历史地理说明，以充篇幅，少诉苦。我以为天仍梦梦，言多必失，受罪已足，受者应无言了。”何以如此？为“敬畏‘引蛇出洞’者”。“公安部及各机关烧毁右派档案，我不太相信，至少要留摘要卡片的，以便日后工作需用。我的熟人知之甚透彻，故始终畏天敬上，在大难中不敢享有负于恐惧的自由，至今仍有余音绕梁。”信末以母亲“如油乾灯灭无痛感而亡”和苏东坡诗老来“骨肉疏”“僮仆亲”谈体会：“我仍在力求心理与病理扯平，不会发难，生当乱世，历尽艰难，还算幸运儿呀！”

2003 年 10 月 10 日，就在讲党给他很高礼遇的信中，又对曲家源说：“您是最合适为我写序的人，请就文论文，就事论事，不多讲政治，关于‘文革’，请参考《怅望向阳湖》笔法委婉说一点，否则把我从河里拉上来，还是在反 T 反 S，不感恩，真是‘三反分子’了。我说过的‘天仍梦梦’是我引用顾炎武的话。”这封信又说：“我久经动乱，长了一生见识了。85 年就不写杂文了，不谈大事了，从不讲体制，不讲德先生赛先生等等了。我在苏东之前看到他们自灭的前途了，不写了……”

戴文葆在信中回顾自己走过之路深有感慨：“我们在上个世纪 49 年前是自由主义的读书人，从自由主义的报界出来，当时想融进窑洞里走出来的‘同志’们，结果仍然成为‘游离’的人。”此时想到从组织到同事都把自己称为“老干部，离休者”，便有一种“游离失所”的感觉。

这的确表明，二十多年的劫难，给戴文葆造成巨大创伤，而且没有愈合。

再说几句话

对前引信中那些平时很难看到听到的私下对话，不用多做评论，人们都会各有自己的判断。我想强调一点，戴文葆对《射水纪闻》稿的“瘦身”与新增，尽管自称是要避开政治，而实际上都是出于政治考虑。为什么要删削“文革”时自制线装式稿本（或抄稿）中那些“暗露牢骚，讽喻数语”的文字？为什么一再劝说曲家源写序务必“摒去美言”（有信称“臭显摆”）？为什么不太相信公安机关烧毁右派档案？为什么对“文革”的回忆要使用委婉笔法？究其原因，不能不说是考虑“言多必失，受罪已足”，“敬畏引蛇出洞者”！不能不说是源于劫难中深深埋下的“畏天敬上”心理，“至今仍有余音绕梁”！

戴文葆为什么在大局改变、自己被全面恢复名誉之后，还会对反右派斗争心有余悸呢？《关于建国以来党的若干历史问题的决议》，在指出“反右派斗争被严重地扩大化了”之前又明确肯定“对这种进攻进行坚决的反击是完全正确和必要的”。据知情者言，也如他在信中“私下对话”所流露的，戴文葆内心深处，仍“敬畏‘引蛇出洞’者”。

戴文葆也曾对《历史决议》否定“文革”感到高兴，但同时又向党进言：不要“冷藏‘文革’”。在戴文葆看来，否定‘文革’以后，在实践中，有些举措，有“冷藏‘文革’”之虑，因而在他著文讲起“文革”时才采用“委婉笔法”，以求安全。

戴文葆是一位敢为人先的思想者和富有创新品格的编辑大家，

在同时代知识分子中有一定的代表性。我觉得，党和国家有关部门，理应对戴文葆之人之事深入思之、省之、行之，以利于更好地团结、依靠知识分子和国家的长治久安。

戴文葆与我有着个人的友情，我视他是亦师亦友，而他对我则是亦官亦友，有时官在友上。我曾经说过，作为“政府出版官”，能同这位编辑大家为友，乃平生之幸事！我在《读戴著〈射水纪闻〉》一文中，曾对他在十一届三中全会以后顾大局、识主流的清醒与坚定，有过明确肯定，在读过致曲家源信中那些私下对话——发牢骚、露不满，并有怪异言论，不但未能改变看法，而且更加同情他的遭遇，力求做出符合实际的理解。

2012年8月8日

关于举行戴文葆编辑思想与实践研讨会的建议

为举行戴文葆编辑思想与实践研讨会，我于2012年7月7日给中国编辑学会前任与现任会长写了建议信。全文如下：

刘杲同志并

晓风同志：

六月份，我写了两篇思念戴文葆的文章：《从戴文葆写给我的信中想到的》和《读戴著〈射水纪闻〉感言》，现送上，请予审阅。

在撰稿过程中，我翻阅了部分戴文葆的编著和评介戴文葆的文章，深感戴文葆是一位值得尊敬、怀念和研究的资深编辑大家。据我所知，目前正在进行的工作有：吴道弘负责的《戴文葆序跋辑集》、张秀平负责的《纪念戴文葆文集》、李频负责的《戴文葆书信集》，以及由李频组织和推动在《盐城师范学院学报》开设的研究戴文葆专栏。戴文葆这位编辑大家，在晚年，主要活跃在编辑学会各项专业活动中。我想，由你们二位先后领导的中国编辑学会，在2013年9月7日戴文葆逝世五周年时（正在编的几本集子如抓紧届时可出版），举行一次戴文葆编辑思想与实践研讨会，是适当与可行的。我又想，可否联合人民出版社和三联书店（戴文葆生前主要工作单位）一道进行？读写戴文葆受到感染，有了想法就提出来，供二位决策参考。

祝

夏安！

宋木文

2012年7月7日

刘杲同志收到信当日即致信晓风同志："我个人赞成。学会如何决策，当请你裁定。"同日又给我写了回信："有关文件，我已托人转晓风同志。"刘杲同志信中还对戴文葆一生的不幸作了评论，以沉重的心情指出："文葆同志的遭遇令人痛心。一生的灾难从被打成右派开始。妻离子散，坠入深渊。直到去世，他心中的巨大创伤没有愈合。他始终是忠于我们党的。"我给刘杲同志回信表示："你支持举行戴文葆编辑思想与实践研讨会，我甚为高兴。""你信中对戴文葆一生遭遇的感叹，我深有同感。我作文与提建议，都与你的感叹相通。如果那个研讨会能够举行，也算是我们在他身后做了一点有意义的事情。"稍后，晓风同志告诉我，由编辑学会联合人民出版社、三联书店举办研讨会事，正在筹备中。

悼念崔瑞芳

〔题记〕这是我在王蒙夫人崔瑞芳逝世（2012 年 3 月 23 日）后所写的悼念信。信中的“同舟渡”、“携手行”、“经百世”、“走八方”，皆出自王蒙《赠爱妻》诗。

王蒙同志：

今日从报上得知瑞芳辞世。我为未能同瑞芳见上最后一面而深感愧疚。读《赠爱妻》诗，使我深受感动。你与瑞芳同舟渡苦难，携手行今生；你随瑞芳经百世，瑞芳跟你走八方。此身此事，此情此景，我在《半生多事》里感受过；更对《九命七羊》中你说你与瑞芳互为存在的条件而羡慕。我给你的信中曾说，瑞芳成就了王蒙，其实王蒙也成就了瑞芳。瑞芳走了，你遭此不幸，我无以为助，谨致函悼念，更盼节哀。

宋木文

2012 年 3 月 30 日

宗源人品永存

〔题记〕石宗源同志，曾任新闻出版总署署长和贵州省委书记，在前几天闭幕的十二届全国人大一次会议上当选为全国人大常委和财经委副主任，尚未履行新职，便被病魔夺去了生命。在噩耗传来的3月28日，我疾书这篇悼文，于3月29日向宗源遗体告别这一天，在《中国新闻出版报》发表。

补记：近日翻阅旧稿看到，为感谢宗源从贵州送来心脑保健药品和报告近期个人状况，我于2009年11月11日写给他的信中，特别提到："我从媒体感受到，您通过处理平时工作和突发事件掌控着贵州发展的大局。我以小翟和我的名义向您致敬，并祝愿贵州在您的任上有更好的发展，造福于人民。"宗源后来似乎提前离开了贵州，任职于全国人大教科文卫委员会。石峰《不能忘却的记忆》怀念文转述说"贵州的同志听说宗源同志逝世，都是一声叹息。"（《中国新闻出版报》2013年4月19日）好人并非都是一路平安。这更促使我把昔日致宗源信中的这句评论和这点祝愿补记在这里。

2013 年 3 月 28 日上午 10 时得知石宗源同志与世长辞，我正在海口，随即停止原来安排，向治丧办发去唁电 ："痛悉石宗源同志病逝，使我党失去一位好党员好干部，使我失去一位好战友，在万分悲痛之际，恭请宗源夫人及子女节哀，更祈祷宗源人品永存！"

唁电是在悲痛与失序中写出的，而深入一想，这"宗源人品"却是我久积于心的宗源为人做事形象的真实反映。我使用"祈祷"一词，则表明我对"宗源人品"的敬重和怀念，深情默告着宗源人品永存。

我是 2000 年 9 月宗源从吉林调京任新闻出版署署长之后才开始同他接触的，至今也不过十二年多一点，他在现职公务繁忙，我早已卸任居家赋闲，接触自然不多，然而却给我留下了深刻印象，又都集中在"宗源人品"这一点上。

有一次闲聊，无意地谈起 1989 年夏，曾因一家地方出版社的一本名为《性风俗》的书伤害了穆斯林的感情，在多个省区引起一场政治风波，我在京城忙于检讨应对，不使事态扩大蔓延，他在甘肃临夏回族自治州任州委书记，昼夜不眠地说服穆斯林兄弟的声讨行动适可为止，谈着谈着使我感到我俩早就是一个战壕里的战友，不过给我感受更深的是，这位少数民族出身的领导干部，对党和国家有着强烈的政治责任感和大局意识。

我先从别处听说，又得宗源证实，1980 年代，上面发了一个文件，说政府可以不设党组，有人同意，有人不赞成却不便说出，而宗源却明确提出反对意见，后来此件被收回了，而宗源的此举，却在知情的党政干部中传为佳话。

2001 年新闻出版署升格为总署，有利地加强了新闻出版管理工作，对机关人员也带来新的发展机遇。据我同宗源交谈中得知，也被事实所证明，在这次升格过程中，宗源对干部的安排，既坚持原则，又关怀备至，虽说不是“水涨船高”，却在实际上做到了普遍提升，而这些同志在此后总署工作中也做到了尽职尽责。对有的领导干部的提升，宗源更是竭尽全力去争取，并得以落实。我是怀着对宗源及其一班人的崇敬心情，从旁来叙说这件往事的。

最后，我以自己为例，讲一点宗源对离退休老同志的关怀与尊重。2004 年，新闻出版总署举办“三项学习教育”培训班，主要由中宣部和总署领导成员，就重大出版方针问题，向各省局和各出版单位主要负责人讲课。我和刘杲被宗源破例指定为讲课人。刘杲讲《出版：文化是目的　经济是手段》，受到普遍好评。我以《出版社转制问题的历史考察与现实思考》为题，讲了两次，也受到鼓励。宗源在一线主持工作，时常挤出时间同我交换意见，我有话也很愿意跟他说。他到贵州任省委书记后，我的那本《亲历出版三十年》出版了，他看后打电话给我，竟以长达 40 多分钟的时间给予鼓励和评论，我事后摘要留下记录，作为永久性的纪念。此后，他又约我到贵州休息，多次同我会面交谈，又精心安排我去贵阳之外的一些地方参观，使我此次贵州之行，非常充实和愉快。他离开贵州返京后，又亲临我家探望。每逢同他见面，总有着说不完的话。

我在这里回忆的，对一位中央国家机关和省一级的主要负责人来说，都只是一些细小之事，却使我为之动情，因为宗源的胸怀大局、处事不唯上只唯实、讲原则又重友情、关怀干部周到细致，特别是刚正不阿、磊落做人的突出个性，都体现着这位高级干部的人品。宗源走得太早了。我在唁电中，像对神灵默告自己的愿望那样，祈祷宗源的人品永留人间。

2013 年 3 月 28 日下午于海口

2012（壬辰年）迎春时节同宗源亲密合影（右为翟丽凤）。

6

生活·信念·友情

在八秩寿喜茶叙会上的答谢辞

〔题记〕2008年11月22日，王涛、卢仁龙、罗锐韧邀请我的新老同事在松鹤大酒店举行“八秩寿喜茶叙会”，此文是我在会上的答谢辞。文后配发此次和另两次茶叙活动照片，以作纪念，一并答谢。

人生是漫长的，又是短暂的，不知不觉竟然走到八十了。是虚岁，周岁七十九，俗称过“九”不过“十”。王涛、卢仁龙、罗锐韧等几位热心人要搞个活动。因为是民间的非正式的，没有向新闻出版总署报告。不知斌杰同志怎么知道了，送来花篮，对此我深表感谢。请柬上说“茶叙会”。这比较合适。也不是我准确的生日。就是以这种形式聚一聚、叙一叙。我们这些年龄大的人，也是难得一见的。今天来这里的，大都是同我共过事的。也有我的老领导，像力以同志。有一线在职的，但多为从一线退下来的。人的一生做不了多少事。我在任时做了一些事，也有些事没有做好，还有些事想做而未做。既然一道共事，一路走过来，就有共同语言。我曾说，同我共事多年的一位老朋友说我待人处事讲马克思主义原则与讲儒家中庸之道兼而有之。这位老朋友就是刘杲同志。所谓讲马克思主义原则，简言之，就是指有鲜明的立场和原则性。所谓讲中庸之道，今解，简言之，就是讲团结，与人为善，不走极端，不伤害人。我是这样努力的，特别是出现1989年夏季那种复杂政治形势时。但有没有讲了原则而又伤了同志呢？有没有想与人为善而模糊了是非原则呢？反省自己，恐怕都是有的，都需要我认真地加以总结和改进的。今天，我过着完全退休的生活，参加业界内外的活动不多了。每天晨练一个小时，白天读书看报，也写一点东西，晚上看电视。看似生活单调，自我感觉却是充实的。身体也好。请柬说今日活动是为“八秩寿喜”。十年为一秩。古俗称人生七十古来稀，所以要“七秩大庆”（语出《现代汉语词典》）。八十呢？《汉语大字典》引白居易言：“行开第八秩，可谓尽天年”。我要说，行开第八秩，谈何尽天年！我信奉“知足常乐”，又有现代医疗条件，而朋友们的关心和支持也是我过好晚年生活的助力。今天，这么多的朋友——有老同事、老部下，还有现领导，在一起欢聚，更是对我的激励。

我感谢大家参加今天的“茶叙会”，祝大家身体健康，工作顺利，生活幸福！

穿上茶叙会特备中装。

茶叙会 40 人集体照。

中坐者（左起）谢宏、陈为江、袁亮、卢玉忆、许力以、宋木文、刘杲、伍杰、范振江、张伯海、傅璇琮。

后排站立者（左起）宋木铎、杨德炎、聂震宁、江远、阎晓宏、宋木仁、石峰、杨牧之、桂晓风、邬书林、于永湛、沈仁干、高明光、伍文祥、梁衡、刘波、胡中文。

前排席地而坐者（左起）白纬、黄晓新、邹建华、白春兰、郭义强、王俊国、王涛、张小影、孟传良、王岩镔、吴江江、卢仁龙。

茶叙会集体照排坐位。于永湛、沈仁干“强行”傅璇琮上坐，邬书林、阎晓宏“观战”，就坐者神态各异，喜笑颜开。最后形成集体照（即上照）定位格局：长者坐中间，青壮年席地，其他人（多在一线任领导职务者）站后排。

王涛说，许个愿吧！

同中宣部出版局历任局长们。左起：郭义强、袁亮、高明光、许力以、张小影、伍杰、邬书林。

2009 年 5 月 8 日，版权界同事在北京地坛乙十六号会所欢聚。一排左起高思、宋木铎、谢明清、翟丽凤、宋木文、白春兰、沈仁干、杨德炎、张秀平；二排左起齐相潼、童之磊、王自强、阎晓宏、王涛、郑全来、邹建华、辛广伟、谢广才。

感谢阎晓宏、王自强的祝贺。

同晚宴操办者童之磊亲切交谈。

2008年3月12日，1950年代在东北戏曲学校和中国戏曲学校工作和学习的“老朋友”和“小老朋友”在北京大董烤鸭店欢聚。壁上悬挂韩澎及夫人寇云岚赠送有出席者签名的福寿条幅。韩澎（二人照右）致词，王世勋（餐后照左3）、刘亮（左4）、陆建荣（右2）分别朗读各自写作的贺诗，50余年前教与学有趣往事成为席间交谈的话题。出席者还有颜长珂（餐后照右1）、刘琪（右3）、杨韻青（右4）、张云霞（左1）、孔雁（左2）。

把理想信念与现实生活结合起来

——在新闻出版总署纪念建党88周年大会上的发言

〔题记〕为庆祝中国共产党成立88周年，新闻出版总署机关党委于2009年7月1日举办“七一”主题党日活动。党日活动内容之一是请建国前、建国后、改革开放三个时期入党的三位同志对党讲述心中感言。此文是我作为建国前入党的老同志在会上的感言。当我最后讲到“我有信心同大家一起共庆建党九十周年，共庆建党一百周年”结束讲话时，会场以热烈掌声给我以欢迎和激励。

我有幸被安排以建国前入党的老党员在总署机关纪念建党88周年大会上发言。

我1948年入党，在党61年，按干支计年已过了一个甲子周期，我也在2004年离休了，但一个党员在政治上和组织上是永无退休之说的，生命不止，就要继续履行党员的权利和义务，就要继续履行对党的誓言。今天会上有新党员宣誓、老党员重温入党誓词的一项

在总署纪念建党 88 周年大会上发言。

议程，这对我们老党员也是一次值得珍惜的政治激励。

纪念建党88周年，在当前国际国内大环境下，更加自觉地坚持党的理想信念不动摇，具有重要现实意义。胡锦涛同志在纪念改革开放三十周年大会的报告中指出，要高举中国特色社会主义伟大旗帜，要坚持中国特色社会主义道路及其理论体系，决不能重走改革开放前的老路，更不能走“改旗易帜”的邪路。这是党中央总结国际国内历史经验，从当代世情国情出发，所做出的最重要最基本的政治结论。在今日之中国，重走改革开放前的老路是根本行不通的，同时我认为也不要把对现实改革的一些不同意见统统归于要重走老路。但是，鼓吹“只有民主社会主义才能救中国”，中国共产党要改名中国社会民主党，则是有书有刊有文可查的政治主张。因此，我察觉到发出警惕“改旗易帜”警告的现实针对性。在党内，按照党的组织原则，对一些问题发表不同意见是被允许的，但是作为党的一个成员，不论党龄长短、职位高低，都必须在举什么旗、走什么路的问题上同党中央保持一致，都要在当代中国最基本的政治理念同党中央保持一致。我想，这也是把入党誓词同当前现实结合起来的重要要求。

政治理念和信仰是联系现实的行动指南，而不应成为空洞的口号。搞好当前的出版改革，是我们应尽的文化责任，也是一种政治责任。在中央的领导下，出版改革已经进入了一个新的阶段。用斌杰同志的话说，不仅有路线图，还有时间表，转企、改制、重组、上市都在全面、深入、有序地开展着。治理低俗色情出版物的斗争也已初见成效。改革是为了解放和发展出版生产力，做强做大是为了使符合党和国家要求的优质出版物更多、更广泛、更有效地传播到广大群众中去，成为以马克思主义为指导的主流意识形态的强大工具和重要载体。在出版领域引进市场机制的作用主要是积极的，但也不可避免地遭遇一些负面冲击。在采取各种改革措施的同时，必须告诫出版企事业单位的领导班子，要坚持党的出版方针和社会主义出版方向，把做强做大出版产业同加强以马克思主义为指导的意识形态建设结合起来，统一起来。

我年满八十，做不了多少事了。面对国家兴旺、人民幸福的好时代，时有李商隐诗作“夕阳无限好，只是近黄昏”的感叹。但我更受朱自清对李诗新解的鼓舞：“但得夕阳无限好，何须惆怅近黄昏。”我每天都安排充足时间读书、看报、健身，以开阔视野，丰富生活，增进健康。今天，同总署机关新老党员一起庆祝建党88周年，我特别高兴，也深受鼓舞。我表个态，我有信心同大家一起共庆建党九十周年，共庆建党一百周年！

2008年2月1日首都出版界老同志新春联谊会上幸运抓得一等奖，柳斌杰（右1）上台颁奖，李东东（左2）也跑上来祝贺。左1为会议主持人黄国荣。

2012年7月6日，在总署机关离退休干部座谈会上发言。

韩美林书赠“老坡气概”，悬于寓所室壁上端，借其意（非原意）以激励我过好老年生活。

评估中国出版业的综合实力要长期保持清醒

〔题记〕此文是联系出版工作实际谈学习十五大报告的体会。根据十五大报告关于我国将长期处于社会主义初级阶段的论述，我强调中国出版业总体水平与发达国家存在比较大的差距，需要长期保持清醒头脑，不要被“出版大国的盲目乐观情绪和对比性不强的统计数字所迷惑”；同时提出将十五大报告关于经济体制改革和国有企业改革的一些原则、经营方式和组织形式（如公有制实现形式的多样性、股份制或股份合作制等）有条件地运用到出版改革中，实行分类指导和区别对待，积极探索改革与发展的突破口，并且规划未来，谋求发展。十五大于1997年9月18日闭幕，此文于9月19日分别在《中国新闻出版报》和《中国图书商报》一版发表，原题为《初读十五大报告的几点思考》。因在编选《亲历出版三十年》时漏编，故补入《八十后出版文存》。

在世纪之交召开的党的十五大，承前启后、继往开来，以高举邓小平理论伟大旗帜，把建设有中国特色社会主义事业全面推向二十一集中体现在江泽民同志的报告中。我们要学习好、宣传好、贯彻好十五大报告，以推动出版事业的发展和繁荣。

要高举邓小平理论的伟大旗帜。在当代中国，只有把马克思主义同当代中国实践和时代特征结合起来的邓小平理论，而没有别的理论能够解决社会主义的前途和命运问题。中国出版工作者要学好邓小平理论，用邓小平理论武装自己，并且以自己编辑出版的各类出版物准确、生动、有说服力地宣传邓小平理论，武装广大干部和人民。这是坚持出版工作的社会主义方向的根本保证。要从我国最大实际出发。从实际出发，是我们党的思想路线的主要特征和灵魂。我国最大的实际就是现在处于并将长时期处于社会主义初级阶段。十五大报告对初级阶段从七个方面作了界定。我体会，归结起来，就是从不发达到比较发达，至少需要一百年。十分明确、重要，令人信服、清醒。没有综合国力的提高，发展出版事业就会受到限制。我国出版事业是同当前中国整个经济、社会发展的水平相适应的，改革开放以来有很大的发展，这是不容置疑的事实。但有一种议论，只从年出书逾十万种，居世界首位，就认为中国已成为一个很有实力的出版大国了。不说别的，单就数量来说，由于统计口径上存在差异，这种看法也是缺乏充分依据的。应该说，与我国处于社会主义初级阶段的基本国情相适应，我国的出版业的发展水平无论是规模数量、质量效益、体制活力、技术水平、服务质量和综合实力等都与一些世界发达国家有比较大的差距。这是一个值得高度重视，需要长期保持清醒的问题，千万不要为综合实力并很强大、多少有点出版大国的盲目乐观情绪和对比性不强的统计数字所迷惑。现在很需要加强调查研究，从各方面提供准确的数据，得出科学的概念，对中国出版事业的总体水平形成一个符合客观实际的定位，使我们更清醒、更扎实、更脚踏实地地规划未来，谋求发展。

要探索改革与发展的突破口。为推进经济体制改革，进一步解放和发展生产力，十五大报告提出继续调整和完善所有制结构，公有制实现形式可以而且应当多样化；要加快推进国有企业改革，抓好大的，放活小的（包括实行股份制），对国有企业实行战略性改组，被普遍认为是在经济体制改革和公有制经济含义上的一次思想解放和重大突破，为国内外所瞩目。出版是思想文化部门，这是决不可以忽视的，但它又是从事生产经营的一种产业。在市场经济条件下，出版要发展，必须进行与经济体制相适应的改革。十五大关于经济体制和国有企业改革的一些原则、要求和方法是否可以有条件地适当地应用于出版改革与发展呢？为了有利于实行两个根本性质转变，打破条块分割，面向市场，增强实力，向人民提供更多更好的精神食粮，关于组建大的出版集团和发行集团的问题已经提到决策议题，就是反映了在市场经济条件下加快发展的一种必然要求。对出版单位一定要加强党的领导和政府管理，加强宏观调控，在这个前提下，对其中有些单位和环节，在公有制实现形式多样性，股份制或股份合作制这些反映社会化生产规律的经营方式和组织形式上是否可以进行探索和实验呢？从生产经营上讲，把出版作为一种产业；从思想文化上讲，出版中是有些分支和环节的性质和功能又有所不同，从实际出发，解放思想，参考经济体制和国有企业改革的一些做法，注意分类指导和区别对待，应当说是会有利于发展的。

要自觉地承担建设有中国特色社会主义文化的重任。十五大报告提出文化与经济、政治建设要同步，从社会主义事业兴旺发达和民族振兴的高度，号召全党认识建设有中国特色的社会主义文化的重要性和紧迫性，还特别提出“有中国特色社会主义文化，是凝聚和激励各族人民的重要力量，是综合国力的重要标志”。这“重要力量”、“重要标志”的提法，使我反复思考，既感到很新颖，又觉得特别重要，寓意深刻。过去我们谈到综合国力这个概念时，更多地是指的经济实力。随着对有中国特色社会主义认识的进一步深化，我们已经更清楚地认识到，综合国力应该包括经济、文化等综合指标，体现的是社会主义全面进步所达到的水平。党中央把文化建设的地位和作用提得更高了，我们的责任也更重要了。出版既是整个文化事业的重要内容，又是它的综合反映（通过出版物反映、汇集、传播、积累各种文化的成果），做好出版工作对文化建设的全局有着重要的意义。十五大对文化建设的指导思想、方针政策和发展目标都讲得很明确，都要坚决照办。我们更要落实报告提出的“新闻出版业要加强管理，优化结构，提高质量”的要求，为创造绚丽多彩有中国特色社会主义文化做出积极的贡献。

1997年9月16日

高唱当代中国的主旋律

——学习十七大报告札记

〔题记〕这是应约为新闻出版总署机关《老干部园地》(2008年第1期)而写的一篇学习十七大报告短文，有其明确的针对性。

以1978年十一届三中全会为标志，我国进入了改革开放历史新时期。

这是在中国建立社会主义基本制度后，苏联社会主义模式陷入困境，我国社会主义因“文化大革命”遭受严重扭曲和挫折，中国向何处去，举什么旗，走什么路，什么是社会主义，怎样建设社会主义的问题，摆在全党面前。

在邓小平理论指导下，我们党进行了前所未有的改革开放的伟大实践，进行了前所未有的社会主义伟大事业的新探索。胡锦涛总书记的十七大报告对这场深刻变革的伟大成果作了科学总结和理论概括：在当代中国，坚持中国特色社会主义道路，就是真正坚持社会主义；坚持中国特色社会主义理论体系，就是真正坚持马克思主义。

高举中国特色社会主义伟大旗帜，是十七大的主旋律，也是当代中国的主旋律，要高声唱起来。

对十七大报告为什么如此强调中国特色社会主义，我国媒体发表了大量评论，也引起国外媒体的关注。新加坡《联合早报》10月18日发表署名李仕燕的文章，说这是对2007年初由中国学术界一篇关于“民主社会主义才能救中国”文章“引起巨大震动”所作的“正面回应”(转引自上海《港澳台报刊动态》2007年第2期)。我不认为这是十分准确的判断。因为十七大报告关于中国特色社会主义的论述，首先是对我国改革开放伟大实践和社会主义事业新探索的科学总结，如果要讲还有什么具体针对性的话，我理解，那当然也应包括中国要走民主社会主义道路在内的各种不符合党的基本理论、基本路线主张的“正面回应”。不过，《联合早报》对这个问题的基本观点则是正确的：“与北欧民主社会主义发展模式相比，中国是在‘基本国情’的基础上，‘解放与发展社会生产力’。这是一条属于中国的发展模式。”

历史已经证明并将继续证明：只有社会主义才能救中国，只有中国特色社会主义才能发展中国。

中国特色社会主义好，是我们这个时代的最强音！

写于2007年11月15日

强魂健体与编辑责任

——学习党的十七届六中全会的一点体会

〔题记〕这篇在中国编辑学会2012年迎春联谊会上的讲话（2012年1月15日），主要讲了我对十七届六中全会“兴国之魂”说的学习体会，着重讨论了编辑在“强魂健体”中的重要作用。此篇的主要内容，即魂与体的关系、编辑的三个决定性作用，我曾在2012年1月13日《中国文库·第五辑》出版座谈会上讲过（联系人民文学出版社入选之图书），因此，也可以视为对第五辑《中国文库》的评论。曾以《要更加重视编辑工作》为题，在《中国新闻出版报》（2012年1月30日）、《出版史料》（2012年第1期）发表。

此次迎春联谊会的主题是贯彻十七届六中全会精神，加强编辑的责任，强化编辑的功能，为建设社会主义文化强国做贡献。我顺着这个主题，讲几句关于编辑的地位、责任和作用方面的体会。

编辑的地位、责任和作用，现在和将来都要加强。这是我们中国出版的好传统，更是做好新形势下出版工作的需要。党的十七届六中全会提出，要文化大发展大繁荣，要建设社会主义文化强国。这是一个很繁重的任务，也是一个很鼓舞人心的目标。为了文化大发展大繁荣，建设文化强国，六中全会提出六条要求，其中第一条就是把建设社会主义核心价值体系作为兴国之魂提出来。这兴国之魂的魂，是看不见、也摸不着的，只有魂能附体才体现出来。这魂附在哪里呢？魂之所附，简言之，一个是人，人的思想武装；一个是作品，文之载体。人就是作家、理论家、科学家，以及我们的编辑。作品就是六中全会决定讲的作为文化繁荣发展重要标志的优秀文化产品，我注意到主要是四个方面：一个叫哲学社会科学，一个叫新闻舆论，一个叫文艺作品，一个叫网络文化。我们所追求的是强魂健体，魂体统一。魂在附体过程中，文化产品在生产中，作为原创者的作者是最重要的，我们的编辑、编选者也是重要的。编辑（包括总编辑、主编）有什么作用呢？我用三个“决定”来表述：一是决定导向，二是决定质量，三是决定效益。社会效益第一，社会效益与经济效益相结合。这是在“编辑把关”特定意义上讲的。此语出自胡耀邦于 1979 年末的一次讲话：“创作自由，编辑把关”。仅此两句，就把编辑的职责和重要作用讲清楚了。今天在座的都是编辑界的骨干、资深编辑，还有出版社的领导同志，你们看，这样概括行不行？

作为“国家队”的出版单位，对文化积累做出优异成绩的各个出版单位，更是重视编辑和编辑的作用，更是坚守着中国出版的好传统。近日，中国出版集团隆重推出《中国文库·第五辑》，遴选百部民国时期学术文化经典，像前四辑一样，受到学术界的欢迎和称赞。我重点翻阅了人民文学出版社 23 种入选文学类图书，其中大部分堪称民国时期各个文学流派的代表作。这里有：《鸳鸯蝴蝶派作品选》、《南社诗选》、《创造社作品选》、《〈语丝〉作品选》、《未名社作品选》、《新月派诗选》、《七月派作品选》、《东北作家群小说选》、《山药蛋派作品选》、《西南联大文学作品选》等。从一个特定的角度反映了那个历史阶段的文学发展状况和主要文学流派。编选者都是对入选作品有深入研究的教授、研究员和编审，每集都有解析作家作品和流派的前言或序文，重版又经过修订，坚持三审制。我在《中国文库·第五辑》出版座谈会上评曰："名家名作流派纷呈，名社名编精益求精"；"编选有学问，编辑见功夫"。前不久，即2011年12月26日，《北京青年报》以《〈鲁迅大全集〉的症结在哪里》为题，用两个版面对新出版的《鲁迅大全集》进行点评，从专家学者的发言中使人有全中带杂、全而不精之感，比起人民文学出版社过去出版的《鲁迅全集》多少有些逊色。我想，这都与编选者、编辑者的工作是否到位有关。我们的出版单位出版名家名作，特别是出版在文学史上占有特殊重要地位和深远影响的鲁迅著作，更要做到尽职尽责、精益求精。

我们的出版工作，经过近几年的转企改制，取得了新成就，出现了新情况。十七届六中全会又提出大发展大繁荣的新要求。做好新形势下的出版工作，对编辑的地位与作用，用一句老话说，就是只能加强，不能削弱。去年，新闻出版总署发出专门文件，对出版社总编辑的设置和地位，对编辑的职责和作用，提出了明确要求。在转企改制之后，在全社会市场导向剧增之时，在社内经济指标压力增大之下，尤其需要加强出版社的文化担当和政治责任，尤其需要增强编辑决定导向、决定质量、决定效益的自觉。最后，让我以一个老出版人的身份，向在座的和不在座的我们的编辑们，行鞠躬敬礼，贺龙年大吉！

建设新闻出版强国的一些思考

——党的十七届六中全会决定学习笔记

〔题记〕此文2011年11月4日《中国新闻出版报》在一版《学习贯彻六中全会精神系列谈》专栏发表。我写此文是由一年前为陈昕新著作序曾提出“由更高层级统一提出建设文化强国的目标”建议引出和写起的。这也是此文受到业内人士关注之点。

同此文的内容相联系，2011年2月14日，在阅读一专题研究报告时，对建设新闻出版强国的目标，要达到“在国际上有较强的影响力、传播力”的要求，我写了如下意见：“影响力，当指内容，即思想文化、意识形态建设。这方面的目标，出版方面可大有所为，但也受其他文化建设的制约，非出版一个部门，一个系统即可完全实现。传播力，多指相关有形物质力量的形成，这方面的目标可量化，如产值比，人均占有比等。但是定高了，达不到，定低了，又会令人评头品足。这两方面，作为课题研究，都应慎重权衡，提法适当。党中央提出我国经济发展三步走战略之第三步，到二十一世纪中叶‘人均国民生产总值达到中等发达国家水平’，是充分考虑我国国民经济综合基础水平、人口数量和地区不平衡等国情因素而提出的。制定新闻出版强国目标，是否也要考虑这个总目标、总水平。”

党的十七届六中全会通过的《中共中央关于深化文化体制改革、推动社会主义文化大发展大繁荣若干重大问题的决定》，科学概括和深刻阐述了中国特色社会主义文化发展道路，庄严而又适时地提出了建设社会主义文化强国的战略目标。

这是为顺应当代国情和世情必须提出和实现的伟大历史任务，也是各族人民在推进国家现代化进程中的必然要求和共同愿望。十七届六中全会前，已有新闻出版部门和20多个省市率先提出建设新闻出版强国、文化强省的目标（据李长春为《决定》所作说明），走在全国文化建设的前列，提供了宝贵的经验，就充分证明了这一点。

一切推进文化改革发展的力量都将凝聚到建设社会主义文化强国这一伟大战略目标上来。

我个人虽已离休不在现职岗位，却也不能置身在外。

我应邀为陈昕新著《中国图书定价制度研究》（2011年4月三联书店出版）写的序文（2010年12月写出）在文末“我的一点进言”中曾经提出建议，将现正在实施的建设出版强国的部署纳入“由更高层级统一提出建设文化强国的目标”，后又觉得稍有离题，经向陈昕说明，在陈著印制前又删去了。初读十七届六中全会《决定》后，又觉得有必要将认真思考写出的那段文字在这里引用出来，以说明党中央提出的建设社会主义文化强国的伟大目标和历史任务，也是反映了包括我这个离休老出版人在内的广大党员干部的心愿与要求。

我还注意到，今年所制定的长远发展规划提出今后十年实现出版强国的建设目标。出版是一个独立的方面军，有其独特的重要作用，并有强大的助推功能，提出建设出版强国的目标，可以调动千军万马为之奋斗，从而加速自身建设，并且助推其他文化领域的发展。但出版也受制于人。出版以内容为王，不仅传播手段要先进要强大，更要求其所传播的思想、理论、科技、文化的先进性和强大影响力。出版强国，还要靠举国强大的思想、理论、科技、教育和文化来支撑。现在还不能说我们的思想、理论已在世界上处于优势地位，而教育和科技（特别是教育）总体上也不被公认为那么先进与强大。加速建成出版强国，只靠一个部门、一个方面军，有自身难以克服的困难。如果由更高层级统一提出建设文化强国的目标，各个方面军同心协力去做，岂不更好！

这反映了我一年前的一些思考。

按十七届六中全会《决定》精神，建设社会主义文化强国是一个长期建设的历史任务，是与中央“三步走经济发展战略”相衔接，是与建设中国特色社会主义事业总体布局和建设社会主义现代化国家的目标相适应。据此，《决定》既提出了长期建设的任务（未明确规定时间表），又提出了近期的发展目标。《决定》指出，“按照建设小康社会奋斗目标新要求，到2020年……为把我国建设成为社会主义文化强国打下坚实的基础”。这应看作是近期阶段性的建设目标。把着力点放在当前和今后一个时期文化改革发展重点任务上，做到立足当前，着眼长远，为文化建设指明了清晰的路径和方向。

《决定》为推进社会主义文化大发展大繁荣和建设社会主义文化强国提出了各项任务和要求，主要有：作为兴国之魂的社会主义核心价值体系建设的任务和要求，作为文化繁荣发展重要标志的优秀文化产品（特别是最主要的哲学社会科学、新闻舆论、文艺作品、网络文化四个领域）建设的任务和要求，作为文化两大部分的公益性文化事业和经营性文化产业建设的任务和要求，作为有利于文化繁荣发展的体制机制建设的任务和要求，作为文化发展繁荣有力支撑的宏大人才队伍建设的任务和要求。《决定》围绕这些主要方面，分别为实现近期阶段性目标和长远建设任务提出了明确要求。这是我们各路文化大军都必须遵循的。

《决定》特别提出："党委统一领导、党政齐抓共管、宣传部门组织协调、有关部门分工负责、社会力量积极参与的工作体制和工作格局，形成文化建设强大合力"。这既是建设文化强国的重要要求，又是建设文化强国的有力保证。

新闻出版是社会主义文化的重要组成部分。在中央统一领导下，加速新闻出版强国建设，必将在文化强国建设中发挥重要助推作用，而各个方面军分别承担各自的建设任务，形成强大的合力，又是建设新闻出版强国不可缺少的重要条件。

目前已经提出建设文化强省强市的地区和已经提出建设文化强国行业目标的部门，定会按照十七届六中全会《决定》的精神，认真总结实践经验，对原定目标和要求进行充实和调整。

按十七届六中全会《决定》精神，新闻出版部门为建设新闻出版强国所做的一切努力，实际上都是在为建设文化强国承担着自己的重大使命和历史责任。

我相信，《决定》必将进一步调动新闻出版大军各路人马的积极性和创造性，为建设新闻出版强国，为更好完成文化强国建设中新闻出版所承担的任务，迈出更加坚实的步伐，取得更加辉煌的成就。

2011年10月30日于北京寓所

学好文件　树立新风

——学习十八大文件一得

〔题记〕2013 年 1 月 8 日，新闻出版总署举行离退休干部学习十八大座谈会。此文是我在会上的发言。提出学习贯彻十八大精神，要把学好会议文件与领会中央新的领导集体树立的新风结合起来。载于 2013 年 1 月 10 日《中国新闻出版报》“学习十八大精神专栏”，并在总署机关《老干部园地》(2013 年第 1 期）发表。

学习十八大，我以“学好文件　树立新风”，求教于新闻出版界的新老朋友。

建国以来，特别是十一届三中全会以来，经过几代中央领导集体的不懈探索，我们党为国家长治久安取得了十分重要和非常宝贵的成果。这就是：中国特色社会主义道路的开辟、中国特色社会主义理论体系的形成、中国特色社会主义制度的建立。

在学习十八大时，我深深地感受到，全党正在不断增强中国特色社会主义的道路自信、理论自信、制度自信。随着实践的发展，必将进一步增强理论创新和制度创新，使我们的道路更坚实、更宽广。

我也深深地感受到，这道路、理论、制度的自信和创新，来自对十八大文件的学习，也是受到十八大选出以习近平为总书记的新的中央领导集体的新风新政的鼓舞。我们学习贯彻十八大精神，要把学习会议文件与领会新领导集体的新风新政结合起来。因为在短短两个月的时间里，我们就看到了以实现中华民族伟大复兴为中国梦的新解，看到了人民对美好生活的向往就是我们奋斗目标的誓言，看到了密切联系人民群众和改进作风八条的提出，看到了重提历史周期律发出的警示，看到了反对腐败不手软、打铁还需自身硬的新举措，看到了以加强顶层设计来深化重要领域的改革，等等，都得到了广泛而热烈的反响，都产生了巨大的正能量。

这一切都使我体会到，把学习文件与树立新风结合起来，可以促进理论联系实际，使学习更深入、更具活力、更有实效。

新闻出版界正在深入宣传贯彻十八大精神。我以一个离休老战士的名义，衷心祝愿并坚信，我们的新闻出版界，定能学好文件、树立新风，在向“开创新闻出版强国建设新局面”的进军中，迈出更坚实的步伐，取得更辉煌的新成就。

2013 年 1 月 8 日

向仿子老致敬

〔题记〕为永存仿子老亲临敝舍并寄送自拍照片，特写此文。

95 岁高龄的王仿子同志，是深受出版界尊敬的老出版家。我与他相识于 1959 年，他在文化部出版局副局长任上，我在文化部教育司工作，那时兴春节拜年习俗，我去东四北一小院给教育司副司长刘建庵拜年，也向同住这里的王家致以节日问候。“文革”开始后，我们再无联系。1972 年从“五七干校”返京后，我在国家出版局王仿子任主任的办公室工作，因他要去文物出版社当社长，虽在一室相处时间较短，然而他那精通出版、办事细致、待人亲和的品格，却给我留下深刻印象。1979 年以后，仿子同志在国家出版委员会任秘书长、在中国版协任常务副主席的十多年，我同他的接触就更多、也更熟悉了，特别是他在出版管理上编印发全能、高度关注当前出版走向、大力推动对外合作出版，更使我印象极深。他的《出版文集》、《出版文集续编》、《印刷思考与回忆》和《出版生涯七十年》，更使我深得教益。对我在政府出版管理机关和出版协会的任职，也给与多方面关怀与支持。对我的几本集子，他也细心阅读，还多次就一些具体问题提出询问，同我交谈。近十年来，还有通信和电话往来，互通信息，交换意见。他命我与他以老友相称，我从未听命。让我想不到的是，2007年12月末，他竟突然亲临我的住处，使我难以招架，我向他表示失礼和问候后，他让其子用自带照相机拍照留影，后又亲笔写信寄来数帧照片，作为“多年友情的见证”。

木文老友：

难得一见，留下几帧照片是多年友情的见证。

承蒙惠赠宜兴毛尖，更是喜出望外。让我这个江苏人第一次尝到江苏产的茶味。我出生在青浦县，原属江苏省。解放后划归上海，变成上海人了。我在15岁离家出外在米行里当学徒前，在家乡因靠近浙江，喝的是浙江产的茶，到91岁开始喝江苏茶，一乐也，谢谢。

祝

安康

王仿子

2008.1.8

仿子同志在信的左侧又补注：“你与黄苗子同住一楼，地址却不同，一曰中纺里，一曰工体南路，令人费解。”又在信的上端补写：“收到后给一电话，让我放心。”足见对此行和所拍照片的珍视。

我当即打电话向他和他的夫人徐砚华表示信及照片均已收到，

万分感谢，并以健康长寿相祝。见面时，更是多次提及此事，表示谢意与歉意。

在编选《八十后出版文存》集子时，我想起五年前的来信及照片，以向仿子老致敬的心情，记载下来，以存长久。

王仿子在我家中。2007 年 12 月。

我与刘杲的共事与友情

〔题记〕2011年5月27日，是刘杲同志的八十岁生日。刘杲担任过会长的中国书刊发行业协会、中国编辑学会于5月23日、5月26日先后举行祝贺晚宴；编辑学会又于10月25日举行刘杲编辑思想研讨会。这三次活动，我都参加了，又都在发言中评价了刘杲的成就和贡献，而贯穿其中的主线却是我同刘杲长期保持的同事加朋友、原则加友情的关系。这是我一直都珍视和维护的。

在中国书刊发行业协会晚宴上的发言

今天出席刘杲同志八十华诞晚宴的都是他在国家出版局、新闻出版署、国家版权局任上的老同事、老部下和老朋友。所以，今天的欢聚也就显得更热烈、更真情。

1972年，我同刘杲一道从“五七”干校返京来国务院出版口报到，从此，我俩一直在同一个机关从事出版和版权管理工作，成为

在刘杲八秩寿喜宴上。瞧，咱俩有说不完的话！（马汝军摄）

在 2006 年 1 月春节署历届领导班子团聚会上同刘杲（右 1）举杯祝福。老同事杨牧之（右起）、阎晓宏、于永湛、石峰一起举杯。

大家亲眼所见的志同道合的老同事和老朋友。长期在一个班子里工作，让我感受到刘杲是一位品学兼优、专业精深、胸有全局的领导干部。他对出版和版权的理解都很深，对出版管理和版权立法的贡献都很大，在机关和业界的威望都很高，对我的支持和帮助也最多最有力。后来人们在评论那个时期的工作时总会提到刘杲的名字，对此我非常赞同，由此也可以看出刘杲的作用与威望。这使我想到，刘杲今年八十了，是个大日子，理应串联一些老同事、老朋友为他祝贺祝贺。没想到，这时，确切地说，这之前，牧之同志已在为祝寿事进行筹划，付诸实施了。这也表明，为刘杲举办今天这样热烈、真情的祝寿晚宴，是众望所归的。

我不会作诗，今天也吟上几句，是用七十岁、八十岁、九十岁、一百岁连接的四句，自我评价是无诗味有真情：

莫道人生七十古来稀，
而今年逾八十不足奇，
祝君跨越九十身尤健，
更喜咱俩百岁携手时。

最后，在此发出邀请，届时恭请各位再欢聚，不得请假与缺席。

2011年5月23日

在中国编辑学会晚宴上的发言

我完全赞成桂晓风、邬书林同志刚才的讲话和他们对刘杲同志的评价。今天我是以刘杲同志的老朋友、老同事的身份讲几句话。

大家知道，我和刘杲同志长期在一个班子里工作，后来的同志肯定那个时期的工作时，总会提到刘杲的名字，总是说那时的木文同志、刘杲同志如何，这反映了刘杲同志所起的重要作用。我听到这些说法和评价，都非常赞成、非常高兴，也感到非常公正。

晓风同志让我讲一讲，我就不能不讲。今天的晚宴是编辑学会主办的，在座的除了署里的一些同志外，主要是一些老编辑、资深的编辑家，所以我就从一个侧面，讲一讲刘杲同志与编辑工作。

三十多年的共事，使我感到刘杲同志一贯重视编辑工作，在他已经出版的三个集子，就是《出版文集》、《出版论集》、《出版笔记》当中，有很多专论或者主论编辑工作的文章。我今天为了考虑晚上的讲话，把这三本书找出翻了一下，我觉得这三个论集里面关于编辑工作的论述，体现出刘杲同志对编辑工作的思想，既有很强的现实性，又有很鲜明的系统性和科学性。

在刘杲同志担任编辑学会会长的十四年当中，在他的指导和推动下，使我们中国编辑出版学的研究出现了一个新的局面，达到了一个新的水平。我想，这集中或主要表现在以下四个方面。

第一，编辑和总编辑的工作有了新要求。

几十年来，刘杲同志撰写了许多论编辑工作的文章，正是因为有了丰厚成果的积累，才出现了今晚精印给与会者的那篇影响很大的《我们是中国编辑》这样高水平、集大成的作品。

第二，编辑出版理论研究有新成果。

这是指编辑学、编辑史的研究，出版学、出版史的研究，都有新的成果，而且是很丰厚的成果。讲一个人、一个单位的贡献，有很多方面，不要轻视任何方面，但是理论的成果、创造性的理论研究成果，是最重要的，既有现实指导性又有深远的影响。

第三，高校编辑出版专业建设有新突破。

我国高校编辑出版学专业教育取得了很大进展与成就，但多年来增设编辑出版专业硕士博士研究生授予点的问题一直未能解决，因此许多高校只好采用“借窝生蛋”的办法，即在其他学科硕士点博士点培养以编辑出版学为方向的研究生。刘杲同志、高校和总署相关同志，为解决这个问题做过许多争取和努力，近来终于得到解决。据媒体报道，2011 年 1 月，国务院学位委员会批准我国 14 所高校获得首批出版专业硕士学位授予权，有的高校还获得出版专业博士学位授予权。这就使出版专业研究生培养由“借窝生蛋”而名正言顺。我认为这是一个突破性的进展，关乎出版学科理论建设、出版队伍整体提高、出版事业更好发展的大事，需要我们出版界继续给予高度重视和大力支持。

第四，出版学、编辑学国际合作有新进展。

对这方面，编辑学会的同志比我更清楚，今天我只想指出，国际出版学研讨会在北京成功召开及其取得的重要成果，以及中韩出版学界的友好合作，即是取得这种新进展的重要标志。

我认为，关于编辑出版学研究及其取得的这些成就，可以同刘杲同志在任时关于出版管理和出版立法这方面的贡献、关于版权管理和版权立法方面的贡献，相提并论、相媲美。我把这三方面的建设成就都看得很重。

这里我也讲一点和我有关的事，就是编辑学会会长，原来是准备由边春光同志担任的，由于老边的辞世，谁来当会长有各种方案。我在这里高兴地讲，由我提议和署党组推荐，经编辑学会第一次代表大会选举，由刘杲同志担任首任编辑学会的会长，14 年的会长经历表明，我们当年的提议、推荐和大家的选举都是正确的。

2011 年 5 月 26 日

在刘杲编辑思想研讨会上的发言

在座年纪大一点的同志都知道，我和刘杲同志三十多年同在一个单位工作、同在一个班子共事，彼此相互理解、密切配合，这种长期保持的同事加朋友、原则加友情的关系，是我们两个都十分珍惜、也不多见的。

讲刘杲同志的贡献，我看主要有三条：

第一，在出版管理上，特别是在市场经济的条件下，始终突出与贯穿强化文化担当和政治责任这条主线，任何时候都不放松、不妥协、不模糊。只要研究一下他几本论著中体现的出版理念和他主持起草的《出版法》（草案）和《出版管理条例》，即可明了。他于2003年发表的《出版：文化是目的，经济是手段》具有代表性。

第二，在版权立法与版权管理的实践中，把国际版权公约的一般原则与中国国情相结合，为探索和创建有中国特色的版权制度奠定了坚实的基础。

第三，对编辑出版学的建设有突出贡献。这也是今日研讨会的主题。应当说，他在政府出版管理岗位上，就重视编辑工作，担任编辑学会会长后，更进行了宝贵的探索。近日又出版了《我们是中国编辑》这本凝聚刘杲编辑思想的学术著作，我看了《新闻出版报》发表的自序《关于编辑活动的思考》，此书对我们了解与研究刘杲的编辑思想和出版理念十分重要。

在出版界，一人兼有出版管理与立法、版权管理与立法、编辑出版理论建设三个方面的贡献，是很难得也不多见的。这些贡献是理论与实践相结合，既不是空泛的说教，也不是无序的叙说。这就更加难得与宝贵。刘杲说他只是一个行政人员，就他长期在行政机关工作来说，我认同他的这个自谦的定位。但他与一般行政人员不同。他更是一个聪慧、一贯和深入的思考者，一个接受新事物、掌握新手段、与时俱进的思想者。他能跟上潮流，但不赶潮流，并且能够同时下时髦但未必长久的事物划清界限。他勤奋好学、善于思考、论证缜密、自觉实践，又擅长文笔。接受他影响的，除了少数直面受益者，大都是读研他的文章而得的。你看他没有长期一线编辑工作经历，却能通过出版管理以及后来编辑学会的工作实践，写出那么多有深刻思想的理论文章，结集出版的就有《出版文集》、《出版论集》、《出版笔记》三大本，近日又出版了一本编辑专论。这就与通常的"行政人员"大不相同了。我说过，一个人的贡献和影响力主要不是由职级高低决定的，比起包括我在内的他的一些同事和后来居上者，刘杲令人敬佩的做人品格和思想影响力，足以证明这一点。

进一步说，讲一个人的贡献，不可轻视任何方面，但理论上的贡献，立法上的贡献，是最重要的，既有现实指导性又有深远的影响。

今天举行刘杲编辑思想研讨会，既是对刘杲编辑思想理论的总结、肯定和发扬，又对提高现今编辑出版队伍的思想文化水平有着现实指导意义。

祝愿研讨会圆满成功！

2011年10月25日

我同加籍华人舞蹈家梁漱华的友情

〔题记〕此文是我给加拿大梁漱华舞蹈学院建院四十周年的贺信。

出生在上海的梁漱华，十几岁参加中国人民志愿军文工团在朝鲜演出，回国后转为兰州军区歌舞团，60年代初回上海又去香港办班传授中国民族民间舞蹈。1970年移居加拿大创办中国民族舞蹈团（后称舞蹈学院），自编自导自演，自己训练演员，自筹经费，一切靠自己闯路创业。演出不仅风靡北美大陆，还多次在国际比赛中获奖。被《人民日报》（海外版）赞誉为“盛开在加拿大的中国舞蹈之花”。《解放军画报》以“翩翩神州舞拳拳赤子情”介绍梁漱华的成就。加拿大政府和民众则称梁漱华用舞蹈艺术在东西方之间架起一座友谊的长桥。梁漱华多次率团在中国演出，受到热情欢迎与接待，国家领导人观看演出，并宴请。她深情地表示，永远为自己曾是志愿军和解放军的一名文艺战士而自豪。

我在1986年率中国政府文化代表团访问加拿大时，在温哥华同梁漱华相识后，一直同梁漱华一家保持友好关系。二十多年后，她的女儿钟捷茜已长大成为优秀舞蹈演员，并同她的女婿魏成新一道接班。所以我在信中表示："祝您和剑文在成就事业之后永远同健康长乐相伴"。

2011年元月，梁漱华以全家的名义寄来庆祝舞蹈学院建院四十周年特刊（载有我的贺信）和舞蹈汇演录像。

尊敬的梁漱华女士：

衷心地祝贺您创建的梁漱华舞蹈学院走过了四十年的光辉历程。

1986年9月，我以文化部副部长的身份率中国政府文化代表团访问加拿大时，在温哥华同您相识，您对祖国的深情依恋、您在异国他乡弘扬中华民族舞蹈艺术的艰辛历程和卓越成就深深地感动了我和代表团成员。在以后的岁月里，我更同您和您的一家结成了深厚的友情。回顾历史，更使我坚信，是您把中国舞蹈带到了加拿大，在北美建立了第一个华人舞蹈团，在中国与加拿大之间架起一座友谊的桥梁。我高兴地看到，您的业绩为您在海外弘扬中国舞蹈艺术画上完美的句号，您所培育的钟捷茜和魏成新等新一代艺术家已经成长并在继承和发扬着您所开创的事业。

祝您和剑文在成就事业之后永远同健康常乐相伴。

宋木文

2010年3月15日

1986年访问加拿大时，经大使介绍并由使馆官员陪同，代表团全体成员出席了梁漱华在温哥华举行的欢迎宴会。左1为梁漱华，左2为其女钟捷茜，长辈称其为“茜茜”。

2007年7月，应中国政府邀请，梁漱华舞蹈团来京演出。茜茜已成长为舞蹈团骨干。这是两家人在北海仿膳欢聚后的合影。

2007年7月，茜茜在北京的舞台上。

茜茜现已接班，主持梁漱华舞蹈学院并担任主演。这是茜茜与魏成新举行结婚典礼后寄来的全家照。

南下台北多故人

〔题记〕此文是2009年11月27日在台北两岸出版论坛的讲话。1995年，我第一次访台时，特请我的书法家朋友沈鹏挥毫书写唐诗条幅赠送台湾朋友，为这次访问增添了亮色，在两岸出版界传为佳话。14年后再次访台，我以友人书赠唐诗寓意，回首两岸出版交流的进展与成就，赞誉为这项事业做出贡献的两岸出版界朋友。所谓“南下台北多故人”，即是借用王维诗句，对重逢老朋友、结识新朋友的感怀。

很高兴出席今天的台北两岸出版论坛。

这是我第二次来台湾。行前，我翻阅1995年5月首次访台相册时，我向台湾出版界领导人赠送由沈鹏先生书写条幅的两张照片，引起我的凝视与思考。沈鹏是当代中国著名书法家，时任中国书法家协会主席。我请他书写条幅赠送台湾朋友，反映了我对那次出访的重视，而书写唐诗的寓意也表明书法家同求书者的心是相通的。

沈鹏书写的是两首唐诗。

一首是王维的《送元二使安西》(亦名《渭南曲》)，书赠台北市出版商业同业公会：渭城朝雨浥轻尘，客舍青青柳色新，劝君更尽一杯酒，西出阳关无故人。我在赠送时说，今天，在场的台湾朋友大多是随前辈从大陆各地来台湾的，我亦用反衬对比来解释和发挥书法家书写此诗的寓意：我从北京来到台北，比从咸阳来到阳关（即玉门关）更远，但仍有故人，可谓“南下台北有故人”，有乡亲。

另一首是杨巨源的《城东春早》，书赠两岸图书出版合作委员会，即台湾图书出版事业协会：诗家清景在新春，绿柳才黄半未匀，若得上林花似锦，出门俱是看花人。赠送时，我说，《城东春早》描绘了一位文化人初春踏绿时的心理感受，海峡两岸出版人在文化方面交流沟通，也像这位诗人一样，较早地领略了春天的气息；引申一下，大家为春色奔走，为弘扬中华文化出力，必定会取得犹如繁花似锦的丰硕成果。

现在，离我第一次访台已有 14 年了。两岸出版交流与合作，如果以 1988 年 10 月在上海福州路举行两岸书展为标志，至今已有 21 年了。当年接待我们的台湾出版协会和出版单位领导人，大都因年事已高退出一线岗位，两岸的交流与合作，也由他们的继任者继续向前推进着。作为当年台湾图书出版事业协会秘书长、现今主席的陈恩泉先生则是一以贯之地坚持在两岸出版交流与合作的第一线，是我称之为“南下台北有故人”中受到人们称赞的一位。这次来台北，我的自我感觉是“南下台北多故人”！

在这里，值得着重提出的是，20 年来，经两岸出版协会和其他团体的共同努力，搭建了多个制度化的交流平台，带动了多方位的出版交流与合作。例如，1994 年决定的两岸华文出版联谊会议，每年举办一次，现已办了十四届，从 2003 年起，澳门加入，由两岸三地扩充为两岸四地，并定名为两岸四地华文出版年会，成为策划和推动两岸出版交流与合作的重要组织形式。又如，举办两岸图书展览，从1988年开始，逐步常态化，每年在大陆、在台湾多个地点办，成为开展两岸版权贸易、合作出版、学术研讨和图书销售的有效平台。伴随卓有成效的单项合作出版和版权贸易，近几年来又出现了两岸独资或者合资办出版发行企业的新业态。台湾业者在大陆办，大陆业者在台湾办，或者合资办，都需要两岸业者积极地探索和有关当局适度地放宽政策。

两岸人民同文同种，血脉相连。两岸出版交流是在曲折中走过来的。当前，两岸出现了和平发展的好趋势。柳斌杰署长去年访问台湾，推动两岸出版交流达到新的高度。我相信，以弘扬中华文化为己任的出版人，定会加强交流与合作，为增进两岸人民的认同感和拉紧两岸精神纽带多办实事，多做贡献。

最后，祝两岸出版论坛圆满成功！

1995 年首访台湾，以沈鹏书杨巨源《城东春早》赠台湾图书出版事业协会。

1995 年首访台湾，以沈鹏书王维《送元二使安西》（亦名《渭南曲》）赠台北市出版商业公会。

在第十届大陆书展开幕式上（左起）同国民党中评会主席陈庚金、图书出版事业协会理事长陈恩泉、五南文化事业机构董事长杨荣川等一同剪彩。（中评社邹巧韻摄）

中国出版工作者协会名誉主席、前新闻出版署署长宋木文表示，“大陆书展”平台让两岸出版交流持续发展壮大，意义非凡。（中评社邹巧韻摄）

宋木仁著《八十记忆》序

〔题记〕此文是为三弟宋木仁《八十记忆》一书（中国工人出版社2012年1月版）写的序。我们是个大家庭。父母生育我辈六男一女。操持家务，培育儿女，主要靠母亲。二弟木生是马克思主义政治经济学教授，四弟木权因研究防治农作物病虫害有成获高级农艺师职称，六弟木铎在地方搞出版当总编、社长，五弟木梁、七妹木玲在家乡务农已过上小康生活。三弟木仁为全国总工会离休干部，长期在报社当记者、在工会搞维权。我在序文中说三弟“在平凡的人生行走中留下了诸多平凡而不平常的业绩”，主要是指他55年来曾在中央和地方媒体宣传358位劳模人物，自称“我是劳模抬轿工”。《八十记忆》用了较多篇幅突出回顾了他为劳模抬轿、为劳模鸣不平、为劳模维权的事例。1997年吉林人民出版社为他出版的《人生存折》，也主要书写了为工人代言、为劳模宣传的故事。

木仁在我们父母亲生的六子一女中排行第三。这老三都八十了。老四以下也都在六十五岁以上，成为七兄妹高龄健在、子孙满堂的一大家人。可以说，不辜负父母抚养和国家栽培，我的弟弟妹妹都在各自岗位上，为国家和社会做出了自己的贡献。老三木仁，由于有着勤思考、讲认真、敢直言、善文笔的突出个性，在他平凡的人生行走中留下了诸多平凡而不平常的业绩。俭朴人生、淡泊名利、弘扬正气、抨击时弊，成为他一生的行为准则。《八十记忆》是他人生的真实写照，既有着浓重的亲情、乡情和友情，又体现着对国家和社会应尽的责任。我作为长兄读他的《八十记忆》产生的这一点感悟，也同我平时的积累相一致。我相信，这也会得到其他几位弟弟妹妹的认同；我们的下一代、下几代，更可以从《八十记忆》中获得教诲，成为激励人生的精神财富。

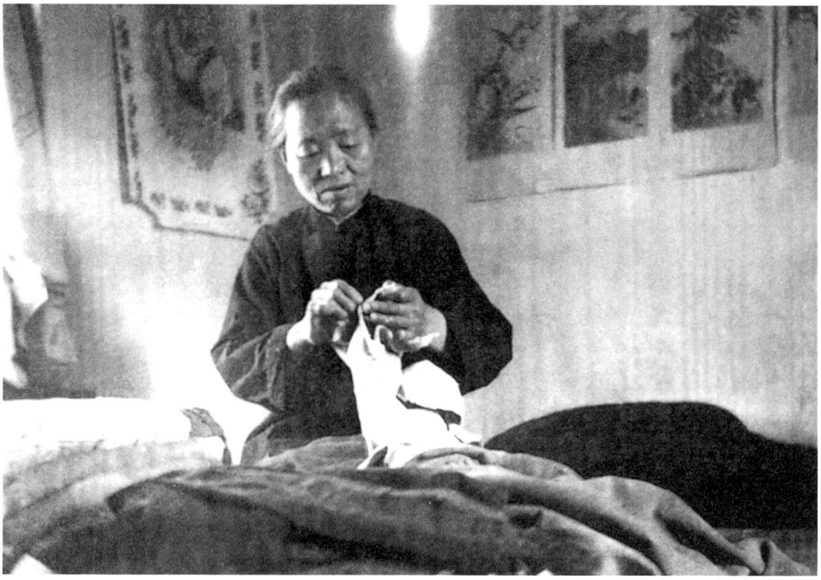

母亲在吉林市家中为儿孙做针线活。

母亲晚年同我住在一起，一直到 1990 年辞世。这是 1988 年春节在京城东大桥寓所一家人同母亲的合影。

在吉林榆树育民乡木玲家中，兄、弟、妹七人合影。2005 年 8 月为父母墓立碑回老家时。

2009 年 5 月 2 日，一大家三代人从各地来京团聚时，兄、弟、妹七人的合影。此照为妹木玲提供，并在背面注明："2009 年，哥哥过 80 岁生日，北京"。

附录：著文目录

此件收录了我从 1959 年至 2013 年 3 月所写文稿目录，约 320 篇，内含文题、发表时间和刊载报刊，有些条目还点出背景或主题。对其中收入本书（《八十后出版文存》）的文稿，因其简要背景说明已写入各文的〔题记〕，这里只注写作或发表时间。我之撰稿紧密结合工作，是做什么学什么写什么。我一生主要做出版。我曾说过，我的事业积累也主要在出版上。这些文稿应看作是我的事业积累的集中体现，从中可以约略看出我的思想历程，也在一定程度上反映了一段出版历史的客观环境和发展变化。以著文目录集在一起，主要是对自己的思想和工作历程做一次清理，也为研究这一段出版历史提供一点查询线索。

1959

培养又红又专的艺术人才

为执行毛主席做好“十年总结”的指示，文化部党组决定，组成由华应申（时任办公厅副主任）牵头的写作小组，集中在北京西山八大处，撰写《文化工作十年总结》，我负责执笔艺术教育部分，约15000字，曾以小册子分专题内部印发，未公开发表。

艺术教育的当前任务

经林默涵审定，以《人民日报》社论发表。

1962

移植与特点

《文汇报》1962年5月24日。以《培育戏曲艺术人才的摇篮》一文的附录收入《亲历出版三十年——新时期出版纪事与思考》（以下简称《亲历出版三十年》）第997—998页。

1964

试论戏曲教学剧目的“推陈出新”

《光明日报》1964年2月3日。以《培育戏曲艺术人才的摇篮》一文的附录收入《亲历出版三十年》第985—996页。

戏曲教育必须改革（合作作品）

《光明日报》1964年2月20日。

1973

进一步做好出版工作（合作作品）

《红旗》杂志1973年第5期。以《在禁锢中力求改进出版工作》为题编入《宋木文出版文集》（中国书籍出版社1996年版。以下只注书名）第17—23页。

1978

清理和批判“四人帮”炮制的《两个估计》

1978年3月2日《出版工作情况反映》（增刊）。见《宋木文出版文集》第24—39页。

极“左”思潮在出版工作中的一些表现

1978 年《出版工作》第 5 期。见《宋木文出版文集》第 40—48 页。

1984

在社会主义轨道上繁荣发展出版事业

《出版工作》1984 年第 5 期。见《宋木文出版文集》第 69—79 页。

关于出版工作的一些问题和意见

1984 年 6 月 17 日送文化部党组。见《宋木文出版文集》第 80—86 页。

出版社的改革迈开步子

1984 年 6 月在哈尔滨召开的地方出版工作会议上的讲话。《出版工作》1984 年第 8 期。见《宋木文出版文集》第 87—91 页。

更全面地执行“立足本地面向全国”的方针

1984 年在哈尔滨召开的地方出版工作会议上的讲话。见《宋木文出版文集》第 92—95 页。

开创出版工作新局面的思考

1984 年 9 月 20 日在文化部出版局系统党员干部大会上的对照检查（整党期间）。见《宋木文出版文集》第 96—114 页。

1985

持续稳定协调地发展出版事业

1985 年 10 月 15 日在宁波召开的全国新闻出版用纸计划会议上的讲话。见《宋木文出版文集》第 130—138 页。

要按照精神生产的特点推进出版改革

1985 年 11 月 8 日为国家出版局《关于出版工作为精神文明建设服务的汇报提纲》写的一段文字。见《宋木文出版文集》第 139—140 页。

解放思想　推动出版改革

在 1985 年 11 月全国出版局（社）长会议上的讲话。见《宋木文出版文集》第 115—129 页。

1986

编印发三环节相互依存

1986 年 5 月 2 日在全国图书发行工作会议上的讲话。见《宋木文出版文集》第 141—143 页。

要重视“尖子”人才的特殊重要作用

1986 年 7 月 14 日在文化部召开的全国文化厅（局）长会议上所作专题报告（节录）。见《宋木文出版文集》第 674—677 页。

做好当前出版工作的几点意见

在 1986 年 12 月 19 日全国出版局（社）长会议（南宁）结束时的讲话。见《宋木文出版文集》第 144—159 页。

1987

关于成立新闻出版署的一些情况

1987 年 1 月 9 日在中宣部召开的图书发行体制改革座谈会上的讲话。见《宋木文出版文集》第 781—785 页。

开创提高出书质量的新局面

新华社记者殷金娣采访录，原载 1987 年 2 月 2 日出版的《瞭望》周刊第 5 期。见《宋木文出版文集》第 160—164 页。

把提高书刊质量放在第一位

1987 年 4 月 9 日在上海召开的全国第三次书刊印刷质量评比表彰交流会议上的讲话。见《宋木文出版文集》第 165—170 页。

做好出版发行体制改革的生力军

1987 年 4 月 24 日在新华书店创建 50 周年纪念大会上的祝辞，原载 1987 年 5 月 15 日《图书发行》报。见《宋木文出版文集》第 175—176 页。

坚决妥善地做好报刊整顿工作

1987 年 5 月 4 日在全国出版局（社）长座谈会上的讲话。见《宋木文出版文集》第 241—248 页。

简谈中国出版业面临的新形势和新任务

1987 年 5 月在新加坡举行的世界华文书展和华文出版研讨会上的发言。见《宋木文出版文集》第 171—174 页。

关于新闻出版署的成立和当前工作

1987 年 6 月 8 日答香港记者问。见《宋木文出版文集》第 786—791 页。

搞好流通　一通百通

1987 年 11 月 17 日为《中国图书发行网点博览》写的序言。见《宋木文出版文集》第 177—180 页。

1988

出版发展的希望在于改革
——答《中国图书评论》和《出版工作》记者

原载《中国图书评论》1988 年第 1 期，《出版工作》（现《中国出版》）同时刊载。见《宋木文出版文集》第 181—189 页。

关于出版改革的两个文件

1988 年 3 月 19 日在全国新闻出版局长会议上的讲话，见《宋木文出版文集》第 190—196 页。

出版社改革的几个问题

1988 年 5 月 16 日在合肥召开的全国地方科技出版社第六次年会上的讲话。见《宋木文出版文集》第 197—207 页。

1989

在全国版权局局长研讨班上的讲话

1989 年 4 月 12 日在杭州。见《宋木文出版文集》第 681—692 页。

出版单位当前要做好治理整顿工作

1989 年 4 月 24 日在河南省新闻出版局系统处以上干部大会上的讲话。见《宋木文出版文集》第 249—264 页。

第二届全国书展开幕词

1989 年 8 月 19 日。见《宋木文出版文集》第 276—277 页。

吞下苦果后的思考
——答《出版工作》记者问

此文是当时对资产阶级自由化思潮在出版工作中表现的反思。原载 1989 年《出版工作》第 8 期。曾用同一题目改写为署名文章在《人民日报》（1989 年 8 月 9 日）发表，随后《新华文摘》转载。见《宋木文出版文集》第 265—275 页。

压缩整顿办好出版单位

1989 年 9 月 15 日在全国宣传部长和新闻出版局长会议上的讲话。见《宋木文出版文集》第 290—301 页。

为社会提供高质量的精神产品

《光明日报》记者李春林采访录。原载 1989 年 9 月 18 日《光明日报》。见《宋木文出版文集》第 278—281 页。

创建和实行多出好书的稳定机制和基本政策

1989 年 9 月新华社记者李光茹采访录。原载人民出版社出版的《现状与前景——与领导者谈话录》(其中一篇，原题为《为人民输送更好的精神食粮》)。见《宋木文出版文集》第282—289 页。

要认真搞好国家重大出版工程
——在《汉译世界学术名著丛书》规划座谈会上的讲话

1989 年 12 月 5 日北京西山。以《胡乔木对新时期出版工作的历史性贡献——纪念胡乔木诞辰一百周年》的附录收入《八十后出版文存》。

关于中华人民共和国著作权法（草案）的说明

1989 年 12 月 24 日在第七届全国人大常委会第 11 次全体会议上。见《宋木文出版文集》第 693—701 页。

1990

深切怀念边春光同志

原载 1990 年《出版工作》第 2 期。见《宋木文出版文集》第 637—639 页。

端正方向　加强管理　推动新闻出版事业的健康发展

1990 年 3 月 2 日在全国新闻出版局长会议上的报告。见《宋木文出版文集》第 302—323 页。

出版工作的主要经验教训

1990 年 3 月 5 日在中央政治局常委李瑞环同全国新闻出版局长座谈时的汇报发言。见《宋木文出版文集》第 324—327 页。

为什么要成立中国版权研究会

1990 年 3 月 9 日在中国版权研究会成立大会上的讲话。见《宋木文出版文集》第 702—706 页。

多出好书是出版工作永恒的主题

1990 年 4 月 16 日在上海市新闻出版局干部大会和上海、江苏、浙江、山东“一市三省”出版座谈会上的讲话。《新闻出版报》于 4 月 25 日在头版头条发表记者吴海民以“创造持续、稳定、协调、质量逐步提高的繁荣局面”为题头，以《多出好书是出版部门的永恒主题》作标题的长篇报道；《上海新闻出版》1990 年第 5 期、上海《编辑学刊》1990 年第 2 期发表录音整理稿，后又经作者整理，在《新闻出版报》发表全文。见《宋木文出版文集》第 328—346 页。

关于加强和改进大百科全书出版社工作的回顾

1990 年 4 月 25 日、1990 年 7 月 14 日、1990 年 8 月 28 日。见《宋木文出版文集》第622—634 页。

认真贯彻“两高”规定　深入开展“扫黄”斗争

1990 年 7 月 16 日在全国清理书报刊和音像市场工作小组召开的新闻发布会上的讲话。原载 1990 年 7 月 18 日《新闻出版报》。见《宋木文出版文集》第 543—547 页。

认真做好报纸管理工作

1990 年 8 月 6 日在呼和浩特召开的全国新闻出版局报纸管理工作会议上的讲话。见《宋木文出版文集》第 347—350 页。

要高度重视印刷教育

1990 年 10 月 11 日在印刷学院成立 10 周年大会上的祝辞和 1992 年 4 月 16 日在印刷学院董事会成立时的讲话。见《宋木文出版文集》第 662—667 页。

认真做好实施著作权法的各项准备工作

1990 年 12 月 17 日在桂林召开的全国版权工作会议上的讲话。见《宋木文出版文集》第 707—719 页。

要以宣传马克思主义为己任

1990 年 12 月 23 日在庆祝人民出版社成立 40 周年大会上的祝辞。见《宋木文出版文集》第 351—353 页。

调动社店两个积极性　共同促进出版繁荣

1990 年 12 月 24 日在重庆召开的全国图书出版发行工作会议上的讲话。见《宋木文出版文集》第 208—203 页。

1991

大力抓好出版繁荣

原载 1991 年《中国出版》(1、2 期合刊)。见《宋木文出版文集》第 354—358 页。

出版工作坚持社会主义方向的基本要求

1991 年 2 月 2 日在全国新闻出版局长会议上的工作报告，原题为《坚持社会主义方向　繁荣新闻出版事业》。见《宋木文出版文集》第 359—375 页。

中国版权立法的发展历程和现行法的主要特征

应世界知识产权组织而作，发表于该组织主办的《版权月刊》1991 年第 2 期，原题为《中国的版权保护制度》。见《宋木文出版文集》第 720—735 页。

充分认识实施著作权法的重要意义

《中国科技期刊研究》1991 年第 2 期。

压缩整顿和繁荣音像出版事业

1991 年 4 月 23 日在全国压缩整顿音像出版单位工作会议总结讲话。见《宋木文出版文集》

第 376—384 页。

关于音像工作的通信

1991 年 3 月—1992 年 9 月。 见《宋木文出版文集》第 385—395 页。

祝贺《列宁全集》中文第二版出版发行

在中宣部、新闻出版署召开的庆祝《列宁全集》中文第二版出版发行座谈会（1991 年 4 月 26 日）和表彰大会（1991 年 6 月 26 日）上的讲话。见《宋木文出版文集》第 396—399 页。

坚持出版工作党的原则
——重读列宁的《党的组织和党的出版物》

为纪念中国共产党七十周年而作，原载《中国出版》1991 年第 7 期。见《宋木文出版文集》第 400—404 页。

关于在机构改革中加强新闻出版管理机构的建议

1991 年 10 月，向中央领导同志报送的建议书，随后分送各省区市新闻出版局主要领导同志参阅。见《宋木文出版文集》第 792—797 页。

加强综合整理进一步打击非法出版活动

1991 年 10 月 27 日在湖南邵阳召开的全国社会治安重点治理经验交流会上的讲话。见《宋木文出版文集》第 551—557 页。

关于反对和平演变斗争和做好当前出版工作的思考

1991 年 11 月 1 日在杭州举行的全国出版科学研讨会上的讲话。见《宋木文出版文集》第 405—418 页。

进一步提高外国文学的出版质量

1991 年 11 月 16 日在全国优秀外国文学图书奖颁奖会上的讲话。见《宋木文出版文集》第 419—421 页。

扫除垃圾　繁荣出版

为《1991 年中国百科年鉴》而作。见《宋木文出版文集》第 548—550 页。

学习和发扬韬奋精神

1991 年 11 月 6 日在第二届韬奋出版奖颁奖大会（作为韬奋诞辰 95 周年纪念活动一部分）上的讲话。见《宋木文出版文集》第 669—670 页。

1992

出版工作必须以提高质量为中心

1992 年 1 月 15 日在全国新闻出版局长会议上的工作报告，原题为《坚守和发展社会主义新闻出版阵地》。见《宋木文出版文集》第 422—439 页。

海南新闻出版工作要更好地为特区建设服务

1992 年 3 月 1 日在海南省新闻出版工作会议上的讲话。见《宋木文出版文集》第 440—445 页。

认真做好古籍整理出版工作

1992 年 3 月 10 日在首届全国古籍整理图书颁奖大会上的讲话。见《宋木文出版文集》第 446—448 页。

应当抓紧制订出版法
——答《新闻出版报》记者问

刊于 1992 年 3 月 29 日《新闻出版报》。见《宋木文出版文集》第 449—453 页。

关于国务院新闻出版管理机构设置的建议

1992 年 4 月 8 日向中央领导同志和中编办的建议书。见《宋木文出版文集》第 798—802 页。

关于在烟台召开的部分省市新闻出版局长会议

1992 年 4 月在烟台召开的部分省市新闻出版局长会议纪要。见《宋木文出版文集》第 803—808 页。

支持 2001 年在北京举办世界印刷大会

1992 年 5 月，我以中华人民共和国新闻出版署署长名义，与北京市市长分别写信给世界印刷组织，表示支持中国印刷技术协会申请 2001 年在北京举办第七届印刷技术大会。见《宋木文出版文集》第 571—572 页。

在实施著作权法一周年座谈会上的讲话

1992 年 6 月 5 日，原载《著作权》杂志 1992 年第 3 期。见《宋木文出版文集》第 736—740 页。

关于建议我国加入《伯尔尼保护文学和艺术作品公约》和《世界版权公约》的说明

1992 年 6 月第七届全国人民代表大会常务委员会第 26 次会议所作的说明。见《宋木文出版文集》第 741—746 页。

中国版权保护制度和《伯尔尼公约》

1992 年 9 月 1 日在北京举办的《中国版权制度国际研讨会开幕式上的讲话》。《著作权》1992 年第 4 期。见《宋木文出版文集》第 747—752 页。

关于建议我国加入《保护唱片作者防止其唱片被擅自复制的公约》的说明

1992 年 11 月在第七届全国人大常委会第 28 次会议所作的说明。见《宋木文出版文集》第 753—756 页。

继往开来　长治久安

写于 1992 年 10 月 18 日中共十四大闭幕之夜，原载 1992 年 10 月 21 日《新闻出版报》。见《宋木文出版文集》第 7—10 页。

我摄下了这个历史性的瞬间
——邓小平同志会见十四大代表追记

1992 年 11 月 7 日在《新闻出版报》（配照片）发表，1992 年 12 月 8 日在《人民日报》发表，1993 年 2 月 16 日在海南《新闻图片报》（配照片）发表，1993 年《新华文摘》第 2 期转载。见《宋木文出版文集》第 11—14 页。

贯彻十四大精神　把新闻出版事业推向一个新的发展阶段

1992 年 12 月 23 日在全国新闻出版局长会议上的报告。见《宋木文出版文集》第 465—484 页。

《出版之星》序

为新闻出版署人教司编印的 1992 年受人事部和新闻出版署联合表彰的先进集体和先进工作者事迹的《出版之星》而作。见《宋木文出版文集》第 671 页—673 页。

当前"扫黄"的重点是"打非"

1992 年 12 月 21 日在南京召开的全国"扫黄"工作会议上的总结讲话。见《宋木文出版文集》第 558—566 页。

1993

适应市场经济的发展　逐步建立新的出版体制
——答《光明日报》记者问

1993 年 1 月答《光明日报》记者问，同年 2 月 5 日《新闻出版报》转载。见《宋木文出版文集》第 485—489 页。

报社要加强企业化管理
——答《中国报纸月报》记者问

刊于《中国报纸月报》1993 年第 2 期。见《宋木文出版文集》第 490—492 页。

努力提高出版物的文化品位

刊于《出版科学》1993 年第 2 期。见《宋木文出版文集》第 493—495 页。

要重视书报刊出版物的新情况新问题

为贯彻中宣部和新闻出版署《关于发布和出版有关党和国家主要领导人工作和生活情况作品的补充规定》，1993 年 3 月 11 日在北京出版座谈会上的讲话。见《宋木文出版文集》第 496—506 页。

我国印刷技术改造的里程碑工程

1993 年 4 月 15 日在《王益印刷文集》出版座谈会和 1994 年 12 月 28 日在《范慕韩文集》出版座谈会上的讲话。见《宋木文出版文集》第 657—661 页。

关于出版管理行为问题的一点思考

1993年上半年写成的关于改进出版管理问题的一些思考。见《宋木文出版文集》第507—509页。

中国版权制度的建设及其与世界知识产权组织的关系

为1993年8月出版的《中国与世界知识产权组织合作二十年》大型纪念专刊而作。见《宋木文出版文集》第757—766页。

论出版

为1993年8月出版的《当代中国丛书》的《当代中国出版事业》一书所作的序言。1993年12月8日以书序在《新闻出版报》发表，稍后（12月14日）《人民日报》以《宋木文评说出版》摘发。1996年以《论出版》收入《宋木文出版文集》第3—6页。

在社会主义市场经济条件下做好新闻出版工作

1993年8月5日在江西省新闻出版局系统干部大会上的讲话。见《宋木文出版文集》第510—522页。

探索如何做好出版协会的工作

1993年8月25日在中国出版工作者协会第三次会员代表大会上的闭幕词。见《宋木文出版文集》第523—527页。

在香港联合出版集团成立五周年庆典上的祝辞

1993年9月1日。见《宋木文出版文集》第573—574页。

要继续发扬“百科精神”

1993年10月27日在上海举行的《中国大百科全书》出齐庆祝茶话会上的讲话。见《宋木文出版文集》第635—636页。

1994

中国出版体制改革与加强国际出版合作

1994年1月26日亚太地区出版联合会（APPA）在日本东京成立后举办的论坛上的讲话。见《宋木文出版文集》第575—606页。

缅怀胡乔木同志对出版工作的关怀和支持

写于1994年下半年。见《宋木文出版文集》第597—606页。

发扬“金盾精神”促进出版发行紧密结合

1994年12月在中宣部、新闻出版署等单位召开的推广金盾出版社经验座谈会上的讲话。刊于1994年12月30日《新闻出版报》。见《宋木文出版文集》第224—226页。

对美国出版业的考察

中国出版代表团访美（1994 年 10 月 19 日—11 月 1 日）考察报告。《中国出版》1995 年第 3 期。以《出版协会工作的探索》篇收入《亲历出版三十年》（第 802—818 页）。

1995

关于《续修四库全书》的编纂出版

我和顾廷龙主编答《人民日报》记者问，刊于 1995 年 1 月 7 日《人民日报》。见《宋木文出版文集》第 454—459 页。

繁荣出版需要新闻舆论的支持

为《新闻出版报》写的新年寄语，1995 年 1 月 9 日发表。见《宋木文出版文集》第 460—461 页。

为中泰友谊立传
——《郑明儒传》序

1995 年 1 月为张桂琴著《郑明儒传》写的序。见《宋 木文出版文集》第 579—582 页。

《反法西斯三部曲》序

1995 年 2 月 7 日为沈世鸣著《反法西斯三部曲》写的序。见《宋木文出版文集》第 640—643 页。

全国人大代表政协委员联手救助贵阳科技书店

此文记述了 1995 年 3 月“两会”召开期间，29 位全国人大代表和全国政协委员在新闻媒体帮助下发出妥善解决贵阳科技书店安置问题的呼吁书及有关情况。呼吁书在《光明日报》、《科技日报》、《文汇报》、《新闻出版报》、《中国图书商报》等多家媒体刊发。经多方关注与协调，在贵阳市中心区新华书店原址新建书店于 2002 年开业。此文记述了此事的全过程，曾在《出版史料》2004 年第 2 期刊发。以《出版改革与出版管理若干重要问题》篇收入《亲历出版三十年》（第 747—755 页）。

切实贯彻十六字原则

《中国图书商报》记者陈斌在“两会”期间就政府工作报告采访记，发表于该报 1995 年 3 月 20 日。见《宋木文出版文集》第 528—530 页。

晏甬戏剧工作六十年祝词

1995 年 4 月 25 日在晏甬从事戏剧工作六十年纪念会上的祝词。以《图书序跋与人物》篇收入《亲历出版工作三十年》（第 999—1005 页）。

加强两岸交流　推进华文图书出版合作

1995 年 5 月 6 日在首访台湾出席两岸出版合作交流会上的讲话。见《宋木文出版文集》第 583—587 页。

要重视出版的经济政策研究

1995 年 5 月为《中国出版业的发展与经济政策研究》写的序。见《宋木文出版文集》第 531—533 页。

关于知识产权的重要地位

1995 年 5 月 11 日在全国著作权理论研讨会上的讲话，1995 年 11 月 24 日《光明日报》发表，《新华文摘》1996 年 3 月号转载。见《宋木文出版文集》第 767—772 页。

关于参加国际出版商联盟问题

1995 年 5 月 17 日在韩国出席汉城（现首尔）国际书展时同国际出版商联盟主席的谈话。见《宋木文出版文集》第 588—590 页。

深入进行出版体制改革的研究与实践

1995 年 6 月 4 日在杭州召开的第六届出版理论研讨会上的讲话（摘录）。见《宋木文出版文集》第 534—539 页。

走正路　闯新路

1995 年 8 月同黑龙江大庆书店领导班子的谈话。见《宋木文出版文集》第 227—231 页。

遵命为胡真同志文集写序

1995 年为老出版家胡真《我的出版观》写的序。见《宋木文出版文集》第 644—649 页。《书屋》1996 年第 1 期以《我的出版观》序刊发。

祝贺《文学评论家丛书》的出版

1995 年 9 月 22 日在陈荒煤、冯牧主编的《文学评论家丛书》（16 位文学评论家各一集）出版座谈会上的发言。见《宋木文出版文集》第 650—654 页。

学习和发扬王益同志忠诚出版事业的崇高精神

1995 年 12 月 13 日在王益同志从事出版工作 60 周年座谈会开始时的讲话。见《宋木文出版文集》第 655—656 页和《不倦的追求——王益出版印刷发行文集三编》（代序一）第 1—2 页。

为编选《宋木文出版文集》致李瑞环的两封信

1995 年 10 月 24 日的信，拟以李瑞环 1990 年 3 月 5 日在全国新闻出版局长会议上的讲话为文集的代序；1997 年 5 月 6 日的信，是为赠送我的出版文集和《荣斋随笔》（线装大字本）而写。以《〈宋木文出版文集〉中文版和日文版》篇收入《亲历出版三十年》（第 1028—1033 页）。

1996

百科庆典忆乔木

写于 1996 年 1 月，为纪念《中国大百科全书》出版三周年和胡乔木逝世四周年而作，刊于《百科知识》（1996 年 8 月号）。见《宋木文出版文集》第 607—621 页。

图书发行体制改革要社店共同攻关

答《中国图书商报》、《新闻出版报》记者问，两报于 1996 年 1 月 19 日同时刊载。见《宋木文出版文集》第 232—237 页。

关于日本学汉语同声传译教材的谈话

1996 年 1 月，在日本东京应东方书店之约，就中国出版与知识产权保护问题发表谈话，以谈话录音收入该店出版的《中国翻译训练讲座——从逐句口译到同声传译》（1997 年 2 月在日本出版发行）。以《图书序跋与人物》篇收入《亲历出版三十年》（第 1018—1023 页）。

关于做好亚太地区出版联合会工作的意见

1996 年 2 月 7 日在日本东京出席亚太地区出版联合会第三次全体会议上的讲话。见《宋木文出版文集》第 454—459 页。

“扫黄”与“打非”并提很有必要性

“两会”期间，《新闻出版报》记者采访记，该报于 1996 年 3 月 13 日刊载。见《宋木文出版文集》第 567—568 页。

祝贺中国印刷博物馆建成

1996 年 3 月 14 日所写祝辞。见《宋木文出版文集》第 668 页。

祝贺匡亚明主编的《中国思想家评传丛书》出版

1996 年 5 月，为这套由 200 部组成的丛书出版 50 部的祝辞。以《图书序跋与人物》篇收入《亲历出版三十年》（第 933 页）。

《宋木文出版文集》自序

写于 1996 年 5 月，此文集于 1996 年 9 月由中国书籍出版社出版。

世界需要了解中国

1996 年 6 月 7 日为在香港出版的《中国大众传播媒介指南》（1996 年英文版）写的序。见《宋木文出版文集》第 594 页。

著作权法的制定与修改

1996 年 6 月 11 日在全国人大教科文卫委员会和国家版权局在武汉召开的“著作权法修改问题座谈会”开幕式上的讲话。在《著作权》杂志发表。见《宋木文出版文集》第 773—778 页。

胡愈之百年诞辰纪念

1996 年 9 月 3 日在胡愈之诞辰一百周年纪念会上的发言。以《图书序跋与人物》篇收入《亲历出版三十年》（第 917—919 页）。

陈翰伯同志对出版领域解放思想拨乱反正的重大贡献

为《陈翰伯出版文集》（中国书籍出版社 1995 年版）补遗而作，首刊于《出版发行研究》（1996 年第 4 期），编入《宋木文出版文集》第 49—65 页，2000 年商务印书馆版《陈翰伯文集》作为附录收入。

发扬优秀传统，培养跨世纪优秀编辑人才

1996 年 11 月 14 日和 11 月 19 日先后在优秀中青年编辑奖和“伯乐奖”（为有突出贡献的老出版工作者而设）颁奖大会上的讲话。以《出版协会工作的探索》篇收入《亲历出版三十年》（第 784—787 页）。

百佳出版工作者要成为出版全行业的表率

1996 年 12 月 27 日在北京举行首届“全国百佳出版工作者”颁奖大会上的讲话。以《出版协会工作的探索》篇收入《亲历出版三十年》（第 781—783 页）。

出版工作与“两个根本性转变”

此文是《宋木文出版文集》自序的摘录，1996 年 12 月 18 日在《新闻出版报》发表，题目为报社编者所加。

赠书通信录

在《宋木文出版文集》1996 年 9 月出版之后向中外友人赠书纪实（含来往书信）。经综合整理，在 2004 年《出版史料》第 1 期发表。以《〈宋木文出版文集〉中文版和日文版》篇收入《亲历出版三十年》（第 1034—1062 页）。

1997

祝贺“碧蓝绿文丛”出版

1997 年 3 月 31 日为“碧蓝绿文丛”出版所作的祝词。以《图书序跋与人物》篇收入《亲历出版三十年》（第 938—939 页）。

实施精品战略　落实两个转变

1997 年 4 月 6 日在江苏省出版精品战略研讨会上的讲话。曾在《新闻出版报》（1997 年 10 月 14 日）发表。以《出版改革与出版管理若干重要问题》篇收入《亲历出版三十年》（第 667—673 页）。

从实际出发　切实做好出版理论研究工作

在第二届全国出版科学研究优秀论文奖颁奖会上的讲话。在《出版发行研究》1997 年第 4 期发表。

中外文化交流的桥梁
——祝商务印书馆建馆暨中国现代出版一百周年

1997 年 5 月 8 日在商务印书馆一百周年庆祝大会上的讲话。以《出版改革与出版管理若干重要问题》篇收入《亲历出版三十年》（第 700—707 页）。

周巍峙“文革”中的高风亮节

1997 年 6 月，为纪念周巍峙从事文艺工作六十年和八十华诞文集《众口说老周》而作（大众文艺出版社 2001 年版），中国戏曲学院学报《戏曲艺术》2001 年第 3 期刊载。原题为

《我敬佩巍峙同志的人品》。以《图书序跋与人物》篇收入《亲历出版三十年》（第920—929页）。

毛泽东与《二十四史》

为《毛泽东评点二十四史》线装本的出版（1997年）所写的评论。曾在《人民日报》（1997年8月8日）及其海外版（8月5日）、《中国教育报》（1997年8月1日）发表。收入《亲历出版三十年》中《毛泽东评点二十四史（线装本）的出版》一文（第829—840页）。

关于《毛泽东评点二十四史》线装本的出版发行

评介《毛泽东评点二十四史》线装本出版，载于《中国出版》1997年第8期。

初读十五大报告的几点思考

写在十五大闭幕之后。1997年9月19日在《中国图书商报》、《新闻出版报》发表。以《评估中国出版业的综合实力要长期保持清醒》为题补入《八十后出版文存》。

要高度重视出版产业发展战略的研究

1997年11月22日在厦门召开的全国出版理论研讨会上的讲话，原载于《出版发行研究》1998年第1期，随后以《深刻领会社会主义文化的战略地位》在《人民日报》摘发。以《出版改革与出版管理若干重要问题》篇收入《亲历出版三十年》（第656—666页）。

抓住机遇　大力推进出版改革与发展

此文是按《初读十五大报告的几点思考》和《要高度重视出版产业发展战略的研究》两文的内容，由潘国彦进行整理（1997年12月），以同“特约记者郭雁”访谈录在《出版广场》杂志（1998年第1期）发表。

努力做好出版协会的工作
——在中国版协三届三次常务理事会议（扩大）上的总结讲话

1997年12月11日。以《顺应“大出版”新格局建立“大版协”新体制的由来》的附录收入《八十后出版文存》。

1998

我与新闻出版界的两家专业报

1998年1月18日在《中国新闻出版报》创刊十周年座谈会上的发言，2000年1月7日为《中国图书商报》创刊五周年而写的评论。以《图书序跋与人物》篇收入《亲历出版三十年》（第945—946页）。

建议尽快完成著作权法修改工作

1998年3月10日在九届全国人大辽宁团全体会议上的发言，随后联合30位全国人大代表向大会提出议案。此议案内容以记者采访的形式，在1998年3月11日的《中国新闻出版报》发表。

赞叶至善文集《我是编辑》

1998 年 4 月 22 日在庆祝叶至善八十大寿和叶著《我是编辑》出版座谈会上的发言，1998 年 6 月 1 日在《中国新闻出版报》发表。以《图书序跋与人物》篇收入《亲历出版三十年》（第 934—935 页）。

书籍装帧艺术的理论结晶

为《中国当代装帧艺术文集》（吉林美术出版社 1998 年版）所写的序。以《图书序跋与人物》篇收入《亲历出版三十年》（第 843—844 页）。

中国出版事业的改革与发展

拙著《中国的出版改革》（日文版），从《宋木文出版文集》选取 30 篇文稿（有的作了删节或合并），经日本著名学者竹内实翻译，由本同原书店于 1998 年在日本出版。此文是 1998 年 5 月为日文版所写的序。

华文出版联谊会议的重要作用

在 1998 年 8 月 26 日（北京）、1999 年 7 月 21 日（香港）两次华文出版联谊会议上的讲话。以《出版协会工作的探索》篇收入《亲历出版三十年》（第 792—797 页）。

写在《中国图书大辞典》出版之际

1998 年为《中国图书大辞典》（1949 年 10 月—1992 年 12 月，共 21 卷）圆满完成而作。在当年《辞书研究》发表。以《国家重要出版工程实录》篇收入《亲历出版三十年》（第 889—895 页）。

建设实力强大的中国百科出版集团

1998 年 11 月 18 日在中国大百科全书出版社成立二十周年大会上的讲话。以《出版改革与出版管理若干重要问题》篇收入《亲历出版三十年》（第 708—709 页）。

五年版协工作的体会
——在全国版协秘书长会议上的讲话

1998 年 12 月 23 日。以《顺应“大出版”新格局建立“大版协”新体制的由来》的附录收入《八十后出版文存》。

现行著作权法第 43 条应该取消

1998 年 12 月 28 日在全国人大常委会第六次会议的大会发言。同日，九届全国人大常委会第六次会议《简报》（十六）全文刊发。比较全面地剖析了电台电视台使用录音制品不付费不经许可的不合理与弊端。1998 年 12 月 31 日《中国新闻出版报》以《完善法律　尊重知识与知识产权——对现行著作权法第四十三条的意见》为题，刊发此次发言的内容。《人民日报》1998 年 12 月 29 日以《呼吁进一步扭转轻知识财产现象》为题，突出摘发了“著作权与机器设备、汽车一样，同是财产，同样应该受到法律保护”，“使用知识成果要像使用物质成果一样必须支付报酬，甚至更要重视对知识成果的保护”有关内容。

1999

从拨乱反正到繁荣发展
——中国出版事业二十年巨变

原载《中国出版》1999 年第 1 期和《出版经济》1999 年第 1 期。以《出版领域的拨乱反正》篇收入《亲历出版三十年》(第 87—95 页)。

记李瑞环与《传世画藏》的出版

为《中华国宝大典·传世画藏》的出版于 1999 年 4 月 28 日写给全国政协主席李瑞环的信，和李瑞环于 1999 年 5 月 5 日发来的祝贺信。以《图书序跋与人物》篇收入《亲历出版三十年》(第 914—916 页)。

张黎洲《出版谭》序

为张黎洲出版论文集写的序 (福建人民出版社 1999 年版)。以《图书序跋与人物》篇收入《亲历出版三十年》(第 940—942 页)。

“三讲”检查既要严格要求又要实事求是
——对党组和党组成员剖析材料的意见

1999 年 9 月 8 日写给中央“三讲”巡视组的意见。以《出版改革与出版管理若干重要问题》篇收入《亲历出版三十年》(第 744—746 页)。

中国版协二十年

1999 年 11 月为中国版协成立二十周年 (1979—1999) 出版纪念专刊所写的序文，以《出版协会工作的探索》篇收入《亲历出版三十年》(第 769—780 页)。

2000

中国版协主席卸任赠言

2000 年 1 月 24 日在中国版协第四次会员代表大会上的卸任讲话。以《出版协会工作的探索》篇收入《亲历出版三十年》(第 763—768 页)。

祝贺《吴阶平文集》出版

2000 年 1 月 29 日在《吴阶平文集》出版座谈会上的发言，原载于 2000 年 2 月 3 日《中国新闻出版报》。以《图书序跋与人物》篇收入《亲历出版三十年》(第 936—939 页)。

让行业协会冲上前台

记者陈斌“两会”访谈录，载于 2000 年 3 月 17 日《中国图书商报》。

关于重新启动修改著作权法的议案

1999 年 6 月，著作权法修正案在全国人大常委会审议时，因“尚有一些重要的不同意见，需要进一步研究论证”，又被国务院撤回。2000 年 3 月 9 日，我联合 33 位全国人大代表，向九届全国人大三次全体会议提出此项议案。以《建立和完善中国版权制度二十年》篇收入《亲历出版三十年》(第 482—485 页)。

著作权法的历史意义

为纪念著作权法颁布十周年而作。2000 年 10 月在《著作权》杂志纪念著作权法颁布十周年专号发表。补入《八十后出版文存》。

要更加重视和办好《中国出版年鉴》

2000 年 11 月 24 日在《中国出版年鉴》创办二十周年座谈会上的讲话。以《出版协会工作的探索》篇收入《亲历出版三十年》(第 788—791 页)。

走近一大步　还可更进步

应记者孙卫卫要求，就著作权法修正案（草案）发表评论。见《中国新闻出版报》2000 年 12 月 29 日。

《陈翰伯文集》书前的话

为商务印书馆《陈翰伯文集》(2000 年 12 月出版）而作。以《图书序跋与人物》篇收入《亲历出版三十年》(第 930—932 页)。

关于保护表演者、录音制作者权利的意见

对著作权法第 43 条，修改草案只保护词曲作者的权利，不保护表演者、录音制作者的权利。我受音像界的委托，在 2000 年 12 月第 19 次全国人大常委会小组审议时发言，建议对表演者和录音者制作的权利同样给以保护。以《建立和完善中国版权制度二十年》篇收入《亲历出版三十年》(第 498—501 页)。

2001

读《炎黄春秋》感言

《炎黄春秋》2001 年第 1 期发表。以《图书序跋与人物》篇收入《亲历出版三十年》(第 952—953 页)。

出版社是生产精神产品的出版企业

原载于《出版科学》杂志（2001 年第 2 期)，《出版广角》(2001 年第 3 期）亦全文发表。以《出版社转企改制问题的历史考察与现实思考》篇收入《亲历出版三十年》(第 571—581 页)。

记李鹏与《中国证券（1843—2000)》的出版

记我联合证券界几位负责同志为这套书的出版给李鹏委员长写信与李鹏委员长的祝贺批语。在 2001 年 3 月 2 日出版座谈会上宣读。以《图书序跋与人物》篇收入《亲历出版三十年》(第 911—913 页)。

改革寻突破　发展求效益

2001 年 3 月，九届全国人大四次全体会议期间，在辽宁代表团驻地，同《中国图书商报》

记者陈斌的谈话。该报在第一版（2001 年 3 月 15 日）发表。以《关于出版改革问题的两次谈话》为题，收入《亲历出版三十年》《出版改革与出版管理若干重要问题》篇（第 687—696 页）。

《野间清治传》中文版序

2001 年 6 月 21 日，为日本讲谈社创始人野间清治的传记在中国出版所写的序。以《图书序跋与人物》篇收入《亲历出版三十年》（第 1015—1017 页）。

中国“入世”对出版业带来的机遇与挑战

2001 年 7 月 13 日在云南省昆明市举办的中国西部编辑培训班上的讲话。以《出版改革与出版管理若干重要问题》篇收入《亲历出版三十年》（第 674—686 页）。

关于中国印刷集团的归属问题

2001 年 11 月 11 日应中国印刷公司等单位负责人之约，写给石宗源（时任新闻出版总署署长）并中宣部的信。以《出版改革与出版管理若干重要问题》篇收入《亲历出版三十年》（第 697—699 页）。

关于修改著作权法的两点意见

2001 年 7 月 10 日，就著作权法改名版权法问题，以及保留修正案将权利人的权利分解为 16 项不予合并的问题，致信全国人大法律委员会。关于法律改名问题的内容，见《亲历出版三十年》496—498 页。关于“16 项权利”的表述被全部保留，见《亲历出版三十年》第 494—495 页。

面对入世　中国加速版权立法

同记者陈斌谈著作权法修改的必要性、修改内容以及今后展望。见《中国图书商报》2001 年 10 月 30 日。

来之不易的重要进展

2001 年 11 月 9 日在宣传贯彻著作权法座谈会上的发言。首刊全国人大教科文卫委员会的《研究与报告》[九届]第 118 期（2001 年 11 月 13 日）。后在《出版发行研究》2001 年第 12 期发表。

完善我国版权保护制度的重要决策
——我国著作权法修改的主要内容及其意义

在《中国出版》2001 年第 11 期发表。以《建立和完善中国版权制度二十年》篇收入《亲历出版三十年》（第 503—518 页）。

提高我国版权保护水平的重要决策

在《人民日报》（2001 年 11 月 7 日）、《中国新闻出版报》（2001 年 11 月 9 日）发表。

关于我国著作权法的修改

《著作权》2001 年第 6 期、《出版科学》2002 年第 1 期发表。

2002

整体应对　管理创新

2002 年 3 月，九届全国人大五次会议期间，在辽宁代表团驻地，就“入世”面临的挑战与深化出版改革，同记者陈斌的谈话，2002 年 3 月 12 日在《中国图书商报》发表。

加快发展　应对机遇挑战

同《中国新闻出版报》记者章红雨等谈“入世”面临的挑战与应对。该报于 2002 年 3 月 12 日发表。

关于抓紧制定著作权法配套法规的建议

2002 年 3 月 8 日向九届全国人大五次会议提出的建议，同年 3 月 15 日《光明日报》摘发。以《关注著作权法修改后的实施工作》收入《八十后出版文存》。

关于著作权法的修改与实施
——2002 年 5 月 28 日在中国版权协会会员代表大会的专题报告

完善我国版权保护制度的重要决策

2002 年 12 月 15 日在首期“著作权法与 WTO 高级论坛”的讲演。

论《续修四库全书》

《中国新闻出版报》2002 年 5 月 10 日、《中华读书报》2002 年 5 月 15 日发表。

盛世修典　协调共进
——2002 年 5 月 9 日在《续修四库全书》出版座谈会上的汇报发言

《出版科学》2002 年第 3 期发表。

从《四库全书》到《续修四库全书》

《中国图书评论》2002 年第 6 期发表。

四部精华汇为册府　传承文明功在千秋

《光明日报》记者庄建访谈录，2002 年 5 月 10 日发表。

妥善处理《顾廷龙学述》出版中的问题

2002 年 4 月 9 日，为《顾廷龙学述》（浙江人民出版社 2000 年版）署名问题致信《中国新闻出版报》及有关情况。以《图书序跋与人物》篇收入《亲历出版三十年》（第 948—951 页）。

学习许力以与时俱进的精神

2002 年 8 月 30 日，在许力以八十华诞纪念座谈会上的发言。以《图书序跋与人物》篇收入《亲历出版三十年》（第 954—956 页）。

制定《行政许可法》要考虑意识形态管理工作的特殊要求

2002 年 12 月 25 日在九届全国人大常委会第 31 次会议审议《行政许可法》（草案）分组

会议上的发言。首刊此次常委会《简报》（2002 年 12 月 25 日）。以《出版改革与出版管理若干重要问题》篇收入《亲历出版三十年》（第 651—653 页）。

2003

出版单位主办主管制度的由来与调整的探索

原载于 2003 年《出版科学》（第 4 期）、《中国出版》（第 9 期）。以《出版社转制问题的历史考察与现实思考》篇收入《亲历出版三十年》（第 644—650 页）。

不宜把“阶段性转移”并列为一个历史发展阶段
——《新中国出版 50 年》阅稿意见

2003 年 5 月写出。以《出版改革与出版管理若干重要问题》篇收入《亲历出版三十年》（第 734—743 页）。

《毛泽东评点二十四史》（线装本）的出版

写于 2003 年 6 月，此文回顾了《毛泽东评点二十四史》（线装本）编纂出版和举行毛泽东与二十四史学术研讨会的情况，以及制作毛泽东与《二十四史》电视专题片和线装书情况。以《国家重点出版工程参与实录》篇收入《亲历出版三十年》（第 828—840 页）。

八年成旷典
——《续修四库全书》编纂出版纪实

2003 年 7 月，以《续修四库全书》出版委员会主任名义，为这套大书圆满完成而作，基本囊括了此前所发《论〈续修四库全书〉》等文的主要内容。在《中国出版》2004 年 1、2 期发表。以《国家重点出版工程参与实录》篇收入《亲历出版三十年》（第 840—876 页）。

出版社“企业属性”考

在《出版发行研究》2003 年 9 月号发表，是 2001 年发表的《出版社是生产精神产品的出版企业》的姊妹篇。以《出版社转制问题的历史考察与现实思考》篇收入《亲历出版三十年》（第 582—588 页）。

友好合作的结晶
——回顾《中国的出版改革》在日本出版

拙著《中国的出版改革》经竹内实翻译，由桐原书店在日本出版（1998 年 7 月）后，受到日本友人的重视和媒体的关注。此文开头，以“开篇的话”刊出作者为日文版所写的自序，接着记述了在日本出版过程及日本友人读后来信和报刊评论，并刊发了译者竹内实教授的译后记和刘德有在《日本侨报》发表的评论。此文经压缩后曾在《出版发行研究》2003 年第 12 期和 2004 年第 1 期发表。以《〈宋木文出版文集〉中文版和日文版》篇收入《亲历出版三十年》（第 1063—1106 页）。

关于日本著名学者竹内实文集的“文革”卷

2003 年 9 月 12 日，为日本著名学者竹内实文集（程麻翻译，共十卷）第六卷《文化大革命解析》在中国出版受阻后，我写信给中央党史研究室，同时送新闻出版总署图书司，使之得以顺利出版。竹内实文集在中国出齐后，第六卷按信中意见将“解析”改为“观察”，定名为《文化大革命观察》。以《图书序跋与人物》篇收入《亲历出版三十年》(第1009—1014页)。

“立足本省、面向全国”方针考

原载《中国出版》2003年第11期。以《出版领域的拨乱反正》篇收入《亲历出版三十年》(第75—83页)。

关于出版社企业属性问题的通信

2003年11月25日致《出版科学》主编蔡学俭信，全文刊于该刊2003年第6期，经删节后以《出版社转制问题的历史考察与现实思考》篇收入《亲历出版三十年》(第589—593页)。

关于转制涉及经济政策问题的意见

2003年12月2日致石宗源、李从军信。以《出版社转制问题的历史考察与现实思考》篇收入《亲历出版三十年》(第594—595页)。

王匡同志在国家出版局的岁月

写于2003年12月19日。原载《中国新闻出版报》(2003年12月22日)，广东《南方日报》《虎门报》以及《炎黄春秋》曾转载。以《出版领域的拨乱反正》篇附录收入《亲历出版三十年》(第44—48页)。

2004

发扬王大路为出版事业献身的革命精神

在王大路2004年3月7日因病英年早逝后所写的思念文章，3月11日《中国新闻出版报》发表。

出版社转制的必要性及其重要意义

原载《出版科学》2004年第4期。以《出版社转制问题的历史考察与现实思考》篇收入《亲历出版三十年》(第596—606页)。

出版社转企改制问题的历史考察和现实思考
——学习中央关于出版体制改革指示的几点体会

2004年4月25日、5月21日在新闻出版总署“三讲学习教育”培训班的讲课稿，内部印发。后又稍作整理，在中国出版科学研究所主办的《传媒》杂志2004年第6期发表。

民营书业的发展与书业商会的工作

2004年5月11日在全国工商联书业商会一届一次常务理事会上的讲话。以《出版协会工作的探索》篇收入《亲历出版三十年》(第819—822页)。

《追求书境　王大路文存》序

写于 2004 年 7 月 15 日，主要评论了王大路对编辑工作的贡献。以《图书序跋与人物》篇收入《亲历出版三十年》(第 957—963 页)。

一点体会　两点建议

2004 年 8 月 31 日在“纪念编辑出版学专业创办二十周年会”座谈上的发言。在《中国编辑》2004 年第 6 期发表。其主要内容写入 2005 年在《出版发行研究》(第 11 期) 发表的《我国高校编辑出版学专业发展历程和加强建设的意见》。

倾情关注出版社转制

2004 年 9 月同中国传媒大学王永亮的谈话录，从多个方面探讨了我对出版社转制的看法。载于王永亮等编著的《传媒精神——高层权威解读传媒》(中国传媒大学出版社 2005 年 1 月出版)。

关于三联书店拨乱反正的历史回顾

写于 2004 年 10 月的这篇长文，较为详尽地论述了“文革”后恢复三联书店革命历史面貌、解决三联职工革命工龄和恢复三联独立建制的决策和过程。原载《出版史料》2004 年第 4 期。以《出版领域的拨乱反正》篇收入《亲历出版三十年》(第 58—74 页)。

思念陈原

写于 2004 年 11 月 2 日。原载《中国新闻出版报》(2004 年 11 月 4 日),《新华月报》(2004 年第 12 期)、《新华文摘》(2005 年第 1 期) 均全文转载。以《出版领域的拨乱反正》篇附录收入《亲历出版三十年》(第 49—57 页)。

2005

出版人两地书
——关于出版社转制历史考察与图书出版业“滞胀现象”同巢峰的通信

2005 年 1 月 26 日在《中华读书报》发表。《新华文摘》2005 年第 7 期以《关于图书出版业滞胀现象的观察与思考》为题转载。以《出版社转制问题的历史考察与现实思考》篇收入《亲历出版三十年》(第 607—623 页)。

出版领域的拨乱反正

写于 2004 年 12 月—2005 年 2 月。出版领域的拨乱反正，是新时期出版事业迅速恢复和发展的起点，对这以后二三十年的出版工作具有重要意义，故综合写出，作为《亲历出版三十年》的首篇刊出 (第 1—43 页)。曾在《出版史料》2005 年第 2、3 期摘要发表。

关于加强人民出版社的意见

2005 年 3 月 1 日在人民出版社“改革与发展战略”老同志座谈会上就转制中如何加强人民出版社所讲的意见。曾上报中央领导同志。以《出版社转制问题的历史考察与现实思考》篇收入《亲历出版三十年》(第 636—643 页)。

更多关注出版改革

原载 2005 年 4 月《出版广角》为纪念“百期·十年志”而出版的纪念专刊。补入《八十后出版文存》。

出版社转制问题的观察与思考

原载 2005 年《中国出版》第 6 期，《出版科学》第 4 期，中宣部出版局上送内刊以《宋木文同志撰文谈出版社转制问题》摘发，同年《新华文摘》第 19 期亦刊载。以《出版社转制问题的历史考察与现实思考》篇收入《亲历出版三十年》（第 624—635 页）。

我国高校编辑出版学专业发展历程和加强建设的意见

为纪念胡乔木建议在高校设立编辑出版专业，回顾和总结二十年来的发展历程和基本经验并对今后的学科建设提出建议，我在卢玉忆（新闻出版署分管副署长）的帮助下，写出此文。原载《出版发行研究》2005 年第 11 期。后又稍加整理，以《胡乔木与高校编辑出版学专业的兴起和壮大》为题，收入《亲历出版三十年》中之《二十世纪八十年代出版工作若干大事实录》篇（第 267—285 页）。

国家新闻出版版权管理机构的变革

为便于有关同志了解和查阅建国以来新闻、出版、版权管理机构演变情况，特根据《亲历出版三十年》第 212—252 页之内容，写此长篇资料性文章。原载《中国出版》2005 年第 10、第 11 期和《中国版权》2005 年第 5、6 期。

汇集世纪文化经典的《中国文库》

2005 年 8 月，应中国出版集团之约而作，《中国出版》2005 年第 9 期发表，以《图书序跋与人物》篇收入《亲历出版三十年》（第 964—966 页）。

培育戏曲艺术人才的摇篮
——中国戏曲学院建校 55 周年感言

原载《中国戏曲学院校史访谈录》（学苑出版社 2005 年版）和《戏曲艺术》杂志 2006 年第 1 期。将早年发表的文章《试论戏曲教学剧目的“推陈出新”》（1964 年 2 月 3 日《光明日报》）、《移植与特点》（1962 年 5 月 24 日《文汇报》）附录于后。以《图书序跋与人物》篇收入《亲历出版三十年》（第 971—998 页）。

忆耀邦同志关怀出版工作二三事

2005 年 11 月，为纪念胡耀邦诞辰 90 周年而作，在当年 11 月 28 日《中国新闻出版报》发表。以《图书序跋与人物》篇收入《亲历出版三十年》（第 903—910 页）。

文津阁《四库全书》的影印出版

以影印文津阁《四库全书》出版工作委员会主任名义在 2005 年 12 月 14 日举行的出版座谈会上发言，此文是此次发言的扩充。以《国家重点出版工程参与实录》篇收入《亲历出版三十年》（第 877—888 页）。

建立和完善中国版权制度二十年

这篇写于 2005 年 10 月 5 日至 12 月 9 日的长篇文章，对从 1978 年版权法奠基期起直到法律的起草、审议、通过和修改约二十年的艰难历程，包括法律内容及其内外重要影响等，均有所介绍和评论。全文刊于《亲历出版三十年》（第409—533页），有的章节曾以专题在报刊单独发表。

2006

从党的十三届四中全会到十四大的出版工作

这篇2005年8月写出初稿、2006年3月完成修改的长篇文章，从1989年六七月间我担任新闻出版署党组书记、署长写起，直到1993年10月署领导班子完成新老交替，主要内容包括检查反思、反对资产阶级自由化、压缩整顿出版单位、确立多出好书是出版工作永恒主题、按十四大精神推进出版改革等内容。全文刊于《亲历出版三十年》（第287—408页），有的专题曾在报刊单独发表。

出版体制改革的历史回顾
——从十一届三中全会到十四大的出版体制改革

这篇集中谈出版体制改革的专题长篇文章，先在《中国出版》2006年第5、6两期发表，后收入《亲历出版三十年》（第535—567页）。

中老年读者的良师益友

为《中国剪报》创刊20年而作，原载《中国剪报20年》（2006年5月版）一书，《中国新闻出版报》亦在同年发表。以《图书序跋与人物》篇收入《亲历出版三十年》（第967—970页）。

《中国大百科全书》总编辑署名问题备考

以解决两任总编辑姜椿芳与梅益在全书中如何署名的纷争为内容。2006年7月10日完稿。以《出版改革与出版管理若干重要问题》篇收入《亲历出版三十年》（第710—733页）。

关于《中国出版通史》写好“两头”的意见

在2006年8月5日《中国出版通史》编纂工作会议上的发言，《出版发行研究》2006年第8期发表。以《国家重点出版工程参与实录》篇收入《亲历出版三十年》（第896—900页）。

刘秀荣《我的艺术人生》阅稿意见

2006年8月29日，为刘秀荣此书出版因处理“文革”中的若干事例在出版社遭遇困难，我致信新闻出版总署图书司，使之得以解决。以《图书序跋与人物》篇收入《亲历出版三十年》（第1006—1008页）。

关于对广电组织使用录音制品付酬办法的意见

2006年10月12日对国务院法制办制定的《广播电台、电视台法制许可播放录音制品支付报酬办法（征求意见稿）的意见》，以《关注著作权法修改后的实施工作》收入《八十后出版文存》。

读《半生多事》致王蒙信

2006 年 10 月 16 日就自传三部曲之一《半生多事》写给王蒙的信。以《图书序跋与人物》篇收入《亲历出版三十年》(第 1024—1025 页)。

二十世纪八十年代出版工作若干大事实录

这篇 2004 年 4 月写出初稿，2006 年 12 月修改定稿的长篇文章，主要回顾了发生在二十世纪八十年代中后期出版工作的几件大事，按 12 个专题分别叙述。全文刊于《亲历出版三十年》(第 149—285 页)，其中若干专题曾在报刊单独发表。

《亲历出版三十年—新时期出版纪事与思考》自序

此文简要介绍了我做出版工作的历程与体会。《出版史料》在 2006 年第 4 期先行发表；此书出版后，《中国新闻出版报》、《中华读书报》等报刊也曾发表。

2007

协调共进谋发展的北京图书订货会

为《中华读书报》(2007 年 1 月 17 日发表) 纪念北京图书订货会二十周年而作。以《出版协会工作的探索》篇收入《亲历出版三十年》第 823—825 页。

《亲历出版三十年——新时期出版纪事与思考》编后自记

2007 年 1 月，为《亲历出版三十年》所写跋文。简要记述个人成长历程和对老领导、老朋友以及所有支持者的感恩之情。曾在《出版史料》2007 年第 3 期发表，随后在《新华文摘》2007 年第 23 期转载。

多出好书是出版工作的永恒的主题

应《中国新闻出版报》之约，将从 1990 年 4 月上海讲话到 1992 年 1 月局长会议的一年又九个月内，围绕提高质量、繁荣出版的指导思想与主要措施，从理论与实践的结合上阐述了多出好书是出版工作永恒的主题。《中国新闻出版报》2007 年 2 月 7 日发表时的按语指出："早在 1990 年，原新闻出版署就提出多出好书是出版工作永恒的主题"，本报在"出版物质量管理年"发表此文，"希望能引起业界人士关于改进图书质量的进一步思考。"此文是《从党的十三届四中全会到十四大的出版工作》有关部分压缩整理稿，见《亲历出版三十年》第 345—363 页。

当代中国版权制度建设的历程
——《中国当代版权史》序

2007 年 4 月

出版人的文化责任与出版社的属性定位

2007 年 5 月 17 日

《亲历出版三十年》出版座谈会答谢辞

2007 年 6 月 1 日

厚重珍贵的“世纪礼物”
——祝贺《不列颠百科全书》国际中文版（修订版）问世
2007 年 7 月 21 日

要学郑成思的做人和做事
2007 年 9 月 14 日

中国出版制度漫谈
——香港出版人访谈录
2007 年 10 月 14 日

其文有用　其人可敬
——读喻建章《我的七十年出版生涯》
2007 年 10 月 10 日

人寿年丰
——祝《万寿大典》出版
2007 年 11 月 12 日

高唱当代中国的主旋律
——学习党的十七大报告札记
2007 年 11 月 15 日

任务打造专门家
——颜长珂《戏曲文学论稿》序
2007 年 12 月初

2008

《关于加强出版工作的决定》（1983）的历史地位
此文应约为纪念改革开放三十年而写。主要回顾了中央 1983 年做出这个《决定》的时代背景、产生过程、主要内容和历史地位。系根据拙著《亲历出版三十年》第 98—148 页改写而成。原载于 2008 年《中国出版》杂志第 3 期《改革开放三十年》专题栏目。未收入文集。

改革开放后的三次书价改革
2008 年 3 月，载于《出版发行研究》2008 年第 4 期。未收入文集。

胡乔木为书价改革保驾护航
2008 年 3 月，载于《出版史料》2008 年第 2 期。未收入文集。

著作权法修改的艰辛与成就

2008 年 9 月应约为《知识产权与改革开放 30 年》一书（知识产权出版社出版）而作。未收入文集。

李渔其人其事及其版权观

2008 年 5 月

深切怀念戏曲教育家晏甬同志

2008 年 9 月 16 日

佛学经典《嘉兴藏》的重辑出版

2008 年 9 月 21 日，11 月 9 日

出版领域的拨乱反正

——一个继任者的回顾

2008 年 10 月，为《共和国的部长们》一书而作（刘茵编，人民文学出版社 2011 年 6 月出版）。未收入文集。

在八秩寿喜茶叙会上的答谢辞

2008 年 11 月 22 日

2009

八秩老局长谈 30 年版权人和事

——《中国版权》杂志记者采访记

2009 年 1 月

以改革精神探索中国版协工作

2009 年 2 月 9 日

评《中国出版通史》（卷 8）对民国时期革命出版事业的撰写成就

2009 年 2 月 26 日

深情思念老出版家王益同志

2009 年 3 月 14 日

为国家出版与版权管理机构建设呕心沥血

——纪念边春光逝世二十周年

2009 年 4 月

《读书》杂志创办初期的独特体制和引领作用

2009 年 4 月 21 日

出版是我一生的事业
——答《共和国部长访谈录》记者
2009 年 6 月 16 日，8 月 13 日

把理想信念与现实生活结合起来
——在新闻出版总署纪念建党 88 周年大会上的发言
2009 年 7 月 1 日

拨乱反正后的出版繁荣
——《出版人》杂志记者访谈录
2009 年 9 月

感受二十世纪八十年代中国出版
2009 年 10 月 16 日

南下台北多故人
——在台北两岸出版论坛的讲话
2009 年 11 月 27 日

编选“文革”出版史料应保留历史原貌
2009 年 12 月 8 日

实施重大文化产业项目带动战略的一次成功实践
——《中国文库》第三辑出版感言
2007 年 11 月 6 日

高度关注出版的文化担当和政治责任
——《中国文库·新中国 60 年特辑》出版的启示
2009 年 12 月 25 日

祝贺《中国版权年鉴》创刊
2009 年 12 月 21 日

2010

我同加籍华人舞蹈家梁漱华的友情
2010 年 3 月 15 日

金冲及《七十后治史丛稿》编校质量的通信
2010 年 3 月 15 日

一部翔实准确的现当代出版史著
——读王仿子《出版生涯七十年》
2010 年 5 月 28 日

为吴江同志“重要的史料”做一点补正
2010 年 7 月 23 日

祝贺谢辰生两部文物论著出版
——兼谈两书对康生信的不同处理
2010 年 9 月 16 日

著作权法政治性不保护条款的由来与归宿
2010 年 9 月 29 日

祝贺中国出版科学研究所成立 25 周年
2010 年 10 月 10 日

抢救“向阳湖文化”的特定历史意义
2010 年 10 月，2011 年 1 月

深切思念资深出版家许力以同志
2010 年 12 月 14 日

胡乔木在大转折年代对调整阶级斗争理论的重要贡献
——学习笔记：从吴江的“两条重要的史料”说起
2010 年 12 月 10 日

胡乔木在大转折年代的理论贡献
——从吴江的两条“重要的史料”说起
同吴江两篇论争文章的合一和补充。在《出版发行研究》2010 年 12 月号刊载。

2011

关于国家新闻出版与广电管理机构设置的意见
2011 年 3 月 28 日

以书价破题促改革
——陈昕《中国图书定价制度研究》序
2011 年 4 月

对胡乔木一次批评的回顾与反思

2011 年 4 月 10 日

我与刘杲的共事与友情

2011 年 5 月 23 日、26 日，10 月 25 日

别后一年忆德炎

2011 年 6 月 22 日

“立足本专业　面向大科技”是怎样提出的

2011 年 9 月 23 日，10 月 25 日

一段尊老敬贤的出版佳话

——《海滨诗草》31 年后出版序

2011 年 10 月

两个“老头儿”的交往与心声

——纪念范敬宜逝世一周年

2011 年 11 月 2 日

建设新闻出版强国的一些思考

——党的十七届六中全会决定学习笔记

2011 年 11 月 4 日

中华人民共和国著作权法的制定与修改

2011 年 11 月，应刘春田教授之约而作。未收入文集。

2012

强魂健体与编辑责任

——在中国编辑学会 2012 年迎春联欢会上的讲话

2012 年 1 月 15 日

顺应“大出版”新格局建立“大版协”新体制的由来

2012 年 1 月 27 日

宋木仁著《八十记忆》序

2012 年 1 月

胡乔木与《汉译世界学术名著丛书》

《光明日报》2012 年 2 月 21 日

许力以临终遗言全都实现了
2012 年 3 月

思念“捉刀者”
——忆无私撰稿人潘国彦
2012 年 3 月 12 日

为悼念崔瑞芳致王蒙信
2012 年 3 月 30 日

努力写好《续修四库全书总目提要》
2012 年 4 月

胡乔木对新时期出版工作的历史性贡献
——纪念胡乔木诞辰一百周年
为《我所知道的胡乔木》(2012 年 6 月《当代中国出版社》再版本)所写长篇纪念文章。在《中国出版》2012 年 5 月第 9、10 两期单独发表。

胡乔木与《汉语大词典》
《光明日报》2012 年 5 月 8 日

胡乔木对新时期出版工作的支持与指导
应约为《中国新闻出版报》所写综合性纪念文章，在该报 2012 年 5 月 28 日发表。

学生与晚辈的思念
——在纪念乔木诞辰一百周年座谈会上的发言
2012 年 5 月 31 日

读解胡乔木写给我的一封信
2012 年 5 月

胡乔木与《中国大百科全书》
《百年潮》2012 年 6 月

我愿做个三联人
2012 年 6 月

向仿子老致敬
2012 年 6 月

从戴文葆写给我的信中想到的
2012 年 6 月

读戴著《射水纪闻》感言
2012 年 6 月

关于举行戴文葆编辑思想与实践研讨会的建议
2012 年 7 月 7 日

读戴文葆致曲家源信
——记《射水纪闻》成书点滴
2012 年 8 月

天日昭昭　人史共鉴
——读《中国天机》致王蒙信
2012 年 8 月

《八十后出版文存》自序
2012 年 10 月

《八十后出版文存》几句编后的话
2012 年 10 月

2013

从《中国天机》读出了什么
2013 年 1 月 5 日

学好文件　树立新风
2013 年 1 月 8 日

陈斌著《中国书业备忘》序
2013 年 1 月

关注学术　倾情文化
——喜读庄建新闻作品三十年
2013 年 2 月 26 日

宗源人品永存
2013 年 3 月 28 日

几句编后的话

在拙作《八十后出版文存》付梓之际，我还有几句话要说：

我的老朋友、资深编审吴道弘，帮我通读了全部文稿，纠正错字，规范语文，为拙作增色不少。

责任编辑郑殿华编审，从审读书稿到付印成书的全过程，都精心谋划、尽职尽责，给作者以多方面的帮助。商务印书馆各有关部门，在各环节、全流程中都一路绿灯，使本书得以顺利出版。

我家的三代人都有参与，我不会使用电脑，文稿写出后的后续环节，儿（媳）、孙（媳）都曾效力。丽凤身在新闻出版总署岗上，仍挤出时间帮我打印校对、查寻资料、编排文稿，有时还调动总署版权司青年男女帮忙。

我在此对所有给我以支持和帮助的人们，真诚地表示感谢！

作者